【清】莫友芝著
梁光華等點校

# 莫友芝全集

三

上海古籍出版社

# 本册目次

# 郘亭信札

梁光華
田　穗　輯校

# 點校説明

莫友芝出身翰林門第，青年中舉，早有文名，黔中官師徒友交相推轂贊譽。從道光十三年癸巳（一八三三）廿三歲至咸豐十年庚申（一八六〇）五十歲，莫友芝先後六度進京會試，一生交游廣泛。特别是在道光二十七年丁未（一八四七）在京師會試落第，于琉璃廠書肆與曾國藩翰林不期相識，在虎坊橋結爲金蘭之友。對此，我在《莫友芝曾國藩交往述論》一文中，作七律詩評述云：

京師會試落孫山，書鼠琉璃覓食歡。
前世今生來邂逅，文緣詩趣結金蘭。
知音一旦分離久，江表十年朝夕團。
琴瑟依依挽聯訴，古今傳頌棗梨鐫。

在京落第的貴州舉子莫友芝與京師翰林高官曾國藩締結金蘭之友，客觀上提高了郘亭先生在社會上的知名度。

五十歲以後，莫友芝游幕江表十年，先入胡林翼幕府，後入曾國藩幕府，得以結識當時政界和學術文化界的諸多上層官員、名流和學者。清張裕釗廉卿《徵君莫子偲墓志銘》云："子偲體度温淳，居常好游覽，善談論。遇人無貴賤愚智，一接以和。暇日相與商較古今，評騭術業高下，正論詼嘲間作，窮朝昏不倦。自通州大邑，至于山陬領海，公卿巨人、學士大夫，咸推子偲以爲不可及；下逮武夫小吏，閭巷學徒，語君之名字無不知。……朝士貴人争欲與之交。」莫友芝敢于衝出蠻荒，走向繁華，廣交賢達，與晚清政壇上層官員、社會名流、學界文化宿儒唱和，詩文往還，宣傳貴州，推薦貴州，引薦貴州文化人走向全國。例如陳田《黔詩紀略後編・莫友芝傳》中説：「子尹爲一世通人，晚歲足不出窮山，海内知有鄭君者，子偲力也。」莫友芝是晚清貴州文化人的傑出代表。他憑藉過人的智慧和高尚的人品學問，贏得晚清社會的廣泛贊譽。

我們多方搜尋郘亭信札，僅輯得二百五十通，這些信札只是莫氏信札中的一小部分。通過閲讀、整理莫友芝平實、率直、直抒胸臆的信札，讀者可以得知莫友芝家人的情況，可以得知莫友芝三十歲以後主要文化學術活動，可以得知「行迹半天下」的莫友芝與晚清政壇官員、社會名流、學界文人故舊的交往，甚至可以説，透過莫友芝信札和他的生平交往，在一定程度上可以窺見晚清的一些社會歷史面貌，因而莫友芝信札極具歷史文獻價值。令人遺憾的是，莫友芝三十歲以前的信札，我們這次没能收集到；三十歲以後的信札，肯定還有大量的遺漏，只能留待將來續收補遺了。

本書所輯信札按照寫作年月的先後順序排列；不明收信人和寫作時間的信函，排在最後。

在每通信札之下，我們都注明出處，既對提供、刊載莫友芝信札的專家和單位等表示由衷的謝意，又便于廣大讀者、專家研讀莫友芝信札進行查核。

梁光華　田　穗

二〇一四年六月于黔南民族師範學院

# 目録

# 道光二十三年九月答萬全心書

友芝白：承賜書，以遵乘嚚嚚之口，唯恐友芝有不自見過之處；且慮以此芥蔕愈與世忤，勉其和同俛仰，以求取容。切偲道廢，重蒙箴誡拳懇，敢不敬謝？然而區區之忱，蓄之未敢出者，亦欲以籍達於左右，惟昭察焉。

遵乘非議，始事時即意其難免，特不意其出於此耳。夫以文獻最闕之鄉，挹古一辭，動徹數編；鉤今一事，動稽數月。有徵必窮，有聞必覈，專心致志，首尾四年。友芝與巢經靡不智盡力竭，計無復增，始付寫官，墨諸梨棗。其粗底於成，亦倖耳。中間遺落舛錯，必所常有。誰爲後來，差易爲力，指漏摘瑕，待之衆論，如彼箴石，不益多師邪？

乃今之非議者，了不在是。一則曰：地方有蠻夷，最爲大辱，書之者爲故鄙視。一則曰：祭祀昏喪之不中禮，何在蔑有？何不可獨爲諱而著之也？否則曰：某傳或遺其子孫，某傳至詳其姻婭，軒輊非允。如是而止矣。夫「夷」之云者，猶是耕田鑿井，横目之民，古風時存，求野可證，非有敗俗亂常，窮凶極奸，干當世大僇也。昔載種别，因仍便書，即所未審，尚爲闕然。且夷不夷，何常之有？孔子作《春秋》，諸侯用夷禮則夷之，進於中國則中國之，若不求去夷之實，而第爲他人諱夫夷之名，其亦未達於禮矣。禮教不明，匪伊朝夕，沿違踵失，茫不致思。前輩若李丹吾諸老，篤式古訓，卓焉不惑，閔兹俗敝，大聲疾呼，誠將闢荆棘於康莊，發聰明於盲瞶，厥意不其偉。所以《風俗》一篇，謹録其言，猶惜未備，待諸旁推。後生愚蒙，不盡袪解，而反以爲病，不亦異乎！

至於《人物》一門，表前哲以樹風聲，非徇子孫以私憎愛。詳者上溯淵源，下及餘慶。不能詳者至莫考其字履，徒從殘鈔斷記拾一二遺事，珍之惟恐脱落。而爲其子孫者，竟茫乎祖父遺德何以存，逮見其名，乃沾沾焉議己名之不與。亦有祖父若師友聲稱在邦邑，欲案名蹟熾行，而爲子孫在門下者，秘之惟恐人知，亦竊竊然繼議其後，誠不知所議何等也。一人倡之，衆人和之。以耳爲目，舉國若狂。不云合圍而劫之家，即擬群聚而毆之市。兩書生之雞肋，亦安足以當衆拳？而客之所爲，毋乃近於市井無賴徒，使一二有識旁視竊笑，豈惟笑之，方且哀之，而不一自覺悟。嗚呼！若此者，而謂友芝遂以芥蒂，其相去幾何哉？

且夫友芝所以不諧於世，則猶有故。昔先君之教人也，必舉閻徵君「六經宗伏鄭，百行法程朱」之牓以樹依歸。老兄及門時，當亦所熟聞矣。故友芝雖賦性惷愚，猶幸少承先訓，若粗有見於讀書、明道、治古、澤躬之要。所以同輩講習、後生問難，罔不敬述所聞，竭其一得，亦謂人之欲善，誰不如我，趨庭之學，非有異聞云爾。無何，而平昔之好隱相指目，門牆之徒畔而他去。朋簪廣坐，方洽縱談，友芝所至，寂焉星散。行道相遭，頫首若涴，猝不及避，强爲寒暄，多方抽身，如不得已。始焉值此，以爲偶然，所遇既多，乃復自省，莫得其由。竊以質之不見鄙棄一二故交，乃知所以招怪取怨之深也。

蓋舉世所趨，八股八韻，自兹而外，即爲異端。高頭講章，房行墨藝，枕中鴻寶，良莫過斯。求其取士，經訓略尋句讀，宋元儒者粗識姓名，已象犀之侶豕，鵬鴿之群雞矣。乃猶妄冀其博綜古訓，銓斠雅言，收放失之解，求先聖之真，爲之而難成，得之而罔售，賞罰之所不加益，肄業之所不屑已，故即四子五經，亦皆謂古人之作此語，特備發題取科第、博爵禄云爾，于吾身心性命非真有關繫也。而乃必引人之身，切切然納之以自取拘攣，而所汲汲求之科第、爵禄，反置之身之外可有可無之中，不愈鑿枘之不入乎？所以來從遊者，其真號求益，千不得一二，其覬覦干私爲試資者，蓋十八九也。而接之者方懵懵然，彊以所大不欲，而其所大欲乃若遏火之結塞，煙鬱而不得焰，繼且旁著曲引，横來焠人，亦勢之所必然者矣。不然，友芝之於人也，言不敢不下，氣不敢不卑，不獨同輩然也，即生徒來學，悉處以友道，未嘗稍貌慢之，而乃召鬧如是。或者遂咎郡乘之役，不自韜晦，誤爲當事所知，而欲籍爲利者，又輒見擯於當事，指爲致此之繇。嗚呼！豈其不然邪？抑豈其然邪？

昔者戊戌春官，嘗與巢經逆旅對牀，閉門賞析，未及市月，外議沸起，厭物之號遍於京師，識與不識，指目而唾。計吾兩人，初未嘗一毫敢忤於人，惟是語言拙訥，應對疏野，其于伺候權貴，奔走要津，爲性所不近，不能效時賢之所爲耳。夫京師群彦之萃，而是非且如是，其他又何説焉？昔鄭高密集漢經師大成，師模九州，沾匄萬祀，而鄉里邴原獨與異趣，口有微詞，此自所志不同，各行其是。程朱講明孔孟，後世仰泰山北斗，而當時謗伊川者，至謂汙下無鄉行，市井目爲五鬼之魁，而涪陵之擠，且出於門人邢恕。毀紫陽者，指爲僞學，從游依阿輩遂更名他師，過門不入；而劾其剽竊張、程，寓以喫菜祀魔之術，收召無行義立黨伍，如鬼如蜮，不忠不孝等十罪者，乃即曾以《語孟説》自售之。沈繼祖則尤蜚語横出，不可思議。今所直特小小齒舌，既非根架之各行其志，又未至程、朱之横被其誣，而遂欲自棄生平，苟合流俗，恐足下聞之，亦必重相責也，而尚相勸乎？謹守吾素不與世争，風波之興，任其自起自息而已。獨念伊川尚於故人情厚不敢疑，紫陽患來學真僞難辨，黨禁以後，謂却似大開鑪鞴，使混淆夾雜，不須大段比勘，而已無遁情。今此囂囂，不值一噱，何用疑故人？乃亦若籍分別於鑪鞴鍛鍊也者，徒撫此人心世道而屢驚也。深秋，道履如何？臨書，浩嘆不盡。道光癸卯九月。

莫友芝答表兄獨山萬全心書，首載《郘亭遺文》卷五，名爲《答萬錦之全心書》；民國《獨山縣志·藝文志》和民國《都勻縣志稿·藝文志》均收録。寫信時間爲道光二十三年癸卯（一八四三）九月，時年莫郘亭三十三歲。這是目前搜尋所見莫友芝最早的一封書信。

## 道光二十三年秋月致徐元禧論《易廣傳》書

友芝白：祉堂徐君足下，春初承惠過，并示大著《周易廣傳》。今天下汨没科舉，經訓之不講久矣。足下乃拔棄流俗，毅然以廓清考定四聖遺經爲己任，不狼邵亭天荒索莫之區，何幸得畏友於足下，閲夏徂秋，勉事先塋，僅覽《敘例》。八月以來，粗有閑暇，乃得從事全書，備領大義。知足下於諸《易》説中，絶服膺來瞿塘之《集注》，故於上下經篇義，錯卦、綜卦中爻，及其所以立象、取象諸説，皆精心推闡，從其所可從，而發其所未盡，而其考訂《繫辭》，用蔡氏改正《雜卦》，與夫穿鑿求象之處，則悉正其非，絶不阿附。昔伊川爲《易傳》，能發明者莫如朱子《本義》，而不從程《傳》者甚多。蔡虚齋《易蒙引》最稱能發明《本義》，其説即多異《本義》。儒者心得之學，在衷諸是，補救前人，皆其所甚望於來者，足下可謂來氏之功臣矣。《雜卦》據賢昆仲氏以明互體爲説，稽其節次，劃然理解，尤能闢前人所未到，拜服拜服！然竊有一二涓壤之見，諒非高深所不樂聞，輒用獻於左右。

夫《易》，聖人設象數推天道以明人事之書，而必藉占筮以立教。《左氏》、《國語》諸占尚矣。漢儒象數，去古未遠，悉有師承，變焦、京而入禨祥，變陳、邵而别窮造化，而《易》遂不切民用。王輔嗣盡黜象數，説以老、莊，至胡安定、程伊川始闡儒理，李泰發、楊誠齋又參史事，《易》益日啓其論端。凡此兩派六宗，推毘攻詰，執其一得，皆謂名家。加以樂律、兵法、算術、韻學、方外之爐火，皆以《易》道廣大，好異之徒援之以入，是故經説繁蕪，莫《易》爲甚。學者欲博綜衆説，别白一尊，若不即最古之説以求其端，而遽欲以大判餘説之淳漓而進退之，蓋末由也。

夫最古之説，則莫若《春秋》諸占，觀其取象推數，覺先儒卦變、變卦、動體、覆卦諸説，皆有緒可尋。如陳厲公生敬仲，筮《觀》之《否》，《觀》三五互《艮》，《否》二四互《艮》，故云風爲天於土上山也。又云：姜大嶽之後，山嶽則配天。秦伯伐晉，筮遇《蠱》，蠱者敗也。《國語》司空季子占公子重耳之筮云：震，車也。九家《易》：《震》爲諸侯，且《震》類車箱，《蠱》上有《艮》，《艮》爲倒《震》，《震》倒而車箱覆矣，故云侯車敗。且《蠱》既以敗名，似不止一敗而有三敗，其爲卦實從《泰》初往上來，又從《恒》四往上來，又從《損》初往三來，皆無陽來而只有陽去，故前稱三敗，後稱三去。知必獲君者，艮爲止，無車敗車中人不止獲者也。且艮爲手爲拘，拘繫也，故《隨》爲倒《蠱》，而《隨》之互《艮》，亦且拘繫小子，拘繫丈夫，而繼之曰隨有獲，此非拘止而獲之也乎？故曰必獲晉君。毛西河說如此。爲拘，今《說卦》作狗，從荀氏也。《變卦》則不必占筮，王子伯廖論鄭公子曼滿，稱其在《周易》《豐》之《離》；游吉論楚子，稱《周易》有之，在《復》之《頤》；荀首論邲之戰，稱《周易》有之，在《師》之《臨》；蔡墨論龍見於絳，稱《周易》有之，在《乾》之《姤》。其《同人》、其《大有》、其《夬》、其《坤》、《坤》之《剥》，皆舉以爲說。雖或據動爻，因事斷義，傅會不免。要其占法，則固《周官》大卜之遺，而周人治之者也。故元胡庭芳名一桂《易啓蒙通釋》，會萃《内》《外傳》占筮事以明筮法。國初毛西河名奇齡亦取而條爲之釋，曰《春秋占筮書》，以明《易》之本旨，論者韙之。良以周人之法，後人推之，終不如周人自言之爲不失也。即其近古先漢諸儒，淵源有自，殘亡之餘，匪易通會，尚昧厥旨，未可遽訾。

今足下以來氏一家之學治《周易》，其所非議諸家姑不具論，乃於晉文勤王之筮，穆姜之占，一則曰不足據，再則曰不足據，非胥吏之無識，即卜史之迎合，然就所申論，又甚未有以易之。噫，過矣！蓋足下《易》學既出來氏，故其高自標署，傲睨一切之氣，亦頗中之。夫學莫不欲求是，而淺深得失視所自造，非可以矜氣據，亦非可以强口争也。即如《春秋》筮辭，宋人至謂一似事後言狀增損之以欺後世者，逮西河言之，則皆確然豁然。故朱子《本義》專主卜筮，而於門人問答，又以爲《易》中先儒舊説皆不可廢，但互體、飛伏、納甲之屬未及致思耳。又嘗引左氏占《觀》以證互體。又論火珠林，謂如《左氏》所載，則干支納音配合之意似亦不廢。如云《屯》之《比》，既不用《屯》、《比》辭，别推一法，恐亦不廢此理。夫不如蓋闕，慎言其餘，然後可以增益不能，涵納衆美，聖賢用心，有何止境。就所已信，猶不敢決其必然，況所未信，可不存疑？唯其如此，故雖極後人補苴匡正，無損於宏誼。學問之道，蓋其難也。若來氏以二十九年成一經之説，在有明一代，本足名家，而乃謂自孔子没而《易》亡，四聖之《易》如長夜者二千餘年。至核其所創諸説，上下經三十六卦，即邵康節之三十六宫。且揚子雲已謂文王重卦，互用兩卦十二爻，孔沖遠亦言六十四卦，二二相偶，非覆即變，則尤漢唐古義。宋後諸儒，主斯説者益衆。如宋與權《易啓蒙小傳》，即觀物上下經卦序圖，證以《雜卦傳》及揚、孔之説，謂《乾》、《坤》、《坎》、《離》、《頤》、《中孚》、《大過》、《小過》不易之八卦，爲上下兩篇之幹，其互易之五十六卦，爲上下兩篇之用，即其圖反復觀之，上下經皆十八卦。元蕭景元《讀易考原》，言上下經三十卦、三十四卦多寡分合之不可易，及《乾》、《坤》之後受以《屯》、《蒙》，《屯》、《蒙》之後受以《需》、《訟》，次序之不可紊。明蔡虚齋《易經蒙引》，於《本義》説經分上下，謂以簡帙重大，故分上下二篇，云：「六十四卦，何以不三十二卦爲上經，三十二卦爲下經，而乃上經三十卦，下經三十四卦也？」中爻即漢儒之互體，錯卦即旁通，綜卦即覆卦，皆舊説所有，特來氏專暢言之，遂矜爲獨得。推衍諸圖，既不能覺伏羲先天《河》、《洛》之非，又益臆造以張其妄，故後儒亦不重其書。即足下亦曰：來氏第據宋後之書，宋前諸説尚未備覽也。豈不以其陋而自用耶？今足下《凡例》首揭名書之旨，以爲「孔子作傳，解《易》者不必於傳外，自漢迄明，注《易》者不一家，皆失之傳外，此編準傳解經，不敢放逸，故名《廣傳》」。而首載《諸圖論》，則又推陳、邵、來氏之餘波，稍事更衍，遂謂：「先正誤解，未獲《易》真；某確見大原，握本指末，心得之學，何敢多讓？」又謂：「某確見《易》理，闡明發揮，較有得於先正。」明傳兆文説《易》，謂之羲經十一翼，以己説翼孔子，併數爲十一，莫不斥其僭妄。韓康伯謂《序卦》非《易》之藴；李邦直、葉正則等諸家，亦疑不出聖人；元王申子《大易緝説》，益加排斥；歐陽永叔《易童子問》，疑《繫辭》、《文言》以下非孔子作；至明劉濂《易象鈎解》，直并謂《十翼》不盡出聖門，且叛於三聖之教；而鄧夢文《八卦餘生》，於《繫辭》、《説卦》諸篇，一切攻駁，而《序卦》爲尤甚。其智幾欲出孔子上。著書人極其狂誕，則亦何所不有。今足下謹守聖翼，自不至以韓、歐之故，蹈申子、濂、夢文之瞽瘝。然《廣傳》之名，已幾幾十一翼之僭，且以歷代諸儒皆出傳外，惟己説不謬，無乃自孔子二千餘年如長夜之故習，有未除者乎？且夫先天諸圖，本陳希夷推闡《易》理而作，神之於伏羲。傳者反謂因圖作《易》。又取天地生成數，造五十五點，取《乾鑿度》太乙行九宫法，造四十五點兩圖，以當《繫辭》、《河圖》、《洛書》。其陰陽奇偶，又一一與《易》應，傳者益謂真巍龍之所負，羲圖之所自出。其實唐以前書，絶無證驗，宋人言傳授，亦并謂希夷以前無考。邵伯温《圖書辨惑》云：陳圖南《易》學，不煩文字解説，止有一圖，以寓陰陽消長之數。圖亦非創，圖南以上傳授不可考，圖南授汶陽穆伯長，伯長授青社李挺之，挺之授先君。又云：种放明逸亦傳圖南象學，授廬江許堅，堅授范諤昌，由此一枝，傳於南方也。朱子發《進漢上易傳表》云：濮上陳摶以先天圖傳种放，放傳穆修，修傳李之才，之才傳邵雍；放以《河圖》、《洛書》傳李溉，溉傳許堅，堅傳范諤昌，諤昌傳劉牧，故雍著《皇極經世書》，牧陳天地五十有五之數。王湜《易學》曰：先天圖傳自希夷，前此莫知其所自來。錢子宜《周易圖說》曰：陳摶始本《易》有太極、兩儀、四象、八卦，因而重之及天地定位等說，爲橫圖，傳穆、李以及邵子；又本帝出乎《震》之說，爲《後天圓圖》，因《大橫圖》之卦爲《否》、《泰》，反類方圓。圖南《龍圖序》亦云：今存已合之位或疑之，況更陳其未合之數耶？然則何以知之？於仲尼三陳九卦探其旨，所以知之也。按邵、朱言傳授小乖異，自是朱誤，邵爲得之。雖《河》、《洛》九十之數，劉、邵互易，而并原希夷，則是二圖初無定名。當以九出《易緯》，故先屬《河圖》，既而無以附九疇，乃歸《洛書》，授受有先後，遂致乖刺，殊無足辨，而爲希夷所造則愈灼然。劉長民《易數鈎隱圖》以九爲《河圖》，十爲《洛書》，宋人多從其說。獨朱子以《大戴禮注》有「明堂九室法龜」文；蔡季通謂孔安國、劉向父子、班固皆以爲《河圖》授羲，《洛書》錫禹；關子明、邵康節皆以十爲《河圖》，九爲《洛書》。劉牧之言，與諸儒舊說不合。又謂二者皆出伏羲，亦無明據。故《易學啓蒙》斷從關、邵。諸圖初盛，歐陽氏即疑《河圖》怪妄；程子亦不信康節之數；陳子兼亦詆《漢上卦圖》妄引說分伏羲、文王之《易》之非；朱子取冠《本義》、《啓蒙》之首。袁機仲、薛士龍、林黄中輩亦不是之。即《文集》、《語録》，亦不諱其出於方外丹竈，且有不足其說之處。《語類》云：「先天圖直是精微，不起於康節、希夷，以前元有，只是秘而不傳，次第是方士輩所傳授底，《參同契》中亦有些意思相似。」《文集》答袁機仲云：「康節之說，乃希夷之說，希夷之說，乃孔子之說，但當日諸儒既失其傳，而方外之流，陰相付受，以爲丹竈之術，至於希夷、康節，乃返之於《易》。」《語類》又云：「某嘗問蔡季通，康節之數，伏羲也曾理會否？曰：伏羲須理會過。某不以爲然。伏羲只是見得一個道理恁地，便畫出幾畫，他也那裏知得疊出來恁地巧，此伏羲所以爲聖，若他也恁地逐一推排，便不是伏羲天然意思。《史記》曰伏羲至淳厚，作《易》八卦，那裏恁地巧推排。」又《文集》答劉君房云：「《啓蒙》本欲學者且就《大傳》所言卦畫筮數推尋，不須過爲浮說，而自今觀之，如論《河圖》、《洛書》，亦未免有剩語。」又《文集》載與袁機仲書，凡十數往還，論後天《易》，則謂嘗以卦畫縱橫反覆求之，竟不得文王所以安排之意，是以畏懼，不敢妄爲之說。論先天《易》，但以按之《大傳》，理有可徵，順逆縱横，妙義疊出爲斷。大概意必之說，知不足以服機仲之心也。錢子宜《易圖說》，謂朱子《易本義》，於先天後天卦位，必歸其說於邵子，似歉然有所未足。王懋竑《白田草堂存稿》，謂以《本義》九圖，證《文集》、《語類》，多相矛盾，斷爲門人所依附，良然。特以述朱子之學者，爲所壓不復致疑，遞相推闡，無慮數十百家，千有餘圖，奇偶黑白，斑斕盈卷，若算經、弈譜之爲者，而於辭變象占，一置不問，遂至蠹經誣聖，不可究詰矣。獨林德久名至《易裨傳》，趙汝楳《易雅》，皆不信九、十兩數爲《圖》、《書》之數。《裨傳·極數篇》云：「歐陽公以《圖》、《書》爲怪妄，爲說以黜之，一人之言，不能勝久習之溺，特學《易》者不深察之耳。今所謂極數者，本天地五十有五之數，而黜《圖》、《書》之妄，雖得罪於君子，不辭也。」《易雅》云：「《圖》、《書》不傳九、十二數，後人依緣仿像，故舍《圖》、《書》之名而論二數，則自有妙理，强二數以《圖》、《書》之名，則於經無據。」元陳澤雲《易爻變義藴》，更毅然以希夷先天之學爲非。陳名應潤，謂先天諸圖，雜以《參同契》爐火之說，非《易》本旨。其論八卦，惟據《說卦傳》「帝出乎震」一節爲八卦之正位，而以「天地定位」節，邵氏指爲先天方位者，定爲八卦相錯之用云。周文演《易》，必不顛倒伏羲之文，致相矛盾。其論太極、兩儀、四象，以天地爲兩儀，四方爲四象，謂未分八卦，不應先有揲蓍之法。分陰、陽、太、少，周子無極、太極、二氣、五行之說，自是一家議論，不可釋《易》。明歸震川、著《易圖論》上下篇。張元岵、名次仲，著《周易玩辭困學記》，盡廢諸圖，謂八卦因重之法，自十六、三十二以至六十四卦變，某卦自某卦而來，皆夫子所不言。《河圖》、《洛書》之外，別無他圖，後人依託夫子之言，而支離蔓衍。國朝黄梨洲、名宗羲，著《易學象數論》，謂朱子添入康節先天之學，爲添一障。黄晦木、名宗炎，著《周易象辭》、《尋門餘論》、《圖書辨惑》，謂四聖相傳，不應文王、周公、孔子之外，別有伏羲之《易》爲不傳之秘。《周易》未經秦火，不應獨禁其圖，轉爲道家藏匿二千年，至陳摶而始出。毛西河著《圖書原舛篇》，謂今之河圖，即大衍之數，當名大衍圖，非古《河圖》，《洛書》則太乙行九宫法，非《洪範》九疇。相繼攻駁，其僞益顯。至胡東樵著《易圖明辨》，窮溯本末，一一挾所自來，名渭，其書一卷辨《河圖》、《洛書》；二卷辨五行、九宫；三卷辨《周易》、《參同》先天、太極；四卷辨《龍圖》、《易數鈎隱圖》；五卷辨《啓蒙》、《圖書》；六、七卷辨先天古《易》；八卷辨後天之學；九卷辨《卦變》；十卷辨象數流弊。以杜依託附和之口。於是《圖》、《書》之説，雖言之有故，執之成理，特修煉、術數二家旁分《易》學之支流，而非作《易》之根柢，燦然論定。

其時先後間，若喬石林、名萊，著《喬氏易俟》。魏念庭、名荔彤，著《大易通解》。張敦復、名英。著《易經衷論》。李恕谷、名塨，著《周易傳注》。朱若瞻、名軾，著《周易傳義合訂》。查初白、名慎行，著《周易玩辭集解》。晏一齋、名斯盛，著《蒙楚山房易解》。沈子大名起元，著《周易孔義集説》。諸家説《易》，皆不取陳、邵之圖以混聖經。乾嘉以來，斯道愈炳。足下生明備之世，何乃漫弗深考，猶轇葛於羲文方位；而開卷《河圖》又取高雪君采附來《易》之古《河圖》圓整之，使回環珠貫，若畫星之狀；又取其黑白交圈中納五十五點之太極《河圖》。又皆不著所出，直謂「龍馬之旋文如此，伏羲名爲太極」，蔓衍數千言；而《繫辭》天一、地二節又直注云「此言太極之數」，臆造不經，尤可駭怪。所謂「確見大原、握本指末，不敢放逸傳外」者，固如是邪？抑別有説以處此也？

友芝經學荒蕪，於《大易》一經尤無解處，唯以少承先君之訓，粗識徑途。既枉下問惓惓，忘其倥愚，輒陳利病大端如此。妄意足下此著，若删去首卷，僅存全經之説，而除其及於先天《河》、《洛》者，即完美可行。足下若以春秋方盛，探索鈎致，輝光日新，愈以契四聖之真是，範群言於一歸，此則終日乾乾自强不息之學問，屬在同志所宜敦勖者，尤幸甚幸甚。尚有無關宏旨，亦足爲全璧之瑕者數事，不具言，條在別楮。

友芝白：

六十四卦卦畫下注「某下某上」，今悉點易爲「某上某下」。○按歷代諸家《易》本并注云「某下某上」，每卦此四字，其爲經師所加，或周、孔元文，前儒固未之及。然蓍法求卦，必由初而上，自内而外，則不先上後下，灼然無誤。唯朱灌甫、名睦㮮，明人。張仲誠名沐，國朝人。二家，獨先上後下，於卦爻之始初終上，《繫辭》之小成大成，俱不可通。今復踵其失，亦嫌亂經矣。

《凡例》謂：諸儒刊改《易》文之失，急宜補救。○按此先儒尊信古經，不敢竄亂，篤實之遺，最善最善。然所舉郭京説，前人已笑其自謂得王輔嗣、韓康伯手寫本之妄，殊不足辨。至謂「順」當作「慎」等之非，則可不必。先漢儒者傳經，皆從口授，非如今日有刻本可循。故至各著竹帛，遂多乖違錯漏。鄭康成所謂倉卒無其字，率取聲近者以當之，是也。故學者雖悟其非，恐未即是，不敢輒改，但云「某當爲某」，以存元文。使後人有所持擇，以致兢慎。康成於《坤文言》「爲其溓于無陽」云：「溓讀如群公㥔之㥔。」《詩·采薇》正義引。《蒙象》「順以巽也」云：「巽當作遜。」《大有象》「明辨遰也」云：「遰讀如明星哲哲。」并《經典釋文》引。是其例也。且順、慎古字通，《荀子》順墨作慎墨，亦非無據。特不宜肆易經文，自我作古耳。若以爲不煩改字，依文釋之，其理自見。李厚菴《周易觀象》，亦不以順爲慎，不以「比吉也同人曰」爲衍文，而未嘗非傳義，最爲可法。至於割裂經文，顛倒更置，自宋以後，實繁有徒，誠惡習不可訓。然所舉《集解·序卦》，蔡氏《雜卦》，來氏《繫辭》，不及二十之一，若欲刊之，恐難遍及也。又《繫辭》天一、地二以下二十字，韓本在「夫《易》何爲者也」之前，程子謂「合在天數五、地數五上，簡編失其次也」，朱《義》從之。又移「大衍之數五十」至「再扐而後掛」於「成變化而行鬼神也」之後。考《前漢·律曆志》及甄鸞《數術紀遺注》、衛嵩《元包運蓍篇》引天一等二十字，下接天數五一段，則有錯簡無疑。故《周易集解》引虞翻義云「此大衍之數五十有五，蓍龜所從生」者，而下文「《易》何爲」句，又引虞注曰「問《易》何爲取天地之數」也。又引陸績注「開物成務」句曰「觸長爻策，至於萬一千五百二十，當萬物之數」，則并就文觀義，不言錯簡，知諸本次第悉如韓本。今欲復古，而此處又仍程、朱而不言其故，何也？

《凡例》謂幼習馮厚齋《輯説》，未計其是非，繼讀《本義》，覺其有非，及見來注，乃實見其非。○按厚齋《易》有真僞二本，真者從《永樂大典》鈔出，名《厚齋易學》，凡五十二卷，中分《輯注》四卷、《輯傳》三十卷、《外傳》十八卷。其《輯注》止解《彖》、《象》，《輯傳》則尊《彖》、《象》爲經，而退《十翼》爲傳，《外傳》則以《十翼》爲經，各附先儒説而斷以己意，其書多用古文。如《坤》「黄裳」作「黄常」，「蒙瀆」作「黷蒙」；《屯》「磐桓」作「般桓」，「邅如」作「亶如」之類。又以程迴、朱子未及盡正孔《傳》名義，乃改「彖曰」、「象曰」爲「贊」，又以《隋·經籍志》有《説卦》三篇，改《繫辭傳》上下爲《説卦》上中。僞本四卷，名《周易輯説明解》，多沿襲《本義》，乃淺人所依託。今據僞本非厚齋，恐厚齋不受此誣也。

《凡例》謂遵《本義》程式，經注俱大字單書，經文高一字，注文另行低一字。○按《本義》以上下經爲二卷，《十翼》自爲十卷，卷首《九圖》，卷末《五贊筮儀》，每張十八行，每行十七字，注皆小字，如《四書集注·詩集傳》式。顧亭林《日知録》曰：今《易本義》以程之次序爲朱之次序。又云：坊本《易》每張二十二行，每行二十三字，而《本義》皆作大字，與各經不同，凡《本義》中言程《傳》備矣者，又添一「傳曰」而引其文，皆今代人所爲。

卷一首條謂鄭康成分各卦《彖傳》、《象傳》附各卦經，《乾》卦則以《彖》、《象傳》附彖爻辭後，又謂程子《易傳》因鄭氏、王氏。○按朱子發《漢上易説》云：古文《周易》上下二篇，孔子作《彖》、《象》、《繫辭》、《文言》、《説卦》、《序卦》、《雜卦》，别爲十篇，前漢費直傳古文《周易》，以《彖》、《象》、《繫辭》、《文言》解説上下經是也。費氏之《易》，至馬融始作傳，融傳鄭康成，康成始以《彖》、《象》連經文，所謂經文者，卦辭、爻辭通言之也。即費傳所謂上下經也。魏王弼又以《文言》附於《乾》、《坤》二卦。故自康成而後，其本加「《彖》曰」、「《象》曰」，自王弼而後，加「《文言》曰」。至於文辭連屬，不可取以附六十四卦之爻，則仍其舊編。今《繫辭》上下、《説卦》、《序卦》、《雜卦》是也。魏高貴鄉公問博士淳于俊曰：今《彖》、《象》不連經文，而注連之，何也？俊對曰：「鄭康成合《彖》、《象》於經者，欲使學者尋省易了，孔子恐其與文王相亂，是以不合。」則鄭未注《易經》之前，《彖》、《象》不連經文矣。又按：《易·坤》初六《正義》云：夫子所作《象辭》，原在六爻經辭之後，及至輔嗣之意，以爲《象》者本釋經文，宜相附近，故分爻之《象辭》，各附於當爻下言之。然則康成止引《彖》、《象》附經，而《象辭》則未嘗散附爻下，皆如今之《乾》卦，散《象》附爻又自輔嗣也。程子《易傳》僅上下經，爻象分附爻下，《文言》附《乾》、《坤》，是因王不因鄭。又引《序卦傳》冠各卦之首，乃因李氏《集解》。

《筮儀》。○核與朱子《筮儀》無異，而改易其文，便不雅飭。仍舊貫，如之何？

《雜辨》謂「先儒不知《河圖》即太極」。其所擬之太極有二，其一陳希夷所擬，今《易》本所載是也；其一周濂溪所擬，今《性理》所載是也。理固相近，然總不若《河圖》」。○按《性理》所載之太極圖，乃本希夷居華山時刻石之無極圖顛倒之而別爲說。朱竹垞、《經義考》及《曝書亭集》。黄晦木、《圖書辨惑》。毛西河、《太極圖遺議》。胡東樵諸家，皆有考辨。所謂圖雜仙真，説冒《易》道，即希夷之圖也。故朱《漢上進易傳表》云：濮上陳摶以先天圖傳种放，放傳穆修，修以太極圖傳周敦頤，敦頤作《通書》，亦其證也。今謂希夷所擬《易》本所載者，不知是何《易》本。考熊氏《易本義集成》，首列周子太極，又有楊氏太極、熊氏太極，則二家所自造，來《易》卷首所載，則矣鮮所創。卷末高雪君所采《心易發微》伏羲太極之圖，半白半黑，圓轉交互，中著白黑眼，外環八卦，若今俗間所畫以厭勝者，則尤不知所自。并誣希夷也。

《雜辨》謂「先儒講説爻象，不過推求比應，我更於爻中看出時、位、用之三通例，準此研究三百八十四爻，若網在綱」。○按時、位、用皆出《象》《繫》，乃《易》中本義，前儒就以爲説者甚多。

許魯齋《讀易私言》，陳修甫名念祖，明人。《易用》等，尤專明其義，不可以爲獨得。

《雜辨》所斥康成、侯果、干寶、崔憬、虞翻、王肅、孔穎達、荀九家等説之非。○按此由足下先以一希夷先天《河》、《洛》，并私造之太極，横據胸中，諸家安能有合。在諸家受授分途，各明一義，固不能有得而無失。然就所議，亦未能盡是。欲條析大繁，姑爲足下粗明其理。譬之人之欲明漢事，而漢人之書多不可考者，魏晉間人有一言半語及之，即當儲以爲柢，博證而詳推之，精思而慎擇之，乃玉石分矣。然猶不敢遂謂無誤也。我從信焉者，不然者聽焉耳。況《易》之爲説各異，鄭、虞、荀數家而外，皆不得其條例。夫不盡見其辭，而欲論其是非，猶以偏言決獄也。不盡通各家，而欲處其優劣，猶執白而嘲黑也，其不爲有識所笑幾希矣。可無慎乎？

《雜辨》謂「費直以傳解經，乃用傳辭以解經辭，康成、輔嗣削去費直所解者，直以傳附經」。○按《漢書·儒林傳》：「費直治《易》，長於卦筮，亡讀無章句，徒以《彖》《象》《繫辭》十篇《文言》解説上下經。」所謂解説，言與人口講，但以《十翼》釋經，故亡章句，康成、輔嗣安得削之？《隋書·經籍志》：「漢費直《周易》四卷。」《經典釋文敘録》亦云：「四卷殘闕，僞託也。」如以費直所解即是傳辭，則是以傳附經，即自費直，然於前載何據？就爾，鄭、王所削者又何物也？劉勰有言：「意翻空而易奇，語徵實而難巧。」此讀書立言法也。願熟服之，無徒逞易而忘其難。

《雜辨》謂「《易》不必叶韻」，而舉强叶者割裂辭句，如「《乾》，元亨、利貞」，以乾音勤，叶下亨、貞；《乾象》「天行健」，以「行」音「杭」爲句；「自强不息」，以「自强」爲句，以息音襄爲句，等之謬。○按此等乃張獻翼、明人，有《讀易韻考》。陳圖國初人，有《周易起元》。輩之妄説，真盲聾顛倒不知而作也。而十二篇爲有韻之文，實幾十九，其不合於今者，本古音，非强叶。足下不知古音，故不解耳。如「下」之音「虎」，「馬」之音「姥」，「慶」之音「羌」，「行」之音「杭」，試就周秦有韻文遍較之，有異讀者乎？如欲明此，當取吴才老《韻補》、宋人，名棫。陳季立《毛詩古音考》、《屈宋古音義》、明人，名第。顧亭林《音學五書》、江慎修《古韻標準》等細究之，自能有得。季立又有《雜卦傳古音考》一篇，如「《屯》見而不失其居，《蒙》雜而著」，云：「居，古音倨。」引《詩·蟋蟀》「無已太康，職思其居。好樂無荒，良士瞿瞿」，漢韋玄成誡子孫詩「昔我之墜，畏不此居。今我度兹，戚戚其懼」爲證，甚確鑿。亭林書中，《易》韻即居其一，本朝經學師承，必根文字訓故以通古人之意，乃無意必之談，不知古音，則文字訓故亦不能備通，故不可不講也。

《雜辨》謂：李氏《集解》與《本義》異之字，皆於文義不順，惟《本義》爲確，或漢儒泥於《易》象，有難以取象者，則輕改《易》文，《本義》則遵《易》原文，此篇俱從《本義》。○按《本義》就王、韓本而移其篇第，《集解》亦據王、韓本而參以衆家，王、韓注《易》，不聞其於《集解》所引諸家之外，别有傳授，安見《本義》爲原文，而《集解》爲漢儒所改？豈王、韓在晉，而親授之孔子邪？大抵經典異文，或師承各别，或口授相乖，既未了了，安知是非？况漢《易》五家，源遠而末益分者耶？○朱子記林黄中《辨易》云：大凡解經，但令綱領是當，即一句一義之間，雖有小失，亦無甚害。

以上諸條，大率是全書綱領中事，故并及焉。餘不縷縷也。

此札輯自南京圖書館藏《郘亭詩文稿》。寫于清道光癸卯（一八四三）秋，此年莫友芝三十三歲。乙酉（一八四九）仲秋，莫友芝在此信後補記云：「道光癸卯秋，爲徐祉堂勘其《易廣傳》，作此書告之。欲其研索去瑕，勿亟自見。越六年戊申，其書已刊成，意整理慎密矣。逮以本來，則但易其名曰《周易理揆》，於所條論間取竄其舊編，而所不從者又必爲之辭，不曰『斷之以理』，則曰『不必拘泥』，而《自序》且夸爲邵、朱後不可無之書，《凡例》又謂『某已得全《易》綱領，一切《易》説，亦無確論，俾點竄，不覺有觀止之嘆』。昔祉堂曾以《廣傳》謁賀中丞博青衿，向學若甚勇，既辱相往復，亦殷殷若不及者，豈意其猶自信如此哉。己酉仲秋，胡子何弟爲檢録此書稿，因論及之，余甚愧忠告之未盡也。郘亭記。」

## 道光二十四年六月致平翰書

友芝頓首，越峰二丈左右：酷熱，不審道履何似。承四月間惠書，忽有辦買舟資之語，官場安論是非，積薪久矣，那不作蒓鱸思邪？

值符入歲試，乃知退翁之意已決，眷屬都取聚廳城，特瞰秋代東下。二丈既無田廬，食指不少，蕭然行槖，將何所依？必待令弟官成，可付家累。中間歲月，已費枝梧，仕非爲貧，而爲貧正是今日。捨現在之井臼，待將來之穿栽，二丈此圖，竊所未解。以友芝之策，不若守此一官，聽其所直，稍有贏餘，即近求可鄰，早作去計。苟十口粗給，縱棄官，不難於伸待澤之民懷，作委靡之官氣，惟我所欲，必恆於理。東坡先生隨處買田，罔非此意，豈不可師邪？

友芝駒隙，徒悲緌纓遂易，昊天罔極，報乃如斯，撫摩令名，益懼墜失，筆耕以活，庶不爲非耳。即來歲春官，自斷不往。必罄兩歲之家計，辦一人之公車，擲實覬虛，安敢出此？非無乞假，先自赧顔。故區區之懷，庶其昭察。

唯與二丈别遂六年所，渴思一見面，計七月半諸生省試，當得束裝而西，奉作十日游。而九及十一兩月，當爲瑶、生兩弟畢姻，須料理有緒，方可抽身。二丈若瞰八月上旬不至，即是不果來矣。友芝自稍解事，眼中能講實際、有守有爲如二丈，殆不三數見。時命欺人，賢豪氣短，古人唯有安心順受，盡其在我一法，唯二丈熟思之。

右衡謂二丈索要寄詩，率奉三章兼近作八首，不和不成之聲，即情愫可知矣。昨日復檢出庚子冬爲二丈題《吾省吾廬圖詩》，爾時自嫌布景不靈，未即寫寄，人事錯迕，遂爾遺忘。今却用了餘紙，若以爲可，當更好書過。妙臨《争坐》新石本，刻手固是中人，在山城中已自難得，所要跋尾附上。

前示《來鶴帖》，已爲朋好攫去，乞并新刻《争坐》，各賜五七本，以分好學之士。道光〔壬〕〔甲〕辰六月荷生日友芝上。

據臺北「國家圖書館」藏《莫友芝文稿一册》録入。按，道光壬辰爲道光十二年，平翰尚未擔任遵義知府，莫氏與之未相識。道光十六年至十九年平翰在遵義知府任上，倡修府志，聘鄭珍、莫友芝爲總纂，二人遂成爲莫逆。據此帖「唯與二丈別遂六年所」語，推知「壬辰」爲甲辰之誤。該年莫友芝三十四歲。

## 道光二十四年六月致王个峰帖

書來，知新遭本生繼慈之喪，足下天性肫摯，摧毀如何可言！但古人「父在爲母」，禮文中即有多少委曲，況藺上翁方在客中，不惟不可過哀，尤不可見哀，使之增愴也。歲底春初，將奉老人作歸計，大善大善。竹里琴書，懸待久矣。春筍接番，湖鮮入盤，有酒盈樽，起舞稱壽，此中之樂，視依人彈鋏何如邪？友芝已矣，徒爾羨人，君尚及時，慎勿虛負。唯客囊亦不蕭索否？可念耳。讀所示陶菴《石匱書》一序，真遺明一大作手，果歸迫，恐遂無緣見藏本，期他日郵我副墨子耳。惡詩附呈，勿嫌直質。不具。甲辰六月。

據臺北「國家圖書館」藏莫郘亭手稿《文稿一册》録入。寫信時間爲道光二十四年甲辰（一八四四）六月，此年莫友芝三十四歲。

## 道光二十六年九月答鄒漢勛書

友芝頓首。叔勣鄒君足下：黎柏容歸自貴陽，持示大著《轉注考》、《屈子生卒年月考》。舍弟歸，又得《寶慶志圖説》，并往來詞翰，知足下於本朝三絶學墜緒，欲直尋乾嘉老輩而益精之，恨不得即奉身左右，發名山藏，爲一日快。

友芝向見湘皋、虎癡著述，詫絶爲當世所未有，而足下兼長之。天地生才有數，何楚人所得獨羸邪？邇以郡乘屈迹來黔，所以爲小邦光寵甚大，所以進退載籍，斧藻耆舊，如持牛刀割雞，如輿薪燎一毛，而江湖舉方舟也。顧承殷殷寄詢，不肯舍涓泉匊壤以有高深，故敢獻愚衷，以塵左右。

方志重沿革，而沿革莫難於貴州，貴州沿革莫難於烏江以南貴陽諸府。其地自於越而象郡，而牂柯、夜郎，周秦微有影響，漢迄南齊，漸得梗概，曾於《遵志》年紀小引其端。下此直至八番順元，貴州行省始可覼縷，而中間自梁迄宋，皆若存若亡，卒不得依據。當梁武破牂柯，必有析置，惜臺城淪陷，記注無遺。陳西亡巴蜀，周又不能遥制南中，於是前代郡縣遂汩没不可收拾。凡兹三朝，蓋闕可也。隋開牂柯，才領二縣，初收故地，猶可約略爲言。唐以趙、謝首領所獻，建牂、矧、莊、充、應、矩等州，後雖遞降羈縻，而其始則皆下州。莊州且經置都督府，而隸黔中都督府之諸蠻州，六州外尚四十五，意必有若干州參錯其間。今按《唐書·諸蠻傳》粗究方里，《元和郡縣志》費、夷、播、獎等州四至八到，旁考邊隅，雖六州大半可求，而已有不能備識者。至宋而牂、充、莊、剡盡付化外，史傳所及，舍馬、殷八姓無聞焉。蓋隋之郡縣既非承漢晉以來，唐之州郡不盡承隋，宋之諸蕃不承於唐。地舊置新，各自爲始。所以前載荒略，將近千年，言地理者及此，未有不智盡能竭，掩卷三歎者也。

謀始之際，前貴陽守鄧雲谷先生實屬友芝主之。私計首郡事重他郡，非備鳩唐宋以來輿記雜史、稗官瑣言、通行之集、佚藏之編、荒龍之斷石、土酋之世譜，博採精貫，未易以彌正史之罅而刷方書之謬。又適以《遵志》招致齒舌，念首郡益多持橈，見寡力劣，辭不敢爲。今得足下博聞强識，又無所持橈，爲之爬羅疏邑，必有大破積難者。鄙意甚不願簡略桑梓，嘗欲私爲《黔》之一書，儕厠《益部傳》、《襄陽記》之列，家食累歲，蔑由網羅放失舊聞，亟望足下書成，假矇瞶以視聽也。附呈《遵義府志》廿册，并舍弟所録唐宋以來小文字可備采者一册。聞柏容言，足下頗有犍山鼇水之興，當日開徑以待。

此函載《郘亭遺文》卷五。民國《獨山縣志·藝文志》和民國《都勻縣志稿·藝文志》均收録。丙午九月爲一八四六年九月，時年莫友芝三十六歲。

## 道光二十七年七月致鄒漢勛書

友芝叩頭叩頭，叔勣先生足下：新歸復歲考，日自卯至酉，應客煩苦無奈。每念貴陽行都司奉訪時，科頭解衣，箕踞偃仰，頓有仙凡之隔。加以金昆玉季，風馳水湧，道古今事如對國初閻、胡諸老，聽指撝，益悔勾留之淺。承命檢録諸條，舍弟輩又未暇即録，至遷延累月未報，當不免開罪耶。涼秋，遥想道履勝常。著作之暇，與喆弟一壺一屩，歌壎應篪於杜洲雪崖間，滌蕩荒陬，粉𧷤□境，與秋色争朗。友芝又恨不得即荷笠參從，荒江索莫，人事牽孿，將何所長進耶？

前日寫人陳生經遵城走省局，知大著《貴陽新志》旦夕授鐫，尚有涓壤之獲，計不足以益山海，又恐負不擇不讓之虚衷，輒不敢以自隱。家藏楊少司馬《撫黔奏議》凡四百五十餘篇，當國家初收貴州時，其關係貴陽掌故不少，謹并摘鈔《提要》、《揣答》等數篇呈待持擇。又貴陽國初前輩有江公名闓，字辰六，省志則惟有越闓，蓋即一人，其姓貫歧異當考，前在局忘言之，未知新志亦曾及否？

友芝始讀徐虹亭《本事詩》，其卷末七言絶句一篇題江闓作，注云：「辰六，貴陽人。」即暗識之。又讀沈歸愚《國朝詩别裁集》，云辰六官解州知州，著有《河汾集》，乃知其著作歷官。而《别裁》言鄉貫又云歙縣，歧疑不能明。後得吴天章《蓮洋集》，其與辰六往來詩凡五六見。《嬰孫在抱江解州辰六錫名頒惠答謝》云：「索居如空山，閑階秋浩浩。夫子意良厚，念我日枯槁。詩書欲付誰，有孫方在抱。肇錫得嘉名，珍惠詎棃棗。騰驤望千里，廟堂列鴻寶。德厚乃旁及，福綏廣仁造。頓使寂寞胸，暢然對襁褓。痦寐檢旁生，何功當蒼昊。還以九如歌，爲頌復爲禱。」《東江解州辰六》云：「中條山下來時路，幾日楊花作春暮。馬上頻看戴勝飛，花開舊館應無數。今日仍從山下行，花枝低亞宛相迎。南鄰酒畔定相待，況復堦前新笋生。新笋生時如碧玉，相間花枝照茅屋。篋裏亟尋荷葉杯，案前再補陽春曲。其如垂橐意蕭然，遥念花枝誠可憐。歸來不用賖春色，只向先生乞酒錢。」《寄江辰六郡守三首》云：「相逢楚水劇相憐，又近清光借一廛。有客常思才子調，無人不道使君賢。愁來擬就王官谷，饑遣翻過玉井蓮。海内故人星散甚，誰人重許買山錢。」「旌麾來往問潛夫，車笠深盟信不渝。事業望君榮棨戟，弓裘痛我失桑榆。名山暫寄書千卷，村社閒攜酒一壺。河潤還欣時節好，紛紛花雨濕菖蒲。」「大道微茫不可尋，極尋常處易浮沉。讀書未便傷無用，爲善何妨是有心。筆勢漫從秋裏廢，天機且向静中吟。邇來生計渾如此，肯向南風慰好音。」《江辰六刺史假寓荒齋留咏依韻答之》：「尚肯高軒過，依然見素心。旌交叢竹密，徑掃落花深。露井晨生潤，雲山晚送蔭。披襟話終古，自愧鳳鸞音。」《過解郡江刺史留飲署齋再和答贈詩》：「三更頻剪燭，真意尚陶然。道味親南郡，經生愧服虔。詩分朝爽氣，酒中上春眠。若論千秋業，端憑彩筆傳。」及辰六之没，又有《感悼江解州辰六》絶句云：「春首華筵重一金，大寒冰雪感知音。牂柯名士知何處，誰辨相如作賦心。」漁洋評此詩云：「辰六故是可惜人。」文章以長通擬辰六，則其爲貴陽人審矣。豈其曾寄歙籍，抑其先人或後人居歙，故有《别裁》之説邪？蓮洋詩諸題稱「江解州」、「江刺史」之外，又有稱「郡守」者，稱「益陽江明府」者。即其《寄江辰六郡守》首章云「相逢楚水劇相憐」，自注云：「公令益陽時，晤於星沙。」又知辰六先曾知益陽縣。惟辰六未聞領郡，其稱「郡守」，豈爲假守抑猶稱州守耶？而其悼之固仍稱「江解州」也。《四庫提要》載「《嶺南風物紀》一卷」：「國朝吴綺撰，宋俊增訂，江闓删訂。」「闓字辰六，自署貴陽人，而王士禎《蠶尾集·書縮頭道人事》一篇，稱『門人新安江闓辰六前知均州日』云云，未審實籍何地也。」考阮亭《漁陽文略·覽古詩序》略云：

「門人江子辰六淹貫古今，每與論史事，俯仰數千年如指諸掌。早歲絶江淮，泛洞庭，南窮夜郎、盤瓠之鄉，發爲歌詩，浩落有奇氣。《覽古詩》一卷，則康熙丁巳適河東行役道路之所作也。」知辰六受業漁洋，其集又有《覽古》一種，云「早歲窮夜郎」。又云「新安」，與所自序歧疑，莫能定。吴園次《林蕙堂集》有《江辰六春蕪詞序》，稱「越子辰六，吾家叔寶」。《别裁》載有辰六《哭外舅吴興公》詩。又省志載越闓，亦謂其官解州牧也。閻百詩《潛丘劄記》有「與汪鈍翁以幼子詒穀爲長子筠後之非禮」，然則辰六於詩詞史學之外，禮學亦其所優。惜諸集不可得見，未由覼縷生平。足下殫見洽聞，必能考論表章，使前賢不至湮泥，故瑣瑣冒言之。朱竹垞《曝書亭集》有《與越辰六書》論廣陵濤不在江都，《林蕙堂集》有《送辰六歸廣陵序》，辰六蓋又依婦翁居江都，竹垞書即其時作也。不具。

録自南京圖書館藏《郘亭詩文稿》。寫信時間爲道光二十七年丁未（一八四七）七月，此年莫友芝三十七歲。

## 道光二十七年秋致魏承柷書

將侯老父臺大人閣下：承惠書，并鈔致曾侍郎。贈詩益以大篇，鏗訇炳耀，荒江見此，驚怪難佀。念弟與閣下未緣顔面，而厚意懇懇，似欲加拂拭于葑菲然者。閣下殆爲滌生所誤耳。豈知迂拙嬾惰，將老無一成哉！和詩附呈，不敢作時世供官語者，亦見質直不文，且恐負見愛雅意耳。滌生晉秩閣學，極可喜！此公識量過人，所謂好善優于天下者，能大其用，其補益國家不少矣。渠詩亦和就，并用其韻爲詩，寄劉茮雲國博，并録草奉上。如閣下有書致曾侍郎，乞將二詩附入，不别作柬。渠想不怪也。草草具復，不審良覿何在，遥聽頌聲耳。敬候升祺，臨紙神馳，不宣。治愚弟莫友芝頓首。

次韻奉答滌生侍郎先生見寄

群材趨輦下，磊落争施邦。大有楨幹資，細亦蘼與茳。村畽介其際，俛仰迷隻雙。自然例放斥，耕牧還窮鄉。昨日巍侯至，清詩傳玉堂。旁謎重推挹，驚怪難自坊。止義。識面記書肆，片語心已臧。褒義。重緣博士洒，深清引弥長。謂茮雲學正歈。修謁剛未能，翻熱趋士腸。拳拳話我榻，灝若湖奔江。尤懲學術弊，門户生炎凉。摭瑕不求是，暫異焉久芳。小心積隱步，盈氣多浮翔。薄得自賢聖，吾道將何商？平生避埶要，孏散愛滄浪。自持斯語歸，倔彊漸以降。惜哉老無用，日短心辻龐。方語謂大曰龐。公今據華資，道故何周詳。但願持此度，無遺善豪芒。致主堯舜上，聽予中索郎。

道光丁未九秋，獨山莫友芝屬稿。

將侯明府大人爲致曾滌生侍郎所惠詩并用韻見寄和答

黔風元自鄶，瑣細不成邦。豈如大楚國，被塗揉蕭茳。叩門訶非投，纍貫明珠雙。上言辭京初，曾公別吾鄉。語多但説子，屬稿寄草堂。下言秋到黔，鄒生指君坊。嗣音訂遥契，或不我否臧。君真道聽誤，如我定何長。珍意豈不懷，亦以覘子腸。子腸夫如何，好善渴思江。又知異俗吏，承頤眎温凉。披榛蘭叢出，百里看新芳。牂牁數吏績，陳張實高翔。陳少遷、張元修，并漢太守。威邊藉猛政，當罪寧庸商？後來寢無恩，竭澤恣洴浪。南中遂多故，羣怨不可降。民情誠乃頑，亦未失敦龎。科條細如髮，焉使家户詳。睚眦苟得理，鉅釁歸毫芒。漫言矢多事，君其爲漫郎。

録乞削政。

治愚弟莫友芝初稿。

點校者按：道光二十七年春莫友芝在京師琉璃廠書肆邂逅曾國藩，然後訂交。之後曾氏在京師升迁，莫氏返回貴州遵義教書度日。秋間曾氏請魏承柷携帶信函和贈詩到遵義送給莫友芝。於是莫氏回贈和詩于曾氏，致信魏氏轉交給曾氏；同時亦步原韻贈詩于魏承柷和劉茮雲。莫氏給劉氏詩之手稿今佚，而致魏承柷（字季犀，號將侯，一八〇五——一八五五）書及兩首和詩手稿，今藏於湖南省圖書館。岳麓書社二〇一〇年十月版《湖南圖書館藏近現代名人手札》影印此信。今據以點校。

## 道光二十七年九月致鄒漢勛書

友芝叩頭，叔勣先生左右：重九惠詩札至，并曾侍郎、魏大令兩函。友芝適走青田省先墓，因緣與伯庸、子尹作十日聚。既望歸來，琳瑯滿前，光彩炫目，欣快不可言。比惟奬飾過情，非所宜耳。即承道履常勝。《貴陽圖志》以次就板，大荒文獻，彬然可觀，吾叔勣誠勞矣，顧豈易爲俗人道哉？曾滌生侍郎，友芝春中入京晤於書肆中，其温雅無京官官氣，麤粗一談，遂漫謂可揀，臨行相過，拳拳訂交，實不察其中之有無。又遠致贈篇，將俟大令漫承其誤，不復深究，殷殷垂詢，重以嗣音。當路不下士久矣，兩君高誼不減古人，特施之友芝，恐累藻鑑耳。漁璜先生諸稿在嘉慶間有雜揉會爲集者，讀之殊不愜意。在志局得諸底本過録，略勘畢一通，始知唯《桐埜》一集并合作是所自定，其《稼雨軒》、《迴青山房》等集頗多未定之作，又益以後人收拾棄餘，且參僞製。然佳句連翩，如歸愚所舉「乳燕銜泥半帶花，柳煙開處見漁村」之等未易悉數，其有關鄉里事實，如《寄吴□》、《和張繼庸》、《紀黎平亂》之等亦數十篇，暇日當更梳理精校，别編爲集外詩，不使與正集相亂，或非晚進之妄也。衡陽王而農先生，友芝以足下言始知之，賜到新刻《宋論》、《思問録》兩書，始得見其著述，與亭林、黎洲允堪鼎足，誠國初儒林第一等人物，僅謂「楚材舉首」者隘矣。嘗鼎一臠，益思全牛悠悠之懷，何時可副邪？兩會詩已削稿，附上奉和新寄，稍待點定。文駕東還，將出延北，草堂不遠，可以小憩，得面質也。將侯詩未得和，故遲答書。賦性懶鈍，逋債累累，倘遇將侯，先爲道意。不具。九月廿一日友芝叩頭。

據南京圖書館藏《郘亭詩文稿》整理録入。寫信時間爲道光二十七年丁未（一八四七）九月二十一日，時年莫友芝三十七歲。

## 道光二十七年七月答鄒漢勛書

書來，知《貴陽新志》旦夕授鐫，前經過志局，匆匆别去，尚有未及言者一事。友芝見徐虹亭《本事詩》有江辰六，貴陽人。檢《省志》無其人，唯有越闓，《選舉》云新貴人，《人物》云貴陽人，康熙癸卯舉人，歷官山西解州牧，疑即一人。覽吴薗次序江辰六《春蕪詞》稱「越子辰六」，乃知其果然也。惟《别裁集》又云「江南歙縣人」，《四庫全書·嶺南風物記》提要云：「國朝吴綺撰，宋俊增補，江闓删訂。……闓字辰六，自署貴陽人，而王士禛《蠶尾集》『書繡頭道人事』一篇，稱『門人新安江闓辰六前知均州日』云云，未審實籍何地也。」豈辰六之先本歙人，在監，冒越姓通籍，乃復江姓。歸愚、漁洋舉其祖貫，吴天章《蓮洋集》與辰六往來詩凡五六見，嬰孫在抱江解州……其最後《感悼江解州辰六》絶句云「春首華筵重一金，大寒冰雪感知音。牂牁名士今何處，誰辨相如作賦心。」以盛長通擬辰六。薗次序《春蕪詞》亦謂「萬里龍標，頻游梁楚」，合以《風物記》所自署，固不必以《别裁》、《蠶尾》致疑也。《漁洋文略》有《覽古詩序》云：「門人江子辰六，淹貫古今，每與論史事，俯仰數千年如指諸掌。早歲絶江淮，泛洞庭，南窮夜郎、盤瓠之鄉，發爲歌詩，浩落有奇氣。《覽古詩》一卷，則康熙丁巳適河東行役道路之所作也。」《别裁集》又載其有《河汾集》，皆其著述之可舉者。閻百詩《潛邱札記》有《與江辰六書》，論王鈍翁以幼子詒穀爲長子筠後之非禮，則辰六于詩詞史學之外，禮學當亦其所優，惜諸集不得見耳。辰六爲薗次女婿，以《春蕪詞序》云「吾家叔寶」及《别裁集》載其《哭外舅吴興公先生詩》知之。辰六曾知益陽縣，以吴天章《寄辰六詩》云「相逢楚水劇相憐」，註云「公令益陽，曾晤於星沙」，及吴薗次有《送辰六令益陽》知之。辰六又嘗以婦翁居江都，故薗次又有《送辰六歸廣陵序》，朱竹垞《曝書亭集》有《與越辰六書》，論廣陵濤不在江都，蓋即其時作也。據諸老紀述，辰六實本朝貴州文人之冠，康熙己未召試鴻博，貴州唯聞辰六一人。惜《省志》不詳，足下多識，必能考論表章，以詔後望也。不具。

據臺北「國家圖書館」所藏莫友芝《莫氏藏札》録入。

## 道光二十七年十二月答鄭珍商補《中庸集解》刻板書

書来，謂友芝誤讀南軒語，致牽《輯略》章題爲《集解》章題，誠然。

南軒語自以足下讀從元晦講訂爲句，分章去取皆有條次爲句者爲是。向以講訂分章斷句，自不得不摭《輯略》爲講訂之據。栽荆插棘，自塞徑途。雖亦覺與本序齟齬，而不敢輒改。讀書人如此昏昏，可笑之甚。乃今昭然發蒙於石氏之章非朱子之章，欣謝欣謝！

已撰就《後序》，備言疑悟之故，乞更點定修板，擬於章題三十三處，一概削去，而以《輯略》所加題注改入校語中，以存《輯略》之本。新校雖石氏書，而處處兼及《輯略》，則此三十三題校語自不應闕，且雙行細書，又不與本書相亂，似較足下所謂「削去留空行」與「補成墨行」二者爲清整。三十三處，惟一章、十二章、二十一章、三十三章四處兼有總注。一章削去章題并按語得三行，且前鄰行可借半行，恰容雙行校入。但補處太寬則易落，當易一板。十二章處補一全行即容校語。二十一章處須兩行始容校語，而止空一行，雖可擠寫數字，而又逼邊，補全行不穩，當易一板。於中間程子解中以五、六行多寫一字，即讓出一行矣。三十三章處餘二行，逼邊，當易一板。又校附注語尚餘十許字，又有卷尾書題校人，當增一板。餘即以書《後序》。《後序》當二板，入尾更增一板耳。其餘二十九處，惟十七章當於校題處補一釘，又補一全行校分卷，餘皆補七八字釘子即得。

元序跋中撤去七、八二板，第五、六二板亦當易之。第五板序後所空七行，即以《答石子重第一書》雙行附注，得六行，末行接寫婺源板本跋題。其第六板恰容二跋，總計易板五，撤板二，增板二，補長短釘三十一，亦無甚大費也。

唯來諭謂「子曰道其不行矣夫」直補在「鮮能知味也」下爲一章，以合吕、游、侯三家之說。

鄙意猶未敢從。《集解》分章既不同朱子，《集説》録《集解》分四十章，《輯略》删《集解》亦四十章，舍此别無他據。足下以爲三十九章，謂此二章《輯略》第嫌與吕、游不合，故以通下章同上章者著明之。《集説》此篇亦主朱子，故承《輯略》。衛氏又引林、郭、晏、顧諸家，亦聯二章爲説，故知非《集解》本然。

校勘固亦精審。然本書「回之爲人」章，吕氏通上章爲説；「愚而好自用章」，吕氏又通下章爲説。本書并《輯略》亦著明其故，豈得亦合彼四章爲二。其他通二章爲説者非一。朱子《序》既言分章因衆説，又云去取不失當，則安知「道之不行」章，《集解》非專取吕氏首條及楊氏説，觀《輯略》於吕氏後條别加「吕曰」，列楊氏後，乃總以游氏。《集説》亦以游氏次楊後，都非本書吕、游、楊之舊次。蓋所以别專説一章者居前，通説下章者居後。唯《集説》又誤置吕氏後條合前條，并失去通下章同上章之注，遂不了了耳。

意此兩注，若以「回之爲人，愚而好自用」兩處例之，抑或石氏之舊。若逐楊氏諸説升吕氏次條前，吕氏次條依《輯略》别加「吕曰」，補通下章同上章之注，即自可通，且吕氏解二條者，其次條皆題「一本云」以别其前後解。其首時有「此章」字者，乃後解居前；其題「一本云」者，乃前解居後。此因兩置，故但分題「吕曰」，而後條獨有「此章」字，則其前條即是一本。衛氏特見兩置非例，遂逐後條，改「又曰」併前條下，形迹顯然可見，亦何得遂斷《集解》之必合二章爲一？《輯略》、《集説》并依《集解》，又何緣斷此二章爲《集説》依《輯略》也？故今覆勘石書，但取足下之説附《後序》後，而不徑依削改，恐猶有百一之誤也。所附説曾自取此難改定過，故與彼時似不契。

友芝既審去《集解》章題，復取《輯略》細勘，其三十三題、四總注，亦疑非朱子之舊。《輯略》既與《章句》并行，則已複。《輯略》不与《章句》并行，則亦與本序抵迕。意朱子之本，但依石書刪去煩亂，編次一如舊式，絶不增入一語，以可否自在《或問》，章注備於《章句》，曾是朱子而爲此綴旒也。或門人所爲，朱子未及審定；抑或後來《章句》通行，而《輯略》不著。單刊者見是朱子之書，何以都無一語？遂以《章句》題注羼入，又每章于朱子分節置注處悉加圈隔之，而不計其不合邪。足下但謂既是朱子刪定，即爲朱子之書，加以題注不妨者，猶調停之見也。惜今日無元本可見，見者皆淺人增損之本。友芝校《集解》，於有無章題，依違莫適，眩首亂心，亦今《輯略》本詒之，故亦見其意於《後序》中。未審有當與否，唯更裁酌之。不具。道光己酉，大雪後一日。友芝白。

「道光己酉」爲一八四九年，莫友芝時年三十九歲。是年五月，莫氏輯校完成宋石憝《中庸集解》，八月付刊。十一月，莫氏又復校《中庸集解》刻本，作《中庸集解後序》。鄭子尹讀《中庸集解》及莫氏《後序》，致信莫氏相質疑，商補《中庸集解》。莫友芝修此書答復鄭子尹，申論《中庸集解》輯校原則及觀點。

莫友芝此復鄭氏之書，此前罕有見聞及論及者，因而極其珍貴。此書函手稿，今藏於上海圖書館。在上海古籍出版社幫助下，筆者得以在上海圖書館拜讀、抄録莫氏此珍貴信函手稿全文。莫氏致鄭珍此信函對於瞭解、研究莫友芝關於《中庸集解》輯佚、刊刻以及其經學思想很有幫助。

## 咸豐元年閏八月答鄭珍論東考西妣簡

李文貞公「祭法兩席」，吾輩合享祖考時，誠宜依而行之，不在物厚薄也。惟來示謂其東考西妣爲緣先世舊俗尚左之意，又謂主不能不尚右席，而尚左，理不一貫。此則未是。主之尚右，高曾祖禰自西而東，且西考而東妣，此自是朱子之説，非國家之制。本朝《通禮》所載《四龕之法》中，東高西曾，又東祖而西考，妣以適配，南向，祭時奉主設几，昭位考右妣左，穆位考左妣右。此猶古人賓西主東，而今人賓東主西，朝廷因時立制，亦不肯反古拂人。既不得援古禮以西階讓賓，即不得援古制以西上尊考矣。文貞，本朝人，雖其在官，兩席權宜，其東西自當用本朝法，豈是漫然仍舊俗耶。不具。

莫氏此信函出處同前，此前亦未曾刊行過。

## 咸豐元年閏八月致鄭珍書

承命檢録唐石經《儀禮・喪服》「大功」章「大夫之妾爲君之庶子。女子子嫁者未嫁者，爲世父母、叔父母、姑、姊妹」經傳之文，當爲傳中「下言爲世父母、叔父母、姑、姊妹者，謂妾自服其私親也」三十一字，欲明其有無爾。

友芝按：石經此處，一與賈疏本無異，雖其「之庶子女」四字，元刻僅「之庶子」三字，明係寫漏，非他處别本校改比。故磨去，擠刻增「女」字，字畫猶是一手，即知唐以來傳本盡然也。惟傳中「下言」以下二十一字，則實是注述舊讀而推其意之辭，緣寫者誤置爲傳文，遂因析其上下文分屬經、傳、注。蓋承自唐以前矣。賈疏已覺其非，而言之未暢，學者驟不得其指。故説此經者，即朱子始，亦謂傳釋文意似不誤，又謂舊讀正得傳意，便於經例不合。鄭注與經例合，但所改傳文似亦牽强。既答門人，乃云「此段自鄭注時已疑傳文之誤，今考『女子子適人者爲父母及昆弟之爲父後者』，已見於『不杖期』章；爲衆兄弟，又見於此『大功』章。唯伯叔父母姑姊妹無文，而獨見於此，則當從鄭注之説無疑」。是朱子於鄭注及舊讀之是非，固已就經文比校而得，而猶未暇細繹疏文，知二十一字爲注文誤入也。李寶之《集釋》於鄭注及舊讀分别引伸，既謂鄭義於經爲順，又謂舊讀於義自通，是朱子所考已未見及，且未思「大夫之妾爲庶子適人者」一「小功」章經有明文，而此舊讀於「女子子嫁者」，猶以大夫之妾爲之，何以處彼經也？敖君善《集説》謂傳「得與女君同」，但「可以釋爲君之庶子」，若并「女子子未嫁者」言之，則不合於經。經初無「女子子未嫁者」之禮，又謂爲「世父母」以下皆妾爲私親之服，亦不合於經，此乃適人者之通禮，經必不爲此妾發之。且此妾爲私親大功者，亦不止於是，傳者蓋失於分句之不審。是敖氏之意與注大同，而乃斥傳爲誤解，則亦未及詳注疏，但依傳爲説，詎知傳中尚衍注文也。後來申舊讀者非一，亦但就今本經傳讀之，了無左證。即國朝張稷若先生撰《句讀》，吴中林先生撰《章句》，并稱專門，猶以舊讀爲是，而斥注逆降及爛脱之非，亦是未能細究注疏。至乾隆中，戴東原先生校《四庫》本《集釋》，乃退傳中「下言」二十一字於注，屬於「此不辭」之上，又迻此經「女子子」至「姑姊妹」注「舊讀」以下三十二字，屬於「下言」二十一字之上，併爲一條置傳後。而爲之按曰：「考其文義，上云『言大夫之妾爲此三人之服也』，下云『謂妾自服其私親也』，一『言』字、一『謂』字，皆指舊讀者之意如是，自『舊讀』至『此不辭』，凡五十六字，一氣聯貫，不可截斷。」其説極爲明晰，此傳此注，乃無不文從字順。後此阮芸臺先生校勘記亦同斯説。

蓋讀此經者，但就今本經傳連二十一字讀之，舊讀元自可通，然女子子爲世叔父母、姑、姊妹之服，本經尚無文，已知必非專爲此妾發例。況又無以處「小功」章「大夫之妾爲庶子適人者」之經乎？且傳果有二十一字，則舊讀允矣，鄭君何以謂其不辭？若謂傳誤，鄭又何以不斥傳而斥舊讀？然二十一字決爲注文益無疑也。唯戴氏此校，特依賈疏而申明之，非别有補於疏外。疏云：「『下言』二字，及『者謂妾自服其私親也』九字，總十一字，既非子夏自著，又非舊讀者自安，是誰置之也？今以義必是鄭君置之，鄭君分别舊讀者如此意趣，然後以注破之。」友芝按：賈君之意，即是如東原所迻，正合經傳之注與誤衍入傳之二十一字爲一條讀之，故得知爲「鄭君分别舊讀者」意趣也。若非以二十一字連上爲文，則二十一字中并無舊讀字樣，安所得意趣而分别乎？觀上疏釋注「舊讀」三十二字云，鄭以此爲非，故此下注破之也。此疏又云「然後以注破之」，并指「此不辭」以下云，然後愈見相屬爲文，其特舉十一字爲鄭君所置，而中間「爲世父母」等十字不明爲述經文者，可知也。而戴校復引疏此語，謂賈氏以「爲世父」等十字爲傳文，以「下言」及「者謂」等十一字爲鄭加，經既見「爲世父」等十字，傳不應重見而絶不釋其意，是戴氏猶不審疏意，反斥賈氏不知二十一字通爲鄭注，而誤以十字屬傳文。果爾，賈君必當更疏傳有此十字之意，何以又絶無一字？知其意直謂鄭君述經十字，特加十一字以分别舊讀者意趣耳。觀後疏釋注引「齊衰三月」章謂「足以明之。明是二人爲此七人，不得以『嫁者未嫁者』上同『君之庶子』，下文『爲世父』以下『謂妾自服其私親也』」，益足相證明矣。若如戴讀，十一字爲注，尚可强通。十字爲傳，當作何解？賈君顧若是疏乎？昔人謂賈疏艱澀，此亦一端。故精核如東原，猶不免於失。然此經自上傳爛脱在下，致舊讀者緣文生義，罔會全經。鄭君以經例覺之，明正其失，又爲竄注入傳者所亂，轉似舊讀甚是而鄭注不契者。至賈君覺之，而語又不直截。學者倦於推究，若隱若顯，千有餘年，東原之功亦何可没也①。阮氏又怪所删「下言」二十一字爲後來復校石經者增入，與東原之徑迻二十一字歸注中。友芝則謂此等雖無可疑，猶不若仍唐以來相承之本，單經則指出衍文，連注則别其注文，但校明而已，尤爲至慎也。

① 臺北「國家圖書館」藏莫氏手稿此下多出數句：「阮氏校勘記於全經依《集釋》校者，必引爲東原説，至此傳校語數百言，實申東原之説，乃不言本東原，特以爲乾隆五十八年校太學石經時所立説。豈與戴氏斥疏之意同，一必據爲已有邪？」

又此傳「嫁者其嫁於大夫者也，未嫁者成人而未嫁者也」，文與「齊衰三月」章「女子子嫁者、未嫁者爲曾祖父母」傳同。此注及疏但釋成人未嫁逆降之意，而不及「嫁於大夫」，豈以彼傳「嫁於大夫」明雖尊猶不降，舉例此傳「嫁於大夫」，即明雖尊亦僅與常同降大功邪？抑此傳之本無「嫁者其嫁於大夫者也」九字，緣上「齊衰三月」章誤衍，故注疏皆不言邪？月來課兒，適畢此篇，故輒附質所見，幸垂正焉。咸豐元年閏八月二日。

此函見載《郘亭遺文》卷五，題作《答鄭子尹論〈儀禮·喪服〉大功章誤衍注文二十一字書》。寫信時間爲咸豐元年辛亥（一八五一）閏八月初二日（九月二十六日），時年莫友芝四十一歲。

## 咸豐元年閏八月答鄭珍書

來札謂《遠條堂稿》，王無近萬曆丙辰序稱此編爲君采近作，則非所謂「曩所爲」詩，疑拙《序》中「己酉前後數年之語」爲不合。友芝此語固無所承，然亦鈎稽而出。承詢，藉詳於左。

按先生此稿既不分體，自是編年。先生從子文若以己酉鄉舉，其《送文若計偕詩》即是己酉年作，因此詩按時序盡卷求之，除此年外，前後尚各有兩年作，故約略爲言耳。雖文若至己未始成進士，而送文若詩後不數篇即有《送播州顔生游燕詩》云：「繞郭寒煙閟春柳。」又云：「晴江澌斷殷如雷。」則是明年春作。又云：「憶昔王師東下時，戰血猶腥白石口。顔生讀書差解事，十載渝州稱避地。鴻雁澤中今始安，青錢又買燕山醉。」考討播在二十八年庚子，顔生以其時避地渝州，閲十年，乃鴻雁安澤，旋即謀爲燕遊，則當以三十七年歸，至來春復出。而送文若之爲己酉愈無可疑。又先生以貢試京師，據卷首《寒夜飲楊願之太史石林精舍歌》云：「昨年我亦賦明光，悲歌對飲金臺酒。」又云：「秋風我忽問刀環。」則皆敘前一年事，以己酉送文若推之，此詩蓋丁未冬作。先生京試當以丙午，其秋即歸，而貢時上道又在乙巳秋冬。《通志》載其《别郭開府》詩云：「客情秋色正蒼蒼，耐可離筵菊正黄。」正其將上道作，青螺撫貴州十年，以萬曆三十五年終養去，繼之者胡瑞芝。此集始其年冬末，故無與青螺往來者，而有壽胡瑞芝之詩。又據《焦溪吟》，先生再入京以三十八年，與馬蒼麓同行，沈子來爲副使，以三十八年受事。《通志》題名即繼馬煜如後，亦合事實也。卷首既云「昨年賦明光」，卷末《漢陽秋夜王章甫葵園泛菊歌》又云：「上書憶在國門前，與君分手六經年。」上書分手即賦明光之年。此稿託始其次年，時序又恰得五年，則當爲丁未至辛亥詩矣。故無近所謂「近詩」，特對「曩所爲」而言近，不必丙辰前三四年始得云近也。

惟《安莊聞警》及《懷歸詩》之「疊水多兵戈」二詩，按次當在己酉春夏間，而《通志·師旅》僅載萬曆三十五年三月丙寅，四川追永寧司印，擒奢世續餘黨，燒普市摩尼。又《名宦·楊東明傳》載萬曆丁未仲賊劫沙作站。藺事稍遠，沙作事近之。然二事并在前二年。《通志》又載三十八年沈子來副使兵備都清，下車值苗亂，不數月平之；盧龍雲副使分守新鎮，平定苗亂。二事并見《名宦傳》。又後一年，亦非其地。其三十七年止有紅苗陷印江事，亦相去太遠，與詩不合，是後數年，此邦亦無軍旅之事，疑是《通志》漏載。否則此卷自《三月晦日小箐道中》至《還家理圃》十四詩，當是丁未春夏間作，紀一時近遊者。以兵非佳事，不宜在卷首，故置於此。其謂「兵戈謂聞警」即指沙作之劫，其《小箐》詩云：「頻年慣爲客，今日苦離家。」儼似初歸倦遊意緒也。然十四詩前《寄洱令》云「春欲闌」，其後《永興禅院》云「蟬稀知夏早」，亦自時序相銜，似非迻羼意者。印江之陷，即紅崖白水間，亦有餘黨波及，而《通志》略之乎？

友芝因無近序，又知先生此刻之先，當已先刻初集。而先生東南游蹤，不必始於棄官以後。無近謂「曩所爲詩文尤富甚，業播之天下」，即是先有初刻之證。又謂若吴、若越、若楚、若閩、若嶺南、若江右，皆知有君采，即是先有遊蹤之證。郭青螺、湯若士并江右人，王百穀吴人，何無咎越人，李本寧楚人，可知皆先生曩昔舊交，并在無近所數知有君采中。不必如吴滋大《序》於諸生時，青螺始折節也。若棄官後始交諸君，則此集《清平道中逢舍姪文若計偕歸》詩尚有「雞肋一官予就道」語，交諸君又在此集後，曩之知有君采者，又何人耶？吴《序》道先生事實，至以青螺、相奎爲二人，殊不可解。則其謂遊蹤在棄官後，亦不盡可憑也。

友芝因就此稿略考先生數年游歷，其上卷并鄉里閒作，止《安莊》、《疊水》，成一近遊；下卷首十八詩，當亦鄉里閒作；自《清平道中逢舍姪文若計偕歸》以下六詩，乃再入京道上作；《題高明柱博士貞母卷》以下十七詩，并在京作；《過大梁》以下至末十四詩，又出都泛漢水出蒲圻道上作；是後先生將之赤城，據《漢陽秋夜王章甫葵園泛菊歌》云「君看長安花，予攬赤城霞。明年各在天之涯」知之。此稿刻於台州，則赤城之游必果。先生初入京以貢試，此入京既云「雞肋一官」，則是之官，不知何以遽爲遠游？疑入京特謁選，而之赤城乃之官，故此稿至此後五年赤城門人乃刻之邪，皆不可臆決矣。至先生籍貫，《通志》云「貴陽」，《詩綜》云「貴竹」，《遠條堂》元本云「黔中」，先生自是今貴筑縣人。然其時止有新貴縣，貴筑則至本朝康熙二十六年始以貴州、貴前二衛置，三十四年乃省新貴入之。其姪文若會榜題名云「新貴人」可證。雖新貴本萬曆二十九年以貴竹長官司地置，題「貴竹」亦得，然究非當時實稱。前載又無有言先生新貴人者，豈以縣新立，而先生故以貴竹司人附籍貴陽歟？今但依《通志》題郡，稍免「黔中」之濫，其實當題新貴爲確也。先生所居之遠條堂，當與詩中所及之楊願之石林精舍、越玉岑江閣南園、李芳麓西園、越漢房溪園、薛文叔西崖、李承明吟望亭、湯明府別墅、蕭季律曲溪，皆大半左右南明，衡宇相望，去城南江亭不遠。一時文酒往返，可稱極盛。今其遺址，與先生上世後人，及三爲之校官，都不可考。又不得先生卒年歲，定作詩之早晚，并是《通志》之過。後生推測，影響依稀，無如之何。知不免謬誤，尚其正之。咸豐元年閏八月廿二日，友芝白。

此信首載咸豐元年謝君采《雪鴻堂詩蒐逸》；又載於莫友芝《黔詩紀略》卷一四之末，信札名爲「友芝答鄭子尹論遠條堂草編年書」。寫信時間爲咸豐元年辛亥（一八五一）閏八月二十二日（十月十六日），此年莫友芝四十一歲。

## 咸豐二年臘月致家人書

臘月廿四日出澧州，未及順林而返，住二日復南行，以廿九日至常德度歲。擬開正數日，即與遵義諸友雇船西上，不過二月中即可到家。

自月初四武昌陷而荆襄震動，現在北去，大江以北千餘里間節節阻滯，以南公安一帶已是十分難行。即能冒險過去，其資斧已十倍尋常，況更有性命之虞耶。雲貴公車朋友相率而歸者十之七八，其一二觀望者即終必自歸。貴州最早能渡江者才六人。此六人在南陽新野，頗聞不甚安妥矣。天下事如此，奈何奈何！我在途幸眠食粗可，特不免戒心耳。壬子臘月廿九日燈下，郘亭字，告六、七、九諸及彝兒母子。

據貴州省博物館所藏《莫友芝函札》整理録入。寫信時間壬子臘月廿九日，即咸豐二年（一八五二）十二月二十九日。

## 咸豐三年四月致唐樹義書

子方年四丈大人左右：前在會城叩辭，承示行期，計當以十三、四兩日經平越境，其時友芝適在麻哈楊老嶧，才四十里，敬趨候者一日。驛中言大旆三日間尚未即至，而迫於南歸，賦二詩留付管驛呈上，旅次不及修飾，幸勿開罪荒率也。接此，奉謁未知何地。憶昨春四丈嘗舉「建利時設施」見誨，且云「事無難易，只須挺出身來，自無不辦」。四丈此行，願無忘此言。肅箋叩送，即請崇安。友芝頓首，四月望日。

據中國社會科學院文學所藏莫友芝手稿《影山草堂雜稿》整理録入。寫信時間爲咸豐三年癸丑（一八五三）四月十五日（五月二十二日），此年莫友芝四十三歲。

## 咸豐三年八月致鄭珍書

開月來始得讀大編《播雅》一過，敍述有法，收録不佻濫，二百年來文獻如指諸掌，不知冥冥中幾許人向望山下拜也。序稿擬就，恐文懈弱，乞細爲點易，仍寄歸城中刻之。現在鋟寫在吉堂處者并有鈔手也。校出應刓補，會記一紙上呈，元經未改者，皆不之記。元本即留草堂作會編，稿本便以逸獲隨手筆記改，不歸也。山中何作，夷客左右堂，是有秋或可聊樂一日也。當納稼時，煩一敘敦園，即爲收青田穀子，恐東來遲，或消散不足耳。清明曾託敦園買樹，作丙舍樓，又聞祥弟言老兄以爲并工料包之爲妥，如尚未買樹，則前存穀即可作包費底子，再籌其不足者即得。此亦三窟之一，乞爲早留意。

賊氛大江南北，當無好消息，有尖刀會是新糾合者，在江西、福建間，甚猖獗，唯聞河南省城能守，藉民力爲多。曉峰有信問其詩爲勘定否，詩序作否，早寄爲望。其言又得明選貢傅澹方《居易堂詩》五卷，待鈔以來。此亦遵義耆舊難得之物，但不知作手何如耳。大集《經説・孟子》「顔讎由」一條，如「閻、謝且習貫俗句」，當改「閻、全」，改否？看此條未注，朱子即如史公讀法，特後人轉昧之耳。不具。八月十六日友芝書。

曉峰又謂往閲《播雅》，其中訛誤不能悉記，欲得本一勘之。

近日聞江西已失，不知是訛言否？又聞河南渡河諸匪爲我兵殺盡，稍覺快意。子方來家信，子何二紙在柏容處。

个峰約重九前後同作禹門之游，爾時渠來否，未可知，弟擬得閑一來也。近日心境不佳，夜間往往不能寐，便後時有少血注，不知是何證。

據北京大學藏《郘亭先生行述》所附整理録入。寫信時間爲咸豐三年癸丑（一八五三）八月十六日（九月十八日），此年莫友芝四十三歲。

## 咸豐三年八月致唐樹義書

子方方伯年四丈閣下：八月望後，得胡子何録寄七月五日及十八日黄安行營所寄兩札，敬悉我四丈自六月下旬至七月初旬，督厲兵勇，防堵應山、三關一路，部署嚴密，在麻城、宋埠三戰三捷，斬將搴旗，一日夜馳追百餘里，擒戮數百人，餘賊皆解散遠遁。帷幄運籌，動中機要，滔滔南紀，共倚長城，真大快事！江西賊亦窮蹙，江寧賊又糧盡，而僞王等各不相下，顯有蕩平之機，紓主憂而蘇民困，唯四丈竭力爲之耳。

聞署楚臬命下，而適以濕恙請假鄉里，無識遂謂四丈曾藩撫其地，楚督彊以署臬入奏，軒輊非人情，請假蓋不能無芥蔕。友芝則力辯其不然。夫人臣事君，求有濟於國家，升沈死生皆已置之度外，矧在多事之秋，尤爲勠力報效時乎！楚北并缺道員，楚督自不得不籍助爲理，吾知防堵事重，但有員可委，豈有久羈驥足？邇來尊體想已全愈，暫陳臬事，自當重整師旅，浄埽妖氛，江漢凱歌行，可計日而待。由此畫紫光、列通侯，亦書生分内事，而吾固知吾四丈則唯知報國而已，必非所計也。何區區軒輊之説，乃以小人之腹度君子之心邪？

所言信賞必罰，整齊嚴肅，懦兵皆可稱雄，此誠古來名將第一要著。蓋唯賞無不信，而後罰無不必，唯賞信罰必，而後整齊嚴肅，士皆用命。整齊嚴肅，士皆用命，其士氣未有不十倍者。士氣十倍，而戰不勝、攻不取，未之有也。唯是軍興累歲，度支漸以不給，議籌餉可用者，勸捐而外，大概不出開冶、行鈔二端。四丈必更有籌策之良，非他人所能及見者。不審已條陳一二否？開冶一事，旺否尚屬虚懸，縱地不愛寶，而抽課之入不過十之一二。且利之所在，人所必争，冶場聚集都非善類，無事時尚易爲治，方今多故，因以釀成事端，轉致得不償失者，當亦不免也。行鈔一事，誠裕國權宜之善術，只須朝廷示民以信，收發一律，使人重鈔過於銀錢，自然善不可言。聞江蘇候補道胡君調元刊有《鈔幣槀稿》，於此中利病最爲明悉，而主議諸公獨嫌其鈔上銀數統限一兩，爲畸零難行，謂不如整散兼製。每萬兩之鈔，五十兩者居其五千，一兩者才及五百，且議以二成搭放搭收。誠不知國家官俸采買之出，常捐常課之入，其可以五十兩搭二成者幾何？迄今試行，未聞有無效否？私恐將來滯礙，即由整數過多，安得主議者更能通容改散，乃實於國計有裨乎？拘迂之見，非位之慮，知不免見斥於長者，亦幸有以教之也。

承命編訂黔中耆舊詩，擬盡今歲畢有明一代，舊録新采，通計已逾二百家，須幸按堵，冬末春初可以開雕，其本朝諸老詩，當竭來一二歲力成之。不具。

此函見載《郘亭遺文》卷五，題作《致唐子方書》。寫信時間爲咸豐三年癸丑（一八五三）八月，此年莫友芝四十三歲。

## 咸豐四年二月致莫庭芝書

示芷升弟。爾行後家中都好，不料至月十七阿九家弟婦竟病亡，已於廿一日葬訖。弱弟小女，殆難爲懷也。聞唐方翁已殉節武昌，此老能如此結果，大是善終。痛傷之餘，時復破涕爲笑，陳巖野付硯真不負矣。又聞江中丞、吴制軍亦相次死，賊勢猖獗如此，天下事當如何邪？此時《黔詩》決定止刻明代，尚不知資能足否。袁華宇一家，爾亦曾訪出本子否？及早寄來。菊壽十五日來，四哥廿三日乃同取羊崖道行也。廿二日燈下，郘亭兄字。

據貴州省博物館藏莫友芝家書手稿録入。此信作於咸豐四年二月二十二日。莫友芝時年四十四歲。

## 咸豐四年九月致莫庭芝書

自桐事起，八月十六、七兩日即嚴城禁，從此閉城固守。廿三日，陶石卿、寶玉泉輕出陣亡，甚爲可惜。自是近城五里山中，無處非賊。廿八日，賊攻西南城，城上槍炮殺一賊首，殺賊數十人，此後賊無日不窺城者，賴各處兵到漸多，城乃可守。所來各官中，唯韓南溪一人精悍斬截，最能辦事。至九月十日以後，城中兵連出驅賊，皆有小勝。提軍十四日已打通豐樂橋路，入城相視，至晚而豐樂一路復塞，遂宿城中，不能還其忠莊鋪營。十五日尚未出城，俟更打通乃出也。藩、道兩憲亦尚在忠莊營中，未入也。遵義團練西路最好，東、南亦可，俱擬各保境，不使賊闌入。藩、提兩憲已賞王安國六品頂帶，唯北路并不能團□□□□。將來近城諸賊驅逐剿殺，必由北路奔回其巢，乃易辦也。現在賊之難攻，尤在城外，數千家房子已皆搬移一空，而米鹽皆委之於賊，帶兵諸人無有不議盡焚者，以屋中槍傷兵勇十餘人皆不及防。而仁慈守令又欲曲意保全，斷不能也。必城外民房燒盡然後賊無伏處，我兵方能□勇直前。不然，直是無路也。看諸賊行徑，盡是□匪，殊無大難平者，直要路通耳。但必多費時日，計月内或能驅賊。歸路若成功，定在十月也。

家中大小俱無事，幸未移動。城中富民移近鄉者，皆有被劫之患。數日來，守城慣，家中看殺人、聽槍炮慣，心膽俱已壯得十分，唯閉城之後，米、鹽、油、煤四項貴闕之甚，爲不易支耳。九月十五日，郘亭兄字，示莛升六弟。

據貴州省博物館藏莫友芝家書手稿録入。

## 咸豐四年十月致莫庭芝書

給事聞有詩牌在鼓樓山，恐此山上存前輩詩不少。得寄信遠遒輩府考常來匀。抄出早寄。貴定邱公禾實《循陔園集》、清平李開府佑、王僉事木蔣見岳世魁。諸集并不妨一訪。又各府志書尚缺興義、銅仁、鎮遠、石阡、都匀及平越州柏容曾假得平越舊府志，太略，亦有所資。有可藉處，并當留意。龍友《山水移》一集，乃其二十二三歲時詩，其《洵美堂集》乃此後之作，猶有影響乎？君采《雪鴻堂集》，記昔年過省，會傅雨亭家，仲君曾言過有暇當細問之，《雨亭稿》亦當存一二也。君采詩，陳伯璣選七十餘首，當在其所撰《國雅》、《詩慰》二書中，二書可訪借否？滋大《敝帚集》，柏容竟將舊本失去，從何下手？且有文集亦當訪求。田端雲所刻《鄭天瑜詩稿》并其《碧山堂稿》皆當得之，乃有下手處。爾在安平，於陳氏、黄氏諸家亦有所得否乎？十月初二日，郘亭字，付芷升弟。柏容、子何同致。

據貴州省博物館所藏莫友芝家書手稿録入。

## 咸豐四年十一月致韓超書

前日龍平水口寺之捷，殲磨盤山賊首李七，斬殺過當，賊不敢復南鄉牧馬。川兵又越爬抓溪之險，進至蒙渡，桐梓北九十里。賊亦不能北禦。此時楊鳳雖猶據雷臺，其窮蹙亦甚矣。聞議攻雷臺者，主先以重兵取南道，繞東出蝦子場，遵郡東七十里。會團勇漸攻而入以壁之，亦是萬全之策。但蝦子場西三十里，臨清乘橋之羊耳埡，即有賊營。清乘橋東北二十里内外之九龍場、五鳳莊、洪江一帶，皆足穀而多從賊之户，爲近日賊糧所自出。自羊耳埡而西之中平、羊耳埡西七里。老蒲場、中平西八里。石盤頭、老蒲西五里。米泥垻、去石盤西四里。白衣洞、米泥西二里，在大道右二里。石子坳、米泥西三里。板山、去米泥可五六里，在大道左數里。黄泥堡、石子坳西四里。涼水井，黄泥堡西三里，去雷臺東南三里。隨處有賊。必石盤以東諸賊掃淨，然後可營石盤以攻米泥。米泥垻文昌閣爲賊糧臺，四面水田，攻頗費手，板山曹、曾二族皆從賊，亦大費剪除。必米泥以西諸賊俱擊退，然後可分營涼水井、羅家坳、涼水井南二里。唐家垻，涼水井北五里。以壁雷臺。如是，乃召河溪垻團衆，雷臺北五里。合城内外兵環而攻之，固無不下之理。然殊非旦夕所及辦，若能先設法破雷臺，無論即擒楊鳳與否，賊黨必皆膽落，浄掃諸路不難。聞楊志杰言賊劫掠所得，概置雷臺寺後殿樓頭，充牣幾無隙地。欲破雷臺，非先火此樓不可。擬如常日進攻，諸軍分道合圍牽賊，隨以勁軍由府學後山指空谷寺，取寺後路下甘草井，横穿大街，入小巷而上，即抵雷臺寺後壁。選趫捷輕利者十許人，騰步登屋，拆瓦擲火彈，樓必焚矣。否則深夜以數十人銜枚潛往，以此法焚之，亦得。聞於寺前左右皆有嚴備，唯後路稍鬆，得善鄉導，避其炮路，當不難也。惜將卒畏弱，莫敢出此。唯吾南翁，精鋭絶倫，必優爲之，不審亦曾籌及否？且自東攻入之議，與此議不妨并行。若雷臺先下，東入之衆，聲勢不愈振乎？楊生居去雷臺甚邇，避賊而出，欲得徑道，不妨進而問之。十一月二十八日。

據臺北「國家圖書館」藏《郘亭雜記》録入。

## 咸豐四年十一月致莫庭芝書

制府至而軍威小整，未及十日而遽逝。正不知又當釀出何等事也。現在當事諸君皆以整頓鄉團爲急務，而鄉團之能殺賊，必待官兵將雷臺山攻下，乘此大捷然後敢也。欲鄉團先爲攻之，則勢所不能，奈何，奈何！

城中近日米鹽價小減，然須西南道常通，則可恃耳。聞川兵已逼桐、仁之邊，欲遂進勦而上，猶待貴省復書乃進也。

晋三兄兑項，至月十日乃得，系本地紋銀九八平。爾何日可歸？此項且以買米。自八月來，小溝之米，路斷不能至，且海龍壩一帶盡成賊窩，正不知猶存否？日來，自豐樂橋至萬壽橋，民舍火拆且盡，聞書院亦在拆中，明年館事無從説起，不知此嗷嗷之口如何對付也。十一月□日，郘亭字。近三年詩稿皆毀於兵，挽方翁詩及送方翁□，鈔一稿來。

據貴州省博物館藏《莫友芝函札》録入。

## 咸豐四年十二月致莫庭芝之書

連日來，殺捆送諸賊已及千人，唯楊鳳、陳受二賊尚無的處。有言鳳往黔西者，有言往磨盤山者，有言在師子山者在高平側。然想捉獲，亦不遠也。

李鼎揚兄十金已兑我，即除二金備李舅用，舅須開春路通始行，行須合得六七金，尚無所措。除二七還□借穀，餘者付桐備還錢及度歲之用。借得趙氏叔侄□子，又支不出米。今年縣中又將書院上半年米不支，謂前任已經支過，竟無從問。而秋冬兩節又少十餘金，真無法也。此時事定之後，遵館想亦不廢，唯星翁處多蹇氏人，計恐有陰阻者。

爾謂我開春入省將圖何處，尚不可知。若能仍舊，我亦可了方翁《黔詩》前半之役。爾亦曾見炳公否？我驟未至省時，能托人先言此否？計我燈節後來，爾時恐無及耳。經此大燹，此邦況舊非人居，但有去處，我亦何戀之哉！一二歲間截取，當即到班，我無事即擬浮沉遠出矣。九弟已隨韓通守走高坪，不知有所得否？渠無一事，亦聽之耳。十二月廿三日，兄字。尹兄、个兄，晤爲道候。

據貴州省博物館藏《莫友芝函札》録入。

## 咸豐五年正月致莫庭芝書

開春以來，遵義東鄉餘匪漸清。西南亦無匪，唯北鄉大里下五甲爲仁、桐之界，其間匪徒甚多，撫之不易耳。现在方辦善後，館事猶未籌及，我已以舊館托佛芝翁、承久翁言之。楊星翁已有允語，唯當此倥偬未便催之，且此時度支缺乏，即定，亦恐難應緩急，真愁人也。爾兩次字俱催我走省，不知有一定可圖機會，抑是要見方伯，始爲不可必之謀也。爾已見過方伯否？如見過，亦可將此舊馆事乞其致聲星翁乎？或有他托，此事不言亦可。如必欲即來，爾即亟寫一字借貴筑馬封發來，即填「總理前敵糧臺佛大人行營」，或填「辦理軍務貴東兵備道承大人行營」俱可。不過二三日可到，我以正尾二初來，亦未爲大遲，計此時各處懸席，想皆有人以是遠不及事也。果系不可必之謀，爾亦亟與我一字，我二三月開來亦不遲也。

家中大小俱無恙，去年爾所會銀留二金與李舅，當未行。以三金開李家賬，尚欠五六金。餘五金并交弟婦。自臘底後米鹽自買。九弟去臘尾從韓南溪别駕帯勇將由黄沙、陆廣進攻黔西、大定賊，在落邦過年，有信來。此後即先往鎮西衛札营，即趨陸廣，此時想已在黔西矣。外間傳言截取一班已催到辛卯，而遵義未有明文，果爾鄉試後否则明年。不能不謀一行，爾爲訪確告我。《黔詩》一節，於有明一代我已費心力不少，因亂中止，甚□可惜。我所以必圖舊館者，欲藉將此事了却乃出門，若使他人補爲之，□如我意也。鄂生歸来否？渠即不應刻費，我自成我稿耳。子尹兄此時想已之匀，聞柏容兄告病，確否？个峰兄有館出否？并吴檢翁爲道候。正月十八日，郘亭兄字。

我近三年詩稿毁於燹中，有方翁挽詩是應存者，可鈔留一紙，个兄處亦有二律，李大庵兄處亦有一律，皆便録出。

據貴州省博物館藏《莫友芝函札》録入。

## 咸豐五年九月與賈迪之刺史書

友芝自八月中旬迂道返里，十六日將至牙州，聞苗匪以十五日焚陷前路之平州司，牙州村市徙避一空，遂馳還省城。屬以采薪，十日未出，故尚闕摳候於左右。啓者，下里獨山州自六月二十七日都江賊□□□陷其東南境之三腳坉，州南之人即聯團防堵雞場一帶，以待發兵。七月中旬，復有拉蕨山都勻境地。教匪扶連芳、鰲寨獨山東境地。匪劉士元等糾連黑苗攻焚境之長塘、大河、包陽、墨沖、黄梁、吴家司等處，遂及獨山北境之栗木寨，州北之人先已聯團防兔場一帶，隨會勻境諸團併力攻剿。奈賊股衆多，團民又無官弁統率，兼乏火器，僅恃其一鼓之氣，未經教練，若有小挫，即難振作。至七月下旬，賊衆攻陷府屬平浪司，殺戮慘酷，無敢抵禦。職是故也，八月以來，州南之賊已燒母魚河、罷寨而據雞場，州北之賊又焚兔場、櫛木而進黄家橋，州西四亭別有股賊，聲言爲楊元保復仇，待苗匪攻城即來接應，州東爛土、普安一帶，與三腳密邇，其久爲賊據，更不待言。其已陷之平州司，雖係府轄，亦去州西北甚近，於是州境四面皆賊。向之堵雞場者，城南四十里。退而堵大坡，城南二十里。向之堵兔場者，城北三十五里。退而堵深河，城北十五里。又以紳民剿賊陣亡多人，人甚愈驚，州城嚴閉，大坡、深河亦不能堵，遂使近城十里五里二三里之間，亦有賊擾，四鄉人民，轉徙流離，死亡枕藉，慘不可言。聞署牧侯君告急已二十次，州中紳耆問關走省告急亦匪一二次，奈救兵不至，莫解倒懸。孤城岌岌，有不可終日之勢。

友芝竊思獨山者，省南之屏障。國初定黔省時，其自廣西入之一路即先據之以規進取，以今時勢核之，尤爲要地。若遂棄而予賊，則西南之粵匪，北而平州、平浪、平伐諸匪連結無關，而省南已危矣。矧其東北，復有丹江、台拱、黄平、清平、八寨、甕朗諸匪，能保其不更合併乎？上官徒以兵單餉絀，方專力於安順、鎮寧及清平、黄平之梗驛道者，則調撥爲難，又以獨山隔在都匀南，去省尚非切近，之憂雖緩，當亦無害。不知獨山入省之道，一由平浪出貴定舊縣，一由平州出大塘、定番，皆不由匀而較近。是獨山爲定番、貴定之唇齒，甚非去省遼遠者比，不可不亟圖之也。州中團民以去年曾經楊元保之亂，膽力尚爲可用，特以兩閲月不聞救兵，未免解體，此時若得熟悉軍務員弁一二人帶勁兵二三百名，率團民以攻賊，獨山猶可保全。通計現在上下游防剿之兵不下二三萬，亦何難分撥數百以救一方之水火乎？

獨山告急人來，又言地方士民更欲乞去年經辦獨山軍務爲州民所推之數人帶兵以往，方能以少勝多。一爲候補知府韓君超，一爲八寨遊擊楊君廷柱，一爲獨山守備王君敦倫，曾經具呈本州乞其轉稟，紳民在省又復自行稟請。友芝以韓君方專辦台拱、清江、鎮遠一帶苗匪，楊君方在八寨本任守城禦賊，并恐驟難遠離他顧。唯王敦倫現帶安義、定廣兵及所募練勇在安順府腰鋪駐紥防堵，而安順、鎮寧之間，現有軍門、總鎮、兩觀察督雲貴兩省重兵星羅棋布，即減去敦倫一人、兵數百名，尚未見其不足。獨山又其本任，義當急切趨救。故令紳民告急呈中止請上憲飭王敦倫速回本任救援，不及其他，想非難行也。特恐上憲軍事旁午，不復省記偏遠小州，閣下方總辦軍件，故敢瀆陳。伏冀於晉謁時一及獨山危急情形與州民乞調王弁之意，庶幾上憲垂憐，早發救兵而遣敦倫，則州人并荷更生之賜於無窮矣。

據南京圖書館藏稿本《郘亭詩文稿》載《與賈迪之刺史書》録入。寫信時間爲咸豐五年乙卯（一八五五）九月，時年莫友芝四十五歲。

# 咸豐六年五月致韓超書

五月初，聞大旆移駐鎮遠，即持節專理下游軍務，欣慶不可言！自去春三月，楊逆授首葛章，淮陰將略，名震西南。當此之時，雖百有苗蠢動蠭起，若以明公乘勝之師，隨宜掃蕩，直是摧枯拉朽，而當事者乃必故掣其肘，使坐困不肯一援，特唯恐明公更得志，若曹不能見功云爾。逮其屢進屢却，縻饟喪師，都鎮之間，賊勢蔓延無隙地，然後急而相求，較之當時，其難何翅十倍？可恨可嘆！天下旦夕即了之事，每每以忌娼偏徇，釀至於不可收拾，豈獨一貴州然哉！在明公拯民爲心，決不以此芥蔕。而友芝之愚，則尤冀推廣和衷，融去畛域，行見雷霆所加，妖氛頓息，雨露在手，草木皆蘇。陳少遷之誅輿恥，馬痳降之平豪胄，今日豈相讓邪？

友芝奉截取，當北上都勻，道阻不能往取文書，仍籍授經以俟。計時月間，明公奏凱至勻，友芝得南來，銘山石、馳露布，猶能操筆爲助。舍弟祥芝去夏辭麾下，還遵續絃，即以黄施未通，不能遽馳聽驅遣。今復令其出大塘小路，之獨山視兄侄，如無大料理，可取徑出漁水趨幕府也。

丙辰五月十九日。

此函見載《郘亭遺文》卷五，題作《與韓南溪太守簡》。寫信時間爲咸豐六年丙辰五月十九日，時年莫友芝四十六歲。

## 咸豐七年四月致劉書年書

仙石郡公先生大人閣下：四月中友人王个峰寄到大著詩、文各一篇，并所致个峰手簡，殷殷屬道珍意，且有定交之説，感愧無以自容。友芝少承先人訓，粗識漢宋之徑，於當世所謂通學書未曾不思涉其藩。徒以塊處一隅，貧賤騃鈍，典籍既少，記誦又劣，近無明師友之助，遠無以自結於當代大人先生，忽忽歲餘四十，迄無能成一器。間以餘日，嘗試於五七之言，亦積不爲時輩許可。而先生據華資，藴樸學宗法，挺爲碩儒，英儁萃於門下，一麾來福我鄉郡，漫以友朋私翊，欲有揀擇於不相識之素士，拳拳奬藉，亦已過情，訂交之云，尤爲非分。友芝何以得此於先生哉？昔吴公親賈生，而河南稱治；第五崇夷吾，而會稽從風。竊聞先生方移領貴陽，尤全黔省興化之首，所以推挹後進，不惜齒牙餘論。蓋藉爲登高之招，行見陶鑄黔荒大澤，於古漢循立政之要，何以加兹？以友芝之駑下，固無能爲賈謝設，而未嘗不引領懽抃，爲黔人士得吴公、第五慶，而不敢僅爲知己私感也。

歌、麻古音與支、齊爲韻，昔人皆未之言。友芝少讀《詩·桑柔》，戾、寇、詈、歌韻；《孔子臨河歌》，波、加、斯韻；《楚辭·遠遊》妃、歌、夷、蛇、飛、徊韻；即疑詈、斯、夷、飛諸字，古音或不應改從歌、波、加、蛇之讀，特以狃於顧、江諸家舊論，無能佐證明所以然。得先生《與苗西麓》一書，廣徵博辨，然後昭然發矇於歌、麻音韻之果不出於古，而出於婆羅門之以梵音紊雅讀。使顧、江諸老見之，定悔其疏漏也。《訂韻圖詩》亦淵懿樸厚，不爲空言，先生有功經讀如此，信不傀毛公鄉人哉！敢不敬服，敢不敬服。唯是嘗鼎一臠，已足療三日。《韻正》引《左傳·襄公三十年》「譆譆出出」爲火之徵，固明以火古音爲「毁」矣。此外經史有韻可證者：《易·泰卦》九二以河與遺爲均；《小過》上六以過與離爲均；《詩·召南·羔羊章》以紽、蛇與皮爲均；《鄘風·君子偕老章》以珈、佗、河、何與宜爲均；《淇澳章》以磋、磨與猗爲均；《陳風·澤陂章》以荷、何、沱與陂爲均；《小雅·小弁章》「我罪伊何」、「云如之何」與斯、提、罹爲均；《節南山章》以何、瘥、多、嘉、嗟與猗爲均；《商頌·玄鳥章》以荷、何與祈、宜爲均。《周書·洪範》「無偏無頗」，頗字古文，借作詖，皆以皮得聲，蓋從頁爲頭偏，從言爲辯論。《説文》明云：「頗，皮聲。」唐玄宗狃於後世音韻，必欲改爲陂，以與義叶，亦昧於頗之本音矣。《左氏傳·襄公二十九年》：「欲之而言叛，祇見疏也。」祇，晉宋杜本皆作多，可見多、祇同音。他若《穆天子傳·黄澤謡》：「黄之陁，其馬歕沙，皇人威儀。」《孔子臨河歌》：「狄水衍兮風揚波，舟楫顛倒更相加，歸來歸來胡爲斯。」《三略》：「柔有所設，剛有所施，弱有所用，强有所加。」「又變動無常，因敵變化，不爲事先，動而輒隨。」劉向《説苑》：「食則有節，飲則有儀，往則有文，來則有嘉。」揚雄《太玄經》：「陽氣氾施，不偏不頗，物與争訟，各遵其儀。」張衡《西京賦》：「炙炮夥，清酤多，皇思溥，洪德施。」陳琳《大荒賦》：「越洪宇之蕩蕩兮，追玄漠之造化，跨三五其無偶兮，邈卓立而獨奇。」傅幹《皇后箴》：「在昔明后，日新其化，匪惟訓外，亦訓於内。」皆以歌、麻兩均中字與支、齊爲韻，推之罷與疲通，螺與蠡通，益可釋然矣。韻書之有歌、麻，殆由西域娑、羅二字演迤而改，後人不知，猶欲奉華嚴字母爲秘訣，是以梵音亂雅樂也。崑山顧氏《音學五書》號爲精核，既知火當讀毁，乃於漢碑中作「蓼儀」、「蓼義」者并欲改「儀」、「義」爲今世「莪」音，改「池」爲今世「沱」音，不將羼支、齊於歌、麻而顛倒之甚乎？

夙所蓄疑於中，而不敢苟爲傅會者在此。古均見於《毛詩》者最多，走與君皆爲毛公鄉人，何敢以後之説亂其真。所恨走見聞寡陋，又爲應制所縛，不克深造。他日儻得屏棄一切，究心《蒼》《籀》，伏惟先生進而教之，幸甚。

據南京圖書館藏《莫郘亭詩文稿》録入。寫信時間爲咸豐七年丁巳（一八五七）四月，時年莫友芝四十七歲。

## 咸豐七年九月致寶奉家書

出門時承即爲明年賜到育才關訂，友芝匆匆上道，未及走謝，歉仄無似。途次雖五日值雨，而田農皆樂得種小春，都忘泥濘。我公祖民隱爲心，想益欣快。初二日抵省垣，晤劉仙翁，尊囑一切即已面達。其綏、桐餘匪及兩令不協一節，中丞乃謂意在卸擔，幸仙翁力明其不然。上又委員查勘，亦爲仙翁説止之。廉訪則謂不和之實，二者各是何所爲，必須分晰明白，方能責成更張。故仙翁謂此時兩縣餘匪情形，必得早爲縷禀各憲，不爾，恐猜疑中又生枝節也。想其復書必已詳言也。察鹺之晉省中尚無明文，聞邸報已至七月初，俟更備細查。前囑慎言，而以陶渭川、王雲浦遍函圖後來館，遂至通國哄傳，仙翁曾問及，已如鈞旨以未確復之矣。江介虞不知擬歸未？饑驅遠寄，不得時領教言，北望唯有馳慕。肅請尊安，伏惟垂鑒不盡。

據臺北「國家圖書館」藏《郘亭父子藏札》録入。竇奉家時任遵義知府。寫信時間爲咸豐七年丁巳（一八五七）九月，時年莫友芝四十七歲。

## 咸豐八年四月致黄彭年書

闊别遂逾三年，苦縈懷想，承惠書，敬悉并州侍奉多慶，方以餘閑編纂本朝名臣言行録，事親著書，爲儒生第一樂。值兹多故，而君能獨有之，此中福命，勝卿相什百，無怪在手清華，更不争戀也。

二百年來，貴州老輩一言一動不愧古人，當以陳定齋先生爲最；王犀月總制、朱奎山副憲，亦建樹烜赫，照映一時。後此則李恭勤尚書、劉松齋總戎、楊誠村通侯，當世所稱黔中三奇男者，皆天挺豪軼，卓卓可傳。承屬訪恭勤誌狀，僅得其子華封行述，惜不能肖其人。聞有管韞山撰誌，管幹貞撰家傳，未之見。憶洪稚存《北江集》曾記其逸事甚善，并中當可借檢。又憶《誠村年譜》載一老輩，少跅弛不爲父愛，落拓奔走，旋以材諝大致通顯，即恭勤事而隱其姓名，其實此等正其見精神處，殊不當諱也。定齋諸老想已有底本，適《奎山傳》在案頭，并贅上。

辰巳以還，鄉里烽煙日以增益，顑頷無聊，幾至餬口，硯食省會，歲且一周。舉眼昏昏，都無可語。幸仙石太守好學君子，能容其疏拙。舍弟庭芝亦仍館尊生觀察所，得時時對床。每憶待歸草堂文字宴樂，君既遠趨大樑，鄂生又絆官蜀道，子尹家近在百里，亦終歲不數面。曩時之歡，此生那可復得耶？拙編《黔詩紀略·明集》，甲寅歲已粗脱稿，刊成首二卷，經燹小有損失。乙卯秋冬聚手，即擬整理，釀資續雕，以鄂生必欲獨任中止，近復少坿益，編成三十卷，通計二百二十餘人，增於竹莊舊録者五之四，詩稱之，或可不負地下方老耶。承示李承露一篇，恰集中所遺，此老行迹亦失傳，即述來徑羼入，敬謝敬謝。惜柏容所任今集僅散采盈兩笥，歷倉皇戎馬間，昨又以湖北判官去，汗青殆不可驟期。尊著體段重大，庶幾及此愛日，早晚成書，以惠後學。幸毋作輟，爲柏容之續，千萬千萬。

荆榛滿目，考槃無地，秋冬之交，擬藉謁選一行，爲遊覽助。將取蜀秦未經道路，作見異人讀異書觀。計迂訪匪遥，當得就河聲嶽色中快睹新製也。坿里言二章，并呈尊公五丈，乞書「影山草堂」七八寸許小方幅。草堂者，獨山舊居，竹林亘廿餘丈，堂負竹蔭，竹隙隱隱見山，故取小謝「竹外山猶影」之句以名，爲友芝總角讀書所。長而奔走僑寄，輒寓名焉。乙卯秋，此屋毁於兵，益增堂構之感，擬至春明爲册子索題咏，當先得五丈書兼橋梓詩爲重，倘不見却邪？衹此具復，即頌侍安。不盡。

戊午四月望日。

據國家圖書館藏《莫友芝詩文稿書跋》録入。寫信時間爲咸豐八年戊午(一八五八)四月十五日，時年莫友芝四十八歲。

## 咸豐八年五月致竇奉家書

千山公祖大人閣下：頃聞攻綏、桐諸洞已大得手，川兵又早晚來會，此賊不足平矣。我公祖早夜焦勞，運籌決勝，期爲地方除患造福。當此破竹勢成，雖復倥偬，想益愉快也。正安牧新委於伯英，聞係公祖所自簡乞。此君才識開敏，夙以詩相識，歷艱難戎馬中，世務益練綏。正又其舊遊，必能不負委任之重。聞方伯屢泥之，故遲遲耳。友芝以到館日淺，未便言歸計，迴望捷雲，唯有馳慕。肅請尊安，并賀午禧，伏乞垂鑒。不具。

聞解課吏言，欲索省中釐金章程告示稿子，友芝思此事止可行於省城，不可行於遵義。省中設局，即在威清門内，與北關税相依，其料理俱係各行客長輪班，不致苛漏。且有上臺彈壓，與税務兩不相妨。但止能抽入城之貨，城之外即不能。省城究係都會，用物宏多，以月計之，不無裨補。若遵義城中，貨物既少，所得必微。若散設分局，益滋煩擾，且需用多人，即有所得，僅敷工火，且於税務亦不能無礙，唯先生熟思之。近上游方委黄子祥、顧賦亭兩君，出畢節、仁懷諸路辦鹽務釐金，尚不知成局如何也。

據中國社會科學院文學所藏《郘亭函稿》録入。寫信時間爲咸豐八年戊午（一八五八）五月初，時年莫友芝四十八歲。

## 咸豐八年五月致江炳琳書

别兩月來，夢寐常在一所，而疏懶不作，虛修候想，無不心印耳。邇聞介翁攻麻汪洞，已得手，川兵又已會集，此賊蕩平，只在早晚。憶兩翁間日運籌握數，其樂意當勝仲春愁聚時也。午節又近，友芝以到館日淺，并少旅費，未便言歸。計中秋解館，握手匪遠。節間如須支修，煩召諭繩兒一同料理，至屬。手奉數字，敬詢道安，即賀午禧，不具。城工近到何分際？

據中國社會科學院文學所藏《郘亭函稿》録入。

# 咸豐八年六月致周夔書

竹樓郡伯大人閣下：月初伻人至，敬悉尊治安謐，歌頌滿野，翹企無似。連歲以來，友芝以耳熟頌聲，輒心識不忘，渴無緣一顏面。去歲貴陽郡齋乃獲數過往還，真對古循矣。今春聞展旆德江，屢有大捷，愈用慶快。三月友芝入省，又聞有援新龍之行。比欲走訪，而勝旌已還銅江，又懶惰乏申候，乃承惠函諄，復重以關聘，命爲尊刻《所至録》充删訂之役，慚悚幾不自容。友芝才識素劣，學殖又荒，無乃襄臣、少儀昆玉有所欺飾，致我郡伯誤信而不計其不勝任邪？決意辭謝不敢當，而居停仙翁、同事若翁敦勸不許，襄少昆弟亦再三諄諄，以重違尊意，唯有强顔祗聽壹是。稍候入秋抽暇，勉竭緜薄，盡一二月之勤，當可繕出清本。桑梓有賢牧守，竊得附名大集之末，亦未始非厚幸也。家食無奈，擬初冬隨計北上，兼爲謁選之謀，如取蜀道行，不得奉别，當具緘呈繳。手此具復，敬請勛安，伏惟昭察，不盡。友芝頓首，六月十八日。

據中國社會科學院文學所藏《郘亭函稿》録入。寫信時間爲咸豐八年戊午（一八五八）六月十八日，時年莫友芝四十八歲。

# 咸豐八年八月致莫庭芝書

即日驟寒似冬初，我薄縣，尚小感冒。計爾廿四五間當已抵威寧，彼地高，尤宜早添衣，燠三涷九之説，不可循也。在途經水西，晤佩兄否？想渠益老境，彼此數年嬾一字，何時見耶！二山遂且歸，抑尚有他謀耶？送行日還過黔靈山，其方丈頗解吟哦，談及去年六橋登臺望山有作，擬連書爲卷，寄僧家而未果。渠即乞之甚殷，且有重九之約。爾可乞九翁手書箋片，并爾及少度稿子，亦各寫出，此外似尚有一二人，并抄寄來致之，此稿少尊處無故也。孫文恭石本檄文，爾攜去，可將跋尾一紙來完我寫本。阿九總不得一信，浙行之説果否不可知，殊繫懷也。昨日得家中信，言家中大小俱無恙，可同慰。江介侯昨日來省，言爾館當商量乾俸，以此席争之者多故也。八月廿八日。兄友字。

九翁處爲我請安，少度爲道候。

據貴州省圖書館藏莫氏書札録入。

## 咸豐八年夏秋之際致楊彝珍書

昨春由舒文泉致函，想已塵覽。邇聞湖湘安靖，足下當復出山未耶？友芝家食頗領，年復一年，值此多故，四鄰俱無完膚。所僑遵郡，所屬正、綏、桐三州縣春來亂萌復茁，荆棘塞途，茫茫無適。論貴州大勢，固由無人任事使然，然所以積漸至是者，皆係大吏但知擇地，從不肯爲地擇人，迄於糜爛，雖有善者，亦將如之何哉？擬秋後作春明之游，非有他求，所欲稍豁心眼耳。舍九弟祥芝以從軍得階，復援例指湖省縣丞候補，雖有意世務，而更事未多，奉謁時，諸冀教所不逮。致楊季涵駕部。

據國家圖書館藏《莫友芝詩文稿書跋》録入。寫信時間爲咸豐八年戊午（一八五八）夏秋之際，時年莫友芝四十八歲。

## 咸豐八年九月致黎庶燾書

所命勘大集二巨册，四五月間，以城中諸友及一二密戚俱不擬歸，遂因循下去。又繩兒病後，心不入理。直至中秋後方思了此債。而師友間筆墨酬應，紛如蝟毛，直是應副不開。適有楊中峯兄南歸之便，因竭一日夜之功，僅僅粗過上册，止將病處指出，有未及指而當句有單點識之者，皆待整理，吾弟必能自得之。至於勝處都未及一一標出，直以迫促之故。其通體有完善，句讀單圈，即是可存，且有佳於密圈者，此册中詩，多半過筆議論者，故可筆不盡到也。惟第三卷之前，大半多不合，幾欲十去其九，餘者只須研去疵處，其直不存者，并已乙去之。次則識大點於當題之腳，吾弟亦當相莫逆也。論卷中詩境，其氣格堅密者，即皆宜存。而其中贈人之作，有許與或過當處；狀景之作，有刻畫似是而非處。或因興到信筆；或因徇詞忘實。此中是非，旁人不能代指，須自細按一番，得其所以，隨手删易，乃善也。其下册，入冬必細細勘定。計明年會場，椒弟不能更不來，此後恐無妥寄。即須待之，乃更寄也。彝兒承教誨數載，甚愧，驟無以報，容俟緩圖。但兄有省分地方，必早以更定之集見寄，以實前言。此時芟之不嚴，二三年後，必更有進境、更有增益，然後取無味無關之作，雖穩帖亦去之，刊一精本，與千秋相可否？乃不負吾弟苦心下詢雅意。他何足言。友芝白。

據臺北「國家圖書館」藏黎庶燾《慕耕草堂詩鈔》卷首題语録入。此信旁，莫友芝尚有題語：「此册戊午臘月携出門，至庚申九月始得妥寄還篠庭弟。蓋相隨往返萬里，更再歲矣。加墨雖未盡得所長，然大致亦不誤，惜歸足亟行，不能更一細勘耳。就全體而論，當以洗鍊堅緊見長。揮霍馳騁之才，皆所弗尚。一切長篇，概從删棄。就所標記，更加磨簡一番，以成全璧。遵中後來之秀，即已無出吾弟右者。家居無事，舍農田桑柘，固無可言，然此類太多，而無真味，最是易厭。當留意元亮、太祝及明之歸子慕三家，能用其短，以精悍勝，則壁壘自堅。他人亦不敢輕犯。二十八日友芝鄂中書。此册前半甚少傑作。自軍興以後佳篇絡繹，觸境而變。簡齋江湖流落，詩境乃深，職是故耳。題上三圈、兩圈者，皆必存。一圈者酌改，亦可存，不必貪多也。乙卯三月朔日友芝記。此册甲乙選七十餘篇，較上册爲撑得住。吾弟細加改定，於兩册所選二百篇中更汰其一二，則尤精密，慎不必貪多爲也。三月三日又記。」。寫信時間爲咸豐八年戊午（一八五八）九月，時年莫友芝四十八歲。

## 咸豐八年十月致劉書年書

兩歲來濫厠經席，講授無狀，承禮意殷拳有加靡已。瀕行，復蒙□□□□□□□，兼謀集腋，厚賮逾常。感愧之私，如何可言。即日遥惟政祉綏和，允升膺福，以頌以慶。友芝以初九日抵家，應俗之煩，刻不容暇，薄寒小中，頭腦昏昏，以致奉别之詩，遲未脱稿。謹寄呈三首，懷不能盡。更俟大篇郵到時，途次補和也。友芝行期已展來月十三，不知尊遣諸路專差有一二可倚耶？葠郎姿美，得子尹教之篤實，需以歲月，必有可觀。唯此朔易短日，須得常常督之早起日課，乃不虚耳！

據國家圖書館藏《莫友芝詩文稿書跋》録入。寫信時間爲咸豐八年戊午（一八五八）十月，時年莫友芝四十八歲。

## 咸豐八年十二月致莫庭芝書

十月四日歸，初九抵家，即擬廿八日出門，以資斧未就，只得展期，徐徐乃得仙老寄各路助項僅僅四十金。昔者西鄰之謀，因阿九先下手，竟無現者，待其當田，格外花廿金，乃得成事。名借二百，實止百八十金。府縣助項各廿四金，意覺太少，遂將爾謀之館定爲乾脩六十而先支三十與我，所入僅此。及仙老所贈百金，合之亦約有四百之數。而自到家後，還會十金，還蔡家近借本息三十六金，還佘家息六金，阿七逼取三十金，餘三家各分四金，又留備彝兒婚事及家中明年用約五十金，攜以出門止二百餘金而已。我歸來家中花用及整理行裝別用去院脩三十餘金，而我所添衣物、婚兒衣物又用別項六十餘金，俱不在此數。論今年所入，亦不菲薄，而行資尚未及半，又攜繩兒同行，不能不多用，且走一步算一步，唯望運氣轉，或自然逢著好處，也不可知。遲至十二月初一，勢更不能不行，得西園同伴，頗不寂寥也。彝兒不得進學，自是功夫不到也。須使其知難用功，方能著實，亦是好消息。但爾我俱不在家，吾弟歸時，須勉勵教訓一番，冀其不荒惰也。桐兒見面甚少，亦不知其果能讀否？此子别有一種性情，爾試審處，宜作如何安頓爲善。橙兒能讀，亦不見長進，明年想仍附學，安得妥師耶，爾自酌之。我家中用度，計明年夏秋不至缺乏，缺乏恐在冬間，爾當謀之青田會。明年當在六七月還此項，爾當早籌寄穀園，使其應手，免借貸增息也。以我出門未能籌出此項，故須如此，切要切要。彝兒喜事，如有道喜送禮者，一概面璧，不請一客，只數親好陪正客足矣。過禮亦須數席酒耳。家中書籍，蒓齋多有搬去者，即寄存渠處亦得，只爾要看者爾自清理，將去與否，好索歸也。初四日宿石牛江，鐙下作，付芷升六弟。郘亭兄字。

據周秋芳整理《郘亭書札》録（上海圖書館藏，整理刊於上海古籍出版社二〇〇四年出版《歷史文獻》第六輯），寫信時間爲咸豐八年十二月初四日（一八五九年一月七日），時年莫友芝四十八歲。

## 咸豐九年三四月致莫庭芝書

去臘之半，發舟三巴，恰及荆州度歲。今年二月半已至京師，道中都無所苦，惟食用稍貴耳。京中米價，京錢三百外一斤，店賬一人八百京錢一日，看去名似太貴，其實較之往常日用，也止加得三分之一。以銀一兩可换錢十四千，每千只合銀七分也。其他物事低昂不一，唯衣服最貴，以材料無來處也。

軍功雙月儘先，人數太多，極難選，我擬止就我截取一班。此班在我前者僅三人，場後投供，年内可以望選。既已來此，諸惟待之而已。

去年順天鄉試，中堂柏葰竟至正法，房官、舉子亦斬決，此國家二百年所未聞，而此案尚牽連末了。聞緣諸王深惡此中堂，而坐成其罪，非允獄也。天下事當整飭者何限，而獨苛求於此，可歎可歎！此時選官，以捐班最快，軍功亦不能及之，我輩正班翻成插班，十缺不得一二，所以舉人、進士幾成贅旒，錢神不得力，幾無處討生活。（下闕）

據貴州省博物館藏莫友芝家信手稿録入。

## 咸豐九年四月致莫庭芝書

我二月半到京，草草完場，殊不能繼前人之事，可愧之甚。比領得薦卷，乃出户部員外王少鶴先生之房，因房批推許太過，總裁趙蓉舫遂抑而不取。此亦命也，於人何尤哉！少鶴先生廣西人，元籍浙江，乃祁淳甫相國高弟，言經濟，講古文，亦舊與黄子壽往來。得我卷子，以爲有名家風，止二三場，又推以積學，不可謂非一知己也。軍功雙月知縣直是無選期，以花樣太多之故。我止得僅就截取本班，已於四月初二引見，奉旨以知縣用，現在本班，雙月即可到。若上手不添人，年内外可望選，若添人，即須俟單月到班，快亦須明冬以後。既已出門，爲之奈何，止有圖一館地爲度日計，静以俟之而已。家中又不免内顧之憂，吾弟須及早代爲明年之籌，即如現在乾館之類須早向九翁言之，先下一網也。兒輩讀書應試，不知如何。甚悔出門已早一年，又悔攜阿繩，多縻旅費，若今冬始出門，豈不甚善，然已無及矣。想天必不絶人路，必自别有機會，然其未至，亦豈免憂灼哉！眼中國是真不可説。去年鄉試舞弊至殺中堂，而讀書人乃無出路。海夷及阿羅斯又時有輕中國之心，而武備毫未整飭。鈔法行而户部不受，則必不能行錢法。京中用當十大錢，止當得向來銅製錢之二，而以之給旗丁口糧支兵餉仍當十。八旗緑營無不解體，將來竟不知要壞到何分際方了。杞人之憂，唯有浩嘆。寓中心緒紛雜，未能作字請九翁安，吾弟爲一道及之，并問少尊、少度進境。四月廿日。兄友字寄庭弟。

據周秋芳整理《郘亭書札》録入。寫信時間爲咸豐九年己未(一八五九)四月二十日(五月二十二日)，時年莫友芝四十九歲。

## 咸豐九年五月致曾國藩書

後學莫友芝頓首致書滌翁先生少司馬大人麾下：四月中曾拜書付萬安丁令持致候起居，兼乞先府君表墓文字，計夏令中當可達。頃得舍弟祥芝字，謂其稟令之次，時時蒙念山荒鄙人，以爲有學。此緣先生愛之太厚，期之太高，而忘其鈍拙無狀。矧軍興連歲，硯食奔波，益不殖將落，大無以對知己，且感且慚。就令餘絲髮見，亦持此安用乎？京師過夏，憶十年前景象，便迥然作古初想。籌邊右和，更不復言綱紀，何論戰守？選人惟貨，更不復言流品，況論資格？始議不過宵人一二，取便私利，而中朝大官婞婀老事，閉口委胥吏，不敢輒有是非，我視謨猷，誠不知伊於胡底。先生儒術經世，忘身忘家，無所瞻徇，爲天南半壁長城。邇日長髮西犯，計已早持勝算，決不使滋蔓難圖。若得封疆鄰比盡能忘身忘家，一無瞻徇如先生，次第舉横江以南，盪除乾凈，雖有島夷恣驚，亦豈遽爲深憂哉？友芝當此岌岌，猶復萬里馳驅，求不可知之進士，走卒亦解笑人，既無所遇，又將拚以來歲，尤非人情，徒以王少鶴農部新有鍼芥淵源，且謬譽諸壽陽相國，并詩歌相詡飾。兩公皆近世學人，稍欲相依，籍叩不習，奈米珠薪桂，尤倍曩時，轉瞬秋風，恐不能不作歸計。獨念違先生箴教已逾十年，但歸行迂無大阻，即當走叩軍幕，爲旬月瞻近，以紓積歲馳仰之懷。先墓文字儻見許者，亦得奉歸手劖也。舍弟祥芝又言在麾下蒙推愛優容，訓誨肫懇，不知頑劣之資能受裁成有所就否耳。肅此鳴謝，敬請鈞安，伏冀垂鑒。後學友芝頓首謹書。五月廿八日。

據周秋芳整理《郘亭書札》録入。寫信時間爲咸豐九年己未五月二十八日（六月二十八日），時年莫友芝四十九歲。

## 咸豐九年夏秋之際致曾國藩書

後學莫友芝頓首奉書滌生先生少司馬大人麾下：奉别遂一紀，自軍興來，熟聞先生膺簡命任征討之重，獨以實心實力，舉錯不阿，振刷於撓挫之餘，刮湖江，盪鄂皖，掃彭蠡而南，靡堅不摧，勢如破竹。天下之人，識與不識，罔不異口同聲，以爲陽明子用兵殆無以過，有真將略必在真讀書人，信哉！頗怪今之議軍務者，每以無人無饟爲病，非真無也，用人不當其才，而饟耗諸無用之地也。友芝居萬山中，不能悉天下事，竊常目擊鄉里用兵，每一事起，其與事人必有實勞、虛寄、僨轂數等。其既也，實勞與虛寄等擢，已不足以勸功，至僨轂亦優有敘階，而豪傑解體矣。比再有事，其效馳驅者，盡碌碌無短長，虛張名簿，惟取坐靡，事之或已，非其真能，特苟且幸值其暫云爾。是故賞不足勸，罰不足懲，波流滔滔，幾於皆是。惟先生行軍，賞信罰必，悉當功罪，傳在人口，故部下得人最盛，建功亦最多。昨閱邸抄，載信豐解圍，酌舉在事人員，他人連篇累牘，而先生寥寥數人，不敵其十一二，以推他件，知無不然。信乎大賢舉動，迥絕時流，假使海内封疆重寄盡能核實進退如吾先生，則士皆作氣，饟無浪擲，何物長毛尚能負固如此淹久者哉！友芝以桑梓連年不靖，至於置硯無所，友朋牽率，漫復計偕。而所業就荒，依然席帽，遂以截取到班，就圖謁選。而銓法紛更，必輸饟、軍勞兩班無投到人，方許波及正班一二，此即必無之事，知持議者早取此正班束之高閣。聊俟來歲，春官消散，三場冷粥，再作變計耳。邊荒下士，既無補於世用，又不能苟謀自存作空山終老計，縱浪大化，未知止泊，詩書誤人，亦至於此。唯念平生知己，無逾先生，曩昔教言，常佩心鬲，金臺飄泊，馳慕無已。值萬安丁令赴任，肅此付舍弟祥芝呈道悃忱。祥芝自去夏蒙調隨營，懼其少不更事，不敢作書中謝。昨聞復有開方繪圖之委，不知能遽稱任使否。惟冀嚴誨而切督之，俾稍解世務之一二，造就逾於生成矣。敬請崇安，伏乞垂鑒。後學友芝頓首上。

據周秋芳整理《郘亭書札》録入。寫信時間爲咸豐九年己未（一八五九）夏秋之際，時年莫友芝四十九歲。

## 咸豐九年九月致陳鍾祥書

雪帆仁兄大人同年閣下：别來遂廿餘歲，吾兄□□□□蜀燕趙，馬首所指，膏雨隨之，遥聽頌聲，每用愉快。想政成牘減，對酒當歌，豪情逸韻，猶似曩時也。友芝二月半抵京，吾兄適有天津之役，甚以不得一面爲嘆。夏秋間擬出都，又料理寒瘧温，至重九前後方就痊可。因循愁鬱，箋候亦不及申。現擬月之十一出都，南就老兄爲度歲計。束裝既定，夢魂已繞滹南。又以唐西請員，在投供諸人概不許告假，而挑揀之日，乃遲以臘月初旬，一面之謀，如此差迕，豈早晚亦有數耶？截取一班，殊非挑揀所及，不過到場免將來扣選，畢事後即當果此緣也。聞詩草已刻，極清放，倚聲一道，又駸駸周、姜争雄。此不唯同歲無兩，即吾鄉中亦無兩，陽春白雪，亟欲一聽，洗緇塵俗惡。

王少鶴先生爲今歲春闈友芝薦師，甚以不售爲憾，文字往還，且致勝友，真是平生知已。吾兄之精倚聲，亦先生爲言之，前聞將出都，有字并近詞奉寄，并先致上。

據中國社會科學院文學所藏《郘亭函稿》録入。寫信時間爲咸豐九年己未（一八五九）十一月初，時年莫友芝四十九歲。

## 咸豐九年十一月致黄彭年書

春節聞往通州，以不得一面爲憾，閲邸鈔，敬悉尊公五丈當移直隸，甚幸握手之近。尋子和示到賜札，并道及影山册子已蒙五丈點筆，并荷珍惠書金，感謝無已。入冬聞已抵保定，曾向劉子重兄問詢，尚不得確耗，愛日中想侍奉安吉，著述日富，《名臣言行録》更到若干卷，早晚得蕆功耶。

五丈在天津，海凍時抑當還省度歲否？鄂生在蜀大有聲，真足爲儒術吐氣，但不知新易總制，乂鄰境有事，其遇合何如耳。友芝家食顑頷，漫然求仕，所計已非，又直此財神當道之時，已將我輩束之高閣，選期必須缺贏而彼班無人時，始波及一二。秋間得李侍御奏准呈請分發，又必以引見後三年爲斷。友芝尚不能得淄塵守株，鬱鬱何極。稍幸良友不乏，時得賞析往還，稍破岑寂耳。

春聞卷子謬爲王少鶴先生所賞，榜後極惜其不售，往還最密，又因以見祁淳甫相國獎許逾分。鶴翁極工詩古文，尤長倚聲，極道吾兄致功之勇，以爲畏友。此外新識則王子懷、尹杏農、楊緗芸、何子貞、孔繡山、潘紱庭、伯寅橋梓、林穎叔、林勿村、李篁仙、王壬秋、高碧湄、李梅生、劉子重諸君，大概氣節文章之士。

米珠薪桂，秋冬之交，即且在陳，擬□□就吾兄謀度歲，且快讀新著，將南至趙州訪雪帆同年，爲來歲春官計。已束裝，定月之十一發軔，適廣西請員，吏部不許告假，必俟其臘八前挑揀後乃得行。一聚之緣，如此濡滯，殊非意料所及，唯有神馳。午清同年出都之便，先奉數字道意，唯垂鑒不盡。

據國家圖書館藏《莫友芝詩文稿書跋》録入。寫信時間爲咸豐九年己未（一八五九）十一月初，時年莫友芝四十九歲。

## 咸豐九年十二月致莫祥芝書

得爾字，知已從滁帥駐兵宿松，以待我師之集。想開歲以後，即將規復安、廬，以圖東下，雖髮捻結連，想亦不是十分勁敵。唯陳四狗一日不去，我師即未易得志。傳聞情勢殆不易倉猝見功，當事運籌萬全勝算，必有非尋常意料所及者。爾久在行間，亦聞一二否？兄勉强留京，看此一官，真是無味。時事瑣細操切，官民往往無措手足處，舉行諸事，皆選取前代極敝壞處，而又有甚者。關徵、錢法、鈔法，動興大獄，而不究其源，動輒下之比部。至輦轂下白晝劫奪，又置之不問。如此昏昏，真是不成世界。明年完場以後，無論中不中，我必出京，取楚北道東訪滌老，致謝表墓文字，即與爾油幕聯牀，一暢别緒也。

繩兒六月一病幾殆，直至七月，始有生機，八、九月間，方得平復。遂將冬來數月之資爲醫藥耗去，然拾得一子，頗以爲快。方擬前月初出京謀食，而廣西請員，不能脱身，直待至今月初十，應挑不上方了。又將出門川費耗去，籌畫未就，恰得滁老寄贈廿數，足以佐行，尚是天不絶人路也。現定二十日出都，走趙州訪陳息帆同年度歲，爲之謀假明年禮闈之需。明年二月乃更進京，止躭閣了都城燈會廠會之盛而已。

前數月來，頗識得海内才人不少：王子懷侍郎，老成練達，有守有爲。名茂蔭；尹杏農侍御，名耕雲；敢言之士。楊緗芸户郎，名寶臣，長於天文，曾面斥權人罪。皆有識有爲，并不得安於其職，或疾或降。其文章之士，則林穎叔侍御，名壽圖；能詩，學山谷。何子貞編修，潘紱庭侍讀，名曾綬；孔繡山侍讀，名憲彝；李篁仙户曹，名壽蓉；詩學高、岑。王壬秋孝廉，名闓運；精《選》理，才絶大，近講研經。高碧湄進士，名夢漢，更名心夔，二人即弟書言及者。李梅生兵曹，名鴻裔；林勿邨太守，名鴻年；留心治道。樊文卿縣令，名彬；講金石。張香濤孝廉，名之洞；詩文有豪氣。劉子重比部，名銓福；雜博。張叔平孝廉，名世準。長於畫。諸人早晚已有行期。適龍皞臣名汝霖。縣令自晉解饟至，又得再三往還，所以緇塵落寞，頗慰窮愁。唯郭筠仙使山東，本相知而未及一面耳。又聞李中夫榕主事，爲蜀才之最，已在滁帥幕中，想爾當見之也。以上諸人，楚才居三之二，信乎楚之多才也。

滌老爲表文，其中間言學術及末一段是精要文字，亦時有繁處，然前人如此者亦不少。意欲他日見面，更乞裁剪一番，爾、我不在家，亦不能驟刻也。爾欲求善書寫一紙本攜回，亦未嘗不可。爾今所管局事，誠不如以前繪圖之善，局任既近利，應酬既大，又容易招怨，慎之慎之！決不可一毫苟且，便失已矣！那得更乞如前者差委耶？

我若出京，必向部裏呈明告假籌資，既出京，即當選亦不選。然此班人及他正班人，今年已經十一個月，并未選一人，論現在雙月正班，止須選去四人，即到我。然已出過四五十缺，捐得其七八，軍功得其二三，所謂常選正班，竟是一人不選。計唯有明年四月之選，須將閏三月所到之缺合算，若此月能得三十餘缺，即可望其波及數人，以捐班有不足敷之時，始將正班抵選，過此即難望矣。單月之輪已經過了，其輪轉又在一二年後，更是難待。現在又有奏准此項人呈請分發者，又必以奉旨用之日爲始，扣滿三年，方許呈請。我須到壬戌四月方滿，亦驟然巴不上，若在京中久住，唯有傳補可望。傳補者，直隸州同、鹽大使、翰待詔、國子典籍、典簿等數項，每年必消去二三人，唯今年止消一人，唯直隸州同無捐班，其各項俱有捐班故也。是傳補之望亦難甚矣！我亦何樂而住京哉？必欲住京，即須有每月七八兩之館。京城閑士甚多，大約以二兩一月至四至六已是特出。即有人就，我就之即不足用，所以難謀。唯近京廳縣或有一二，亦謀未及成，須待來歲。萬一能成，細算亦不能顧家。家中今年支吾，所缺尚少，自不難於挪貸，若來年終歲之糧，□從何處措手，念之真難爲懷。所以明年四月後，更不能不出游，奈何奈何！

閲邸鈔，知十月湄潭失守，蔣軍門退扎三渡關，所帶兵勇逃已殆盡，經蔣中丞參奏，革職留營。此時遵義設防議剿，必孔棘矣。署令似仍江介侯，而署守爲吴梅生，賓千山署西道，不知江、吴辦事又協心否。又聞粤賊石大開欲由慶遠北上，取黔道以出蜀。蔣中丞聞之，自揣不能防遏，即亟亟告病，委擔於海方伯。黔中上游任事，屈指更無一人，地方之全不可收拾，恐在此番。唯冀天遏其鋒，使粤賊不能上，思、湄賊不能西，兩邊鄉里庶幾可保。我弟兄在遠，將如之何？憂從中來，往往徹夜不寐。清曉對鏡，鬢鬢又添白數莖。生命不辰，丁此世界，天下慼慼，靡有治機。

近畿直沽之外海未凍處時有夷舟游奕，以窺伺我，冰解之後，即又不知云何。而京朝諸老，方恬嬉自安，無有設一策、出一謀者，一切任之。僧邸尚有議其生事者，不知其爲何心！而弄權一二人鄭、怡二王。所切切更張苛察，使官民遭者不得聊生，無一安危至計。得言諸公，又貪位慕禄，不敢議其是非。我視謨猷，誠不知依於胡底也。

爾在營較前健飯，甚慰。今日海内大僚，任國事如家事，不避艱險，首推滌、詠二帥。從軍之樂，但問從誰，爾得所從，我亦甚樂。安得早晚成功，得相攜謀薄田作歸隱計耶？我眠食亦如恒，繩邇日飲食亦復元，惟神氣稍弱，爾聞之亦可慰。唯此眼中國是，鬱鬱無聊，心中竟想不出好文字。爾説須鈔數篇寄呈滌老，竟是無有，只且空信答之。爾説曾送物事將我意去，最得體，所查諸事，繩寫有單子附入；其費查一二，我方出京，不能即查也。周西園已考得國子學正，渠明年場後仍欲留京候補，渠五月後在通州就東路廳館李藻周，名朝儀。尚好，現欲拉吾同往教讀，但恐修薄不能就耳。爾在營，若春三月中有移動，必寄我一信，無使差，即借用官封發至東路廳，甚快，其信面即寫託西園轉交，必得也。近日京中高麗參價頗貴，任謹齋代人託買者甚多，故屬及吾弟知之，恐他人不信也。欲作詩謝滌翁，思不能屬，且俟他日。張香濤有信寄馮卓如，云其在曾營中，如不在，知其消息，望弟加封轉致去。十二月十八日兄友字。

據中國社會科學院文學所藏「郘亭家書又一册」整理録入。寫信時間爲咸豐九年己未十二月十八日(一八六〇年一月十日)，時年莫友芝四十九歲。

## 咸豐九年致莫祥芝書

捐免驗看，無論何卯，惟係軍務省分即准，其非軍務省分即不准。吾弟指湖南時，想已不算軍務省分，或待更有升階時引見并補驗看也。湖南教官補缺一件，托人查，尚未得回話。扇子乞得壽陽書、杏農畫，一取其學問，一愛其風節，可好藏之。壽陽老不多作書，尤難得真，昨往見時，言吾弟遠信專求，欣然命筆，非他代作比也。輔清許贈一扇，弟可致之。

據中國社會科學院文學研究所藏「郘亭家書又一册」整理。時年莫友芝四十九歲。

# 咸豐九年臘月致石贊清書

襄臣郡伯大兄大人左右：昔者計車馳逐，氣味苔岑，雲泥既分，遂爾疏闊。然豪情逸韻，二十年來如在心目間。特迂拙成性，申候久闕。閣下孰民事繁，不審猶復記憶否耳？

春間以截取入都，此項人已束高閣，强試禮部，席帽依然，猶復戀戀雞肋，以待來年之思，可笑之甚。惟每聞閣下膺海畿重郡，投艱任鉅，理之裕如，爲京東隱樹屏障。幹濟有人，足張鄉里，私用慶快。尋在吴渭生兄同年許案頭獲讀大著《集唐詩草》，皆無縫天衣，擅南園五先生之勝，有目皆能賞之。至「已知成傲吏，不敢恨危途」，「老去漸知時態薄，出來多與此心違」，則平生盡見，斷非風塵俗吏所知，亦非華藻才人所能到。至「失計方知命，遭時不在才」，「無謀長委命，失計自憐貧」，「豈有文章驚海内，更無親族在朝中」，「坐見落花長太息，真成薄命久尋思」，旺躁人更欲擊碎唾壺也。擎誦再三，攬揆開樽，壽菊佐酒，擬結渭生趨賀，藉叩經世之藴，挹著作之精，暢積歲來馳仰情愫，奈長安薪米，碌碌經營，齎裝枵然，事不副意。謹手寸簡，遥頌壽祺。即請升安，伏冀垂鑒不盡。

附呈拙稿一册，乞賜削政。聞大集已刻就，望賜下一部，屬渭兄持還，得細究精妙也。

據臺北「國家圖書館」藏《郘亭父子藏札》録入。寫信時間爲咸豐九年己未（一八五九）臘月，時年莫友芝四十九歲。

## 咸豐十年三月致莫彝孫書

示彝儿：自得爾十一月初間字，此後遂不聞一音。數月以來，自爾母以下各是如何，甚念之，想俱無恙也。有傳言開春遵義有事者，又有傳言夏中當考試者，都不知確實，未免愁悶耳。

我去年往趙州過年，今年二月半復北上，廿八日始到京。京南自二月初五下雪，直至三月初間方止。衝泥冒雪，七個車□走成半個月，行路艱難爲平生所未經。幸我與繩及孔福俱撑持得來，都無所苦。草草完場，仍然故我，此殊不足計較，唯添出同志師友一番傍嗟耳！

選事看此四月，如四月仍是不選，則以後新翰散館，更是難到。我四月尾五月初必出京，由湖北走安徽訪曾滌翁與爾九叔，作數月聚首，更圖出路也。觀京中景象，諸君子皆見機而作，小人□長，我所相識如王子懷侍郎、安徽人，名茂陰。劉庸齋供奉、名熙載，江蘇鹽城人。尹杏農侍御、名耕雲，江蘇桃源人。楊湘芸郎中、名寶臣，福建人。郭筠仙供奉，名嵩燾，湖南人。諸君子皆天下才，有體有用，爲在京人物之最。庸齋、子懷二三年前先後引疾，湘雲、杏農以斥劾權要人，先後左遷，筠仙亦以與要人不合，方引疾將歸。如此世道，直是入山唯恐不深之時，而我乃無山可入，且汲汲求仕，豈不可笑！

在外久，資斧空虚，我尚足藉筆墨友朋自給，唯爾母子在家一無所恃，我又不能有贏餘寄潤，念之愁人，且看到滁老營中，或能有濟，且徐俟之耳。

據貴州省博物館藏《莫友芝家書》稿本整理録入。

## 咸豐十年閏三月致陳鍾祥書

息凡仁兄同年左右：自二月次保定，奉牋後匆匆入都，爲場屋之計。場後又應接紛如，倏爾報罷。學殖荒落，真不直一笑也。閏月十三奉到惠書，并厚贈卅金。橐橐方空，適然蒙此接濟，其增潤枯旅，有逾尋常，感謝無似。又承尊體一切復元，尤慶快慶快。友芝三月雖及到部銷假投供，而自去年二月至今，踰年尚未選及正班一人，則前與兄言當待四月開選，巽一撞，恐已是靠不住。計四月内必將出京，爲糊口之謀，舍走曾滁老軍更無二法。經平棘時，更爲我兄罄之。（下闕）

據周秋芳整理《郘亭書札》録入。寫信時間爲咸豐十年庚申（一八六〇）閏三月中下旬，時年莫友芝五十歲。

## 咸豐十年四月致過錦雲書

虞卿二兄大人左右：入夏來敬想侍奉佳安，布澤如雨，爲慶爲頌。承命謀子弟師，榜後曾與令弟四兄留唐蹟臣，渠意急歸，不肯住，他又非所素諳，此時想此席必早定承乏矣。愧負諄屬，悚歉無似。弟三、四兩月仍爾逐隊謁吏部選，選事舊章蕩盡，此番雙月知復虛談，稍聞浙有檢員之請，小住俟之，中夏必出京，當更走訪，一暢別來懷想。即請升安，兼候署中諸親友，不具。弟莫友芝頓首。四月十五日。

據周秋芳整理《郘亭書札》録入。寫信時間爲咸豐十年庚申（一八六〇）四月十五日（六月四日），時年莫友芝五十歲。

## 咸豐十年五六月間致潘祖蔭書

江亭奉教言，甚慰馳仰。承示《國山》、《楊叔恭》、《徐市題名》數事，十年夢寐求之，一旦快覩，尤足破除旅愁，少留審玩，有行期乃歸耳。紅崖釋文尚未就，騾無以報命，良用自慚。葛祚一紙幸檢出時更見示也。小兒繩孫學篆刻，求小品吉金文字，昨在子和許見數起，云并得自尊弆所，脱有成現，幸更惠一二。敬復伯寅先生同年大人執事。弟友芝頓首。

燕庭一册并已至。

據周秋芳整理《邵亭書札》録入。寫信時間爲咸豐十年庚申（一八六〇）五六月間，此年莫友芝五十歲。

# 咸豐十年六月致潘祖蔭書

昨承命更考證《錦山摩崖》，旅中無文籍，又夙不識海外掌故，留之兼旬，不能下筆，率用願船説爲五十八字汙卷尾，殆不直一笑也。《國山》竟蒙見惠，行莊頓爾生色，敬謝敬謝！命書四紙，以滑不受墨，徑以舊宣换作，并《楊叔恭》三紙繳上，乞檢入賜教之。燕庭書求之厰肆不得，吾寅老能他求相餉否？所假一册尚數處待摘寫，稍爾遲歸，亦旬内外耳。羈棲寥落，行且在陳，亟亟謀出都，稍俟斧齋就計，夏尾秋頭必成行。瑣冗不得走别，臨楮神馳，伏冀爲國自重，不盡。年小弟友芝叩頭叩頭。伯寅尊兄廷尉大人執事。六月十四日。

據周秋芳整理《邵亭書札》録入。寫信時間爲咸豐十年庚申（一八六〇）六月十四日（七月三十一日），時年莫友芝五十歲。

## 咸豐十年六月致潘祖蔭書

擬以初秋二日出都，界行直紙呈乞大書新著詩詞，爲别後懷思展對，并冀早濡染，想不吝也。伯寅先生年大人執事。六月二十三日，年小弟友芝頓上。

據周秋芳整理《郘亭書札》録入。寫信時間爲咸豐十年庚申（一八六〇）六月，時年莫友芝五十歲。

## 咸豐十年六月致潘祖蔭書

昨拜《三巴孴古志》、《吴郡金石目》之賜，已足壯行橐矣。又蒙惠贐殷殷，屢以貧旅饑乏爲念，却之非禮，受又增慚，銜戢無已。友芝擬以七月初十内外間出都，閣下方在園，不得走謝爲歉。明歲秋冬，或當再謀入都計，更奉教旦晚間耳。唯閣下忠主奉親，致身竭力，千萬珍重，大副海内之望。走筆具復，不盡依依。伯寅先生年大人左右。六月廿有八日鐙下。小弟友芝叩頭叩頭。

前奉乞大書新著一紙，幸早賜爲之。命作四小紙，友芝亦完繳始行也。

據周秋芳整理《郘亭書札》録入。寫信時間爲咸豐十年庚申（一八六〇）六月二十八日（八月十四日），時年莫友芝五十歲。

## 咸豐十年六月致潘祖蔭書

渴念，屬以河魚之疾，不能趨候，甚歉！尊公年伯大人想諸凡安善，閣下早晚當赴園。許惠燕庭《三巴舂古》後數册，幸早檢擲下爲要。友芝。

據周秋芳整理《郘亭書札》録入。寫信時間爲咸豐十年庚申（一八六〇）六月間，時年莫友芝五十歲。

## 咸豐十年六月致潘祖蔭書

奉手教，敬拜《三巴舂古》之賜，謝謝。年伯小不快，自當勿藥。乞叱頌起居，復請侍安，不一不一。年小弟莫友芝頓首。

外歸《徐市題名》、《楊叔恭碑》等一卷一包。

據周秋芳整理《郘亭書札》録入。寫信時間爲咸豐十年庚申（一八六〇）六月間，時年莫友芝五十歲。

# 咸豐十年七月致潘祖蔭書

命書四紙，夾者已半自開，遂析爲作之，溢出一聯呈教。束裝匆匆，心手不應，不足存也。行期準以十一前，乞大書尊著直幅，冀早晚賜下。不盡。此上伯寅先生執事。年小弟莫友芝頓首。七月四日。

按：札後有李鴻裔題識云：「自開首至此，皆咸豐庚申夏秋間書，偲老方住楊楳竹斜街貴陽會館。時事孔棘，旅況彌艱，然猶日作厰肆遊也。每遇殘卷破帖，必攜至椿樓胡同相與賞析，無三日不相聚首。吾一日發興爲長句，仿玉谿偶成轉韻七十二句，性龍、碧湄以爲似高、岑。偲老奮髯曰：『此詩風格才調在太白《魯郡堯祠》間，作者意中之玉谿、評者目中之高、岑，皆浪説耳。』至今思之，如在目前。」

據周秋芳整理《郘亭書札》録入。寫信時間爲咸豐十年庚申（一八六〇）七月初四日（八月二十日），時年莫友芝五十歲。

## 咸豐十年八月致尹耕雲書

性龍同歲道兄左右：別來遂匝月，才及柏人，行既緩鈍，又在平棘留再浹辰，中虚暴下，藥物不相離，艾年遽不濟如此。憶我兄應煩處勩，比中宵縱談，精神常沛然有餘，足見所禀之厚，可勝艱鉅，而棄置閒散，時事可知。出都後拉雜傳聞，并足撫膺痛哭。二百年養士，何以當事竟無一人。嘗再三夢我兄及二三君子聚談，謂島夷如此猖獗，誠萬古所未有。然彼既深入不自量，我能稍加籌策，豈容其一生還者。此真天予之機，不待明智而決。而徒爲此紛紛以取辱無已，是何心肝！昨日聞僧邸稍有擔荷，又有謂勝帥者，未得其審。既見詔書赫怒，聲罪致討，不覺中夜起舞。時復細繹，總猶是和議根源，固結甲裏，殆非朝夕可拔。若仍因循下去，此局何時了耶？兄之南行，念此光景，恐未即就道，眼中氣蓋一切，而能翕受以儲將來之用，不能不推我兄，千萬珍重、珍重千萬！先君子家傳，既蒙允許，伏冀閒暇命筆，先存集中，他日東南相見，或仍京師聚手，期得拜受，當不至郵使艱難耶！昨日有淮上來者，言通甫近頗多病，不復能苦心爲文，爲之可惜累日。似此雄才，而遂任其早衰，不加愛護，使更有以自見，豈天意耶？適識黄忠端《榕頌》跋及詩於扉，共□刊寄。孤旅勞頓，言不能悉。八月十日柏鄉燈下。

友芝白。晤伯寅爲致聲道念，曾許書一紙未獲，如我兄南來，望便索携將。莫子偲。

據貴州人民出版社二〇一四年七月版葛明義《莫友芝書法集》録入。

## 咸豐十年初秋致尹耕雲書

居京師二年，得遍交海内名士，體用貫注，俊偉縱横，當以杏公爲最。既而遍讀諸君子詩，其五言之美，蓋自三唐上而六朝，各能因依所近，探抉而抒性情。獨怪何以七言歌行罕有□□者。最後乃得杏公《心白日齋》近著，疾讀之，其五言與諸家并驅，其七言之抗墜抑揚，超逸雄宕，儼然韓、黄、陸諸老，謦欬相接，始知此事亦不能不推吾杏公獨擅。唯□實之大，發聲自宏，非虚言也。昔漁洋選古詩，五字繩唐人以魏晉，七字推李杜於宋元，極有深意；矜復古者，斷自初盛唐以下不觀，豈知言哉！

咸豐庚申初秋，郘亭年小弟友芝識。

據國家圖書館所藏《莫友芝詩文書跋》第三册莫友芝手稿録入。莫友芝時年五十歲。按：莫氏此稱收信人爲「杏公」，又言「得杏公《心白日齋》近著」，可知收信人爲尹耕雲，字瞻甫，號杏農、性龍，著有《心白日齋集》等書傳世。

# 咸豐十年十月致王柏心書

子壽尊兄有道左右：昔往還唐方老、鄂生橋梓間，每數海内文章、經濟通人，必先以王監利言，中耿耿殆逾十年。戊午冬道出荆州，已詢審講席斯在，瞻近可期，乃適以度歲解館。今年秋自京師還，沿漢舟抵鄂，又不得由荆州。一面之緣，如此差迕，天下事不知盛極，耿耿之懷，何時得晤言傾吐耶？

主柏容判官許，謂常得消息，知道履佳勝，足慰馳企。讀近著《漆室吟》，合以夙昔《樞言》，江湖憂國，乃切於廟堂十倍。何以枯守衡門，竟不一出，世道可知。然求志隱居，亦關福命，五柳千橘，殆非偶然。友芝行年五十，桑梓糜爛，幾於託足無所，出門浪走，未知止泊。但得希君高躅，於願已滿。

有弱弟祥芝，從軍在懷寧，亟往一看，就尋一二故人，爲謀還山登舟。手此致候，不能盡意，冀他日泝江西上，勿乖螺山走訪緣耳！鄂生令蜀錚錚，可謂不負教誨，亦幸方翁有子。然以鄙意觀，昔兩制府尚非真能用鄂生人，後來益不敢必。懼其任事意氣，鋒芒太露，徒以招宵人之忌。先生師友情至，幸更有以裁之，千萬千萬。伏冀爲道珍攝。

愚弟莫友芝頓啓。十月十日武昌舟中。

據張俊綸點校《百杜堂全集》第六册附録三轉録（張氏據湖北省洪湖市螺山鎮王繩福先生家藏《王柏心書信集》録），崇文書局二〇〇八年版。

# 咸豐十年十二月致胡林翼書

莫友芝謹奉啓益陽宫保大人幕下：軍興來遂已十年所，自我公起，刷清江漢，控制中權，息彭蠡之驚波，遏豫氛之旁逸，由是師環皖會，氣壓白門，悉有建瓴之勢。故今日中外上下論當世廓清幹濟偉人，必以益陽、湘鄉爲冠，而湘鄉之旅所以大振，必倚益陽。故我公之勣尤爲極盛，蓋萬口一詞矣。昔公一麾涖黔，造福我桑梓，登車攬轡，已見澄清之端。爾時友芝僑處延北，每以未由瞻奉爲憾。今秋自都門還，初冬舟出南紀，所歷撫治之境，皆再造之邦，聽歌頌之聲，溢江湖之表，彌用懷仰。以節鉞方駐英山，驟未遂其摳謁。因來懷寧一看舍弟祥芝，擬稍息塵襟，即謀趨候明教，一伸景慕積悃。隆冰深雪，忽遘采薪，比獲小差，晤曾事恒博士，又謂湘鄉有約，當往祁門度歲，促早晚即行。歲暮畏途，水陸莫定，撫屢放之身，信萍蓬之轉。獨憶少日執經問字，曾逐鄉里群彦，未及侍太公夫子門牆，友芝稚昧無狀，乃蒙暗中摸索之賞。既違師訓，忽忽遂三十年，學不加進，名不加立，五十無聞，以重負當日期許，中夜驚怛，罔知所爲。惟公家學經世，必有以指其迷津，豁其蔽塞者。江南江北，道里非遥，齋肅趨候，期以來歲。手牋鄭致，敬道區區之忱，附呈趙州陳刺史叩稟。即請崇安，諸冀垂鑒。庚申臘日友芝謹上啓。

再啓者：舍弟祥芝蒙委權代懷寧，以短拙之才，荷衝繁之任，本非所勝，遂以蜚語上騰，勞制軍之彈糾，其不克仰副栽培，咎滋大矣。而其中委曲不忍明之處，聞祥芝述李廉訪言，謂公悉能洞鑒隱微，故祥芝雖鐫職，猶可奮於末路。祥芝事湘鄉久，友芝比來看之，稍幸未改學堂習氣，則湘鄉之陶鑄也。獨惜其才不加長，得此折挫，正堪磨厲。倘得晉謁，冀公更嚴訓督之，俾增益不能之一二，則銘感不獨祥芝矣。友芝謹再啓。

據周秋芳整理《郘亭書札》録入。寫信時間爲咸豐十年庚申（一八六〇）十二月初八日（一八六一年一月十八日），時年莫友芝五十歲。

## 咸豐十年十二月致曾國藩書

後學友芝謹奉牋滌翁欽差制軍大人幕下：十一月望前在懷寧郵上一椷，計當早達。本擬及是月内馳謁，緣東流道小不靖，遂遲渡江。曾走候兩介弟觀察、博士行營，叩悉起居安勝，用慰企仰。且蒙觀察賾惠促行，謂蕙西、壬秋諸君子并已歸，須能及祁門度歲爲善。頻雪，頗怯凍塗，臘中復聞前路多戒，故仍未即發。已結束出望江，吉水溝舟次小泊，但水陸一無阻即當南，早晚開歲，定能春風中一月坐盡，使緇塵宿滓蕩除也。舍弟祥芝才具粗疏，不勝委任，以負期望，得挫折磨厲，俾動心忍性，自求增益，玉成之思，感荷靡既。肅此，敬佈區區留滯之忱，即請道安，并頌年禧，伏冀垂鑒。後學友芝謹奉牋。十二月十八日。

據周秋芳整理《郘亭書札》録入。寫信時間爲咸豐十年庚申十二月十八日（一八六一年一月二十八日），時年莫友芝五十歲。

## 咸豐十年致於胡魯承齡書

尊生觀察大人左右：鄉里多事，遂六七年，邇幸上游諸郡，倚威德鎮撫，得以比歲晏如。友芝羈旅蕭條，顧念桑梓、延北家室尚免風鶴虞，皆幸在帡幪庇覆中耳。昨者畢令一端，竟出意外，然不遠之後，公道自存。遥聞雅歌投，怡然鎮定，不以少介懷抱，古賢寵辱不驚，斷非尋常可及也。友芝兩歲京塵，未知止泊，屬以東南糜敝，兩棄行省，島夷帆檣，不免窺伺。時事急切，厥惟邊材，何以衛、霍之求，不能右于桑、卜？降而經生策士，詞章之流，束縛扼塞，高閣置之，固其宜矣！差幸緇塵索莫，頗得多識海内豪俊，幽憂慷慨，吹沫相呴，當歌對酒，境感意闌。惜連月以來，相次雲散。長安既難居，歸計又不就，湘鄉制府開幕寧國，頗動從軍之思，非有他冀，聊存故人。早晚秋風，即當上道。每憶巳、午之歲，六橋池館，時時趨奉教言，獨蒙折節提掖，縱其狂狷，回首清歡，那可復得耶？晤伯元世兄，將之黔省覲，肅箋敬訊起居，伏冀垂鑒。部下貢士友芝叩頭上。

據中國社會科學院文學所藏《郘亭函稿》録入。寫信時間爲咸豐十年庚申（一八六〇），時年莫友芝五十歲。

## 咸豐十一年正月致莫祥芝書

十九夜抵太湖，明日謁宫保，留住營中，以其病初愈，難於應客，故未再見。又明日見希、雪兩翁，雪翁亦方自舟中至此也。宫保及希翁并問吾弟往祁門未，答以養病，早晚即行。宫保且謂弟見滌翁，即無不解之事矣。此語雖慰藉之詞，恐别有意，亦未可知也。弟近服宋君方，當大好，尤須自己寬解調養，切囑切囑。繩兒想亦感冒全愈。聞南岸已漸通，爾叔姪往祁門，月尾月初可行也。

廿二之夕，但又湖爲言宫保欲留兄辦筆墨事，兄託其轉辭，恐非所能。我意即前所商不任其事之説，住則久暫俱可。爾見滌老時，但言宫保留兄小住，徐當渡江，我亦别有信往也。途中慎重，以慰懸念。所用諸人，亟須薦出二三，以省費用。我竹箱四箇，可移寄存娱階兄處，如舟行往湖口，必以《石經》致高碧湄，我此時不及作字，少停當以字寄其縣，即及之也。石于不知早晚還未，爾七哥不知即行否，并是懸心。見面早亦在夏間，諸事自調自攝，先調心後調起居飲食，不能一一説也。

正月廿三日巳刻，郘兄字。

張福壽還付來竹簍一對，冬筍十斤，碗糕三十餘個。吾弟何日行，未帶之書箱寄何處，俱要留字寄我知。娱階兄處及蓮溪兄處并道候。

據中國社會科學院文學所藏《郘亭家書》録入。寫信時間爲咸豐十一年辛酉（一八六一）正月二十三日，時年莫友芝五十一歲。

## 咸豐十一年三月致莫祥芝書

得兩字，一切俱悉。兄十四日至江夏，即入居多桂園中，校書補板，以刻工星散，尚待招徠，頗不亟之。然皖北自霍、英漏賊連陷楚之黄、德，至今未復，希帥持重太過，頗招楚人之議。襄、鄖之界豫者不免捻擾，以此餉源日匱，入夏即將不支。懷、桐兩軍若跕不住，則北岸到鄂皆不可爲。吾弟此時得脱身事外，未必非塞翁失馬也。惟是皖南亦甚支絀，聞方以攻徽通浙爲第一策。前者事機鈍置，釀此壞證，蓋亦與北岸相同。在糧臺見湘鄉與沅恒信，頗有處分家事、不欲生還之意。益陽亦以其病亟，時將身後一一處分，此時雖聞暫好，然總不得一日一刻歇息調養，其能愈則惟有天相耳。天意如欲向治，必不肯使兩公如此棘手，早晚定有轉機，不然者滔滔之勢，正未知依于胡底也。

海艘時上時下，挾天子以令封疆，買禁物以濟毛賊，此患尤根蒂盤深，不容措手。黄屋有二月還京之説，今又緩期不能定，聞蓋鬼有還蹕迎鑾之語，因以遲遲。今歲成行與否，尚未可知。古來積弱未見有如此者。僧邸在山東，亦屢屢挫敗，豈氣運使然耶？

蔡念篁廿三日抵鄂，廿四即行，兄以書帖箱五個托其帶回。其存在石于項，望江句留十消其一，石于往大通，又持去二數，僅餘七數。兄屬其盤費，到家之後，當能存二三數，濟爾家用，及少濟石于。我又借得三、四、五月薪水，以零數之八印我詩稿，以二數付彝作家用，其二數則分之四家。繩以廿五方到，即遣人過江尋念篁之舟，已行矣。後來云何，更作計也，爾此時只好忍耐待之。但喫飯一端，又從何處想法，極爲焦慮。但祝元帥復能振起全局，即是美事，聽天而已。我校書事擬三個月了之，處此岌岌，尚不知能了與否。即能了，而益陽若有他虞，將來不知何往，且不知資斧所出。以此時糧臺借支本月，來月即匱竭，無從措手。閻丹初當前月警急時，曾自尋短見，幸而救全，又不得脱手。如不可爲，此君舍身殉更無法也。若此地猶能支持到秋間，我能得數十金，即攜繩歸去，更無疑義。家中事即照爾處之，爾只安心，亦不必作遠慮也。祁門若是住劄不下，爾亦能還就江岸或水師間尋一寄托否？衣箱在望江者，念篁俱移至鄂，唯席子一卷忘却，起坡竟帶去矣。我意衣服不穿者，直可尋主賣去，爾以爲何如耶？兄一月來眠食較去年好，深得委心任運之益。當此時勢，乾著急何濟於事哉？繩在途亦安帖無恙，諸要屬吾弟豁達自寬。

三月廿六日兄友字寄善徵九弟。

據中國社會科學院文學所藏《郘亭家書》録入。寫信時間爲咸豐十一年辛酉(一八六一)三月二十六日(五月五日),時年莫友芝五十一歲。

## 咸豐十一年五月致胡林翼書

果臣行時,以二印材付小兒繩孫刻之,備公家藏書印記,現已刻就,謹拓出呈覽。如不合法,乞擲下,使更磨刻。《兵略》勘本五册,是中間略有行款更易者,合計全書,其須刻過全篇者不及二十頁,亦尚易於整理。敬乞賜核。可否三數日内擲下,會合諸册,包封專人寄果臣。

據周秋芳整理《郘亭書札》録入,兹轉録。原未言收信人姓名。按,莫友芝在五月二十四日《日記》中説「作書寄果臣,并《兵略》已定者十八册。」五月二十九日爲胡林翼校畢《讀史兵略》,故可知此爲致胡林翼書。寫信時間爲咸豐十一年辛酉(一八六一)五月二十九日(七月六日)前後,時年莫友芝五十一歲。

## 咸豐十一年六月致胡林翼書

昨瞻覲尊顔,較三月初叩辭時精神十倍,足爲鄂人大慶。鄂人聞公將至,向之逃避出城者皆陸續移歸，民心所恃可知也，唯公冀善攝端節也。陳息凡刺史稟及藥物書帖數事托爲轉答，已交門上，其肉桂是徐新齋中丞予者，極佳品，阿膠亦善，可助資調攝。黎柏容州判言有藩經張賓之祖患失血，屢治時止時發，後得老於醫者示以簡易方，取七八歲無病小兒童便，日數服，兼以生藕切片泡作茶飲，忌食雞魚葱蒜，半月而愈。醫者又謂愈後欲不再發，須如法服之三年，後果然年踰八十而猶康。後濱亦患血症，亦以此方愈之，後精神不足，則以黄牛乳日三服滋之，三月而復元，濱今五十餘，病亦不再發。（下闕）

據臺北「國家圖書館」藏莫友芝《雜鈔》録入。《郘亭日記》咸豐十一年六月初三記：「卯刻胡宫保至，迎候於多桂園五福堂，雖咯血時作，而神氣較三月初差勝。」故知此爲致胡宫保林翼書。寫信時間爲咸豐十一年辛酉（一八六一）六月初四日（七月十一日），時年莫友芝五十一歲。

## 咸豐十一年六月致莫祥芝書

廿二日得弟字，具悉在營之況，行止聽之天命，殊不必多作計也。益陽初三日抵鄂，鄂中人心稍定。首府下縣境内賊亦退出武義，唯聞狗子援賊自霍、英指羅田，希、雪諸老方部署分兵截剿，而鮑軍還保集賢，想無妨也。兄《兵略》校完，交卷後即辭益陽，當以此旬内東下，爲謁滌帥之行。以兄此番出京之欲見滌老，天下莫不知。前者出太湖，有書相聞，亦謂鄂校事了，即當來，故今不能不一往也，謝其文字起居。其十餘年不相見，皆義所在，吾弟言更待者，殊不必爾也。但幼湖約兄中秋前後同還黔，兄此時東來，不過一月、半月句留，即辭行西上，方能就此伴侶。弟之事與兄舉動兩無干涉也。小岑兄欲書表志，俟來晤，當爲作之，先爲致聲。《遷先塋記》是石于匣中物，其物事念篁并未言及，不知攜去未也。益陽病甚，恐不可久住，故早爲之辭，筠仙恐不肯出也。

廿二日燈下兄友字告善徵九弟。繩侍請阿叔安。

據中國社會科學院文學所藏《郘亭家書》録入。寫信時間爲咸豐十一年辛酉（一八六一）六月廿二日（七月二十九日），時年莫友芝五十一歲。

## 咸豐十一年九月致閻敬銘書

丹初廉訪大人侍右：徂暑奉別，遂爾秋晚，德、黄之收，恰在皖池先後。籌筆定益豪快。軍機方利而益陽大老乃應落星，不唯鄂皖人驚痛欲絶，舉天下識不識，罔不隕涕。想吾丹老倍難爲懷。憶益陽病中嘗言：「吾縱不起，所儲以肩封疆重任，已有丹初、希庵諸君子。」然則後此未完艱巨，幸賴公等擔當。曩昔亟亟抽身謝去，諸閒論計盡當束置耳，大賢以爲何如耶？

友芝始至東流，滌帥欲拉居幕府，以與幼湖有秋末西上之約，固辭。安慶既收，又擬即開鏡湖講席以相位置，且謂幼湖今歲晚決不能行，不妨來歲更作計。大府於布衣舊故殷拳乃爾，自不容不爲一留。荒落無知，轉用慚懼，冀時時箴教之耳。

前者去鄂，承指賜運舟，甚賴穩便，尚有未攜之大小書箱四個、竹兜一個，并竿尺帷篷繩悉寄存署鄂藩照磨黎伯庸兆勳所，如有轉運皖省饟械之便，敬乞飭知黎君遣送運舟，屬其寄皖，感切感切。肅請勛安，伏惟照察。九月六日莫友芝謹白。

前爲乞滌帥牓聯，聞并皖捷布往，且還報亦至，知已達矣。友芝尚有四紙，乞法書大著，冀并寄下爲禱。友芝再叩。莫階、守之、溶江、子英諸君同候。有致黎伯庸信，乞飭付。

據中國社會科學院近代史研究所藏《閻敬銘存札》録入。

## 咸豐十一年九月致趙烈文書

昨處方今午始一服，腹疾亦未大損，須看來朝耳。掩骼之舉，舍弟商之二三紳士，以雇力乏人，遲一二日未爲不可，捐資固不必到行客也。大著三册奉繳，明日思入城，朝食後能相過同行耶？惠父老弟察入，不具。友芝頓覆。

據學苑出版社二〇〇六年出版《清代名人手札殘簡》録入。寫信時間爲咸豐十一年辛酉（一八六一）八月二十四日（九月二十八日），時年莫友芝五十一歲。

# 咸豐十一年致劉曾撰、李作士書

史部正史之外，宋曾鞏《隆平集》、王偁《東都事略》、金《大金國志》、《元朝名臣事略》、《宋名臣言行録》、五編，近有洪瑩仿宋本，佳。《續通鑑長編》、明《吾學録》、《獻徵録》等并資考證。地理則宋之《輿地廣記》、有黄刻本，仿宋，最好。元《大一統志》、其本少見，有即當存。明《一統志》。目録則《四庫全書提要》及各種書目。目録之分而金石者，宋之《名臣碑傳琬琰録》、《隸釋》、《隸續》、《金石録》、《古刻類編》、《石墨鐫華》，今之《金石存》、有黄氏刻，佳。《金石萃編》、願求一初印本。《金石索》、《潛研堂金石文跋尾》。

子部古書佳本應存外，降及天文、術數、醫卜、釋道之善者，亦不可棄。如《本草綱目》、須明本精者。《一切經音義》、《宏明集》、《廣宏明集》、《大唐西域記》、《真誥》、《雲笈七籤》、《開元釋教録》之類。

集部如宋之名家不勝計，元之姚牧菴、歐陽珪齋、袁清容，明之王陽明、王遵巖、李空同、王弇洲、李滄溟、歸震川，今之魏叔子、邵子湘、施愚山、錢竹汀《潛研堂全書》并佳。諸家，不能備言也。

右書目略單一紙，皆係前托少山兄開及者。咏如兄如遇，亦乞爲留意。唯史部既難得全本，則用吾兄零收之法收之亦得。零收則以先收宋、遼、金、元、明及舊唐、舊五代爲要，以毛本十七史通得易購，購得即全也。至《史》、《漢》、《後漢》、《三國志》四種，有好本即當收，不妨重複也。《史記》有震澤王氏仿宋本及《史記評林》竪紙初印本，皆乞收之。示及《廿一史人名韻編》一種，弟亦有意以此法爲一書，乞即爲收下，或借此省功也。《守山閣叢書》多近日老輩考證之作，弟未及見者，歷史明人《歷代小史》及《國朝徵信叢録》二編，多資掌故，遇之亦不可失。武英殿聚珍板書，無論經史子集，佳者甚多，古香齋袖珍本十書、《史記》及《古文淵鑒》，□得最好，恐難遇耳。大率弟所欲購求於經説及考證之編均在不棄，但甚思精本，不能一一備詳。手此敬上咏如尊兄大人采覽，弟莫友芝叩頭叩頭。

據潘承厚編印民國珂羅版《明清藏書家尺牘》録入。

## 同治元年正月致莫祥芝書

開歲正旦，得晴天温煦於大雪之後，大是陽耀陰藏氣象，天下事當會有起色耶！是日又得吾弟臘月底信，知所患已愈。徽、歙可早晚會兵，決勝大皖南北，當亦無意外虞耶？前廿八、九大雪，城中積二三尺，此間人以爲二十年所未見，暄冬得以閉凍，亦是歲事佳兆，祁門雪亦爾否？起居慎之。兄坐此無事，所以思歸，然歸去亦難久住，即當仍出而謀生。爾言勢恐不能，且暫耐守，亦未爲不可。即須商定早遣一人送信還遵，一探家中去年以來消息，此事即遲，不得過三春也。抱經《釋文》，此間未暇看，不必急寄。惟抱經堂叢書，其所校《儀禮》及諸子書并精善，遇則收一部可也。手邊亟須是《通鑑》，現在行本止二種，其一種即胡氏刻宋本，其紙墨精好、初印者，京中價在廿金外，印遲紙墨稍差者，亦在十五六金；其一種明刻陳明卿批點者七編，并有前編、續編及司馬所著數小編從《通鑑》分出者，京價亦須十餘金。湖南又有翻刻胡本，則不佳之甚，胡刻付有校勘數卷，不可少。是胡刻初印，十五六金亦非貴價，決買下寄來，即一二三部皆有人要。閻丹初曾託我爲尋胡《通鑑》及殿本廿四史也。《四庫全書總目》，家中之本已爲劉仙石所奪，遇大板即是内本，京價亦十五六金。小本是浙刻，附有《簡明目録》二函，價十金内外。宜收一種，以補家闕。而大者尤佳也。陳氏《禮書》，若元代刻刊，亦可收，其書亦宋人言《禮》之善者，但倍常書之價則可，太貴不必也。吾家清貧，所恃以自樂者，惟數卷書耳，勢又不能兼備。若有宋元舊本經疏、《史》《漢》及秦漢諸子，略收數部，亦足以豪。恐不相值及價昂，則無如何耳。正史及《九通》，家中尤闕，所言歙縣一樓廿文一本者，若道通而猶無恙者，必有所得。果佳物多，即販而分之，猶得存舊文放失之一二，此種迂見，誰其賞之，亦客中無聊之思耳。雪後小感冒，亦無妨事，稍清淡節食即當愈。新正三日郘兄字寄善徵九弟。

（陳）（程）尚齋、柯小泉兩君亦言徽中之書太賤，買多不過十錢一本，此中境況，誠可憐也。悶坐別寫有應求者一紙，爾按而稽之，當有一二遇也。

勉林兄爲道候。

據中國社會科學院文學所藏《郘亭家書》又一册録入。寫信時間爲同治元年壬戌（一八六二）正月初三日（二月一日），時年莫友芝五十二歲。

## 同治元年二月致莫繩孫書

何丹翁先歸，我尚要住數日，物色書籍，當更有獲，亦不出五六日也。爾在寓諸凡謹慎，勿任意放野，每日將經書温温，集注念念，我回時好挑功課也。十三日，父字示繩兒。外有寄丁雨公信，爾自送去，或遣人送，俱可。

據臺北「國家圖書館」藏《莫氏藏札》録入。

## 同治元年三月致莫祥芝書

數日來整理新收文籍未就緒，又方存之、徐懿甫、楊利叔諸君子皆至，往還匙暇，所以移居須更遲數日，先定以十六日遣胡三東來，不必待我定居也。付來銀四十兩，繩款直留作爾彌補之用。日來道路雖漸無滯，途間一客獨往，究不放心故也。我作家信，亦草草未言寄銀若干，爾可合爾籌項通計，應如何消息分給，爾自主張之耳。胡三工食我并未給，既歸去不欲來，爾亦備予之。此意我亦未言過也。二僕之歸，其行李粗重，必不能聽其全然將去，其不來者，必寫字與家中。另給少金，準其未將去之物，問胡三，其留物甚少。方爲妥善。張福還時，又必囑其另招一二妥人同來，以爲將來親侍走信之用，亦不可不算到也。孔福暫不能撥往爾處，須俟一二月後，我新添之僕漸能順手，我即遣之來也。現以今日啓行往六安。李希公、周壽山、張練渠俱問及爾，爾亦有稟有信來否？此等應酬不可懶也。前日中堂聞繩欲買《通鑑》而未得，舉其案頭陳明卿本正編賜之，爾又已買得續編，計尚少前編及目録等四小編，温公目録極簡要，并餘者遇之當收湊也。彭文勤《五代史補注》，爲今日此史善本；厲太鴻《遼史拾遺》，其補苴不少，宜備正史之助。前者勉林乞中堂書之紙，至今尚稱其佳，更有遇者，即爲我收之。三月十五日燈下，邵兄字寄善徵九弟。勉林爲道候。

周至甫有一片子，托吾弟看其確，酌之。

據中國社會科學院文學所藏《邵亭家書》又一册録入。寫信時間爲同治元年壬戌（一八六二）三月十五日（四月十三日），時年莫友芝五十二歲。

## 同治元年六月致莫祥芝書

一月不得爾信，甚懸甚懸，即日得初一字，乃大慰也。盛暑中我與繩亦各無恙，當更與懿父酌丸方常服，所少者肉桂，祁有略中吃者，能收一二兩助之，則佳。只取略大不燥，太貴即不要。日來自買豆漿作家豆花，甚加餐，三頓吃兩頓素，精神頗爽。吾弟食飯何如，亦試吃一二頓素乎？此時西瓜極爽口，慎不可似去年多吃，若菱藕差無妨耳。皖中五月小旱，六初苦雨，現復數日大晴，爲早稻收天，米價驟昂者頓減，民其有瘳乎！月來瘦多，想係水菸爲祟，遂極力節去，而孔福寄葉菸一束適至，食之大佳，弟可令其照樣多買數斤，零星寄也。我以前月十五移家，馬雨公必欲爲另開一桌飯，我必欲自開火，因斟酌兩將就，喫其大廚房之飯，而自以小火弄菜，早晚葷素皆自由也。六月十四日燈下郘兄字。繩侍筆請阿叔安。　六月十九日到，馬遞①。

據中國社會科學院文學所藏《郘亭家書》又一册録入。寫信時間爲同治元年壬戌（一八六二）六月十四日（七月十日），時年莫友芝五十二歲。

## 同治元年九月致莫祥芝書

春末遣去人，計當還也。有信問鄉里事于伯庸，今日得其閏月廿八日復信，謂七月以來，東鄉逃亡皆返，筱亭仍寓我屋，菽園則不知何爲。兩家皆不及。叔吉則總理東北兩鄉團務，又總辦遵義糧臺。堅壁清野，粗有眉目。又謂六月中三汊河、團溪水諸處，大受賊焚擄之慘。七月中被東鄉團練迫殺出境，

---

① 末句或爲莫祥芝所記。

西南兩鄉，始得歸耕。又説，子尹主育才教席，蒓齋留京尚未作歸計。據伯庸所述如此。且言五月中得彝兒寄書，則城中之未經殘破可見。前者弟用自寬之説與兄同一主意，今并宜一切消散矣。

皖中以各營多病，營員多物故，援賊四起，節相頗焦灼。閏月十二，曾發一摺，陳其情形，恐力將不支，請簡幹員會辦，大非此老本色詞氣。初一奉廷寄，寬勞肫懇，更不遺人。又援寧國、援雨花臺之師，亦漸集有頭緒，乃稍寬紓。以我觀之，駐安慶一年，文武各有懷安之意，軍心之怠亟矣。得此天災人事警動一番，未必非福也。

龍淵憂去，少仲繼之，又遭喪；子大竟死，至甫病癒而復又死。眼中聞見，并愴客懷。

竹浯雖有遊皖南之意，而興不旺，果能，我亦當來。姑存此説可也。

前所寄來菸葉已吃完。此間有賣，不如遠甚。便當更以數斤寄我。

弟處經史欲寄皖者，十三經便來亦得。其《通鑑》則弟須留之手邊，決不可來，此間眈眈者衆。其殘本數十，亦且勿棄。眉生亟欲求此刻。鄉中有短一二本者未至，恐足相補也。九月初五日。繩兒侍筆請阿叔安。

據徐惠文先生藏《莫友芝書信》晚清鈔録件轉録，此鈔件有小記云：「一八六二年（清穆宗同治元年壬戌）莫友芝五十二歲，先生對近年貴州局勢，尤其遵義家中處境極爲關懷，曾去信給武昌的黎伯庸打聽；春末又派人去貴州了解，未見回來。僅得伯庸寄來的一封信，因此去信告知祁門的九弟祥芝，順告安慶及家中情況，并略述最近軍情和人事變遷。」寫信時間爲同治元年壬戌（一八六二）九月初五日（十月二十七日），時年莫友芝五十二歲。

## 同治元年十月致莫祥芝書

朋好索滁老所鈔古文目録甚衆，因請以付梓，決不肯應。且力戒將來不許爲刻文集、奏稿，且言：「明文家博大至荆川亦可矣，吾輩愛讀荆川否乎？固知《史》、《漢》、韓、歐乃真不廢。古人集部存於今者，不過數十家。外皆若有若無之數耳。」言殊有見。琴西因爲力請刻一二古書。史家許刻《史記》及《通鑑目録》及《稽古録》及文家之《韓文》。計《史記》唯王守溪翻刻宋本最善，擬求一本極清晰者翻雕。守溪《史記》京中價至十五六兩。別求一本校之。《韓文》擬用東雅堂或五百家注，或《朱子考異》酌刻。《目録》即用陳刻校鐫，以補胡刻之闕。現年王本《史記》及温公《稽古録》及《韓文考異》單行本，不載全文，僅十卷，非王伯大之考異音釋。尚尋不出。弟如有聞有見，即價貴亦爲購來。《通鑑目録》我亦未之有也。

爾字至，適張福渡江，知弟亟欲見兒女。兄意則恐有挪動，作省費計。必欲即往者，亦待爾自決耳。昨日攜彝兒見節相，且將吾弟平日感激造就之忱告之，謂決不肯遷往湖南福地，必更求在麾下二三年，以資歷練。適有信來，所言亦爾，老翁忻然允許。此老本意，特爲湖南樂土，使我弟兄呴沫相依，果爾依戀肫切，亦不肯便搊去也。又言，勉林與吾弟，好處都在不委瑣。然此等處，總與他處官場不稱。又須稍爲融煉，渾而不失其質爲貴。兄謂：「勉林差緻密，而吾弟較粗疏，雖同一學堂，意氣用事。語及融煉，兩人又微有不同。」老翁笑頷之。又問及弟眷屬同至幾人，應以「即當遣往祁門」。滌老則謂：「且少待，旌德緊急稍解，開春弟來賀節，自攜往爲大善。」微員瑣屑，致煩老節相殷殷籌詢，吾弟當職思如何報稱也。

科姪食噉粗健，極可喜。惠小感冒，遂爾出痘。今日上番漲漿，拉莊齋往看，以爲大順症。繩亦訪有專此科人，更接視。弟婦輩即亟欲過江，須待此女脱痂。聽張福還，道路仍通利乃定耳。

蒓齋弟兩下第，令人意索。忽以國學生上書，柏臺奏聞，蒙破格之擢，且發來曾營，以資造就。此等事，我生以來所未聞。亦見朝廷清明，不遺一善。我弟兄又私幸親戚聚首之樂。計此一月中，我弟兄光復舊物，家中姒娣子女并至，又益此吉語而三，此後時運或遂稍稍舒展，未可知也。

日來九洑洲賊有上竄之信，皖北亟增防堵。

竹浯已行。其欲買文籍，不甚講究佳本。眉生許以十七史贈之，尚未將去，眉生又贈以《綱目》，我曾贈以《周官義疏》已携往。渠意欲經史，不在他雜書也。

彝言家中《韻會舉要》與望山同燼，祁刻《說文繫傳》、錢氏《說文斠銓》，爲鄭卯所竊，雖其父亦不得看此三種小學要書，遇之宜留意。壬戌十月廿五日。

吴贊先中書紹烈，涇縣人，是兄在京時即相好者，方以廿六渡江往祁就葉介翁襄辦營務，此友亦可尚也。

據徐惠文先生藏《莫友芝書信》晚清鈔録件轉録。此鈔件有小記云：「十月初，彝孫一行沿江東下，輾轉抵達安慶。友芝、祥芝兩家妻子兒女從此得以團聚，朋友們都前來祝賀。十月中旬，友芝妹婿黎庶昌因在京應求言之詔，以廩貢生上萬言書，論時局利弊，深得嘉許，破格以知縣録用，發往安慶大營聽差遣，得與友芝相聚，又是一個喜訊。這個月喜訊特多，友芝致書祁門給祥芝時，特順述其事。并要他多留心搜集古書，因國藩有刊印古書的打算，同時告訴他最近的軍情和家中情况。」寫信時間爲同治元年壬戌（一八六二）十月二十六日（十二月十七日），時年莫友芝五十二歲。

## 同治元年十一月致莫祥芝書

見勉林來報，謂賊已及魚亭，則皖南緊急可知。現在已暫租小屋三間，使弟婦及阿嫂帶小兒女同住，擬今歲不過江也。惠漸長，婉婉可人。歷險能生，當能長壽，乃月之三日，竟以痘殤，尚不得見其父一面，傷何可言。爾我稍存達觀，一痛可了。唯令繩及阿嫂常慰弟婦耳。

皖北九洑洲賊已陷含山、巢縣，逼無爲、廬江。聞各路飛調，稍有準備，然亦幸其不直來耳。此番南北上竄之賊，皆緣雨花一軍牽制全局，生出事端。勢不宜進而進，機可退而不退。元戎百方籌顧十於他軍，水陸諸家皆隱有不和之象。但願南北猶安穩，無大損，則如天之福也。糧夫將還，諸書照單檢理，尚多出《漢雋》一種。十三經有十二種是閩本。《周官》一種，以元明補换宋刻湊入。其係宋刻，尚有十之四，頗可愛。十二種中，惟《穀梁》是舊印，餘皆多模糊修整，《禮記》尤惡。《禮記疏》有乾隆和珅所翻宋本，每頁二十行。每行大字十七，小字廿三，與此來《周禮》式樣若一書，題與《周禮》并有附釋音字。前輩謂其本足正閩、監、毛三本之衍脱凡數千字。《南齊》等三種勝前白紙，猶是明末印。此間雜湊十七史，唯缺《南史》。王注《素問》，是明翻宋本，嫌稍印遲，幸無缺字。我有一趙府居敬堂刻者，并有《靈樞經》。其《素問》中所缺二篇，亦摭古書補入，可以互校此本。

彝來，謂子尹借去并卯借之元本《韻會舉要》同毀於正月之燹，惜哉！《音韻闡微》，言《切韻》最準而易曉，注亦簡當，官書之極佳者。而《試韻》乃承《群玉》，真不可解。《禮書綱目》，足正《通解》之未安。尚有淩次仲之《禮經釋例》、程瑶田之《通藝録》，皆皖南刻，并是要書。禮經家盛氏之《儀禮集編》，有浙刻；胡竹邨之《儀禮義疏》，我并未見過，一備一精。聞之前輩言，《江念所集》載黔更張設施，足補志乘。所附見義諸老文詩，又是益我《紀略》，可貴之至。

爾前來信，及與兒曹書，造詣俱有長進。此時相機處事，爾自慎，爲兒亦不煩多言。十一月初九燈下。

據徐惠文先生藏《莫友芝書信》晚清鈔録件轉録。寫信時間爲同治元年壬戌（一八六二）十一月初九日（十二月二十九日），時年莫友芝五十二歲。

## 同治元年十一月致莫祥芝書

得十一景鎮信，知此番棄祁門而倉皇亂跑，主兵者罪不容誅矣。前日曾謁節相，極恨。兵單，輕出之必敗，不如鎮定堅守。平日營壘已定，即至賊來撲墻，亦能作數日之禦，以待援師，尚未至糧盡援絶，猶可守也。此番若水好龍，人率先而走。但鎮静一日，即援兵俱至，何遽至如此不可收拾耶？宜不動如山與宜雷厲風行之乘機在頃刻者，截然兩途。當事者誤用，安得不僨，識之審之！

即刻聞祁門初十將復。皖南半壁，數年辛勤，想猶不至大壞，我何如稍稍持重，即并此陷復泯去耶？此時想吾弟及諸同事應陸續還祁。身外長物存否，皆不必計，此等皆因有人而有者耳。弟此番歷險不死，與家人輩亦歷險不死，此後光景必尚可支吾，且盡力爲之，毋輕毋怠！

皖中現已看兩三處屋子，價每月不過三四千者，月内移住。即令彝將弟信告之弟婦安心，不必遽謀渡江。我仍住提學署，方能安置粗重卷軸。不過數日到家一看，亦無甚煩瑣也。莼齋弟恐太高興，所慮極是。彝、繩侍筆請阿叔安。十一月十五日。

據徐惠文先生藏《莫友芝書信》晚清鈔録件轉録。此鈔件有小記云：「十一月初，皖南戰局突然緊張，太平軍已打到魚亭。不數日，祁門失守，湘軍倉皇亂跑。祥芝等人逃到景德鎮，幸免於難，并來信告友芝，説湘軍所到之處，大肆搜括百姓，大發洋財，軍紀極壞。友芝連去幾信，憤述此事。并説，據聞，祁門初十可收復，希望祁門諸同事勿萌去志，還安慰祥芝説：『歷險不死，此後光景必尚可支吾。』還道及其他家事。」寫信時間爲同治元年壬戌十一月十五日（一八六三年一月四日），時年莫友芝五十二歲。

## 同治元年十二月致莫祥芝書

得廿五字。所言諸情形，驕兵之可歎如此，古人如篦如鬀之説，真非過當也。看此機栝，更是愁人。在昔克一城，收一邑，必容數軍實以歸官充賞，今皆未聞。武弁軍卒，皆以發洋財爲事，幾何而能遠於盜耶！

沅軍深入太驟，器械餉糧增糜不少，而持不肯退，水陸皆疲。事公又溘逝，益增主帥愁急。北岸一月以來，賊紛紛自九洑洲渡江，雖部署調防粗有端緒，而疏漏處多，未嘗不因雨花一軍牽制啓之也。

事公柩早晚當至，已定於湖南會館受吊。我已作一對，爾當附皖南公份帳子，想當公遣人來，相公他禮必不受，唯對帳不容却耳。

胡三既往祁，何以又遣之來？此間不過買辦柴米需人，餘都無事。王苗、楊春二小子在此驅遣有餘，殊可不必更换。胡三雖老，究竟跟弟多年，較爲得用。家中娣姒初此度歲，現寓太逼窄，已看定李八街朋好住就屋子，渠今月半當去，即移入接住，几榻現成。其屋雖不華敞，而間數多，我又常在學使官署，家中亦須多要一二下人照料，故僅遣胡三還。弟所言補臺勇一端，胡三則要。王苗、楊春初來學習，止可照此間隨便跟班，千許錢一月工食。看其有長進可用，然後洊升拔補，方爲公私兩得。不然，遂躋之於張福、胡三之列，即無以處福與三。此等小事，亦有次第，不可忽也。萬公與馬雨公商，明春提學、案察當互易其館署，以便考試。以考棚即在今按署下，雨公許我俟其互换後，爲我分一旁小院子住家眷，以省賃租，其意甚厚。此時租屋不過作兩三月計，費亦有限也。

江大川方伯至，徐沂甫謂其坦白無城府，足以有爲，欲拉弟與辦地方諸件，我以不能脱手，屬沂甫勿言。弟以爲然否？明年弟來，沂甫必爲説也。江公初來，渠未見顧，我亦未識。其幕中有鄧小耘瑶，是湘皋之侄，已刻所著古文六本，持論正而有才氣。有書札往來，亦未見面。十二月二日。

蒓齋來此月餘，亦令其隨班逐隊而聽鼓。節相以其來徑與人不同，尚籌不出一合式差遣。意欲處之於不内不外之間，既近幕中，又與地方事、軍務事不相隔，稍徐徐俟之耳。兩兒姻事，慕庭頗爲留意，俟秋間酌定。

柯兒能識字大佳，須使之樂，勿令苦也。

據徐惠文先生藏《莫友芝書信》晚清鈔録件轉録。寫信時間爲同治元年壬戌十二月初二日（一八六三年一月二十日），時年莫友芝五十二歲。

## 同治二年正月致莫祥芝書

勉林至，得字知吾弟元夕前後乃得來，亦未遲也。弟言爲勉林尋醫，黄莊齋已歸，徐懿甫又抱恙，此間相識者可信僅此二人。而勉林小住即行，幸數日間三見面。渠甚健，且謂較前數月尤佳，故且可不必藥也。新租屋子在李八街，聊所容膝，然客舍馬房俱有，李五弟來，亦尚不至十分窄狹。《史記》是舊本，又有歸、方評點，大是佳物，來時務向纘先取以來。計見面不過旬餘，故不多及。新正二日燈下，郘兄字，善徵弟入覽。

據中國社會科學院文學所藏《郘亭家書》又一册録入。寫信時間爲同治二年癸亥（一八六三）正月初二日（二月十八日），時年莫友芝五十三歲。

## 同治二年正月致金安清書

開正廿五日奉到惠書，并拜讀二窗詞精本之賜。敬悉除歲解莊，一如尊算，對并州故鄉，益以噰噰雛鳳，今年樂事定勝往昔矣。示及寶應移居，猶不忘疇曩道德，善建善抗，是吾眉公能事，而且養晦以避明彰，則他日之不拔不脱，斷然可知。友芝入春以來，既苦酬應，天氣冷暖不常，似病非病，閉門兀坐，冬宵乘月往還，妙意常常在懷，亦何時可再得耶。舍親黎蒓齋尚書未至，舍弟祥芝已來，甚以不得一見眉公爲恨。兩弟方奔走行間，他日獲奉謁，幸教而拓之也。舍弟月尾當以其孥往祁門，居停雨公以賤眷無多人，又分兩間屋，使挈同住，良便遣惠料理，李八宅子又將舍之。唯所寄存諸籍，則并移以來，待尊命來取者，即檢付之。手此，復頌道履萬福。小弟友芝頓首。眉公先生侍史。小兒彝孫、繩孫侍筆請安。

據《書林碎録》載《莫子偲與眉公札》録入。

## 同治二年二月致莫庭芝書

（上闕）力尚能如相别時。去年以鄉里警信，傳聞不一，數月鬱鬱，漸覺衰頹。讀書不能用心，詩文亦懶作，逮〔兒孫〕輩來，乃得一家確信，聊用喜慰，而忽添出一個人家，此間米珠薪桂，過於京城，較家鄉直數倍，僅藉遥領廬陽山長乾脩，大難支吾，仍不免終日愁思。每憶昔者墓廬桐守，飢渴都忘，天機洋溢，如在古初，此生何可更得耶？兒輩既如在膝下，須要養天性，勿輕薄、勿紛華、勿懶惰，存得祖父以來家法，雖天涯猶一室也。桐抱孫未？橙、順俱已擇對，甚可喜。我兩兒一女，俱待結親，既漂泊無根，亦擬一二年内客中定之耳。周甥來字，説事妥飭，楷法亦好，亦是獨山後來之秀，渠家世敦厚，吾姊尤婦道可師，食報望此甥矣。家中經籍，爾我經營購求於艱難困苦中，此時俱不在家，更復何人愛惜。〔彝孫〕謂已交筱亭檢理，我又有字屬七弟。爾亦當諄囑之，能勿散失，爲將來好學子弟資糧，則大善矣。〔彝孫〕輩來時不合將家中舊典公業當去一半以爲川資，然既已耗去，峽尾舟壞，衣物俱失，狼狽而至，一路負累，我方急顧，同前東支西挪，虧空不少，所以不能遽然贖還。然今冬明春必撙節張羅，先完此件。今蔡六嬸遣人來，謂七弟不肯分與租米，催我寄項贖回，無使中人爲難。我既不能急措，唯有空信，亦致聲七弟。爾亦更須開曉之一番也。《黔詩紀略》不知莼齋何以寄回？爾有妥便，可封寄筱亭，我家中别有底稿也。癸亥二月初三日，郘亭字，芷升六弟。兼問周甥。阿嫂屬筆起居，并問嬸子及姪兒女姪婦。

據上海圖書館藏《影寫莫友芝手迹》整理録入。寫信時間爲同治二年癸亥（一八六三）二月初三日（三月二十一日），時年莫友芝五十三歲。

## 同治二年二月致莫瑶芝書

去冬彝兒輩至，得爾信及與彝信，所説事理都有見解，甚喜長進也。盍親家許借懸俸得一階，亦甚好。唯家鄉多事，弟兄各散走一方，見面未即有期，爲可歎耳！

兩親墳墓，不能親掃已六年，此時惟吾弟一人在家，有閒即宜一省，不可令太疏也。聞弟得一釐穀委員，或可藉資朝夕，然聞鄉里管團練勸捐諸公，多是强霸，吾弟當此，總宜稍寬分毫爲得也。幼孫侄聞長得健壯，可喜！此時盡好認字讀經書，略講字義，決不可令曠廢。又須教以禮節，不可有市井間惡習，切要，切要！

蔡六孀有信來，言其住宅已當，經在吾家借二三間屋居住，而吾弟不喜，時有責言。八弟婦又有信説，吾弟全將家中正房西頭并中堂下廳之半賃人開機房，與其所住之西頭四通八達，於孤嫠女流甚爲不便。此二事吾弟處之殊未善。家中閒房取息，自是常理，而中堂奉祀祖先，斷不可爲他人安機之所，況又緊接寡婦之居，又兼聞七妹亦同住，此成何體統？故家中房子，止可以賃出廳房，其餘不賃，内外方有界限。蔡六孀要借住房子，計東頭草房三間閒着，即可借與，我及爾六哥、九弟出門，俱承蔡孀之情，各有挪借。吾弟亦曾先挪借過。及今數年，唯九弟略還未楚，而我數人俱驟未能還。分屋以居，稍寬其意，已覺對不過人，若并此而難之，將何説耶？

我看弟此來幾個信説話甚明白，知弟之處此等事決不如此，恐是有無識輩主持開機，而弟漫應不及致思耳，亟宜斟酌妥當處之，切不可以些微失情理也。

彝母子之來，非我意料所及，犯險數千里，峽尾船壞，幸得生全，此自是祖父默佑，可驚可喜。至問其來由，則以在家不能餬口，與蔡六嬸商量川資不得，因將公當之田當出一半，攜以出門，在婦孺之見，以爲暫將六九兩分借當應急，徐徐仍贖還之，必無不允，吾弟雖不在家，亦必樂成其美。而我則謂此公産不宜輕動，怪其鹵莽。然既已行之，所得又已消散，倉猝不能歸還，唯有極力節損籌畫先完此件而已。今蔡嬸信來則謂吾弟怪其當我家田，不肯分田租與新當人，致向蔡姓急索贖利，實爲難堪，故專人向我索取贖項。我在此作客，以爾嫂侄輩孑身而來，一時衣履居處飲食，添出虧空不少。九弟既添一家，亦不能遽然有餘。計此項籌湊得出，亦必須在今冬明春，方能遣人回家專了此事。我想弟之靳此田租，或别有意，必是地方按田捐穀，而弟留之以爲捐地。然其應捐多少，必有一定章程，何不算明量與，也省多少煩惱口舌；或者謂弟只是爲要多收幾石米，我想弟不是糊塗人，必不出此。且此些些亦不能助得吾弟多少，只須當往常耐等今年我將此田贖轉時，爾與八弟婦分收吃用，豈不更善？又或是恐此舊業竟無着落，所以故意作難？見我此字，亦可諸凡放寬，勿止令蔡嬸在旁難過也。

我求官未得，止是飄蕩作客，不能有小潤于諸弟，已負疚不少，稍幸我以不作官，乃能於一二年間能淬勵九弟復其官，此中亦不無所得。至先遺薄業，竟因我妻子失其半，我豈能甘？他欠我俱可緩圖，唯此决在先圖，亦囑吾弟好處之得宜耳。

筱庭家屋宇焚蕩，來我家借住一兩間屋子，此在親誼友誼，義無可辭。渠有信説，恐吾弟嫌之，不能安居。此則過慮，我想弟必肯如此。然既聽其住，又不可有閒言閒語使人難過，此等處最宜留心善處，方是姻睦之道。

家中書籍是我平生心迹所寄，我與爾六哥辛苦經營成此家當，却都是從節衣省食日積月累而得，所以東鄉諸大家焚燒已盡，而吾家之物猶賴白瑶圃、詹壽山及諸同好救出火坑，此中或有天意，欲留斯文之一綫。吾弟宜珍護之，以爲吾家書香之根。彝謂概交筱庭檢理，甚善，唯其中之《十三經注疏》均值十兩，少則八兩。及《淵鑒類函》、亦可值十兩八兩。《三禮義疏》合之可值四五兩。等數部，隨便可買，吾弟不妨取出賣之，亦有小助，其他難得之本，則宜護守勿失也。

兩紙已盡，尚有許多話未能詳悉，吾弟隨事平情推想，當自得之也。癸亥二月初四日，郘亭兄字寄玉山弟。

據貴州省博物館所藏莫友芝家書底稿録入。

## 同治二年四月致莫祥芝書

來字言屯溪及前言祁門事，真是非常奇異！此等事不整頓，將來爲患直是不可思議，而大局全糜矣。其猶欲調停苟且粉飾者，其私謬不必論，然豈能遂覆泯邪？曾與勉林商密稟過否？亦安得竟顢頇了事也。

家眷在饒不如徑到相聚之善。弟既早晚當來，則相攜而至亦便也。我月初見相公，曾問吾弟當即來否？我以現在皖南事亟，驟不敢請交卸爲言。又謂湖撫方奏定章程，道、府、州、縣非曾經引見，概不委署補缺。聞糧臺似當移徽歙，吾弟若不果湖南之行，或欲仍留皖南，則當與勉林商定，或可脱身，徑交卸來省城，别俟差遣邪。捐免保舉之説，似聞有此條例，不僅湖南，略問相識諸人，皆未辦過，不了了。俟問得確鑿，更以信寄。四月七日。

據徐惠文先生藏《莫友芝書信》晚清鈔録件轉録。寫信時間爲同治二年癸亥（一八六三）四月初七日（五月二十四日），時年莫友芝五十三歲。

## 同治二年四月致莫祥芝書

得字知皖南漸清，弟婦、科姪俱已至祁，甚慰。此時北邊之毛漸已遠去，聽不出是何元故。聞六安已解圍，李中公又渡江而南矣。兄自立夏來，將唐《説文》殘卷與二徐本細校其異文逸訓足補正者將及百條，撰成《校勘記》一卷，欲與殘帙同刻，爲出門來一大快事。李眉生竟將我官本史書攫去前十七部，若論讀本，手邊皆有複者，惟《史》、《漢》是殿本中精華，良不易更得耳。

前者弟言有《舊唐》，可得否？此種彼亦欲將去也。李勉林直督調之説，此間無之，調者鄧伯昭及方子聽早有廷寄，恐係傳聞，抑别有憑據耶？羅升竟爲安喜裹走上海，將來必爲所賣。兄欲分家來兩小子之一過江聽用，又恐渠輩不願，嫌我冷淡無出息。恐習氣壞，我亦不願。此等處不可不留意。四月十九兄字。

據中國社會科學院文學所藏《郘亭家書》又一册録入。寫信時間爲同治二年癸亥（一八六三）四月十九日（六月五日），時年莫友芝五十三歲。

## 同治二年五月致莫祥芝書

得上月廿四信，備知一切。緊把細捏，隨宜酌量。我輩當此百廢窘促之時，不得不如此自計。但須以此常自提點，又不可太十分促狹也。

筱岑來已及半月，屢問吾弟，且言節相有遣還湖南意，不若早去爲善。我已屢將吾弟不肯遽去之意，爲筱岑言之。吾弟試自裁思，果可行者，亦當早作計。即今年不能，亦只在明年也。弟當作字一候筱岑，即不便及此，亦當於我信中言其志向所在，我好與筱岑看，若筱岑有信問及，即可答之。此想是吾相公爲吾曹謀一片厚意也。

北岸日來似安靖。巢縣已復，賊亦馳救蘇，故覺漸少，又加霆軍遊奕其間，先聲足以聳嚇，實未聞有戰事也。苗練既更殺官數人，蔡朗軒與其難。聞朝廷亟催僧邸南來剿辦，而以劉映渠專辦直隸、山左一帶，未知僧來後如何耳。唐義公訓方已實授巡撫。李希庵竟未至，聞其又在途請假也。南岸之賊，自東達彭澤，上逼饒境。此時建德已收，餘者想不妨事。特此一道在夾縫中，無一擊之者耳。申甫渡江已十日外，聞且將上擊，未知將來若何。

刻《殘本説文》，因是節相索觀及之，喜其創見，肯爲付刻，即聽。否則我不自刻也。五月朔。

據徐惠文先生藏《莫友芝書信》晚清鈔録件轉録。寫信時間爲同治二年癸亥（一八六三）五月初一日（六月十六日），時年莫友芝五十三歲。

## 同治二年五月致莫祥芝書

湖口有警，頗亦聞之。似緣鈞營小失利，以至南岸上下不免猶有延蔓。日來無所聞，想略靖邪？北岸惟有苗弗率，餘則皆似無賊。聞慎益面逮至京師，有議宜即正典刑者，有議宜從寬典者，繼聞李招受上章贖慎罪，頗有一切寬免之議。若又用以撫苗，將來釀禍更深，轉不若此時早圖之易辦也。

回南省之不易，兄已將弟意致筱岑。筱岑又言滌公邇日每苦皖中地方官乏才，又有欲磨試吾弟之意。弟看能爲或不能爲，亦須自己打個肚稿。若倉促問及，我且先持斯未信之説，弟亦自揣量定，早告我。皖北官，聞只海杭精細妥帖，餘俱不稱意者多也。

蒓齋議論頗能見其大，若更能於煩細曲折處，逐事求宜，則大善。滌公頗爲酌一不内不外差使，尚未定。且聞有言當先酌薪水，亦尚未有明文。只静候之，不便問也。

兄近日省中用人，隨便皆可。盧福特以其尚無處所，而我適缺使喚，暫令承乏耳。弟處必薦出家鄉一僕，則遣孔福來亦得。孔之沈實處自然勝盧，但其心無定見，其本意似欲待吾弟得一地方，又想在營中尋一出路，又想早晚歸家，若遣之來，即欲回家，何必多此一舉。弟當問其何所願，爲處置之，念其曾相隨萬里也。五月十四日。

據徐惠文先生所藏《莫友芝書信》晚清鈔録件轉録。寫信時間爲同治二年癸亥（一八六三）五月十四日（六月二十九日）。時年莫友芝五十三歲。

## 同治二年五月致王拯書

少鶴先生大人函丈：去冬初奉箋，略疏皖中漂泊心迹，當已達。臘尾奉到筠仙郵來十月賜書，因循未復。近桐雲又寄示與彼書，復蒙一再垂念，簡嬾無用之門生，悚仄何已！朝局更新，中興有象，而先生躋卿貳，仍樞庭，即亦非甚不遇。顧念鄉壠撫摩生事，乃多驚心動魄之言，誦之黯然。朝野待治方亟，先生又久筦機宜，唯冀獻替整頓，亟濟時艱，以副天下之望，於意中不可已事，幸安心俟之，不以擾吾珍攝，是所切禱。

《龍壁山房詩》刻就，望寄示。先生自信在文，尤願早晚梓成，不必過示矜慎，快海内學人先睹也。友芝今歲仍以遥領廬陽山長爲食，依雨農提學行館爲居。昔者燹後文籍賤售，客中得備經史，平生嗜好，頗用自豪，頗招朋儕之妒，故桐雲及之。年衰事雜，讀之不成片段，平時無真心得，將不免於玩物喪志，大可懼耳。

此間軍事，僧邸行而有苗爲梗，浙軍利而潰賊皆北。入春以來，皖中岌岌擺動，徒以九洑洲横亘中江，未能規取。賊之接濟糧械，恣意南北，皆由之。致我雨花一軍，成羝羊之觸，牽制不少。所恃使相持重不惑，諸將能向釁不輕動，比及今月，奪彼雨花高壘，而水師即乘釁力克此洲，并收瀕江必争之險，長江乃全爲我有。且上海鬼艇來助者，猶要挾未行，濟賊之鬼殲除不少，兩端之希烈亦未曾與戰，尤足以伸中國之威，而寒反側之膽。若能乘此痛剿惡苗，江淮同靖，金陵即在掌握，群毛之盡直可計日。群毛之外，圖之有基，故收九洑之功，直不在收安慶下，未知衷間視之何如耳。

西南回患，既聞據理國而有滇城，復聞滇城漫然克復，歧疑聽瑩，茫所取信。滇黔唇齒，故鄉殆不可居，老妻大兒，又奔波逃亂而來，而遵義先隴表誌，未能手完。庭芝弟硯食無定居，瑶芝弟及弱妹窮守碧雲老屋。獨山故鄉，尚有一姊、兩妹、大猷等四姪，亂後絶無消息。而庚年捍城戰死之孤姪遠猷、姪孫秋闈，與殉城死、遠猷之寡母池，殉村焚死、大猷之寡母陳，皆葬烏鳶之腹，無馬革之裹。兒輩不悉事實，故鄉未聞旌卹。眷念存没，疾首疚心，自非歸計稱懷，決不能了當一二。干戈滿地，正不知流離轉何所。西望悲嘆，當何已時耶？祥芝弟懷寧彈件，使相一洞其枉，即爲昭雪，開復湖南知縣，仍留皖南糧臺。兼大兒彝孫來，得與小兒繩孫同理功課。妹倩黎蒓齋庶昌以諸生上書，發使相營造就，亦來同處，并在客慰意事。然祥芝有官不能養兒，仍不免於謀食，彝孫初得青矜，妄思觀場順天，總丢不下「且夫」、「賦得」，於根抵學問，了無入處。繩孫奔走荒廢，遂舍帖括而求時務，經訓不明，恐將支離破碎，無所成就。又復索然意盡，唯有朋友之樂不減京華。合肥徐懿甫子苓孝廉爲人任真，詩文感激豪宕，成一家言。嘉興金眉生安清都轉練於世務，思爲劉第五，下筆敏快，廢棄可惜。新化鄧伯昭瑶學博道氣肫懇，有《雙梧山館文》行世，不爲無益世教之言。秀水錢警石泰吉學博，子密吏部尊甫。勤於校讎，手完四史，猶見老輩遺風。瑞昌孫琴西衣言太守清放鶴立，逌然無風塵氣，文詩亦典則蒼健。桐城方存之宗誠學博，湜之從弟，爲文理勝。石埭楊仲乾德亨明經力行敬恕，消人鄙吝。桐城徐椒岑宗亮蔭生少年精悍，文詩有宗法。姚慕庭濬昌縣令則石甫翁少子，相從講學，質地甚厚。外此英多磊落之才，未易遽數，皆以吾滌公當世龍門，兼容并蓄，天下抱才負異之士，翕然歸之。友芝濫厠其間，左支右捂，無能爲役，徒自愧耳。琴西欲編撰《求益齋師友文鈔》，意自滌公及其交游著作存没并録之，索先生文，即以昔攜副本及桐雲示論文新著付之矣。

差便草草奉箋，敬請道安，不次不書。

再者，友芝新收《唐人寫本説文殘卷木部》百八十餘篆，其解説異同增損，勝二徐本絶夥。滁公詫爲尤物所歸，是聚書之報；又謂乾嘉諸老所未見，而獨有之，烏可不廣其傳？已照元式付梓，復爲校勘記坿焉。俟成，更寄呈教。因憶前年先生賜書，示及王菉友《説文句讀》，已從壽陽相國得之，約友芝至京時走領，現在留滯，有負期待，恐再至春明，非早晚事，乞飭檢付此間差官爲幸。壽陽處俟《唐説文》成，呈本并作書謝也。

據臺北「國家圖書館」藏莫友芝手稿《郘亭函札稿》録入。寫信時間爲同治二年癸亥（一八六三）五月，時年莫友芝五十三歲。

## 同治二年六月致莫祥芝書

洪琴西言墨鋪中有模墨時擠出絲子，以印書最佳。如有，可買一二斤來。

孔福至，得知祁門大小安吉，甚慰。皖城伏前酷熱十餘日，爲平生所未經。中伏日得大雨，乃稍減暑。家中亦幸無恙也。科兒學識字，想易教。暑中極宜檢點，其飲食居處，不可太將就。此間米價亦每石六千以外，節相發倉儲平減，又大雨後乃不甚騰，或不至大飢荒。

大江肅清而有苗起，竟陷壽州，圍蒙城。唐中丞在臨淮，恐難於支持。聞撥楊、彭水師各數百艘助之，未知遂往否。南岸賊向東達彭湖以至饒州，聞江軍門當自饒擊下，近不知如何也。姚慕霆爲彝媒其表妹方氏，已於初四開庚許聘，秋冬可以諏日成禮。唯舉動需費，雖一切從權減損，亦在六七十金。看定期如何籌畫耳。

蒓齋前月二十後派專查保甲。節相謂，當就實際處可大可小者磨淬之。夜出晨歸，漸頗就緒矣。吾弟言秋間當謀集腋，此恐不易，不若少安，無匆匆。

南撫毛公已升兩廣總督，新撫當不知何人。見四月《邸抄》言，桐梓、遵義有白號、黄號賊，張石卿部將自忠莊鋪擊之，退往螺螄堰老巢，則遵境恐遍地皆賊矣。

馬雨公忽以月九日丁内艱，又無家可歸，方擬秋間考試而竟不行，亦地方文教之不幸也。制官爲請於服官省分守制。其太夫人櫬，即擬就近權厝，亦舍此更無他法。廿五開奠一日，收帳對，不受賻儀。皖南如有訃來，弟但搭公分爲帳應酬得耳。此間公館，是雨公自經理補葺，尚非他公署比，猶可相依，作一二年住也。

日來蒓齋手抄史傳，取規模宏遠又最精純之名臣，自漢迄宋，得諸葛公、羊叔子、郭汾陽、陸宣公、李西平、范文正、韓魏公、司馬温公、李忠定、岳武穆、文信國，附以本朝之湯文正，才十二人。其意量大可取。大抵唐宋多賢，非他代所能及，猶若取之不盡，他代則似無有入此選者，何邪？朱高安有《史傳》三編極好，分名臣、名儒、循吏，刻在十三種中，亦多單行。弟無暇遍觀全史，須求此一部作枕中秘也。有暇須熟看《通鑑》，以通古今治忽。宋、元唯畢秋帆本最好，王、薛兩家皆不足觀也。爾前言有《樂府詩集》及《采菽堂古詩》，便當寄我。

晤筱岑，屬致聲吾弟，當爲覓祁术。我秋間當作丸服，亦須此物。六月廿二日。

據徐惠文先生所藏《莫友芝書信》晚清鈔録件轉録。寫信時間爲同治二年癸亥（一八六三）六月二十二日（八月六日），時年莫友芝五十三歲。

## 同治二年八月致莫祥芝書

字來，悉一切。皖南足禦賊擾，善矣。唯池州一府，所云李都轉、江軍門擊而下者，未聞何如。都轉方以晉官來見主帥，住數日乃行也。臨淮爲有苗攻圍半月，前彭、楊所派水師已至，水陸苦戰屢勝，近不知何如。頗聞滁將往六安調督諸援軍，不知成行早晚，此事九洑已收，即應料理，而遂以霆軍南助，未必非機之小失也。

兄瘡癬十日來始平服，唯精神稍減。每頓少去一碗飯，驟不能還元。擬製丸藥未就，且用飲食滋補。濃厚之味，總不能多吃，還是脾胃不强也。

彝兒娶婦喜期已擇定十月初六、臘月十八兩個日子，俟酌定其一。弟能爲籌大衍，兄更節省支吾，總足辦。曾與慕廷算計過，通用不得逾七八間也。兄由驛之信，亦不記所言云何，大約曾及蒓齋差委事并雨公事耳。雨公是前月廿五舉動，分子已無搭處。我擬補爲弟送對一付，使彝奉往叩頭，且作一唁稟得矣。雨公無籍可歸，現已於赤土磡相買一地，權厝其太夫人。楊樸庵辭世，滌公擬延雨公主講敬敷，以待終制。此間公館非由地方置者，自可不必移動，我亦尚不必遽尋房子也。

遺胡三行，家中一無所寄，奈何？奈何？弟處已收難雜書，開一單寄我。《采菽堂古詩》有否？八月初一日。

據徐惠文先生所藏《莫友芝書信》晚清鈔録件轉録。寫信時間爲同治二年癸亥（一八六三）八月初一日（九月十三日），時年莫友芝五十三歲。

## 同治二年八月致莫祥芝書

初十張福至。得信，知老小安吉，甚慰。

冬間能添一侄，即大佳。且勿計將來成就何如，只祝願其多生以爲成就根底。彝娶婦已定期十月廿一。與慕庭熟商，諸事通融辦理，大約以省費爲主。客中能成一件算一件。緬姻事，静俟勉林信中耳。所言凡事踏實，斷有好處，此是顛撲不壞之理。好處與否，且不必計，踏實則不敗之地也。後來之何慮，慮之何益哉？

兩公聯已送，有復信。兄日來精神較十日前稍好，總覺未即復原，老態不如少年，惟自静攝耳。

皖北事，聞唐中丞當漸自臨淮南退皖南青陽一帶，不知解未。以兄未出，不能詳也。《陽明譜》失去可惜。我亦留心其集，未得也。集所附譜，似不如此譜手邊看熟有益，當互留意。《夏峰譜》聞亦好，我未看過。其集中亦應附。又有《孫高陽譜》亦可觀，志之。王白田編《朱子年譜》聞甚好，我亦未見。

弟處雜書欲知者，恐弟視爲不緊要，而兄視爲緊要者，省別求耳。春間所言有荀、袁兩《漢紀》，有《貞觀政要》等，即是要書，不可不繕一單待酌也。八月十二日。

據徐惠文先生所藏《莫友芝書信》晚清鈔録件轉録。寫信時間爲同治二年癸亥（一八六三）八月十二日（九月二十四日），時年莫友芝五十三歲。

## 同治二年八月致莫祥芝書

前張福還，復聞勉林奉准四十日之假，將以九秋朔行。行後臺稭益繁劇，須益整頓精神，勿使有叢脞也。青陽至食草根，其亟亦甚。朱軍門久病，欲潰圍而不能。有過二十日即不必來援之稟，可謂沉痛。今已廿二，尚無他聞。且聞喻總戎軍已相望可及，或能待他援有生機也。臨淮唐中丞亦尚能勉强撑持，然辦苗則尚未有期也。

兄飲食精神較前十日爲好。現擬製丸常服，只須參术佳者，他貴藥皆可不用。弟可爲尋好祁术數兩寄來，以便合藥。每單用四兩。筱岑亦托索數兩，務留意。日來兄服范雲吉郎中所處理中湯，甚有效也。

馬雨公未及百日練期，其趙夫人又於十九日溘逝。擬以遠處俱不送訃，城中俱不受情。然在我輩又不可已。兄擬送一挽聯，亦爲吾弟先擬一聯，弟以爲必送否？少遲更送也。渠以九月十六出殯，十月廿八安葬。吾家喜期在十月廿一，公館中皆一切掃除。將於二堂前隔出前段，以爲他公所，而開門於東邊，向米局出入。我即借其二堂一進，以西間爲新房，亦甚妥善。此層屋，雨公住不到，又恰與我相聯。亦曾向滌老言之也。

練渠委皖南道，大約九月初方能動身。尚齋委江西督銷引鹽，即召馬鍾山入幕府學習。八月二十二日。

據徐惠文先生所藏《莫友芝書信》晚清鈔録件轉録。寫信時間爲同治二年癸亥（一八六三）八月二十二日（十月四日），時年莫友芝五十三歲。

## 同治二年九月致莫祥芝書

檢理寫有四紙附寄此，已至諸物，□其數當存，未可知也。聞警已復，兄亦不能如此細評。

胡本《通鑑》以眉生欲奪，故不使來，此時眉生亦有此書矣。而靳寄先失，即是此物之命。世上事物，何不當作如是觀耶？

寄來會單，有四十餘金足供此番用矣。我意一切從儉。慕庭與方府酌商，亦無多費。弟所謂酒席是大宗，誠然。將來唯此恐不能不多用一二耳。今年日行出數，我尚未能細核。此間唯自我病以來，飲食藥餌之費，日約加二百文，他則如常也。來术甚好，我即付店作圓子矣。勉林想練公到已行。弟十月半決不能脱手一來，待冬末來拜年耳。勉林厚情，義當璧謝。仍交來人持回存弟處，俟渠還時，弟面道我意璧之也。日間匆匆，未及作書復勉林，數日後更寄。九月十一日。外蟹一簍卅一隻。

據徐惠文先生所藏《莫友芝書信》晚清鈔録件轉録。寫信時間爲同治二年癸亥（一八六三）九月十一日（十月二十三日），時年莫友芝五十三歲。

## 同治二年九月致莫祥芝書

魯公書今行世者，僅有《元次山碑》，而無《元魯山》。《次山》舊拓本，亦值千文以上。若是《魯山墓碣》李華文、李陽冰篆額者，則是當世未有，極可寶貴之本。現在尚思一《次山》佳拓，況《魯山》要價亦不昂乎！決定收之，一快心目。

東雅堂《韓文》，又何以如此之多，想有襯紙。若印極佳，當收來以呈相國。相國欲刻韓文，即擬以東雅本翻雕。東雅又有《柳文》，如遇，當爲我留也。此間《五禮通考》頗多缺字，弟前者言有殘本，必攜以來。伯常亦有短本，許湊補也。九月十四日。

據徐惠文先生所藏《莫友芝書信》晚清鈔録件轉録。寫信時間爲同治二年癸亥（一八六三）九月十四日（十月二十六日），時年莫友芝五十三歲。

## 同治二年九月致莫祥芝書

前信并寄璧勉林賀儀，想已至。

日來皖南已解圍，朱軍門得半年調理假。易雲陔來，亦曾晤之也。僧邸前軍已至蒙城，各路援者亦斷，厚想無妨也。石于保舉訓導，不論雙單月盡先，已奉准行知，亦不負其勞苦數年也。

馬雨公於十六已出殯，吾弟意可不必送禮，以在城中送者皆璧謝也。

此間已委程尚齋往江西料理，行引鹽，章程未定，故尚未行。委小岑往湖口爲總查，小岑不願，已改委丹臣爲之。又有黄蘭坡來，議以淮鹽上易湖米。此事不知能行否。以我揣之，大費手也。九月十九日。

據徐惠文先生所藏《莫友芝書信》晚清鈔録件轉録。寫信時間爲同治二年癸亥(一八六三)九月十九日(十月三十一日),時年莫友芝五十三歲。

## 同治二年九月致金安清書

眉生仁兄大人侍史:前日奉談燕甚愜,開拓無量,與去年里八街乘月奉詣,爲兩歲中第一樂事之并。猶謂文駕當小住,雨霽走尋,則已成行,悵不及一送。寒天江路,想定佳善,來會許以歲交啖荔,不行果決耶。承命歸寄存書,即檢付,唯留《弇洲别集》及《北盟會編》,轉致惠甫耳。諸史僅《史記》在此,餘分在懿練許,知不能遽合。新收《五代史記》,遂爲蒓齋所留。《吴梅邨集》亦未索至,更俟他日。復頌著祺,唯垂鑒,不一一。弟友芝叩頭叩頭。九月廿七日。

賢郎想嬉弄稱心。黎舍親屬筆道候。

據黄氏憶江南館藏沈雲龍主編《清代名人翰墨》(近代中國史料叢刊續輯)録入。寫信時間爲同治二年癸亥(一八六三)九月二十七日(十一月八日),時年莫友芝五十三歲。

## 同治二年十月致莫祥芝書

得字極慰。弟婦將彌月，而飲噉强健，胎氣安恬，必易生如達也。

彝兒娶婦，都不受賀，亦有三日之客，合凡七桌，約費三十餘千。通前日納采至成禮費計之，約需銀百兩。我前總計不過七八十間，竟有零星算不到處。即如收拾房屋添用十兩以外，豈前所計及邪？事及之而後知。此間物力太貴，都與家鄉不同耳。新婦尚端雅，不瑣促，想能聽教誨。

海運明年必行，但未聞頭幫何時，互市局先亟欲設之。以奉諭罵黃冕，而湖北遂執不應，故此局轉鬆懈。然江西固不能應也。弟思京行，亦舍此差無善法。臘底來自可定局也。

皖南肅清後，聞是力防東壩一帶。唯招降遣散，甚不易耳。皖北聞李世忠公然擊苗，山東肅清，僧邸亦且至。平苗之舉，或冀冬尾春初也。

江達公升川藩，馬穀公升皖藩，臬台又新放。此間皆小有更動，然大致相公主之，諸事仍如常也。

科兒讀書，何以有專功，弟亦當思一良法。十月廿七日燈下。

據徐惠文先生所藏《莫友芝書信》晚清鈔録件轉録。寫信時間爲同治二年癸亥（一八六三）十月二十七日（十二月七日），時年莫友芝五十三歲。

## 同治二年十一月致莫祥芝書

得字，知初一添一侄，喜快不可言諭。吾家下一輩正望多得幾丁。且此兒八字全副水局，適當上元甲子將轉之時，或易有成也。

前月來，苗賊爲僧邸殲於蒙城。蘇州又聞克復，皖南亦已肅清，金陵亦早晚可以得手。疆事之利，未有其比。我弟兄客中亦連有喜慶，更是難得。唯相勖時念先君力培根底以承之耳。此間老小都好。歐陽筱岑言，江面遊勇及各陸路，節相方欲遴員查辦。此時内事想不煩，得勉林昆仲已足，擬薦調吾弟來此聽差遣。弟看此等事能勝任有益否？當自酌量。如筱公有字，好答之。否則以意告我，我以致筱公也。

殿本《四庫提要》，獲之甚善。我正需此書，未得也，決不可讓他人。正史及《通鑑》，皖城尤貴，皆由專買此者太多故耳。《魯山碑》想爲他人所得，又少却我一篇要緊文字，惜哉！勉林想已至，爲道候。十一月十日。

據徐惠文先生所藏《莫友芝書信》晚清鈔録件轉録。寫信時間爲同治二年癸亥（一八六三）十一月初十日

## 同治二年十二月致莫祥芝書

（十二月二十日），時年莫友芝五十三歲。

得字，知上下安吉，良慰。所言勉林當先來，則吾弟必遲至。開年不過多須半月始見面耳。此間上下都好。十一月廿五日，又爲繩兒聘婦江陰繆氏，即張仙舫之甥，仙舫主之。其妹又自江西來看婿，我力辭之不得，亦聽其緣份而已。

有苗雖翦，聞其黨羽概從寬赦，令其仍爲圩首，總是不了之局。和尚不學奈何？蘇郡復而賊上竄，溧水仍失，金陵恐尚須持久。彭、楊不和，亦非美事，看此頗鬱鬱耳。

江方伯升四川，今日下船西上。鄧伯昭瑶必同往。此間諸友，伯昭性情最真，大難爲別。

前日又得家中玉山及蔡嬸寄信，芷升又不知消息，兩信均未言及。言今年遵人多不能耕種，米價太貴，他物亦然。問爾我索助及債項。細思無措手處，所以且不寄爾看，徒亂人意。俟爾來更閱未遲也。七妹與蒓齋信，言其伯舊雪翁於八月尾作古，鄉人又失一耆舊矣。妹仍住吾家，筱亭主講育才，脩金尚欠。樂安築寨聚居，菽園等主之，常常禦寇。子尹主湘川，亦常住寨中。妹又恐蒓齋力不能接眷，勸其就近納妾，足見吾母教之善，然其家境亦難言矣。

古香齋書收得亦佳。若以呈節相，則前所言之《貞觀政要》及東雅《韓文》等乃善耳。馬雨公屬尋《五禮通考》，欲以我先收本贈之。爾所收殘本如在，可先開一所殘卷數寄我。此間頗有零帙，可先尋補也。

阿嫂問九弟及兩侄，予祁衣裙，繙作鞋口、水兜送祁，又鞋及檳榔包是新婦送科，共作一包。孔福已薦之伯昭，同往四川矣。臘月初三。

據徐惠文先生所藏《莫友芝書信》晚清鈔録件轉録。寫信時間爲同治二年癸亥（一八六三）十二月初三日（一八六四年一月十一日），時年莫友芝五十三歲。

## 同治二年十二月致唐鄂生書

鄂生四兄郡公同歲侍右：辛酉歲冬，在鄂郵寄一函，不知達未？爾時欲略游曾、胡兩帥間，觀其部署設施，來歲即爲歸計。既謁胡公，居數月，即馳謁曾公，適皖城收復，從之來，遂成留滯，曾公甚欲强以州縣，特以凋弊之餘，刊刈撫摩，不易措手，又精力漸衰，力辭不任。乃處遥領廬州山長，以供朝夕。續聞故鄉殘爛，益不可居。去年冬，小兒彝孫遂將其母妹犯險出峽以來，萍蓬漂泊，雖有聚首之樂，而米珠薪桂，不易支吾。兼以諸弟家山多事，不得往共饑渴。又獨山一家，盡遭燹燬，遠猷孤姪及子秋闈於城陷時巷戰以死，兩寡嫂亦死於兵，未得首尾，不能呈請卹典，祖宗墳墓不知隤落何似，憂從中來，不可斷絶。少年意氣，一切雪消冰冷，即文字結習，亦復斕爲，奈何奈何！差幸友朋之樂不減京師，合肥徐懿甫、子苓，爽直任真，詩文浩浩有奇氣。新化鄭伯昭、瑶，肫誠懇惻，文如其人，有集行世。桐城方存之、宗誠，湜之之弟，於時事文頗條達。嘉興錢警石、泰吉，衎石從弟，手校四史，亦有集行世，是嘉慶老輩遺風。瑞安孫琴西衣言，清放絶塵，又有典則，詩蕭散。諸君子外，以經濟、文章、術藝名家者尚數十人。友芝錯其間，無能爲役，而受益不少，惜老鈍不可攻鐫耳。前日警石化去，是日伯昭又行，皆令人作十日惡也。

伏憶草堂爲別，忽忽九年。吾鄂公以傳家治譜作循吏，又手提一旅迅掃兩川。每讀邸鈔，輒爲神王。自是疆埸宣勞，益以發尊公未竟之志。懸知他日嚴尹非意外事，成都茅屋必有以處子美耳。送伯昭登舟，手此敬頌勛安，不次不盡。

據臺北「國家圖書館」藏莫友芝手稿《郘亭函札稿》録入。寫信時間爲同治二年癸亥（一八六三）十二月，時年莫友芝五十三歲。

## 同治二年致金安清書

兩奉手械，知鳳雛清聲，大快人意。又有海陵、白門游興，健羨無已。救世需才，如吾眉公，必不容衡門棲息。聞沅老索之大急，又非所以善待公。筠老撫粤偕行，爲求實濟易求自名，需之一二歲後庶幾得之。去歲道德一聯，幸垂念也。所惠漢石二，是行篋未收，展對快絶。入春以來，家累頓減收書之興。夏秋之交，嬰病踰月，白露後始就痊，便有老形衰象。拙集欲整補重鋟，力驟不及，且稍俟之耳。黎蒓齋舍親極傾仰眉公，恨無緣即一見。聞去冬有見及大篇，望便寄爲幸。彝、繩兩兒碌碌無長進，示之垂詢，悚不自安，未審能因以激厲否。舍弟仍在祁門，奉公無失而已。手此奉復，不盡。弟友芝叩頭叩頭。眉公都轉大人侍史。中秋鐙下。

據網絡所傳原件照片録入。

## 同治二年致友人書

皖城收復雖逾兩春，而地方百孔千瘡，長毛捻子時來時去，我軍南北分戍，雖有數萬，仍是單弱，奔命不暇。此間三知守皆窮乏可憐，又繁瑣難應付，所以我不願做。漂泊依人，將來不知何底，真不敢設想也。然今世人物究竟以滌老爲第一，其行軍縱不能風行雷厲，而能造就人才，謀定後戰，楚軍壁壘終勝他軍。唯不能用不羈之才，又徇乃弟沅圃驕恣，沅圃狃於安慶之役，趾高氣揚，已失乘勝之機。壬夏乃漫以一軍抵金陵雨花臺下，進退唯艱，致水陸諸軍皆爲保護此軍牽制，調度俱形掣肘，而諸軍猶不致體解者，則以此老平日能得其心，不虛餉，不隱勞（下闕）

（鈐「莫友芝印」、「郘亭眲叟」白文印）

據上海圖書館藏《影寫莫友芝手迹》録入。寫信時間爲同治二年癸亥（一八六三），時年莫友芝五十三歲。

# 同治三年正月致鄭珍書

子尹吾兄親家侍右：去臘中，忽奉十一月廿六諭旨，以我兄及友芝等檢發江蘇知縣。此時此旨傳馳到山中，想犍𨚍閒猿鶴皆驚也。

吾曹素莫荒巖，久無意於用世，不知都中何鉅公，浪以虛名，上瀆天聽，遂趣召而起之。蓋不知其頹唐已甚，不任鞭策。然亦可想朝廷清明，破除資格，大是中興氣象。吾曹即垂老，但未即死，必能復睹嘉道盛時，則幸甚也。唯出處之際，大是難言。以不嫁老女，忽而强之適人，雖是心腸、面目、舉止色色妝點，改換一番，安有不鑿枘者？頗以鄙情陳之湘鄉使相，當不肯十分相苦。

憶戊午歲北征，我兄贈行詩云：「林卧已云晚，問君何所之？不堪離別意，豈是宦游時！」知兄之不欲出，堅於友芝。然鄉里亂後，極不聊生，株守空山，顑頷何已？兄即宦情消盡，亦何妨借作江湖散游，一攄磊落懷抱。

皖中海内豪雋，趨湘鄉公如龍門。幹濟之才，樸學之士，詩文之雄，下及一技一藝之專精獨到，殆什百計。友芝一一得與款接，私謂不若髯之絶倫。湘鄉公極思一見我兄，意此番庶幾一來，且屬致聲相促。書到，若有遊興，望即輕裝指渝，買舟東下，不過端午前後，可以聚手。官不官，在兄自決，決不至捉將去斷送頭皮也。

此間軍事，自去歲克九洑洲，以清長江，其後又收蘇州，又殲苗沛霖，隨處有破竹之勢。金陵合圍已久，毛賊已十分窮蹙，其城時日可下。兄肯早來，當能及見成功，亦大快事。

客中老小及蒓齋俱平安，煩一告之兩家。早晚舍祥弟自皖南來，當遣人還，此不一一。甲子歲上元，弟友芝叩頭叩頭。

年來兄著述計當增益幾種，三《禮》想有成書。友芝奔走荒廢，詩文亦懶作，可笑也。唯收得《唐人寫本説文》百八十餘篆，異同足正二徐數十處，因撰《箋異》一卷，已刊成，俟緩寄。卯郎德性有精進未？賢孫當善讀矣。并致問吉堂兄、筱庭昆弟。

據民國《續遵義府志》（卷三十三）《藝文志》録入，原注云：「墨稿未刊行。」寫信時間爲同治三年甲子（一八六四）正月十五日（二月二十二日），時年莫友芝五十四歲。

## 同治三年五月致莫祥芝書

得字俱悉。所言咨覆、奏覆兩層，已向眉生略言過。我瞰相公閑時，當自言之也。十日前見老翁，曾言及弟必須引見，籌資不易，大概渠意亦謂即且緩作行計，但又謂我弟兄必不可不有一官，欲催我趁時一出。我總要看得弟有出路，我仍不出爲善，宜徐計之也。此間至好皆以我不出爲善，我出爲不是，須看到勢逼無法時決之耳。此間以毛捻下竄戒嚴，雖調防，苦力薄。聞相公六月當往金陵，果即行，是更示以虛，竄賊益得計矣。恐此行當遲遲也。

山中能安堵，科侄輩當還祁，良慰。聞前者匆匆往饒時，弟尚未還，不知文籍書畫定無恙否？《四庫提要》及《玉海》必爲我留，不可失也。五月二十一日。郘兄字。家中老小俱無恙。

據貴州省博物館藏莫友芝書信手稿録入。寫信時間爲同治三年甲子（一八六四）五月二十一日（六月二十四日），時年莫友芝五十四歲。

## 同治三年五月致曾國藩書

友芝奉鈞委採訪鎮江、揚州兩閣四庫書，即留兩郡間二十許日，悉心諮問。并謂上兩項書向由兩淮鹽運大使經管，每閣歲派紳士十許人司其曝檢借收。咸豐二、三年間，毛賊至揚州，紳士曾呈請運使劉良駒籌費移書避深山中，堅不肯應。比賊火及閣，尚扃鑰完固，竟不能奪出一切。鎮江閣在金山。山僧聞賊至，亟督僧衆移佛經避之五峰下院。而典守書閣者爲揚州紳士，僧不得與聞，故亦聽付賊炬，惟有浩嘆。

比至泰州，遇金訓導長福，則謂揚州庫書雖與閣俱焚，而借録未歸與拾諸煨燼者，尚不無百之一存。長福曾於甘、泰間三四處見之。問其人，皆遠出，倉猝無以究詰。以推金山庫書亦必有一二散存者。友芝擬俟秋間更歷兩郡，仔細蒐訪一番，隨遇拾掇，不限多少，仍交運使恭弆，以待將來補繕，然後泝邗而北馳，叩幕銷差。

據黄萬機《莫友芝年譜》、《遵義文史資料·紀念莫友芝專輯》轉録。寫信時間爲同治三年甲子（一八六四）五月四日，時年莫友芝五十四歲。

## 同治三年六月致趙烈文書

惠甫老弟大人左右：克金陵信至皖，大街小巷，歡騰若潮，遥想籌筆者親見其盛，必古今無此鉅觀，平生無此快事也。即日想斬馘寬釋諸就緒，伏暑伏唯加意慎攝，至禱至禱！前承寄到魏君屬消之《公羊注》，又承惠賜，敬謝。曾與夢虞、衣谷詢皖中相識，竟無有肯買者，故遲遲未有以報命。尋聞魏君已往湖南，且稍俟之，此間局面小，恐遽難副意也。金陵既克，吾輩必爲居止謀，老弟想已定妥當宅子矣。友芝有信賀沅帥，曾乞爲圖之，晤時當更爲一言，否則煩老弟爲留意也。千萬千萬。手頌勛安，不一一。友芝頓首。十九日燈下。

據周秋芳整理《郘亭書札》録入。寫信時間爲同治三年甲子（一八六四）六月十九日（七月二十二日），時年莫友芝五十四歲。

## 同治三年六月致程桓生書

尚齋大兄年大人閣下：皖中常常奉尊公年伯大人起居，敬悉老兄動止勝常，公私安善，至慶至慶！唯疏嬾乏申候，想能原恕，不見責也。金陵收復，十二年盤踞之大憝一夕就殲，天人交歡，無踰此時。西江雖昔少有竄匪，計早晚即掃盪一清。老兄整還鹺綱，更一切因勢利導，成之裕如，南望稱快無已。昨日湘鄉公已往金陵，計隨營諸人皆當移家，約須至深秋方能一一東下。弟居此碌碌，亦唯逐隊而趨候。舍弟祥芝往湖南之説成，乃更思變局耳。賤軀較去年尚無病，可告慰。慕庭行，謹附數字，就頌籌安，不一一。諸世兄文祉。年小弟莫友芝頓首。六月廿四日。

據周秋芳整理《郘亭書札》録入。寫信時間爲同治三年甲子(一八六四)六月二十四日(七月二十七日)，時年莫友芝五十四歲。

## 同治三年六月致莫祥芝書

連日暑熱之甚，苦望一滴水不得，徒焦灼也。家中大小都平安，只我痱子滿身，時有癤子，較之去年爲輕，得大雨必平服也。蒓齋熱痛已減八九分，稍静攝調養十許日，即全愈矣。在祁全家想平安。飲食起居，極宜清淡謹慎，千萬千萬！

相公廿三日已滅從往金陵，皖城移家之事，都未安排。云遲不過一月，當還料理。聞彼城中稍寬大，房屋焚燒殆盡，且填街塞巷，俱係死尸。即有可住之屋，驟亦不易住故也。我已托聚垣爲尋一所房屋，待大隊行時，亦當同移住也。爾咨查之件，曾言過，至今未復。數日前以匆匆不便更言。眉生偕往，曾托之。且托其此番如有好處，定要求請免捐。後一層，眉生謂與弟同查事案未咨復者，尚有丁雨生。雨生春間爲少荃所留，現已署蘇松常鎮太糧道矣。吾弟若肯移省分，即目前諸凡容易也。我昔向老翁言弟，時老翁有究竟湖南是好省分之語，恐亦隱有此意也。弟以爲然，當速告我，俟便即言之。

此時賊巢既搗，僅僅湖州一股，防其潰逸。此外山内可以無事。想裁撤即在年内外耳。弟北上之計，決當待咨復及免捐後。兩件若肯移省，即早決爲得之，且即可免我之出也。六月廿八日。

據徐惠文先生所藏《莫友芝書信》晚清鈔録件轉録。寫信時間爲同治三年甲子（一八六四）六月二十八日（七月三十一日），時年莫友芝五十四歲。

## 同治三年七月致莫祥芝之書

改省一層文章，我先籌畫，過一日夜即寫信寄爾。爾此時亦恰有此見，豈非群謀僉同，更何疑哉！此時我信爾想已得矣。此事相公決無不允，其還時可言之。若勉林先見相公，即先言亦得。中秋前以眷來皖，我處屋子盡住得下。亦不過三四月勾留，并當作金陵客也。蒓齋此時亦合留蘇，無他策。其病只飲食起居更細慎，即十餘日全愈矣。

此番金陵賊無竄者。傳言有數百人出東建縫中，只湖州、廣德一收，皖南尚當提防耳。七月初三日。

據徐惠文先生所藏《莫友芝書信》晚清鈔録件轉録。寫信時間爲同治三年甲子（一八六四）七月初三日（八月四日），時年莫友芝五十四歲。

## 同治三年七月致莫祥芝之書

得七日字，一切具悉，照處置可也。掬海諸君對，俟緩寫。湘鄉公及介弟俱封爵。此間未見諭旨，緣尚待由陵傳來也。此事弟在臺中必當同有稟賀，須即繕定。

昨日姨表侄賀幼村來言，捐免保舉一層，是爲自俊秀即入官一項人所設之例，自國初來即有之。今之隨時及此，皆用舊章，但係生員出身，即已有根柢著落，不必捐免。幼村新升泗州，上游催其引見，恐須要捐免，故細查如此。渠係生員，不在此例，則吾弟亦不在此例可知也。七月十二日。

據徐惠文先生所藏《莫友芝書信》晚清鈔録件轉録。寫信時間爲同治三年甲子（一八六四）七月十二日（八月十三日），時年莫友芝五十四歲。

## 同治三年七月致莫祥芝書

得廿七字，具悉。相公以廿日自金陵發棹，溯流緩行。在舟中，次弟完成一月以來積件。恐登岸多應酬，故遲之耳。所説交卸終局憑照，自酌爲之。此間事，我自看事勢爲之耳。伏後秋熱愈酷。兩月以來，不敢輕出，亦不食濃厚之味。四五日來乃患痢，計十年來，秋間必有此數。幸不後重，亦無苦，易已也。蒓齋温且瘧，幸治之不錯，雖多費時日，而元氣未傷，此時已復元。朗軒之力也。

江南忽有十一月欲補行鄉試之説，緣蘇人聞貢院未壞，爲此急急之議，不肯放過明年會試云爾，豈此時急務耶？又聞新有廷寄，命相公經手軍務。自今年克復金陵以前，不必報銷，僅令造清册入奏咨存。此事朝廷處之善矣。繩出門人，亦不必求精能，此間隨雇而已。七月廿六日。

據徐惠文先生所藏《莫友芝書信》晚清鈔録件轉録。寫信時間爲同治三年甲子（一八六四）七月二十六日（八月二十七日），時年莫友芝五十四歲。

## 同治三年八月致莫祥芝書

得六日三更信，具悉。

昨日聞湖州及廣德州以上月廿七日、廿九日相次克復。皖南只防竄賊，竄賊一去，則防兵當次第議撤。山内糧臺，亦非久局。吾弟前信所謂始終其事者最是。移省之説，爵相還，初見未言，已托眉生。眉生謂，只待有保舉議即言之，想決無不行也。此意并未告之淳卿。昨晤淳卿，亦謂爲弟謀當如此。以安靖省分改軍務省分，亦非取巧。又謂，如臺中有保，當局勉公以此入牘中，我此間遇便自言，亦就老翁厚待意言之，非私干也。數日特以腹痛兼腳腫，未往謁耳。腹痛是舊疝氣，此番多二三日未順，至昨日已愈矣。腳腫是爛腳丫，不能穿補襪，今皆漸消，無苦矣。

爵相東下，約在九月初旬中。蒓齋必隨往。兄亦願一人同往，且不攜家。以其時船隻必少而貴。且彝婦彌月，其分娩約在八月内或九月初。繩又方往江西就親，所以家眷且緩行。直定在臘中或正月初，兒輩更將以來也。

江南主修理貢院，以十一月補行鄉試。此時已聞百物貴於安慶，至爾時必更甚。且緩過此數月，吾弟若攜眷來同往，豈不更妙？入闈之説，看到彼精神好乃言之，此時且不談及也。

午間聞杭州有失，未知確否。果左軍防範得力，此竄賊亦必了於福建。北路聞陳國瑞有變，將攻商城，有謂是新縣激成，欲鋤去之者，不知果否。然言欲其反，連數稟皆出之廉訪也。東下時，聚垣之家，亦且不住，暫依其兄學博。我行擬將書籍重粗收拾隨身也。八月初九日午刻。

據徐惠文先生所藏《莫友芝書信》晚清鈔録件轉録。寫信時間爲同治三年甲子（一八六四）八月初九日（九月九日），時年莫友芝五十四歲。

## 同治三年八月致莫祥芝書

前信想已收到。昨日謁相公，問及吾弟，且望月底月初即至，同往金陵。吾弟交代一切，如已料理妥當，可與勉林商量即行。如水路無甚耽擱，可以九月初旬内到，即挈眷同行。如恐水路耽擱，弟即當由陸先來爲是。弟自斟酌，不可遲也。相公已定九月初一啓行。八月十八日。

據徐惠文先生所藏《莫友芝書信》晚清鈔録件轉録。寫信時間爲同治三年甲子(一八六四)八月十八日(九月十八日),時年莫友芝五十四歲。

# 同治三年八月致莫祥芝書

得字知家中平安,大慰。兄數日前由驛發一信,想已得。相公準初一日行,隨從委員不能刻日同往者,遲亦不過初旬内外也。兄前信所言,恐家眷同行水路耽遲,望吾弟一人陸路先至者,即係相公面問之言。看來此行一到金陵,老翁必先有以處吾弟,速將經手事交代清白,盼爾九月初四、五至,弟兄即同舟東下也。相公亟要東者,以聞沅帥病,更擬此廿五即行。又有須了當公事來不及,所以仍是來月初一,而先遣眉生洋船以廿五往,慰看沅帥。蒓齋即同眉生行,繩兒只待一二日内仙舫處人至,即同行。其上舍生已經納就,其有薦剡與否,不可知,我亦不言也。彝婦分娩不定在月内月外,此間大小悉平安也。八月廿四日郘亭兄字。仙舫遣人廿五已至,繩三日内即行。

作寄弟字未封,即日申刻走謁爵相,以吾弟改蘇之説爲請,欣然許之。且言「吾此行須帶得循吏數人往,已有涂朗軒、陳虎臣、洪琴西、向伯常、黎蒓齋及君,皆決其不作壞官。君既舉弟自代,其精力當勝君,但囑其爲我作好循吏耳!」兄因問湖州、廣德既收,山内糧臺早晚恐當撤,當知會祥弟令其終局乃來。而爵相則謂糧臺且未即撤，可催爾交代畢即來，不必待彼終局也。我看滁老必先有此意，特待我一言。前者弟信未來，我與弟信已先窺及，果不繆也。弟得信即專心料理，能趕得上老翁固善，即略後亦無妨。兄則必隨老翁先往，料理房屋以待。弟眷局來，即且在安慶寓所同暫住，甚善也。兄字。

勉林昆弟、練渠觀察、魯汀兄均爲道候。魯汀此來，雖粗一談，極是學人，惜不得相聚耳。

據中國社會科學院文學所藏《郘亭家書》又一册録入。寫信時間爲同治三年甲子（一八六四）八月二十四日（九月二十四日），時年莫友芝五十四歲。

## 同治三年八月致何敦五書

丹臣老弟大人閣下：别來敬想動止勝常，隨事稱意，爲慰爲頌。友芝鹿鹿如常。今年酷熱中，即似病非病，直至中秋來始能平善，想是老境當然，不足怪也。金陵善後方亟，爵相以九月朔移節後，友芝亦擬初旬内東下，家小俟料有屋子乃行。小兒繩孫就親江右。手此，敬請勛安，不一一，問繩孫詳之。如兄莫友芝頓首。八月廿七日。

嬸子夫人坤祉，賢郎、令千金并佳善。

據劉正成主编《中國書法全集》第七十六卷録入。

## 同治三年九月致莫繩孫書

示繩兒：爾此行多順風，想到江右必甚快。爾此番是一人出門，又無父兄管束，諸事須處處要循循謹謹，封賓客先生長者不可妄發議論。爾讀書不多，歷事又少，一切慎之。喜期十日之後，即當與爾丈母商量挈婦還皖，張仙翁謂當接其眷來金陵，并爾丈母亦同來，當以此時相伴東下。我想仙翁尊眷如果在十月尾能行，爾必待之爲是；如十尾尚不能行，爾必攜婦先歸爲是，不可因其挽留遂耽延時日也。我八月廿八有信已及之，此又重復諄屬，切切。穆海翁來，有所贈，足我東下行李之資。屬爾爲買《大清律例集成》一部。我擬以初八日午後登舟行矣。九月初五日。郘亭字。

據上海圖書館藏《影寫莫友芝手迹》録入。寫信時間爲同治三年甲子（一八六四）九月初五日（十月五日），時年莫友芝五十四歲。

## 同治三年十二月致祁寯藻書

壽陽相國太夫子鈞座：薰時養日中，敬想殿閣橫經，以隆儒之望，進沖聖之德，言則孔孟，道侔伊周。伏冀起居益康彊，扶中興之業於勿替，則海内至願也。友芝自庚申秋出都，倏忽五歲，江湖飄泊，嬾散頽唐，故鄉驟不可歸，依湘鄉於研食，讀書已遲，制事又疎，百慮皆誤，唯有文字結習未能掃除。在皖頗蒐遺逸，得唐人寫本《説文》木部，有數十事足正二徐，因述《箋異》一卷，極知無當於太夫子之教，等不賢之識小，謹繕本呈上，乞削斥焉。友芝連年寄隱軍中，都不作仕進想，去冬忽有江蘇差遣之命，聞之悚然。朋舊私議，必我太夫子濫有薦引於小門生，益不敢遽作出山計，恐以就衰之年，稍不勝任，即有累知人之明耳。差便，肅此，敬頌道安。伏冀垂鑒。

據周秋芳整理《郘亭書札》録入。寫信時間爲同治三年甲子十二月二十九日（一八六五年一月二十六日），時年莫友芝五十四歲。

## 同治四年三月致莫祥芝書

初十自下關發棹，十六始抵揚州。中間阻風二日，遊金焦又費二日，故此遲耳。李都轉留住行臺齋中。且當作半月留，訪郡紳一二經管過官書人，看有影響否。否則須泰、通、如臯略搜尋，乃能作稟上中堂也。

出石城，聞有江北權縣之説，果爾，亦較西南一局差簡，我得自爲，亦可少休息，公私皆小有濟。但不知早晚定否耳。若已定，弟則可攜家而往。兄家宜且留省城。若有妥當之宅子，敕繩自料理移居，不爾即仍舊處，議酌與租值耳。

蒓齋想已愈，能奔走公事耶？甚念！甚念！筱岑、伯常諸君子，爲道候。三月十八日燭下。

據徐惠文先生所藏《莫友芝書信》晚清鈔録件轉録。寫信時間爲同治四年乙丑（一八六五）三月十八日（四月十三日），時年莫友芝五十五歲。

## 同治四年四月致莫祥芝書

兄以三月十七日抵維揚，忽忽將二十日。擬初六發舟往泰、如、通一路，徐徐渡江。大約此月下旬方能至蘇也。

焦山林木奇崛，都未損壞，當爲兩江千里名勝之最完善者。兄前月望一遊，月尾中堂至，雨翁即又拉往同再遊，頗快人意。見中堂凡數四，都不及委吾弟六合事，日來乃聞省抄，言已下委，此何以故？吾弟之移家入局爲多一轉折矣。不知弟辭過否？抑辭之不可耶？此間一二友朋，皆極以此地爲難治，其風氣刁悍，其辦事之地方人，始皆經受僞署後，即爲李世忠爪牙，將竟不用之耶？抑將用而何以善處之耶？兄甚切憂慮。弟既往，則好爲之耳。有治人，無治法。極須整頓精神，要使此輩相安而不壞吾事乃得之也。

兄在此以雨公爲居停，少省旅費，又擾其舟貲。弟有信來，當致謝及。雨公在此，未明理牘，吐哺見客，殆數十年所未見。而瓜洲移鹽棧一端，幸中堂此來，而浮議揺惑者皆息。認真辦事之難如此。惜升遷太驟，不能爲久遠之謀，是兩淮無福耳。聞蒓齋已痊癒，大慰。四月初五燈下。

據徐惠文先生所藏《莫友芝書信》晚清鈔録件轉録。寫信時間爲同治四年乙丑（一八六五）四月初五日（四月二十九日），時年莫友芝五十五歲。

## 同治四年五月致曾國藩書

五月十四日莫友芝謹稟湘鄉相公爵帥鈞座：友芝四月初在揚州奉訓後，尋往泰州、如皋、通州，渡江泝常熟，經蘇州、崑山，以五月初達上海。敬聞新錫毅勇爵號，友芝不能爲四六箋記，唯西鄉叩頭以賀。端午後又聞奉命督剿河南、山東餘捻，早晚當開幕府淮河間。友芝須閏月乃得還金陵，計謁送不及，亦僅以西鄉叩頭伸下忱，無任企戀。

維公十年以來，隻手整頓乾坤半壁，何物捻子，尚稽天誅。遥想旌麾所指，莫不摧枯振槁，迅掃一空，釋朝廷南顧之憂，脱河濟倒懸之苦，特時月間事耳。

友芝奉鈞委采訪鎮江、揚州兩閣四庫書，即留兩郡間二十許日，悉心諮問。并謂上兩項書向由兩淮鹽運使經算，每閣歲派紳士十許人，司其曝檢借收。咸豐二、三年間，毛賊具至揚州，紳士曾呈請運使劉良駒籌費移書，避深山中，堅不肯應。比賊火及閣，尚扃鑰完固，竟不能奪出一册。鎮江閣在金山，山僧聞賊將至，亟督僧衆移運佛藏，避之五峰下院，而典守書閣者揚州紳士，僧不得與聞，故亦聽付賊炬，唯有浩嘆！比至泰州，遇金訓導長福，則謂揚州庫書，雖與閣俱焚，而借録未歸與拾諸煨燼者，尚不無百一之存。長福曾於甘泰間三四處見之，問其人，皆遠出，食猝無從究詰。以推金山庫書，亦必有一二散存者。友芝擬俟秋間，更歷兩郡，仔細蒐訪一番，隨遇掇拾，不限多少，仍交運使恭弆，以待將來補繕。然後泝邗而北馳，叩幕府銷差。爾時飲至凱歌，友芝定得躬逢其盛，如皖城金陵故事也。

命購老輩專門經説，零星收獲，尚不滿十件，秦、徐禮書，亦未見合式者。唯訪有内板《九通》及三□聚珍板印全書，須三五日運至，核其果□善，方與丁道商買，一并寄呈。上海樓船亘天，已成蜃市，向者門闢、道路、祠廟、公館，一切制據於鬼，無敢誰何。丁道獨能申明憲制，恢復一切典章，而盡驅鬼物於城外，海隅乃復見漢官威儀。其苦心孤詣，探鬼情以用剛柔操縱，今日理夷務者殆無其匹。友芝相識以來，徒愛其講奇器、争奇書，何知之淺也。

舍弟祥芝，遽蒙六合之委，友芝在裏下河始得信。此縣俗敝事繁而官貧，知公盛意，特以磨拓吏材，非以私愛，故不敢爲之辭，已再三寄諭，策其勉所不逮，以副期望。唯友芝朝夕之謀，猶不能不仰賴帡幪之庇，竊所未安耳。

肅此，恭請崇安，伏惟慈鑒。友芝謹稟。

據陶風樓藏《咸同名賢手札》（文海出版社《近代中國史料叢刊》第十三輯）録入。寫信時間爲同治四年乙丑（一八六五）五月十四日（六月七日），時年莫友芝五十五歲。

## 同治四年閏五月致莫祥芝書

在上海得弟信，知四月下旬已莅六合任，良慰。惟聞此地積凋敝之餘，士習民風趨於澆惡，健訟無情，亟須專心整頓一番，使群莠去而善者信，乃不負此行也。江寧一府，屬縣皆貧，獨辦公不可無費，聞上游已許津貼，安心去做，必較昔擬上江之公私無據也。

兄在上海住四十日，看彼間十八國黠夷恣塞，殊深杞憂。一年以來，丁禹生整齊料理，漸就法度。而京師通商衙門，往往撓之，不知國是所在。然禹生苦心孤詣，必欲爲中國自强之計，亦當世豪傑也。現方買就英人鐵廠機器開局，先造洋槍、開花炮，以次即自造輪船。李宫保以爲得意之筆。局中已委韓鎮軍及馮竹儒總理，於閏月初五經始。禹生欲令彝兒粗悉其中大概，留彼助司出納。此誠今日講求經世一大端，其厚意不可却。

兄即以十一上輪船，十四開行，十六抵下關，還且少息一二十日，即拏小舟來視吾弟。以吾弟自祁門以來，所得力較昔者爲進，兄諸凡放心，狂游方倦故耳。科讀書近如何？祁當能行跳也。二十日。

蒓齋十五六想已至，近況渠能言之也。

據徐惠文先生所藏《莫友芝書信》晚清鈔録件轉録。寫信時間爲同治四年乙丑（一八六五）閏五月二十日（七月十二日），時年莫友芝五十五歲。

## 同治四年六月致曾國藩書

友芝叩頭上言湘鄉相公爵督帥幕下：五月中在滬上由驛奏牋計入鈞覽。友芝又滯留海上者兼旬，當大纛北發，未及叩送。閏月望後還金陵，宜即馳淮徐請訓，又以濕熱舊病未能上道，負罪滋甚。昨遇劼剛世兄，敬詢起居，言山、河間捻匪盡趨皖北巢，相公已移幕府於臨淮，此殊可喜。夫賊散而馳逐，則吾勢分歧；聚而自守，則吾力易專。曩昔指撝所及，無堅不摧，何物殘捻，乃釜魚偷生，計蕩平旦夕間事耳。李宫保舊從幕府來署督篆，固一切蕭規曹隨，然氣象自别，大賢之於聖人，如水晶比玉，其分量應爾，誠非可强襲也。城中諸故人或遠從北征，或近絆官守，或分趨省部，友芝此歸幾於往還無地，未免風流雲散之感。大抵疇昔依公吏曹文士，雖貧約磨礪，而樂意盎然，直如七十子之服孔子，一不及門，而形神索然矣。友芝秋風病蘇，即當策蹇淮浦，依幕下，親教言，以開數月鄙吝，且得縱觀迅掃淮蔡勝迹，如往日從東流下安慶故事也。手肅，敬請道安。諸唯爲時珍攝。

西海鬼夷挾其算數製器之工以淩中原，凡有要求通商，衙門俯首聽命，何以安南、日本兩小國乃能嚴拒，使不得志，群鬼亦遂帖然不敢誰何？能自强故也。聞安南僅以力争，日本則奪得其輪船，厚聘巧工，一一依制如法。此其志不小，中國若更不求自强之術，恐不僅爲所笑而已。五月末在上海將行，適榷使丁禹生買就製造機器廠，因留十許日，再三往觀，得未曾有。其機器之妙，大率以水火氣運兩大輪，略如船輪，而一輪之軸，百輪繫焉。輪司一職，職司一工，鋸者、截者、磨者、鑽者、削者、銼者、開槽者、劃圓者、旋螺者、鏤空者凡若干事，大者、中者、小者又分若干事，治銅、治鐵、治木一時并作，觀者目眩耳聾，應接不暇，真可觀也。此既開局，先其急製槍炮，徐當以製輪船，蓋蓄意積年，乃今獲之，選士人遣子弟主習其事，欲以開此非常爲中國自强之根。若能推行不墜，群鬼所恃以傲吾拙、奪吾利者，一皆還爲我有，亦不爲安南、日本所笑也。友芝此行凡得兩快事，其一見郁泰峰宜稼堂所藏宋元精本書數十種，猶結習不足道；一爲睹西人機器，尤爲大快。謹以附聞。局有馮竹儒焌光，其象數學象精於數，於製器多妙解，常覺海内難可依歸，唯急切欲趨幕下，其志趣殊可尚也。

友芝繕此牋畢未發，適丁禹生巡榷道自上海攜至賜札，雒誦再四，仰見謙沖之懷，部署之密，蓋餘捻雖小敵，與辦流賊無異，少有疏虞，即防竄逸，爲患不細，我公熟籌精運，一以實事求是之法行之，朝廷乃無南顧憂矣。《九通》聚珍板諸書若其價廉，亦足備考，若厚資侈插架，公必不然，故遂置之不問。所獲零星一二小編，擬趨叩幕府時手呈爲摯。舍祥芝弟，已屢信誡其勤民耐苦，有自六合來者，頗言其順民心，當不至負公造就厚意也。

據臺北「國家圖書館」藏莫友芝手稿《雜鈔》録入。寫信時間爲同治四年乙丑（一八六五）六月初三日（七月二十五日），時年莫友芝五十五歲。

## 同治四年六月致莫祥芝書

抵建業後，連雨且二十日，不能出門一步。初八始放晴，又酷熱數日。繼以驟涼，腹疾者五六日。慎飲食，不妄服藥以調之，幸未委頓耳。兄到家後，一見少公，未及再往各友。即閬軒、琴西亦未再晤面，以雨阻故也。數日放晴，繩朝出監理工程，我在家收拾箱匣，忙個不了。須移往後四五日，乃有條理。貧家舉動，事事身親。又傢俱粗重累贅，僕輩又不得力，且病，安得爲一勞永逸計乎？昨日蒓齋信至，命繩録一紙致吾弟。十月十七日。

據徐惠文先生所藏《莫友芝書信》晚清鈔録件轉録。張劍據《郘亭日記》判斷此信應寫于同治四年乙丑（一八六五）六月十六日（八月七日），時年莫芝友五十五歲。

## 同治四年六月致莫祥芝書

十八日移居，諸凡妥適。所以亟亟者，以此宅覬覦者多，而石岑催促。又繩婦彌月，須移乃免身爲佳。今移居既稱意，其小遲速，聽其自然。兼久雨之後恰晴，始葺理移之。明日乃雨，似叨天憐，累累破萬卷，通得免沾濡之患，皆甚慰意。

忙中未聞外間何事。唯鶴生言其二十五行耳。十九日燈下。

據徐惠文先生所藏《莫友芝書信》晚清鈔録件轉録。寫信時間爲同治四年乙丑（一八六五）六月十八日（八月九日），時年莫友芝五十五歲。

## 同治四年七月致莫祥芝書

西南保甲局已調洪琴西。雷石卿以用人不慎撤去，東南局委一徐姓者，是從李宫保來，未相識也。聞六合田圩能保不潰，大善。又聞地方人有以蛟不入境貢諛者，此誠無謂，當何以謝去，以杜揣摹奔競之門乎！

科兒讀書何似？祁兒想壯健能行走跳躍也。七月朔日，晨起金陵坊口大街寓中。數日倦乏太甚，月半後當來視弟。

據徐惠文先生所藏《莫友芝家書》録入。

## 同治四年七月致莫祥芝書

得字具悉近況，良慰。但今年縣境能不大荒，將來總易爲力。所謂科則底子，即能得其大略，亦不可潦草動手。署任僅有一年之期，若辦不到，徒滋擾耳。

家中移寓後都安吉。初六日丑時，繩婦舉一男孫，啼聲甚雄，命之曰小農，取爲國充耘耔之意，亦以生後鄭司農半日也。客中添得一輩人，從此續續而來，仰吾祖宗默蔭耳。

兄擬十七日出城，舟行至六合看弟。弟處如有便船，遣一隻來，以十六到水西門甚好。兄亦準待，不別雇。且聞陸路多水阻，亦不作陸行也。

馬雨農有信，托張先舫求爲其子柄常結姻，爾嫂謂待將八字合看即可定。弟以爲何如？七月七日。

據徐惠文先生所藏《莫友芝書信》晚清鈔録件轉録。寫信時間爲同治四年乙丑（一八六五）七月初七日（八月二十七日），時年莫友芝五十五歲。

## 同治四年七月致莫繩孫書

昨匆匆下船，飯碗調羹醬碟烏筷俱忘却未攜，今日猶阻風泊下關，可各檢一交王升來。倪雲林畫一卷，記在左邊耳房四面閣書桌上之向東面，可用油紙包好來。一二日間必請蕭廉泉年丈爲爾母酌一方，不可怠忽。郘亭眲叟。

據上海圖書館藏《影寫莫友芝手迹》録入。寫信時間爲同治四年乙丑（一八六五）七月十八日（九月七日），時年莫友芝五十五歲。

## 同治四年七月致莫繩孫書

十七日開船至下關，風，不能出江而泊。十八日阻風，仍泊。十九日風小減，打搶行至燕子磯泊，避大雨，雨止又下，至江北華子口泊。二十日，入口行，多不得牽路，卓午乃至瓜埠泊，先遣王升道往六合。廿一日阻風，仍泊。廿二日晴，風息，摇櫓而行。申正乃至六合城。俱無恙。前在下關見宫保行文，已委歐陽筱翁辦楚鹽於揚州，不知其行遲早，如早晚即行，可將蒓公《通鑑》歸來，并《繫傳校勘記》在衣谷處者亦索歸也。父字，示繩兒，六合舟中，將入城作。

據上海圖書館藏《影寫莫友芝手迹》録入。寫信時間爲同治四年乙丑(一八六五)七月二十二日(九月十一日),時年莫友芝五十五歲。

## 同治四年八月致吴坤修書

竹莊觀察大人閣下:聞新奉皖南道之命,想此邦風憲益清肅也,遥慶遥慶。

春間憶論及欲求《駢字類編》,唯書業堂肆中有此一部,爾時曾議價五十五千,未肯即售。兹者頗思易置他種,故遣送上,售否唯尊裁之。手頌大安,不具。莫友芝頓首。八月廿五日。

據上海圖書館藏《郘亭書札》録入。寫信時間爲同治四年乙丑(一八六五)八月二十五日(十月十四日),時年莫友芝五十五歲。

## 同治四年九月致莫祥芝書

人來,并文書諸件俱悉。果公事尚須料理,俱無庸亟亟。弟來時於查畝及偏災之處,并須有大略可言,於謁諸上游口析也。

兄出門約在重九前。本欲即行,以衣裘一切尚須補整一番故也。

李雲卿自蜀來，其子繼熙偕至。以五月出禹門寨。言遵義未失守，而筱亭以二月不在此間，寄信五月乃到。然則其家未能即出可知也。如皋周霽樓，事已更正，可以回任，只看宫保意向何如。渠方來此聽候，又托過鮑花潭言之，前所傳殆妄耳。九月朔日燭下。

李雨公須待丁雨公接替運司方能來，至快亦在十月中也。

據徐惠文先生所藏《莫友芝書信》晚清鈔録件轉録。寫信時間爲同治四年乙丑（一八六五）九月初一日（十月二十日），時年莫友芝五十五歲。

## 同治四年十月致莫繩孫書

示繩：我前月尾到徐，住已半月，都平安。此時家中想各無恙，爾母飲食漸有味否？兩孫嬉弄足消遣也。我須臘十一月半方能到裏下河，大率氈氈、大布、皮箱必能買來，他應要者，問爾母酌買。可即寄信爾兄，言我須臘半方還家，不及到滬，令彼於臘初告假，亦期中旬内還家也。十月十五日。

後「使」字及「君」字須换過，繩可補上。寫家信已封，乃得爾字并慕庭信，先將此蓋篆出，爾有便可先寄之，其碑文俟我撰出，當自寫，不亟亟在此冬也。其《家集總序》及《續集序》并當作，不可辭也。十五日午刻。阿耶字。

據臺北「國家圖書館」藏莫友芝手稿《雜鈔》録入。寫信時間爲同治四年乙丑(一八六五)十月十五日(十二月二日),時年莫友芝五十五歲。

# 同治四年十月致莫祥芝書

得字,具知一切。雉皋之説,總倘恍不可信也。禹生以初三到運使任。此時李雨公必已到金陵,諸自了然也。六合查畝諸事,想大有眉目,訟事想亦不多。前者出省,即往勘之盗件,已得實邪?兄上月廿九至徐州,與蒓齋、伯常、開生同住。擬月半即行。湘鄉公必留住盡十月,以紙一卷命書。且言當即爲先君書墓表,自不能不少待。計還及裏下河已是十一月半。所索諸津貼,有不及索者,即且從緩。但就順道者索之,總須臘月半可還金陵也。此間捻匪下竄,皆適遇我軍截擊,大概皆向西歸巢矣。兄月來眠食并佳,弟署皆平安,良慰。唯失一佳僕,可憫嘆耳。十月十五日。

據徐惠文先生所藏《莫友芝書信》晚清鈔録件轉録。寫信時間爲同治四年乙丑(一八六五)十月十五日(十二月二日),時年莫友芝五十五歲。

# 同治四年十二月致莫祥芝書

前月初一即在徐州開船，渡微山湖。初九至清河，十五乃至泰州。遂於泰、如、通間往返勾滯，費二十餘日。今月十二乃至揚州，又阻雨雪數日。十八乃出瓜州，又阻風二日，今日乃行及東溝。計尚須兩日，可望抵金陵也。

途間眠食都好。各處津貼，惟如皋坐索得之。泰州云已先有回文，并通州皆以應歸前任不應。東、鹽兩處，於我往如皋時，遣王升持文往，東以方交卸，尚欠一月，僅得一月。少二兩。鹽不多，雖并得，皆短平。看來此項直是爛帳。興化亦前任事，遂不遣人往也。通計收得三處項，約二百三十之數，即向子愉皖局爲繩捐鹽知事。指發兩淮，并免驗看，所少無幾。以天下捐局，唯皖局可捐，至免驗，他處不能。爾嫂又甚望繩有一官，遂爲之耳。又買得一婢，備以與繩，氈毯布匹亦粗具，到家只聽雨農商定吉日，即可畢此一件。兄可效子平五嶽遊矣。

吾弟駁留一端，湘鄉公曾有字致宫保，欲其奏補，不知此間如何？雨公到省後弟見面云何？邇日六合查畝諸件如何？過年弟來拜年，可面詳也。廿一日東溝燈下。

雲卿兄行未？蒓齋在徐頗佳，唯聞新失伯常，當鬱鬱耳。

據徐惠文先生所藏《莫友芝書信》晚清鈔録件轉録。寫信時間爲同治四年乙丑十二月二十一日（一八六六年二月六日），時年莫友芝五十五歲。

## 同治五年正月致莫祥芝書

善後局所領兩項，直至今日薄晚方得，即遣李朝文結束一整數以行。其一整數明日遣繩自往糧臺歸還也。所留項且足彌此缺。弟處支繁，不必亟亟爲兄計也。初九日。

據徐惠文先生所藏《莫友芝書信》晚清鈔録件轉録。寫信時間爲同治五年丙寅（一八六六）正月初九日（二月二十三日），時年莫友芝五十六歲。

## 同治五年正月致曾國藩書

湘鄉相公鈞座：去冬趨謁彭城，親訓誨者匝月，仰見部署指撝，頓使北征將士橫厲無前，以一當百。大瘡積年，黠捻不敢一騎東鄉。且以餘閑，文章筆墨，因付無方，友芝得拜先人表墓文千數百言之惠。還及維揚，晤劼剛公子，又創見新法，輪艇涉江泝邗，快利奪海夷之氣。古所謂一號令而旌旗壁壘生色者，未必其儒術雍容肆應自得，尤未必其氣蓋重澤精心，一力以開非常之原。而我公一二月間所以觀成，即兼擅數古人事，遇化存神，斯焉可證。而七十子之徒，於輪艇一端猶有緩急異同之見，則何止未達一間耶？聞旆鉞將以正尾二初巡勘濟、曹形便，即西移幕府於周家口。我軍諸路布置業已不動如山。粵髮恰一二翦除浄盡，雖楚、豫間小有事，霆軍當能速來大助，群捻自不足平。唯一朝廷僅慮西邊西北將材尚未有大發聞者，我公鴻鈞在手，幕府所指，必更大開鑪鞲，陶鑄出一番人物，隨地樹干城之選，決不使彭、楊、黄、鮑專美於前。友芝所言韓南溪中丞是周孝侯一流，實心任事，盛氣陵人，是其所自詡。考其教練膽勇，技藝步伐，皆能因人地以爲長，雖年且耆邁，若能早拉出之，於北方軍事必大有裨益，幸無聽其老死無用，爲可惜耳！

友芝叩辭後，沿泗裏下河料理瑣細，兼雨雪留滯，醉司命日始抵秣陵。馬雨農已先自皖至，待結婣，開正十日業行聘禮，嫁娶之吉，約在二月下旬，計一兩月匆忙，子平之願可畢，五嶽之游宜遂。昨在彭城，申鳧猶有訪岱未諧之惜。今後但有閑暇，即輕裝去豫叩公起居，依侍末光，嵩陽、太、少，擬爲遊蹤發軔，當必蒙許可也。伯常氣力沈勁，極可付以擔荷，佳人不壽，蒼蒼者謂何！然以追隨幕下，意公必有筆墨獎借，他日爲苦卓之附驥，亦詎爲不幸耶？濟寧諸漢刻自莼齋寄到，謹拜公惠。上下江古刻希至，舊管累篋，遠不及攜，公如更獲他郡縣此類複本，多少并冀垂賜。平生結習不能拔除，直把作送老齏鹽也。

舍弟祥芝在六合，於查畝清訟尚能兢兢致慎，聞將有首邑之移，固公及少荃宫保期待之厚，然理劇恐其未勝，養兄仍此不足，且感且慮，唯策其竭勤靖共，蘄於少遇而已。九節紙卷子已屬禹生付裝，計月内當得隨饟艘呈覽。新歲元日甲子俱晴朗，歲事必大佳勝。手肅，敬賀年禧，并請道安，伏冀垂鑒。友芝叩頭上言。正月十一日。

王燮軒兄、劼剛世兄并問訊。

據臺北「國家圖書館」藏莫友芝手稿《雜鈔》録入。寫信時間爲同治五年丙寅（一八六六）正月十二日（二月二十六日），時年莫友芝五十六歲。

## 同治五年正月致莫祥芝書

雨公處吉期已定二月廿二，衡文之事，兄不能來。豹岑將爲溧水之遊，梅邨恐爲首縣所招，現有恕皆觀察第二之兄雨皆文澤在此，其制藝頗有工夫，人又端正，先同恕皆來，即寓雨農處，欲留此月餘，爲山水訪古之游。雨農與兄即爲勸駕，渠亦欣然願來，吾弟可於初間專差迎之，切切。爾七兄廿四出門，想已到矣。家中都平安，想署中老小同平安也。廿七日午刻，兄友芝字。

據國家圖書館出版社二〇一二年出版《可居室藏清代民國名人信札》録入。

## 同治五年五月致何曰愈書

承示大集，細讀數過，一二經緯史，酌古準今之言，體用具足，可言可行，視詞章家徒以藻繢爲工者，真僞判然矣，必傳於後無疑。謹選録精要，附跋呈上。養日中敬維道履安善。愚姪莫友芝頓首頓首。雲垓老伯大人侍史。五月十三日。

據周秋芳整理《郘亭書札》録入。寫信時間爲同治五年丙寅（一八六六）五月十三日（六月二十五日），時年莫友芝五十六歲。

## 同治五年五月致曾國藩書

莫友芝叩頭叩頭上言湘鄉相公爵帥閣下：累月來敬聞指撝所及，群捻不敢東嚮而牧馬，得以治軍閲河之暇謁聖林，登泰岱，成一時盛事。友芝夙志瞻攬，牽迮人事，不得追隨傔從之末，而方存之學博恰趨謁幕府，遂爾躬逢其盛，徒企羨於遇合之奇爲不可及耳！昔奉鈞委兩閣官書勾當，已經一年，未有以報命者，擬此月尾趁輪船先至滬，徐及蘇松一帶，且欲泛出禾杭，遍爲蒐求，其能多寡有得，蓋未可知。而江浙間湖山勝概，或藉以領略一二，亦鄙懷所欣願也。西陲孔棘，而北地乏才將，恐不能速了。友芝曾請相公亟拉出韓南溪一輩人，使之連茹教練。相公深籌天下全局，其若此等輩與勝此等輩人，在意中者計當不一而足，必將有所以大爲之成就，如張江陵用戚南塘故事，陶冶呵護以須之者，安得遂旦晚見之也。手肅，恭請道安。酷暑中伏維爲時珍攝。五月廿五日。友芝叩頭叩頭上言。

據周秋芳整理《郘亭書札》録入。寫信時間爲同治五年丙寅（一八六六）五月二十五日（七月七日），時年莫友芝五十六歲。

## 同治五年七月致應寶時書

前日醉飽郇香，敬謝敬謝。筠仙書已付録人過出，并詩片繳上。承諭及，須寫何文字，乞早賜下。池上新秋，晨光怡人，即坐對點筆也。手頌敏翁觀察大人早安，諸唯垂鑒不具。友芝叩頭叩頭。初四日辰刻。

據周秋芳整理《郘亭書札》録入。寫信時間爲同治五年丙寅（一八六六）七月初四日（八月十三日），時年莫友芝五十六歲。

# 同治五年八月致李鴻章書

宫保爵帥大人閣下：友芝自六月初旬抵滬，即查看上海書院儒學官書，并係兵後無存。其龍門書院現經丁、應兩道先後購買經史諸子急需者已數十部，供肄業諸生稽覽。其儒學書，王令遵即會商紳士籌款，隨宜購補，俟有端緒，由該令稟報存案。

友芝旋以畏暑，句留滬上兩月，因走郁氏，尋去年所見《史》、《漢》善本，俱已無存。其爲消散，爲藏匿，俱不可知。唯其宋景祐本《漢書》是丁都轉買去，小兒彝孫見之，此可向禹生借也。胡刻《通鑑》，僅買得一部，初印者尚不足兩册，計以爲翻刻之樣則甚善，已托蒯蔗農給價，由輪船賫呈矣。滬中書賈言其分肆在蘇有胡刻《通鑑》完帙，及王本《史記》、汪本《前》《後漢》，俟友芝至彼，核其果佳，當備買以來，爲書局讎校之助。宫保既刻《通鑑》，其宋、元兩代，自不可少，當以畢秋帆先生續纂者爲善。夙聞其板在嘉興欲售，友芝至滬，即屬禾人戴禮庭再走書議之，已有成局。其書約六千頁，其板合三千幾百塊，現在實存板二千九百八十塊，其短缺者不過四五百頁，其買價、運費約需錢五六百千，其補刻數百頁亦約需五六百千，計所費不過千金，而得此善本，庶以仰副我宫保嘉惠士林盛意，已諄屬應觀察爲籌項亟成之。果得此板，當十倍省工、省費也。中秋，舟行至松江。手肅，敬請均安，伏唯垂鑒。

昔友芝行時，聞縵雲、嘯山在書局論刻《史記》，小有不合。友芝則主用王本，否則用柯本，以此二本是明刻最善者，今日皆持作宋本觀。今但主一本，而每卷尾各加校勘數紙，校者、讀者皆條理易尋，無私智龐雜之弊。嘯山甚以爲然。縵雲則欲就諸本擇定一是，其中歧異、兩可之處極多，則安知我之所是者，能盡協衆人之所是乎？則何如用阮文達校經疏例，聽人自擇之爲愈乎？《漢書》，友芝主用汪本，至蘇必期尋得一部，否則借禹生景祐本亦佳。王本，禹生亦有染紙初印者，渠直以爲宋本，亦可與借。計二百餘年來，《史》、《漢》都無專刻，唯宫保今日乃有此盛舉，要使他日海内之重吾《史》、《漢》，一如王、柯、汪之《史》、《漢》，則芻蕘之見，未必一無可采也，伏冀裁察。丙寅中秋。

據中國社會科學院文學所藏莫友芝手稿《郘亭函稿》録入。寫信時間爲同治五年丙寅（一八六六）八月十五日（九月二十三日），時年莫友芝五十六歲。

## 同治五年八月致李宗羲書

雨亭方伯大人閣下：秋來敬惟道履安勝爲慶，大江南北，民和歲豐，皆敬頌使君德化所致也。友芝抵滬兩月，始以中秋日至松江，承委買《一統志》及小兒購紗料等件，已於應敏公處借出湘平百廿之款，合洋百七十元。以其全書來，雖内板可貴，而鈔配一册，大不稱意，遂還之。適蘇賈言其別有佳本，約至彼看過定議，遂不即還借項，而攜以行，僅分五十元付彜兒買料。計至蘇必有以報命也。《昌黎集》已買得一東雅堂本最佳者，及太素所要之《黄氏日鈔》，付彜兒妥寄矣。

其《宋》、《遼》、《金》、《元》四史前所看者，尚有二種未到，不能售。臨出滬時，應觀察幕友戴禮庭言其適買就此四史，價卅六元，書未全至，友芝即屬其相讓，且託敏翁爲墊價寄書。若禮庭能慨然，固大善也。

據中國社會科學院文學所藏莫友芝手稿《郘亭函稿》録入。寫信時間爲同治五年丙寅（一八六六）八月十五日（九月二十三日），時年莫友芝五十六歲。

## 同治五年八月致嚴錫康書

伯雅仁兄大人閣下：滬上小住，計當數數往還，暢領詩家雅訓。尋老兄有會城之行，比旆旋，而弟且束裝矣，甚以不得罄所懷爲悵。蒙清樽之飫，重以珍賾，貧官寒士，關愛良深，固不僅尋常感戢也。十三日登舟，廿三乃發太倉，計抵會城，必此月尾，金陵息棹，定當九月下旬。秋高氣爽，大是江湖游覽佳候，惜老懶久荒吟興，負此良辰耳。東望馳企，手肅，敬頌升安，不具。愚弟莫友芝頓首。仰皆兄晤爲道候。

據國家圖書館藏《四家書札》内莫友芝書札手稿録入。寫信時間爲同治五年丙寅（一八六六）八月二十二日（九月三十日），時年莫友芝五十六歲。

## 同治五年八月致王宗濂書

蓮塘仁兄大人閣下：長夏于役尊治，見民和歲豐，稻岐應瑞，足徵德化所致，欽佩！蒙許以南園爲消暑居停，欣快無已。又承清樽之餉，舟楫之資，厚意殷拳，未免重勞地主，唯益增感戢耳！拜别後以十三日登舟，廿二乃及太倉，計金陵息棹，當在九月下旬。差幸風水安恬，秋氣清爽，尚不覺羈旅之久耳。馳企東南，懷想無已。手肅鳴謝，即請升安。

據中國社會科學院文學所藏莫友芝手稿《郘亭函稿》録入。寫信時間爲同治五年丙寅（一八六六）八月二十二日（九月三十日），時年莫友芝五十六歲。

## 同治五年九月致吴雲書

平齋先生觀察公左右：連日趨侍，一暢逾年渴企之懷。鄙拙見聞，開拓無限，爲此行快事第一！匆匆言别，同此惘然。來會可踐，期以勿草草耳。世兄以儒吏承家，在六合舍弟得其教益，以相切磋，慶慰無似。還時當告之以淵源所自，俾更激厲無懈，以副先生期望耳。大著《古印考》謹拜領。寄雨公二件并《一統志》百廿本并已至。手肅，復頌道安。秋風漸厲，諸惟珍攝千萬。弟友芝叩頭叩頭。九月七日。

據周秋芳整理《郘亭書札》録入。寫信時間爲同治五年丙寅（一八六六）九月初七日（十月十五日），時年莫友芝五十六歲。

## 同治五年十月致莫祥芝書

在六合，初三午後開船，初四午後即抵水西門。寓中老小半月來都安吉。滬上借蒯蔗農之項，兄致信爲言，此月領款已用，當俟來月歸之。前弟言必待臘月，我思早完未嘗不可。在提款中，先借此項爲公用，而此間撥領款歸之即得。遲一月，亦只成出納之吝耳。吾弟以爲如何？

人來，知莼齋猶未至，不知有何耽擱，甚念之。并問寓署中老小及七妹一家平安。十月十七日燈下。

據徐惠文先生所藏《莫友芝書信》晚清鈔録件轉録。寫信時間爲同治五年丙寅（一八六六）十月十七日（十一月二十三日），時年莫友芝五十六歲。

## 同治五年十月致莫祥芝書

午間一紙想已至。彝兒已有信，促之還，朋好中皆謂不可不一料理舉業。彼間有餘與否，尚不能細知。爾七哥行，必爲圖或二或三之數。蒓齋行，亦不能不寄奠儀。其他則吾弟酌爲之耳。尚有青田先墓，七妹言拜臺石已開數塊，須寄數金托子行擇日料理之。又吾母五英崗墓鄰胡姓，亦宜少有所贈否？并煩蒓齋將與，歲屬其留意乃達也。十月二十四日燈下。

據徐惠文先生所藏《莫友芝書信》晚清鈔録件轉録。寫信時間爲同治五年丙寅（一八六六）十月二十四日（十一月三十日），時年莫友芝五十六歲。

## 同治五年十一月致沈錫華書

重九道出尊治，歲豐民和，翕然頌聲，想見敷政之美。舟次匆匆，一談遽别，甚以不得少句留細聆循良藴蓄以爲開益也。十月中還金陵，尋奉縵雲許致到惠件，厚意殷拳，遠念羈旅，領次唯有感戢。短景畏寒，且輟遊興，摩挲紙堆，消遣餘晷，差幸無恙耳。馳企芳暉，手此道意，即請升祺，不一一。

據中國社會科學院文學所藏《郘亭尺牘手稿》録入。寫信時間爲同治五年丙寅（一八六六）十一月初十日（十二月十六日），時年莫友芝五十六歲。

## 同治五年十一月致葉滋森書

重九道出尊治，歲豐民和，翕然頌聲，想見敷政之美。詢大旆已指省垣，未遂瞻謁，比蘇門一解繫纜間，乃有片時往還之契，亦奇緣也。別後十月中始還秣陵，尋奉縵雲許（下闕）

據中國社會科學院文學所藏《郘亭尺牘手稿》録入。寫信時間爲同治五年丙寅（一八六六）十一月初十日（十二月十六日），時年莫友芝五十六歲。

## 同治五年十一月致吴雲書

平齋老兄大人執事：別來遂匝兩月，友芝還秣陵且匝月矣，遥唯起居安勝爲慶。每憶皕禊室中金石書畫之精且富，竭高秋兩佳日，心不暇旁營，目不得苟瞬，未能挈勝百一。短景倦游，安得來歲十日約，遂早晚踐耶？《金石記》雙鈎本，乃及聽松石牀以明宋張回仲、趙希兖兩題名之同在一石，正金石家著録歧疑，善矣。李伯明一拓宜與《嵩山三闕》、元初《三公山碑》，并究漢人篆勢，以上溯斯籀，下拓象建者，且遽以褚千峰氈椎招毁，較《三公》、《三闕》尤百倍希遘，乃尚遺之，豈非闕典？一行「富」下是「波」無疑。富波，漢縣，隸汝南郡，東漢爲侯國，亦隸汝南。友芝所仿一紙，在京口舟中，竟爲鼠碎。物之奇罕，即副墨子亦遭妒乃爾。極冀執事亟爲鈎鐫，存漢人秘文一種，惠海内好古士，嗣重秦《會稽》，詎僅僅《婁壽》、《朱龜》之什襲也。

少温《聽松》篆書，頗疑執事兵毁舁遷之説，傳聞非實。道出無錫，亟爲惠山之游，才及寺門，少温墨妙已映斜日，射人目。於道右覆之之亭，亦舊建無恙，倚憩石牀，讀宋二家題名，命家童脱兩篆字而歸。此石老沙堅頑，又重大不可移，故山中殿宇木石，經燹半銷落，而獨能巋存，可喜也。大記尾欲附跋數語，輒寫寄上，唯裁酌可否。廣菴三世兄道瓜步，曾一訪渠至會城，又蒙見存，有守有爲，當作江南好循吏。惟其木天清華，乃聽棄去，不能不稍致惜耳。致李方伯二刻已付去，屬先爲致謝，友芝獨未拜賜，尚俟他日徵索，期别有曾益也。唐人書洨長卷如裝池就，非得賜題跋無以增重。冀乘輿爲之，不必急急歸我。裝直代墊者，容俟徐寄。手肅，敬頌道安，不一一。十一月十一日。

據中國社會科學院文學所藏《郘亭書函稿》録入。寫信時間爲同治五年丙寅（一八六六）十一月初十日（十二月十六日），時年莫友芝五十六歲。

## 同治五年十一月致吴雲書

十一日作書未及寄，遂奉十日賜書，知新有渡江之行，道體安善，足慰馳想。禮庭、劍人并客滬文字交，遽相繼彫謝，聞之戚愴累日。禮庭更乏傳業人，尤可慨也。唐寫本許君書殘卷既專托吾平老，其待劉君病間能完，或當别易他手，一聽消息主張，容來歲晤謝一切也。

秦淮舟中，友芝手狀上復。

據中國社會科學院文學研究所藏《郘亭函稿》録入。

## 同治五年十一月致吴雲書

昨見應敏齋翁，已將借款買皮紙之件略言之，兹將紙樣送上，請察看酌定。此間重核正新刊板片，約在四月内方能畢。而往浙及涇縣採買紙張，亦約在四尾五初方能至，則此皮紙端節前後至亦稱用也。肅頌平齋先生晚安。弟友芝頓。十八日。

據周秋芳整理《郘亭書札》録入。寫信時間爲同治五年丙寅（一八六六）十一月十八日（十二月二十四日），時年莫友芝五十六歲。

## 同治五年十二月致莫祥芝書

信至，蒓齋果初一行，大佳。爾七兄不遽行，只聽之待明歲耳。署中又減去數食客，雖暫費，亦徐徐彌補，無他法也。梓塢方有興一試，乃忽動歸興，何耶？兄在東溝阻風，次日即得順風還寓。

開生所住魏鳳芝屋，已典就，價三百八十兩。海晴爲籌二百元，琴西爲假百元，繩又暫挪百元益之，合爲二百八十兩銀現兑，餘欠一百兩，約明年三月内開生代領，繩所挪今年必歸，看彝來當能湊出此款。此屋待開生移眷還常，不定臘尾春初，我且不作搬往計。七妹曾言，欲相依而居，即令其先來住此最善。我所住且不動，待開歲弟來妥商也。

馬婿明春二月初即啓程行北上，雨農亦令其邀彝同行。彝舉業久疏，補行廣額之請，聞議准以十各取一名，又較尋常差易。能早去加數同功，以湊人數，未爲不可。但又添此項資斧，良不易耳。兄今年家用，臘月薪水已早消散，尚需四十餘金方能過年。弟能早爲設法，年内寄我，以省追呼之聒乎？十二月十三日。

據徐惠文先生所藏《莫友芝書信》晚清鈔録件轉録。寫信時間爲同治五年丙寅十二月十三日（一八六七年一月十八日），時年莫友芝五十六歲。

# 同治五年十二月致馬恩溥書

雨農老兄親家大人執事：初夏睽違，忽忽歲晚。使節抵京數月間，即轉復清階，屢簡清華差使，良用慶快。惟節物觸人，全家遠寄，當難爲懷。計速得十月、十一兩月手書，誦悉一切，請於順天分試先補取雲貴廣額，較之他省猶爲向隅，頗聞部議於五名取一之請，僅唯十名取一，又不議及元章廿名取一一層，未免過於慎重，然較之尋常中，且自覺寬而有據。

東南作客，鄉里子弟皆踴躍於一試。白眉郎君賢倩，舉業雖未甚充，而規模已就，能早到京數月，承親家學，秋比必有可觀。小兒彝孫，荒廢已久，聊擬湊人數。以二月初亦遣偕白眉來，冀得親教數月，收其放心，略識三場規矩，使知此中甘苦，稍自愧憤，弗敢有他望耶。川資當自爲籌畫，乃煩厚意殷殷，先爲計及，感荷之甚。行時能敷衍，即不敢相擾。志亭親家來此間，兩女公子及小女輩皆有所倚恃，處置最善。雖京師暫寂寞，白眉至即橋梓朝夕講課，以俟良秋，樂意正爾無量。寓宅張統領尚未言移，果移必爲妥賃。志亭及弟輩自能料理，不勞諄屬也。

滌相早欲引退，退則大局必有變更，大臣身繫安危，鞠躬盡瘁，乃合此老分際。李宫保必挽不肯放，即恐諸事掣肘。已聞温旨促其回任，而駐徐留營，尚亦支吾。私竊未見其是，邇尚未得的還消息也。雲貴軍務皆頗有轉機，但看邸鈔，似是如此。然滇事一聽馬軍門，黔省危在旦夕，進剿者都不得要領，大恐猶是昔年之局，奈何奈何！

伯昭極慈祥愷悌人，何以遭此陽侯之厄，是真天道不可知者邪？恕皆以喬中丞去，得英中丞調停，當可免北上之行。官場之可畏如此哉！幼材撤任，大概是應酬不周到，近亦未得其信。皖省僅泗上是完善區，亦太不解事矣。蒓齋必欲回籍穿孝，已於初一日由六合往鎮江搭輪船西上，亦足爲薄於喪紀者下一針砭。渠家寄此間，渠到籍百日後，仍當回營當差，大約在明年秋間也。舍弟祥芝補江寧，實公私兩無所濟。舍弟瑶芝以兄弟皆貧，尚未擬作歸計，亦姑聽之，聊得聚首耳。彝兒尚在滬，計三數日内當至，即以親家所諭詔之。繩兒需次維揚，未必能常有差遣，渠意頗思讀書，惜其過時，當就其所能明，簡習之耳。

友芝歸來已踰兩月，中旬曾住六合一視蒓齋，餘則摩挲紙堆以終日。眠食尚托無恙，舍間大小亦叨庇平善，足以告慰。冬旱不能種麥，恐來歲非稔象，不知北直何如？此亦旅食人所關心也。十二月望日。

據中國社會科學院文學所藏《郘亭尺牘手稿》録入。寫信時間爲同治五年丙寅十二月十四日（一八六七年一月十九日），時年莫友芝五十六岁歲。

## 同治五年十二月致莫祥芝書

張敬來，持到四十番，於度歲亦略足支吾。彝兒廿日乃至，竟是空手歸來，極責一頓，不能不更摒未完，殊亂人意耳。

此間少角羊，開正來時，可帶肥者數斤，我腹宜此物也。廿三日。

據徐惠文先生藏《莫友芝家書》録入。

## 同治六年正月致丁日昌書

禹生老兄大人閣下：開正敬維起居安勝，侍奉康樂，遥慶頌聞。經畫新隄，早晚蒇功，已有通商大臣之簡，駐節金陵，當此時艱未泯，幹濟長才，必不得一朝暇逸，然惟吾禹公布之優之，勝他事十倍。友芝羈旅之身，得近托宇下，依炙教誨，尤欣慶不可言説也。去冬奉别，遂逾三月，晚景倦游，惟泥爐紙堆作消遣法。今春仍有彭城之興，擬歸來更一理之江游舫，即當閉門謝客，整理平生未了，此願儻能償也？手肅，敬賀年禧，即請尊安，諸維垂鑒，不具。愚弟莫友芝頓首。新正六日。

據羅鳳珠教授提供《謝述德堂鴻軒氏藏名賢翰墨》録入。寫信時間爲同治六年（一八六七）正月初六日（二月十日），時年莫友芝五十七歲。

## 同治六年正月致程桓生書

尚齋老兄年大人閣下：開正敬維起居安勝，政祉暢遂，與歲月俱新，遥賀遥賀。友芝去冬道維揚，承惠以資羈旅，銘感無限。尋再往六合，徐還秣陵。歲晚倦游，未及手狀申謝，特知愛當不責其惰耳。小兒託在宇下，承委上江公幹，數月未有以報命；中間曲折，渠謁賀當縷稟，冀嚴爲督教，使知所策厲也。聞湘鄉爵相旦晚駐彭城，友芝擬二月中泝運河往見，舟出邗江，奉謁正未遠也。手肅，敬頌年禧，即請尊安，諸希霽鑒，不具。

據中國社會科學院文學所藏《郘亭尺牘手稿》録入。寫信時間爲同治六年丁卯（一八六七）正月初六日（二月十日），時年莫友芝五十七歲。

## 同治六年正月致莫瑶芝書

勉林至，得字，知吾弟元夕前後乃得來，亦未遲也。弟言爲勉林尋醫，黄莊齋已歸，徐懿甫又拖恙，此間相識者，可信僅此二人。而勉林小住即行，幸數日間三見面，渠甚健，且謂較前數月尤佳，故且可不必藥也。

新租屋子在李八街，聊所容膝，然客舍、馬房俱有，李五弟來亦尚不至十分窄狹。《史記》是舊本，又有歸、方評點，大是佳物，來時務向纘先取以來。計見面不過旬餘，故不多及。新正二日燈下，郘兄字。善徵弟入覽。

據二〇一四年貴州人民出版社出版《莫友芝書法集》影印莫氏手稿整理録入。

## 同治六年元月致曾國藩書

湘鄉相公爵帥鈞座：友芝去冬還秣陵，始奉七月初自盱眙頒到教言，并北齊隷書佛經，敬謹讀悉祇領。尋讀請開各缺仍留軍中效力之奏，即聞奉諭當陛見。又聞且還節兩江，又聞仍申留軍效力前請。當此之時，海内人仰望勳猷，似皆不敢以公之請解兵柄、辭封疆爲是。諫諍之牘，紛然上陳無已。友芝則見公平日處功不伐，一概委之運氣，即此之再三陳請，亦不必運氣自我轉移。特以頻年治軍盡瘁，自覺精力差減平時，不可不爲聖主一言；然以他人仰訏謨大猷，就公所觀然不足者，猶自什伯他幹濟能事，所以温旨之慰留，少荃之力挽，公亦未能遽傲運氣而獨往，蓋公效留侯尋赤松，而時艱未泯，猶是武鄉、汾陽鞠躬奔命之日，豈煩他人言者。

開正元日，果聞仍奉還督兩江之命，即移節駐徐州，兩江災黎，賴公戡定禍亂，出之水火，益以數年撫摩噢煦，以漸就衽席，莫不舉手加額，慶公之來，祝公之不即去，以圖其久安長治。意公即更有後請，亦當撫此運氣，欣然而留也。聞次公子有弄璋之慶，想盾墨旁午中數爲解頤，何此事栗誠竟勝乃兄耶？友芝滬上過夏，中秋以後，乃遍歷蘇、松、常、鎮、太諸郡。官私四部，皆蕩然無存，行篋漫收，了不稱意。唯《臨川集》已獲佳本，擬手裝，須二月中趨彭城呈覽。无夕手肅，敬叩年禧。恭請鈞安，伏冀垂鑒。

據中國社會科學院文學研究所藏「郘亭尺牘手稿一册」整理録入。

## 同治六年元月致李鴻章書

少荃宫保爵帥大人幕下：去秋重九，聞宫保移節彭城，友芝方行至蘇門，叩送不及，中懷歉然。冬中還秣陵，又聞宫保請自幕豫中，代湘鄉剿捻，而請以湘鄉還兩江督任，仰見訏謨宏濟，不避艱難，營平之力肩羌亂，臨淮之號令郭軍，兩賢盛事，一舉兼之，談者莫不神王。

友芝開歲擬即趨彭城幕府，叩起居，請教誨，即還歷江北府州，完檢核官書公幹。適舍親馬雨農信至，催令小兒彝孫速偕其子柄常北上，作科舉計，不能不留料理，須渠輩二月上旬就道，乃將脱身。即聞宫保以月内待湘鄉交替，當移節周口，不知詣彭城時，就及叩行纛否？無任依戀。湘鄉久有還意，辭兵柄、解封疆，騄不能兼得，安肯久居兩江？兩江之人賴公戡定安集，以有今日，莫不仰望重來，圖其長治。願公此行，掃蕩群捻，只歲月間，振旅而還，仍與湘鄉交替。不惟慰兩江人待澤之意，即友芝輩飄零寒畯，亦長有依賴，是朝夕至禱耳！

友芝昨歷蘇藩諸府州，詢及官存文籍，悉已蕩然，向學生徒，苦無憑籍。地方官紳，聞鈞命檢核籌補，莫不欣躍遵奉。李薇生太守則謂此事不必捐資，但須官紳各於經史書捐出一二種，要無重複，積以漸備，即以書目捐人列入報册，尤損出入之擾，簡便易行。友芝亦以此遍告所經官紳。計不一年，諸生講貫有資，蒸蒸多所成就，必可以稍副樂育英才至意也。

在滬與蒯蔗農商買胡刻《通鑑》，蔗農又寄至友芝所，未即繳歸鄴架，欲略繙過，少爲校勘，俟局中刻及付之。其尚短四卷，當別訪求補足。畢《續通鑑》板子在嘉興者，前屬代買之戴生已不在，應敏齋有信謂能別選人購致此物，雖闕數百番，而較重雕省費數倍。冀公與敏齋札，一催促之，現在傳本不多得，早付書局繕完，其嘉惠藝林甚大也。元夕手肅，恭叩崇禧，敬請鈞安，伏乞垂鑒。

據中國社會科學院文學研究所藏「郘亭尺牘手稿一册」整理録入。

## 同治六年正月致應寶時書

敏齋廉訪大人閣下：開正敬想道履安和，政祉亨遂爲慶。聞丁雨公當權通商篆，兩賢更相得益章也。奉十日崑山舟中賜書，示及禾中畢氏《續通鑑》板已捆載至，欣快之甚。温公書後有明薛方山、王宗沐兩續纂，皆未强人意，唯畢氏此書用徐健菴氏續本，又得同時精貫史學錢曉徵諸公參互考定以成之，遂爲繼温公後第一佳本。印行未久，傳本無多，友芝此時亦未能有也。去秋戴禮庭言其板約有三千餘塊，實存二千九百八十塊，闕者不過二百塊上下。聞初以滬上書肆往售，僅議定每塊百錢，因循未成。吴平齋續遣人往售，以聞禮庭爲宫保料理而止，索價驟昂。友芝與禮庭商，即倍百錢，初議可得，而船腳別給，亦以賤價計，并補刊數百頁之費，不過千金，即嘉惠藝林不小。八月中致宫保信曾言之，前日致信又言吾敏翁已遣購致其處，則唯以前説消息決成之耳，千萬千萬。劍人遺著，許爲付刊，具見風儀，所論英志不可存，友芝私見亦是如此。《九宫考》則未曾寓目也，禮庭遂爾寂寂，奈何奈何。正月十九日。

據中國社會科學院文學所藏《郘亭尺牘手稿》録入。寫信時間爲同治六年丁卯（一八六七）正月十九日（二月二十三日），時年莫友芝五十七歲。

## 同治六年正月致吴雲書

平齋老兄大人侍史：元日奉到惠書并《泰山廿九字》精刻新拓，敬審開歲道履勝常爲慶。《廿九字》重刻，曾見者孫伯淵、阮文達兩家，并甜弱無生氣，獨平翁此刻豪釐不失古人精神，遥知來者流傳直與真蹟同寶矣。《聽松》跋如命別寫過，爾時偶然興到，固不必定可存也。鄧完白疑年乃有包慎伯所記六十有三、方彦聞記六十有七之岐異，適遇鄧氏姻家王澤臣賡颺孝廉及桐城孫海晴雲錦太守，并云完老僅年逾六十，雖守之在遠，無從取質，當以慎伯所記爲得之，海薌之録漫承彦聞，皆不足據也。春風漸和，頗有彭城之興，擬二月上旬登舟，藉歷江北佳勝，歇櫂約在夏中，更謀閶門一遊，踐吾平翁舊約，快觀兩周罍，重仿伯明漢石，謝領新莊唐卷，當逼秘令矣。手復，復頌著安。不一一。弟友芝頓首。正月廿八日。

據周秋芳整理《郘亭書札》録入。寫信時間爲同治六年丁卯（一八六七）正月二十七日（三月三日），時年莫友芝五十七歲。

## 同治六年二月致莫祥芝書

初九巳刻得字具悉。六日丹臣自湖口來，留家中住數日，邀兄明日下船同往彭城，已束裝矣。相公若果早晚來駐維揚，即偕丹臣爲金、焦游，待之維揚也。寓中老小都平安。兄字。

據中國社會科學院文學所藏莫友芝手稿《郘亭家書》録入。寫信時間爲同治六年丁卯（一八六七）二月初九日（三月十四日），時年莫友芝五十七歲。

## 同治六年四月致吴雲書

平翁老兄大人侍史：驟熱，伏承道履萬福。命書《歸去來辭》，當以晉人分體爲之，乘興落筆，不限日月也。《春秋左傳讀本》官書已擬改寫刻，不翻刊。别借得眉生一部在局，林一藏者欲歸且歸耳。前來兩册并繳上。復請著安，不一一。弟友芝叩頭叩頭。廿日未。

據周秋芳整理《郘亭書札》録入。寫信時間爲同治六年丁卯（一八六七）四月二十日（五月二十三日），時年莫友芝五十七歲。

# 同治六年五月致嚴錫康書

伯雅仁兄大人閣下：别來遂將匝歲，時切懷想，唯頽惰鈌箋候耳。惠書敬悉，起居安勝，老伯母太夫人迎養官舍，得以朝夕承歡，海運迅速，又蒙優獎。所示蘭生明府收藏四部之富，如有意出之，此間可分售者亦有數人。若相公則家藏最富，非十分精善之本不收。他人所侈之大部，則皆略而不取。若開單開價速來，亦自不妨；若去取，則留弟至滬核過乃定耳。公私交慶，翹羨無已。弟碌碌自甘，不能振作，唯時資游覽以消鬱懷。春間欲遍爲江北之行，僅至維揚，以湘鄉公至，又回返白下。夏間仍思爲蘇杭游。若端節後得雨少涼，即當就道，若甚熱，又畏不敢行。手肅具復，即請侍安，諸惟垂鑒，不具。愚弟莫友芝頓首。五月三日。

別紙所言庚申謡説，此可信其必無，惟無因而爲解，則恐别生枝節，當俟有間耳。王孝鳳在此爲相公營務處，便當以閣下意致之，使渠亦在意，更妙也。

據國家圖書館藏《四家書札》内莫友芝書札手稿録入。寫信時間爲同治六年丁卯（一八六七）五月初三日（六月五日），時年莫友芝五十七歲。

## 同治六年八月致莫繩孫書

初四日自下關出江，即進丹陽口，廿里而泊，頗得礮船帶行之力，八日薄晚抵閶門，住一日或又半日，即可南行，定不負西湖三五月也。舟中眠食如常，只一二日來時有唐瀉，但清飲食，即無害也。家中當勸其多喫幾劑藥，爾日來想復元，然亦須時時留意調養，不可疏忽。兩孫口味漸開，須使之有節，切要切要。今日已進頭場，想爾九叔公事都有條理，公館租成，想準在九月矣。并爲問爾七叔好。八月初八，閶門舟次，阿爺示。

據上海圖書館藏《影寫莫友芝手迹》整理録入。寫信時間爲同治六年丁卯（一八六七）八月初八日（九月五日），時年莫友芝五十七歲。

## 同治六年八月致丁丙書

今日得觀閣本《叢殘》，以證夙昔企想。賢者愛惜文獻之心，欣慶無既，唯牽率執事冒雨奔波，殊未安耳。《存目》當乞假閱，便付來走爲幸。書債催促需兑付，而此間洋價都未了徹，來銀伍拾兩少零，欲煩遣紀一换以應支兑，當不見責瑣事瀆擾也。友芝頓首頌松生先生著安。

據獨山縣文物管理所藏莫友芝信札録入。寫信時間爲同治六年丁卯(一八六七)八月下旬，時年莫友芝五十七歲。

## 同治六年九月致丁丙書

惠尊刻《儒門要書》并他舊册，足壯我行矣。此來極可喜事是識得賢昆仲。匆匆將别，如何如何。《圖引》及昨經史數件，尚未下筆，必先完此負乃行耳。復頌松生先生元安。友芝頓首。令兄同候不一。初五日。

據獨山縣文物管理所藏莫友芝信札録入。寫信時間爲同治六年丁卯(一八六七)九月初五日(十月二日)，時年莫友芝五十七歲。

## 同治六年九月致宗源翰書

湘文我兄大人執事：湖山秋爽，得偕大部賓從之末，以燕飲文字相剴磨，此樂當何時可更耶？七日冒雨登舟，未及走别爲歉。十二日抵胥門，南望翹企，遥想起居佳勝，畫戟清香中定雅興絡繹也。蘭陵王石墨乃枕中鴻寶，一見適愜平生。假讀遂經兩旬，貺我已爲不淺。謹附識所見，託吴平公妥寄，維察入是幸。鄙意頗欲鈎摹卷中完整未損者百許字，求筆意變化處，以醫俗弱。衰病之軀，兼客中酬應，竟爾未就，且俟異日爲重訪因緣耳。手肅致謝，敬頌升安，諸維爲時珍攝。愚弟莫友芝頓首展。重陽日胥門舟次。

據周秋芳整理《郘亭書札》録入。寫信時間爲同治六年丁卯(一八六七)九月十九日(十月十六日)，時年莫友芝五十七歲。

## 同治六年十月致莫祥芝書

自科場畢後，想能漸減雜應之煩，能專心到地方事。勤得一分，地方受一分福，吾弟勉爲之耳。

公寓另租定不？家中老小想都無恙。九嬸及七妹并未來？甚念，甚念。兄八月十五日抵浙。湖山之游，亦領其大略。九月十三日還至蘇門。丁方伯留檢勘所藏書，爲編目録，且議開一書局，留爲約定章程。十月十一偕方存翁至滬，約有十日勾留。存翁今日即還舟。兄逮還蘇完兩件後，必冬尾臘初方能脱手，大率可相依度歲耳。

在浙所求書籍，佳本甚稀。已先寄一箱與中堂，尚有二箱，俟歸來檢善者呈之。在蘇在滬所求尚未定準，亦必有幾件可觀者。皆歸來并攜也。

繩往揚州否？彝秋試報罷，今年恐不能回。我已去信，令其酌以來春也。貴州鄉試不知行否？如果行，且静聽爾六兄消息也。十月十七日，春申浦上舟次。

據徐惠文先生藏《莫友芝書信》晚清鈔録件轉録。寫信時間爲同治六年丁卯（一八六七）十月十七日（十一月十二日），時年莫友芝五十七歲。

## 同治六年十月致秦緗業書

澹如先生執事：湖山秋爽中，得隨賓從末，又屬饜教誨飲食，瞻弆藏之精且富，萍蓬之懷，開益無量。别來兩月，遂有裘葛之易，遥惟起居安勝也。友芝月半抵蘇，雜應煩擾，今月又有滬上之行。命書三紙，匆遽中强爲之，寄呈一笑，不足存也。手肅敬請道安，不具。十月廿八日。

據中國社會科學院文學所藏《郘亭尺牘手稿》録入。寫信時間爲同治六年丁卯（一八六七）十月二十八日（十一月二十三日），時年莫友芝五十七歲。

## 同治六年十一月致高均儒書

北平先生侍史：中秋之游，就衰筋力不足盡湖山之勝，而獨喜東城精舍得倚居停，教誨飲食，隨事開益，靡有涯涘。留再浹辰，猶恨言別之匆匆也。冬晴，伏惟起居康適，嗽上氣當盡除，是所至禱。世兄需次淮北，果定來春行耶？

友芝至蘇少留，尋有滬上之役，至上月下旬乃還蘇，及晤典浙兩試使，別於錫山，即移硯蘇藩署，爲禹生方伯檢點所收四部善本，爲目録，期一月蕆功，日夕竟無暇晷。衰年多病，終日向紙堆求生活，豈不可笑？賴平生樂此不疲，差未苦耳。

朱述之校《曹子建集》，已向陳君假得附胥鈔。粗觀之，引據良博，特條校過，殊不易。丁儉卿書適至，言渠亦詳校此集，已脱稿，當謀付雕，不知曾見此本，抑別校也。邵蕙西所見書目，非以《四庫簡明目》寬大本手過即不了了，當候還金陵度歲，取家中本竭半月之力爲之，乞致意松生，須稍遲乃歸也。

高足朱君曾見一面，亦有志趣。爽秋竟獲解，乃以酎金失侯之疵，香濤真不負人哉！晤時煩一致聲。此游所識所記，惟此君尚欠索渠贈我詩也。松生要拙書《心箴》，其紙已薄膠，又舟中局促，大不稱意，他日當別作一紙寄之。別來忽忽遂兩月，尚無一字，想小怪訝。友芝平昔懶作致人書，紛雜中尤甚，然心契人如先生，固無日不縈懷抱也。呵凍走筆，不次不盡。漸寒，伏惟爲道珍攝。十一月初四。

據中國社會科學院文學所藏《郘亭尺牘手稿》録入。寫信時間爲同治六年丁卯（一八六七）十一月初三日（十一月二十八日），時年莫友芝五十七歲。

## 同治六年十一月致許增書

益齋仁兄大人閣下：愛日中敬惟侍奉康樂，起居勝常爲慶。友芝客杭再浹辰，既愜湖山之願，又數得從素心人往還，萍蓬中久無此樂矣。瀕行，既蒙惠善本書，叨盛餞多品之餽，感戢何既。别後九月半抵蘇，丁方伯留議書局事宜，且爲檢核所藏，爲之目録，應接不暇，未有一字申謝，意常歉歉。十月半爲滬游，舟中少暇，課書得八紙，聊用乞正。出山議定未？望早以霖雨福蒼生也，肅頌文安。

據中國社會科學院文學所藏《郘亭尺牘手稿》録入。寫信時間爲同治六年丁卯（一八六七）十一月初四日（十一月二十九日），時年莫友芝五十七歲。

## 同治六年十一月致孫衣言書

琴西先生執事：湖山秋爽中，數得招尋往復，談諧偃仰，無不盡之懷，蓋自皖城分手，無此樂矣。匆匆爲别，寤寐企想無已。冬晴，伏惟起居佳善。宋京陳迹萬千，更搜剔出新詩幾卷耶？世兄妙年獲解，可喜之甚，其器宇清華，造就决能跨竈，開春橋梓偕行，以送場爲入覲，誠至樂也。

友芝九月半抵蘇，尋有滬上之役。上月下旬，馳晤典浙兩試使於錫山。仍至蘇，留雨生方伯許，爲檢勘所藏四部文籍二百有若干篋，期以今月了功，著成目録，乃返秣陵度歲。老境頹唐，終日爲紙堆生活，豈不可笑！差幸眠食未損，足告慰耳。呵凍走筆，上頌著安，伏惟爲時珍攝。

據中國社會科學院文學所藏《郘亭尺牘手稿》録入。寫信時間爲同治六年丁卯（一八六七）十一月初五日（十一月三十日），時年莫友芝五十七歲。

## 同治六年十一月致黎庶昌書

蒓齋妹倩老弟侍右：前月下旬晤眉生，知老弟已還，欲作字問訊，遲未下筆，即得惠書，知故鄉不可居乃到如此。影山典籍，既久不在家，即決其非我有，倒當達觀，不審老弟所舉《讀詩記》、《學孔精舍詩稿》兩件外，更奪得一二出耶？友芝浙江之游，中秋月、十八潮尚能不負，韞光雄覽，冷泉樹石，頗得領略一二，蕩滌襟袍。勾留二十日，阻雨者大半，雲棲、禮安、西溪諸勝犹是意中未了之債。嬾不作詩文，虛湖山之貺我實甚，故爲此風雨以相報耶？九月半還及蘇，舟居半月，欲攬近城山水，而山塘、虎邱且未一往，丁禹公即拉入藩署，爲勘所編《牧令箴言》，并檢核所藏四部，爲之目録。才十許日，方存之至，又約同爲滬遊，十日即還。浙試使兩張君猶相待，又送之錫山。前月廿八乃復入胥門，完檢書功課，今乃十得六七，月尾可畢，乃臘初歸也。此遊以湘鄉公資之行，乃得乘輿，特所命索善本書，能合格者太少。前寄呈一箱外，浙中來者尚有二箱，滬上蘇肆益者又約一箱，資斧已竭。目中所見，悉是中下品第，即不更設法購。前蒙賜教，指索者僅得黄刻《周禮》、孫刻《説文》、《訪碑録》三件，甚愧無以報命，故不敢遽上一言，惟俟早晚舟還，一一開單呈覽，聽候甄取耳。至《皇朝三通》、《續三通》等大部，江浙惟郁氏兩本，早售去，此物計惟京師求之乃差易耳。老弟長途暑病，少静養，當即差太煩苦，用心處即且已爲妙。友芝六、七兩月滿身熱癤，殊不可奈，癤愈出門，眠食尚能不損。夙患疝氣僅一二次作苦，佳則不但日夕，良自慰也。貴州鄉試又不成，此亂殆不易了。彝兒下第，自是此道久荒，惟又當爲遠籌歸資，歸來又須爲計鸞膠之續，向平婚嫁，增此未完，轉煩客心耳。

堂上起居想安適。舍妹及諸甥俱無恙。木瀆遊歸，燭下作數字，不次不盡，伏唯昭察。十一月十三日戌刻。姻小兄友芝頓首。

據周秋芳整理《郘亭書札》録入。寫信時間爲同治六年丁卯（一八六七）十一月十三日（十二月八日），時年莫友芝五十七歲。

## 同治六年十一月致馬新貽書

穀山中丞大人閣下：晴冬，敬惟起居安勝。仁化所洽，兩浙士庶罔不欣欣如負暄之温，慶頌無已。友芝中秋晉謁，仰蒙教誨飲食，誘掖逾引，感悚交并。惜飄泊頽唐，無以答盛意耳。叩辭後暫停蘇門，尋有滬上之役，前月尾始還蘇。丁禹生方伯留爲檢點所藏四部文籍，期以一月蕆事，始還金陵。南望崇階，惟有翹企。手肅，恭請鈞安。

據中國社會科學院文學所藏《郘亭尺牘手稿》録入。寫信時間爲同治六年丁卯（一八六七）十一月三十日（十二月二十五日），時年莫友芝五十七歲。

## 同治六年十二月致莫彝孫書

示彝：連日來釀雪不成，變而寒雨，便覺天氣之冷，亦只隔立春數日。極此冬令，以逼出陽和耳。明年開正，即應立出課程，温經書，理舉業，不可似今年儳不終日，切要！科業課師定否？甚念之。繩意欲謀引見，且勿急，看時會云何。得往，即便迎爾妹來同聚亦佳也。廿日父字。

據徐惠文先生藏《莫友芝書信》晚清鈔録件轉録。寫信時間爲同治六年丁卯十二月二十日（一八六八年一月十四日），時年莫友芝五十七歲。

## 同治七年二月致莫祥芝書

廿二自下關及燕子磯，遂不能進，又阻風二日，幸得慕庭同泊，尚不寂寞也。廿五泊東溝，又阻風一日。廿七乃完江路，進泊月河口。廿八將二更始及丹陽縣城外泊。雖行路不暢，又箋畢《簡明目録》集部二册，亦非無所得也。出門時小物事皆非我自檢，有爲楊咏春寫楷書四條，付繩加印，似未歸行篋中，可速寄來。途中眠食如常，家中想老小都平安。九弟閲過可付繩看。兄友字。

平齋託求中堂寫對，行時以墨凍未作，可託蒓齋一問，便寄來。

據中國社會科學院文學所藏《郘亭家書》録入。寫信時間爲同治七年戊辰（一八六八）二月初二日（二月二十四日），時年莫友芝五十八歲。

# 同治七年三月致莫祥芝書

廿五日得吾弟字并二月間京師雨農、彝兒所寄諸件，知金陵兩家老小平安，良慰。所言耳鳴，想系焦勞太甚，引動虛火。然何以減得焦勞，只自寬耐下去，更以服藥濟之，當有效也。抵徵雖無把握，只好顢頇辦去，剥一節算一節，且盡力爲之，不必預作如何成算也。兄眠食如常。現在局中尚無條理，稍俟有條理，一切歸局員提調，即思抽身閑散一番，看閏月中能否耳。

繩兒已於十八日偕碧湄同舟往江北。渠意欲先至伊卿工所，若尚無事事，則且還金陵，暫不作休假計。我亦不能爲之作主。

弟言京中諸信，當寄與一看。則尚無定處可寄，且仍寄回家中。惟留雨農兩信，待我復書耳。王子蕃來信言，蒓齋所患久瘧已治之痊癒，大可喜，近想益調理復元矣。彝字中言，蔣升在京學壞脾氣，可呼其家人一語之乎？三月廿九日。

據徐惠文先生藏《莫友芝書信》晚清鈔録件轉録。寫信時間爲同治七年戊辰（一八六八）三月二十九日（四月二十一日），時年莫友芝五十八歲。

## 同治七年四月致莫祥芝書

月初，李眉翁來秣陵，曾寄一字，并寄回彝兒京中來信及方存之爲游子代所買之《農政全書》，想已至矣。自初旬來，即聞畿輔道路難行，兄寄彝書及馬親家書亦不敢催彝出京。馬親家既屢信留之，且聽其多住一會，自亦不妨。

繩兒以前月尾到高郵，潘、葉兩觀察委其稽查工料。謂閏四月内即當停工，須待秋間水退乃能續辦。渠端節自當還金陵也，兄亦欲趁端節一歸。而此間擬先刻之《農政全書》，中丞以經奏過，必於每條要緊處手加批語，以申誥誡，恐閏月尚不能全行脱稿。須待此件脱稿，爲之整齊行款以付寫人，必在五月中矣。家中事吾弟得閑時，尚一檢點。四月廿日燈下。

據徐惠文先生藏《莫友芝書信》晚清鈔録件轉録。寫信時間爲同治七年戊辰（一八六八）四月二十日（五月十二日），時年莫友芝五十八歲。

## 同治七年四月致莫祥芝書

昨日有信，并附李雨皆家太翁墓表稿子，由驛去，想已先至。適洪雨樓兄言，將還金陵，問有應帶物事否，即以案頭新收《金史》二十册應之。弟可查存，是家中所缺史部之一種也。

昨日熱逾三伏，夜中大雨，乃驟涼。想家中老小都平安也。四月廿一日申刻。

據徐惠文先生藏《莫友芝書信》晚清鈔録件轉録。寫信時間爲同治七年戊辰（一八六八）四月二十一日（五月十三日），時年莫友芝五十八歲。

## 同治七年閏四月致莫祥芝書

蒓齋十五六想已至，近況渠能言之也。自上海還蘇，以十九日至。自甲子日一雨，連五日不止，今晨乃得小霽，此夏恐不免水也。蔡念篁信至，言其以初六至。此大不易處，俟節後兄脱身，還與吾弟熟商耳。

繩兒信言閏月半彼間當停工，渠必能還過端節。又得彝兒四月十七信，言其三月二十八日已偕周子迪出都。至河間，以捻阻不能前，仍還京師。俟道路通，乃出京。或與姚慕庭同伴，或别伴結，聽臨時之便，吾弟可與阿嫂言之。閏月二十二日。

據徐惠文先生藏《莫友芝書信》晚清鈔録件轉録。寫信時間爲同治七年戊辰（一八六八）閏四月二十二日（六月十二日），時年莫友芝五十八歲。

## 同治七年五月致丁溢之書

溢之五兄大人閣下：前者文旌南還，未得拜送爲歉。遥想起居佳勝，馳企無已。啓者：令弟中丞以書局開雕《資治通鑑》，工程浩大，此間招募刻工僅得數十人，恐其多延日月，驟難蒇工，擬煩吾兄於廣東募妥善刻手五十人，得六十人更妙，每二十人派一人作頭領，雇輪船載以來，此間亦更爲添募，以期迅速。其刻字章程，每字一百個，不拘大小，價百八十文，梨板在内歸匠，翻樣在外歸官，係以胡果泉所刊初印本翻刊。其板用匠尺足九分厚，每塊高七寸三分、寬約九寸三四分，俱用整塊，不用兩鑲。粤中梨板易求，能便帶二千餘塊來尤妙。其川資板價，中丞當預籌之，諸幸留意。手肅，敬頌著安。伏惟昭察，不具。五月三日。

據中國社會科學院文學所藏《郘亭尺牘手稿》録入。寫信時間爲同治七年戊辰（一八六八）五月初三日（六月二十二日），時年莫友芝五十八歲。

## 同治七年五月致陳澧書

蘭浦老兄有道侍右：憶二十年前京師廠肆匆匆一奉雅談，開豁無量，惜倉卒分手，常耿耿於意中。曾於友人案頭見大著《漢書地理志水道圖》，服其貫穿古今，海内無匹。既識高弟馮竹儒，又故人高碧湄經過，皆娓娓極道先生文行，尚未能走奉一簡，以達馳仰之忱。乃蒙惠函先施，殷拳周摯，且於《箋異》短篇奬詡過當，固河海不擇之量，無以爲他人欺飾，而不復深察其中之無有耶？雒誦再三，慚何可言。

友芝少處窮鄉，學問之途，苦無師法。自南中用兵十餘年，即奔走四方，靡有定處，今年五十八矣，計少先生一歲，無家可歸，聽縱浪於大化，齒髮摧頹，不殖且落。舊有採訪遺書之役，而兩閣四部竟無帙存，擬重繕而乏經費。見在禹生中丞開吴中書局，俾之襄校，衰病之餘，濫竽從事，著述一道，廢然不敢問津。先生編摩等身，猶聞矍鑠雍容，孜矻不倦，提引鄉里子弟，蔚然有鄒魯之風。臨風引領，不知此生更有一二顔面緣，大紓廿餘稔傾想否？走筆具復，不次不盡。拙書楹聯、直幅各一件，并舊刊詩草一册，附呈教政。大著自《水道圖》更梓就何種，冀便寄示一二，千萬千萬。暑中想□佳安，伏惟爲道珍攝。五月三日。

據中國社會科學院文學所藏《邵亭尺牘手稿》録入。寫信時間爲同治七年戊辰（一八六八）五月初三日（六月二十二日），時年莫友芝五十八歲。

## 同治七年五月致吴雲書

前奉假《李昭》、《蕭憺》、塔盤三件，并略爲題識，《歸去來辭》四紙亦寫就，遣同繳上，乞政。手肅，敬頌道安，不一一。五月四日。弟友芝頓首。平齋先生執事。

據周秋芳整理《郘亭書札》録入。寫信時間爲同治七年戊辰（一八六八）五月初四日（六月二十三日），時年莫友芝五十八歲。

## 同治七年五月致蔣堂書

海珊仁兄大人執事：前年滬上之游，備承綺注，别來遂將匝兩歲。去冬、今初夏，曾再至滬，僅晤子勤，謂老兄已返吴興，汪謝城司教會山，并無緣顔面，不得一敘闊悰，馳企無已。長至驟熱，快此大雨。朝霽致爽，湖山蔚然。遥想起居萬福，舊所患衄當盡除也。弟春初即來吴門，爲書局所絆，現在局中事宜始一二就緒，十日内外即須還櫂秣陵，秋間乃更南出，昔屬乞曾相公書聯，春間已得，又乞彭宫保畫幅，今始寄到。謹椷致台端，希爲察入，附弟局中課書數紙，惟賢橋梓正之。手肅，敬頌台安，諸不一一。五月六日。

據中國社會科學院文學所藏《郘亭尺牘手稿》録入。寫信時間爲同治七年戊辰（一八六八）五月初六日（六月二十五日），時年莫友芝五十八歲。

## 同治七年六月致曾國藩書

彭文勤公《石經考文提要》一册，十三卷，其校正坊本承誤最詳明，擬請翻刻附局刻諸經後，恭呈中堂核奪。如即用此本覆雕，李方伯處有此書可以借校。友芝呈。

據周秋芳整理《郘亭書札》録入。寫信時間爲同治七年戊辰（一八六八）六月初六日（七月二十五日），時年莫友芝五十八歲。

## 同治七年六月致丁日昌書

禹生中丞大人閣下：自前月叩辭後，以十日登舟，十九日抵金陵，命帶致劼剛書件，隨即繳致。伏暑驟熱，敬惟起居安勝，敷布稱懷爲慶。《牧令書》想删定脱稿，半已付雕矣。昨日適得蜀中寄到鄉前輩高青書丈《游宦紀略》二卷，是其後人新刊行者。觀此公自述，其以勤敏緻密，造福斯民者不少。謹寄呈鈞覽，或可采擇一二，以附入當類之末也。又晤查畝委員方令濬益，言胡果泉所刊《通鑑》板子，雖已殘失，存者猶能過半，現藏於鄱陽縣令公館之樓頭，其館即胡氏宅子，其板可以購買。方令謂其識鄱陽令，乞中丞於該令銷差時傳問其詳，若能設法購得此板於吾蘇書局，省功費不小矣。何蓮舫自揚來，亦言及此，謂王霞軒猶守饒州，但得中丞一紙書，諄切託其速爲代購，即先致板然後酬直，未嘗不可。據二人所言，實大有裨局政，謹縷述以聞，伏惟裁奪。

友芝暑中痱瘡漫起，不能衣冠應客，唯日坐紙堆中，以爲消遣。計完此月，静持齋文籍必能條理整齊，以報命也。現在局工方專力《牧令書》，此書畢，即新影宋之《通鑑目録》，可以附雕，其《通鑑》正功且宜暫停，即以此時謀致胡板，乃因核其存亡，以爲刊補，亦不致複刻虚費，此機殆不可失也。

據中國社會科學院文學所藏《郘亭尺牘手稿》録入。寫信時間爲同治七年戊辰(一八六八)六月初七日(七月二十六日)，時年莫友芝五十八歲。

## 同治七年六月致莫祥芝書

西南保甲局已調洪琴西。雷石卿以用人不慎撤去東南局，委一徐姓者，是從李宫保來，聞六合田圩能保不潰，大善。又聞地方人有以蛟不入境貢諛者，此誠無謂，當何以謝去，以杜揣摹奔競之門乎？

科兒讀書何似？祁兒想壯健能行走跳躍也。七月朔日晨起金陵坊口大街寓中。

數日倦乏太甚，月半後當來視弟。

據徐惠文先生藏《莫友芝書信》晚清鈔録件轉録。寫信時間爲同治七年戊辰（一八六八），時年莫友芝五十七歲。

## 同治七年六月致吴承潞書

廣菴三兄世大人閣下：秋節得雨，肌髮頓爽。侍奉佳安，公私多祜爲頌。廿一之夕，奉到惠書，次日以胡《鑑》存板一節，訪之桂香亭觀察。香亭直決其無甚損爛，即舉新購洪刊《朱子名臣言行録》相示，謂其付刻與《通鑑》同時，而新印、舊印同一精好，其磨損數十處，字少者剜補，字多者另刊，其剜補之每塊只當新板初成功夫，則《通鑑》板可知也。何蓮舫慫慂其購買，渠以中丞方刊此書，頗欲爲中丞致之。一聞來示之説，擬尋蓮舫熟商，五日後派炮船往辦。且謂中丞遣小輪船之説，似宜斟酌，我方禁夷輪行小河也。又越三日，乃得晤蓮舫，蓮舫謂其板藏於樓頭，決無濕爛，聞其實在損失者僅三百餘塊，計尚不及十分之一。在有力者倘思致爲恒産，即購補不易。書局既開，諸事省功，而可交臂失之耶？其買之之法，得中丞手書，託饒守王霞軒爲第一策。其板缺少若僅在五百塊以内者，即直予銀千兩，亦不必銖寸磨較，想彼必樂從。其派往之人，請中丞酌派，或即札飭香亭俱可。以往者必須耐煩在行，方能稱旨；香亭於此事頗在行，其意中必有妥人可遣也。二君之言如此，謹縷述乞呈中丞垂覽裁奪。刻匠弟歸來時即將局中支扣章程遍告，想别後投到附入，其自此往者非一矣，俟更羅致，能事事益善也。復頌升安，諸惟昭察不宣。六月廿六日燈下，弟友芝手狀。

芝岑、泖生、笙及在局諸君子同此致候，不一一。

據中國社會科學院文學所藏《郘亭尺牘手稿》録入。寫信時間爲同治七年戊辰（一八六八）六月二十六日（八月十四日），時年莫友芝五十八歲。

## 同治七年七月致馬恩溥書

雨農親家老兄大人閣下：七月十四日得寄書，驚悉郎君仲良賢倩竟以血症不起，爲之哀悼累日，遂覺眼昏耳重。矧老兄中年僅此一子，宜如何哀痛耶！此子體素不弱，存心肫厚，耐勞循禮，決無夭相，而竟如此，天耶？人耶？唯親家自寬耳。内子女流，其悼惜女婿，驟不可解，終日喃喃，謂其致病始於遠道之奔波，成於歸妹之劬瘁，此子稚氣未脱，諸事皆素未經歷，又無佽助，而多責備，親家於何□胡不令稍緩，□以逼迫愛子，此未必非失當之所致也。且聞之善醫者言，少年失血非死症，若妄投涼劑、補劑，則必死；不服藥而加意調養，雖屢發亦能漸愈。遽不起者，又未必非醫藥失宜之咎。且聞女公子方合巹禮成，仲良即於此時初次失血，不知此兄此妹是何冤孽也。唯恨不聽親家言，留彝兒稍久住，一盡其弟兄永决之情，一負其時，爲歉然耳。此皆拙婦屬爲略述之語，事後追惜，何益於事？在親家父子天性，其追惜必甚外親十倍，何煩饒舌，特聊徇其請，以爲開解耳。

唯冀善自排遣，珍攝有用之身，爲國家宣力。决不可因此衰頽，致蹈西河之責，且親家尚少弟五歲，是所切禱。親家篤情昔儷，至今膠續未聞，小星未置，當此時酌二者之宜，决有一不可緩者，千萬千萬。小女煢煢孤孀，悲何可極！所生僅僅女孫，待其將來有姪立後，尚非旦夕間事。惜道太遠，不能致一歸寧，得母女相慰藉，當徐籌之，唯親家善慈之耳。人使匆匆，手肅致慰，不次不盡，伏惟垂鑒。

弟還金陵兩月，尚無它方，欲更爲蘇局一行，以得親家信，更爲家中留半月。此行不過秋末，即言旋也。捻匪聞已蕩平，而維揚頗有海夷生事，又不知能即了否。小兒繩孫已於六月往揚州聽鼓。舍弟江寧尚無毁無譽，但繁且貧耳。侍筆問安道慰。

據中國社會科學院文學所藏《郘亭尺牘手稿》録入。寫信時間爲同治七年戊辰（一八六八）七月二十一日（九月七日），時年莫友芝五十八歲。

## 同治七年八月致丁日昌書

雨翁中丞大人閣下：違鈞訓倏踰兩月，恭惟起居多祜，政化風行，吏道日益澄清爲慶。捻逆竟爾蕩平，李肅毅豐功懋賞，殊大快人意。得蘇門局中信，知梓手大集，自六月來畢力於删定《牧令書》，中秋前後可以蕆事，大江南北吏曹，靡不亟望手奉一編，爲親民治矩，更願推曁鄰封，達之天下，尤盛事也。七月中酷暑漸減退，友芝即擬馳赴蘇局補連月疏曠。於望日適得馬雨農京信，言其郎君仲良子倩遽以血證夭逝，爲之感愴累日。李壬叔因約改以廿六同行，比壬叔登舟時，賤内猶傷懷委頓不能開釋。又徇小兒輩意，更爲少住。又有中堂移督直隸之信，此老頗不快，昨見時謂且勿亟行。是小小行止，豈亦有或使或厄不自由者。曠功之咎，唯聽鈞察嚴處而已。

鄱陽胡氏《通鑑》板子未審已定買否？如已定遣買，則須且停翻刻以待，局工畢《牧令書》時，即請命局員以《通鑑目録》付雕。其仿樣當端節後，曾與劉令履芬、張訓導瑛商定過，想此時已仿完，可以陸續上板。待此種刻完，至速亦更得兩月餘，而胡板之買成與否，皆不至虛妨工作，冀垂察焉。

《持静齋書目》，自六月中旬考證次敘，其單部及零星之件都有頭緒，約費四十日整功。唯叢書十餘種，尚未件分。其編例大致依《四庫全書總目》，每類各依時代，每部下，其收入《四庫提要》者，但以《四庫》著録，《四庫存目》分注中有宋元舊本及舊鈔善本，則於分注下疏記數語以明之，其《四庫》未收者，但分注刊寫字，其中有未傳秘本，則各繫以解題。俟全目脱稿後，更於其中將有解題、有疏説者，別録出爲册，使一備一精，各自爲編，而此目乃完也。計謁當在中秋後。手肅恭賀節禧，敬請崇安，伏乞垂鑒。八月初二，莫友芝叩頭叩頭上。

據羅鳳珠主辦「絲路展書讀網站」中《謝述德堂鴻軒氏藏名賢翰墨》圖片整理録入。寫信時間爲同治七年戊辰（一八六八）八月初二日（九月十七日），時年莫友芝五十八歲。

## 同治七年九月致程桓生書

尚齋大兄年大人苫次：重陽奉到訃書，敬悉年伯資政封公以七月中遽棄榮養，驚怛無已！追惟年伯德性敦厚，義訓周詳，得吾尚翁善承之，宣猷戎幕，樹豐功偉績，照映邦閭，所以年近古稀，康强矍鑠，即厭世上仙，固當乘雲含笑也。

惟念吾尚翁天性之際，毁瘠哀痛，夫何所極！然曾閔大孝，其執親喪，未有不抑情就禮。尚翁方當爲先靈完大事，尋即以國爲顯揚，苫塊之身爲係甚重，伏冀抑哀節慟，順時珍攝，是所切禱。友芝與舍弟託在年家子姪行，江嶺逶遲，未能躬親一奠，歉疚無似。謹肅寄上挽帳一掛，奠敬一緘，略申區區悲戀之忱。祥芝方辦學使者考差，又值新舊制軍交替，日夕無暇，更未及別箋申慰，侍筆同叩禮安，諸維照察不具。

十洲三兄同此致慰，諸世兄并致問。

據中國社會科學院文學所藏《郘亭尺牘手稿》録入。寫信時間爲同治七年戊辰（一八六八）九月十四日（十月二十九日），時年莫友芝五十八歲。

## 同治七年九月致馬恩溥書

雨農老兄親家大人侍右：七、八兩月，承惠寄三書，先後并奉到，七月十一寄者八月下旬至，八月十一日寄者九月五日至，七月初三寄彭營轉發者重九日至。一一誦悉，悲慨無已。人生極不如意事，無過於中年喪子。況親家又僅僅此子，誠無所解於心，然須於無可解中自求解處，唯親家達觀善保耳。死者既不可復生，存者精力未衰，正可以亟圖善後。仲良臨決，殷殷再來之訂，即是祥徵。輪回因果，自古有之，不得執迂儒偏見，竟斷其無也。倅室有成議否？極念極念。多置之言，仲良尤切中事理，幸勿忽略爲禱。世上除名利外，更無征逐。然其間得失異方，亦聽之適然不可知之數。來示遂將掃而空之，則悲憤無聊，不爲正論。唯所謂人事茫茫，又當從開宗處起手者，則素位之行，正須提挈精神，將此頹唐抑塞處整頓一番。失之東隅者，收之桑榆，豈遽晚耶！

大令愛相攸已定，可爲慰賀，趙據莽於尊寄書未到時，已北上尋吾親家矣。所示諸端，竟作罷論，令姪想益可書，漸令識字；外孫女能嬉笑祖膝，亦親家慰情之一端。唯内子極念小女，計其能遠道歸寧，當在小兒鄉試之後，驟難爲懷耳。弟七月下旬已與李壬叔約，同行往蘇州，因兒輩勸，少留旬日，爲家中慰藉。適有曾相侯移直督之信，其在遠門生故舊得自由者皆馳至小住，其待其行，故弟亦未即出。因游覽近郊，訪出梁碑數種，南朝晉、宋、齊碑刻罕聞，其可見義、獻法度者，端賴梁石，較北魏諸刻尤爲難遘。脱出數紙，日夕觀玩，幾忘寢食，亦可諸好著喪志矣。

舍間大小幸無恙，八月廿六日申時，次子繩復舉一孫，名之鍾壽，差是客中幸事也。所示許、李前事，固非典常。俟小女歸寧時，略爲商酌，一慰無聊之極思，亦未嘗不可也。差便走筆具復，不次不盡。天氣漸寒，伏惟爲時珍攝。

三親家同此致候。

示縉女：自聞爾婿溘逝，爾母爲爾悲悼廢寢食者十餘日，爾父欲作字安慰爾，即心痛不能下筆，知爾終日悲切，無可如何。爾之悲哀，雖終身不可解也，然此時須要勉强忍哀不露；好好撫我外孫女，以慰爾公公之心，方合道理。凡作寡婦，若能速死，即完了一生事，既未即死，只有堅苦忍耐，以待將來爾家有親姪立後，此是正禮。爾公公欲且看爾兩兄子姪稍多，先抱一個與爾，此却非正禮，然亦是無可奈何想頭，我也不好駁他。待爾兄入京應試，攜爾歸寧，即可以商此事。爾果有親姪時，自有正禮可靠也。作《女誡》之曹大家，即是寡婦，爾既讀其書，其中有合著爾現在所值境地，即當效法。劉向《列女傳》及明朝人所撰《列女傳》，兩篋中皆有之，可呈與爾公公，請選出三五個好節婦，圈點講解，爾即可守定作樣子也。我及爾母近日眠食都好。爾大嫂提有數處，尚未定。爾二嫂八月廿六申時復舉一男，名鍾壽。九月十五日，爹爹字。

據中國社會科學院文學所藏《郘亭尺牘手稿》録入。寫信時間爲同治七年戊辰（一八六八）九月十五日（十月三十日），時年莫友芝五十八歲。

## 同治七年九月致吴承潞書

廣菴三兄大人侍史：長夏奉别，忽爾深秋，遥惟尊侍康樂，起居多祐爲頌。中丞至，道及《通鑑》胡板買定，存者過半，今年可以完工，欣快之甚。昨日奉賜書，更得縷詳，卷頁竟踰三分之二，而局中先刻四十餘卷皆其所闕，尤是異事。購舊板，開雕時所不及知，已刻適當舊板之闕，又購板時所不及知，殆天相也。命作《牧令》、《保甲》兩書面簽，并寄上。《保甲》書僅一册，故不計卷第。《牧令》書憶在局時，擬編爲十六卷或廿卷，八册十册不定，每册約百頁或多少一二十頁不定，則册簽須著卷第，故多寫數條，具其數目，請吾兄合全書様本，分定册數，乃能定用幾條，何條爲卷幾之幾，其數目字，皆可依分定者剪綴也。《小學》重刻，以備課蒙，固善，鄙意則尚欲刻温公《稽古録》及《家範》，及劉氏荀《明本釋》，及《管》、《荀》數子，俟弟到局時更細商也。

段氏《説文注》原板，見存馮敬翁許，李肅毅曾道及，屬其修補，已頗印行矣，當未即爲私書。聞敬老撰有校勘記，何不索要本來局中刊之，坿原本行耶？近《經典釋文》求本甚難，局中管叟洵美曾作《疏證》，若令其寫校此書，大是善本，似尤急於段氏書也。《通鑑》即歲内畢功，其應用何等紙張，即須蚤計。鄙意印常本以重賽爲善，印藏本必得涇縣緜料，次則半料乃佳，杭簾則無當也。惟我兄留意，千萬千萬。

弟曠功連月，諸凡偏勞局中諸君子，甚爲不安。中堂交卸，將以十月半前後。弟擬送之揚州，即渡江趨吴門，把晤正未遠也。手此，復頌升安，唯垂鑒不具。尊公大人乞爲請安，局中潘芝翁及諸君子并乞道候。　九月廿六日燈下。

據中國社會科學院文學所藏《郘亭尺牘手稿》録入。寫信時間爲同治七年戊辰（一八六八）九月二十六日（十一月十日），時年莫友芝五十八歲。

## 同治七年九月底致周子愉書

子愉二哥親家大人如侍：别來遂匝一年有半矣，每有自維揚來者，輒聞訊老兄起居安善，以爲欣快，特疏懶缺音候，恃見愛不深責耳。

九月下旬，始奉到八月廿一賜書，誦悉一是，撤局報銷諸件，想一一有頭緒，甚念甚念。小兒邗上聽鼓，蒙老兄推愛，爲之説項，現聞已得委解餉，雖非美差，而喜其可以按月一至金陵，想老兄當亦代爲慰也。承示鶴翁中丞索作書，弟於此道素無解處，不知鶴翁何所取而命之？前者椒石處已來二紙寫就，現來四紙作謙卦者，因是正方格，不便作篆，且格數與平日所寫卦辭不合，故别以四紙寫上，敬煩轉致。筆墨荒鈍，實不足存也。大小兒曠功久，明年當立出課程，以爲試資，特駑鈍不堪策勵耳。手肅，敬頌道安，并詢閤潭均祉。鶴翁於舍間無年誼。

據中國社會科學院文學所藏《郘亭尺牘手稿》整理録入。寫信時間爲同治七年戊辰（一八六八）約九月底，時年莫友芝五十八歲。

## 同治七年十月致何璟書

小宋中丞大人閣下：叩别遂及五秋，遥聞憲旌自皖移鄂以來，吏道澄清，四民綮福，目張綱舉，江漢風行，輒西鄉神往，惟萍梗頽唐，竟缺一箋申敬，甚歉然耳。張廉卿中翰持到賜書，敬悉侍奉康强，起居安善爲慶。

承命購王本《史記》、汪本《漢書》并《史》、《漢》别善本，其書資百兩，漢平領到。唯此二書，不惟名本難求，即常本亦罕覯。以經亂後典籍蕩然，凡讀書家無不欲置一編故耳。今既欲作刻樣，即稍貴不妨，獨苦於驟尋不出，乞寬以時月，在蘇郡、常、昭人家求之，當能有獲。今冬明春，遲速不能豫定耳。《史》唯王本會三家注之全，誠爲最善。《漢書》則毛本、汪本并佳，若急於授梓，即請先以《漢書》依毛本爲底樣刊之，俟得汪本時，更具列異同於卷末，以爲校勘，即是佳本。惟《史記》直俟獲王本時，選善仿書人，精仿其樣付刊，乃爲大善，以王本即翻雕宋本也。唯裁酌之。

又：廉卿言現在崇文局欲仿刊《通鑑》，僅胡刻一部留校。其一部以翻刻者繫湖南本，此則未善。湖南本滿紙錯字，字又惡劣，決用不得。其意欲友芝以購《史》、《漢》一部所餘之項購致胡本《通鑑》一部，且緩求別本《史》、《漢》。友芝則謂《通鑑》若未開雕，或開雕不多，即請暫停，先刻他經史要書數種。以蘇局方刻《通鑑》先成末四十餘卷，適買得胡刻原板三分之二有奇，合以新刻，僅少三十餘卷，歲内可畢工，開春即當印行，故爲此一言，并乞裁酌。

廉卿又言鄂局擬刻桂氏《説文》及《通典》，則皆大善。桂氏書與段懋堂、嚴鐵橋三家鼎立，缺一不可。段氏板已修補好，嚴氏書行本猶多，唯桂書板成印行不及百部，即毀於兵。友芝僅於友人案頭一見，求一本十年未得也。《通典》卷帙不及《通考》之半，而多載六朝時禮儀，極於經訓有關，且以四之一具載開元禮，較馬氏書尤有益於學者。其本以明嘉靖方獻夫刊者爲大善，凡合刻三通者皆不及。未審鄂局議刊當據何本，二書爲經史要件，固友芝熟諳者，聞之喜不可言。手肅具復，敬請崇安，伏冀垂鑒。莫友芝叩頭叩頭上。十月四日鐙下。

據陶湘《昭代名人尺牘續集小傳》卷一六録入。寫信時間爲同治七年戊辰（一八六八）十月初四日（十一月十七日），時年莫友芝五十八歲。

## 同治七年十一月致莫彝孫書

初五日泝邗江而上，次日至高郵，與張廉翁會，停三日又泝上於清水潭觀堤。十一之夕，相公乃至，夜謁晨送，遂以十五日至泰州觀考。十五大雪，十六還行至界溝，明晨河凍三寸厚，守至五日，東南風暄暖，乃寸寸節打冰以行。又閱三日乃及仙女廟，今日由仙女廟，午後達揚州。明日留一日，又明日即開行渡江。大約來月初一二方到蘇也。眠食尚可，唯此番冰凍，是十年來所無。家中想老小都好，并問爾叔家老小平安。父字示彝。十一月廿五，維揚舟次。

據上海圖書館藏《影寫莫友芝手迹》整理録入。寫信時間爲同治七年戊辰（一八六八）十一月二十五日（一八六九年一月七日），時年莫友芝五十八歲。

## 同治七年十二月致莫祥芝書

送相公清水潭後，還至界溝，阻凍十日。至廿五日，始抵揚州。廿七日渡江，今臘之朔，乃抵吴門。蒓齋則前十四日已至，道途之不可意乃如此。兩家中老小想都平安。今年不得還秣陵度歲，差寂寞耳。初三之辰。

據徐惠文先生藏《莫友芝書信》晚清鈔録件轉録。

## 同治八年元月致莫彝孫莫繩孫書

得新年六日信，具悉家中老小平安，良慰！

我托敖季翁、王竹翁所帶書信想都至，所要兩書當已檢來也。蕭吉丈有信與爾，渠此時已還家矣，目力尚佳，大是難得。故鄉知好無幾，念之神往。所索字，待我還金陵更作耳。議王氏姻事，自以遣人訪實妥爲是。我開年眠食都好，爾母飲食何如？家中想都平安。鍾想能嬉笑矣。我二尾三初當即歸也。馬雨翁處，我久未有信寄之，彝當寫寄道近況也。上元父字示彝、繩。

據國家圖書館所藏莫友芝手稿《郘亭詩文稿書跋》第一册整理録入。

## 同治八年二月致何璟書

小宋中丞大人閣下：開歲來敬維起居安勝，仁化如春，南紀千里，罔不被洽。又奉去冬札教，敬悉封翁老伯大人嘯咏林泉，康彊矍鑠，遥慶無已。承命購《史》、《漢》、《通典》、《通鑑》等舊本，去冬在金陵，出維揚，皆無所遇。臘初抵蘇，託人遍訪，至今正燈節後乃并得馬、羊、杜三家書於常熟人家。《通鑑》有者價太昂，故未别購，將蘇局胡刻原板印出一部，適廉卿中翰自浙還，并付之持上。傳刻古書，以得舊本翻雕爲最善，誠如尊諭。現在《史記》有王、柯兩本，宜即以王本上版，而柯本校之。其王本中猶闕數卷，即影柯本補足，以二本皆用南宋刻覆雕，其式固無異也。《漢書》既無别本，只得全行影寫，留原本校勘。二書但能謹存舊規，若唐臨晉帖，自可寶愛，□□本中一二誤字，并當仍而不改，别爲校記明之，以示矜慎。《通典》不得明方本，則今官本爲佳，其字係時下描宋，或覆刻，或依式重寫，而稍縮其板，使與《史》、《漢》一律皆可。段氏《説文注》蘇局已經修理，唯桂氏《義證》傳本幾絶，東南講朴學人皆亟求一見不可得，聞鄂局當重刻，罔不延頸以候。遥知此四編成，豈唯嘉惠鄂邦，凡海内好學人，未有不欲蒙置者，誠盛事也。蘇局《通鑑》購得胡果泉氏原刊板，二百七卷以下俱係重刻補全，去臘粗就，開正來校補新刊誤字，并抽换舊板二十餘，春杪可以開印，用畢氏《續通鑑》附其後并行。又有宋本《通鑑目録》三十卷，方影寫付刊。又新獲《通鑑外紀》，胡果泉注補未刻稿本，亦仿元本式刻之，成時并附温公正編之後，較之鄱陽原刊尤爲完備。聞鄂局刻《通鑑》方始，且用湖南翻本作樣，恐未必能精善。以友芝愚見，若所刻尚未及半，直請停止，而以此刊項别刻他書，若刊已過半，期於必成，亦請暫停此工，先將《史》、《漢》等四件付刻畢，然後徐徐完之，特以此間《通鑑》既補全鄱陽元版，又有畢《續》翼之。鄂蘇一水，往來易致，廉卿來此數晨夕，又熟商刊事緩急，故敢越俎而爲此言，有當與否，冀裁察採擇焉。

友芝去秋搜訪金陵梁碑，得七件，并唐碑一件，謹以拓本伴函呈覽。梁石高欹，艱於施工，道光末一拓後即至今，故傳本甚稀。手肅，恭請尊安，伏維垂鑒，不具。莫友芝頓首。二月五日，江蘇書局。

據周秋芳整理《郘亭書札》録入。寫信時間爲同治八年己巳（一八六九）二月初五日（三月十七日），時年莫友芝五十九歲。

## 同治八年三月致潘祖蔭書

伯寅老兄大人閣下：庚申奉別南下，流轉江淮。群公戡定三吴，而黔禍未息，盡舉室累，移來秣陵，既老且貧，倚斠讎爲活。回首燕臺舊好，迥若雲霄，不克引膝挐裾，賡商題纂，非率爾片牘可申其結思也。碧湄至，藉承英規藻德，蘊負日閎，天眷方殷，弢而待濟。論今公輔之器、忠碩之門，望實同歸，稱君所勖。友芝庸生衰鈍，無復豪情，自蘇寧書局對開，纘新經籍，胡氏仿元《通鑑》原木，近幸雕補告成，益以《仿宋目録》、果泉注《外紀》，合秋帆《續鑑》，裒爲鉅編。亂後得斯，蓋亦盛舉，壯不樹立，心力略敝簡中，閣下聞之，當亦軒渠否？去秋偶以暇晨蒐討蕭梁石劖，獲臨川二柱未顯之蹟。始興東碑，增識千字，安成西陰，溢出一横。宋墅敏侯之石，曲阿文帝之陵，已有所聞，定無虚訪。自餘怡悦入手，烽燹未傷者，無巨細完剥，并録存之，題曰《梁石記》。其石逸難□者尚有數種，審爲鄴架舊儲，永陽昭王蕭敷、永陽敬大妃兩墓誌，敢乞閣下飭鈔各一通見惠，以備一代書流，待質淵雅君子。中丞入覲之便，附陳鄙況。檢上各拓，聊取伴函兼易二鈔，唯乞察鑑。碧湄新派書局當差，朝夕歡聚，知念代聞。伏頌台履萬福。愚小弟莫友芝頓首。三月八日。

（原注：此同治間在吴門書，中丞者丁豐順也。）

據周秋芳整理《郘亭書札》録入。寫信時間爲同治八年己巳（一八六九）三月初三日（四月十九日），時年莫友芝五十九歲。

## 同治八年四月致曾紀澤書

劼剛大兄大人閣下：前月文旌詣金臺省覲，友芝以讎勘堆積，未得走送，甚爲歉然。永日中遥想動静勝常，趨庭之暇，著述定增富若干矣。畿省爲都門通道，以中堂之篤於愛才，吾兄之善取益友，行見海内英多□□景赴，一如兩江曩昔之感。惜友芝衰病不任馳驅，惟有臨風望想而已。蘇局《通鑑》補板，此月内可畢，夏中即當開印。又仿宋本《目録》，搜獲胡果泉《外紀》刊以附之，并期今冬蒇事，合畢氏《續編》爲一部，而金陵局四史亦歲内有善本印行。南閣宋本、北堂明鈔相次入梓。友芝性躭故紙，得此足以送老，待炳煬煬之光爲明幾何，轉自笑耳。《通鑑》諸本，吾兄欲得善印涇縣紙者，當早致聲禹生中丞索之，局中曾定議僅印廿部。金陵《史記》諸本，中堂曾命友芝傳諭局中購涇縣紙各印廿部，并許印成各分惠友芝一部。又眉生聞之，亦擬各求一部，且謂中堂亦面許，并乞趨庭時稟明。即煩吾兄便致局中知之，庶走領不致失望也。黎蒓齋及舍祥弟北上之便，匆匆致數字，不次不盡。欲檢寄舊本書三四件，渠輩行裝束定，未便增加，容俟到蘇謀妥寄。手頌台安，諸惟照察。四月廿九。

據臺北「國家圖書館」藏莫友芝手稿《雜鈔》録入。寫信時間爲同治八年己巳(一八六九)四月二十九日(六月九日)，時年莫友芝五十九歲。

## 同治八年五月致丁日昌書

禹翁中丞大人閣下：望後應敏齋至，言覲覲之節十三日已莅蘇門，敬悉召對頻仍，天眷優渥，在當世方面中罕有其比，而計叩送咨節，至還部，往返五千餘里，僅贏兩月，吾中丞之勵精求治以爲報稱，直唯恐分陰之或有棄擲者，亦豈唯當世無兩，即求諸古賢良亦未易覯，欽佩無已。承發下舍親馬雨農京師復書，感荷敬謝。友芝請急來金陵，曠校讎條忽兩月，本擬此旬内趨局料理經手未完各件，緣舍弟祥芝以前月尾北上，兩小兒適又遠出，寓中一二瑣屑，當更得旬日檢點方能脱身，唯中丞垂諒之。舍親黎庶昌以李雨亭催偕入京，亟束裝追之不及，遂與舍弟祥芝及陳作梅由水路，至濟寧始登陸，計渠輩在水道，必未得迎候中丞。謹附以聞。手肅，恭叩崇安，伏惟昭察不具。莫友芝頓首。五月二十六日燈下。

據羅鳳珠主辦「絲路展書讀網站」中《謝述德堂鴻軒氏藏名賢翰墨》圖片整理録入。寫信時間爲同治八年己巳（一八六九）五月二十六日（七月五日），時年莫友芝五十九歲。

## 同治八年七月致莫彝孫書

得爾信，知已自皖還，水道平安，良慰。所謀本權宜，不就固當，我與伯庸尚在斟酌復蓮翁書，難於措詞，今則順理成章。我所占之課，唯此爲得位大吉，信矣。只聽庸翁信往看如何行禮，俟爾叔八月還至蘇，我與熟商一切，大率迎娶亦只在今冬明春耳。爾且安心調養，留意醫書，世間藝事，唯此件既有益於養生，又有濟人。但能確有所得，即隨地隨時，不至糊口，念之念之。今年雨水過多，想金陵城中必已有必不可居之屋，我寓幸免此患，□□屬圩田被災必多（下闕）

我在苦雨中，亦曾小感冒泄瀉，局中王樸臣爲處方，即愈，食飲亦未曾減，日來皆如常矣。

局中方開印《通鑑》，又有應核定者大小三數件，約略在九月半後始得脱身，又須爲維揚一行，踐方箴翁之約，比到家，亦是十月間，遣人池州，不知可遲至十月否。若不可遲，爾弟兄與蓉翁商定，即九月中遣行。若以我與爾俱未還金陵爲辭，可以稍緩遣往，則不妨少待，又必得蓉翁先致蓮老知也。擇吉日，爾輩即請明時日家選之，總在今臘明春方能料理。字到，爾輩即以我全帖具請媒，蓉翁、幼村外，有應代媒者亦請之。此中秋後即須行也。我有想不到處，爾輩須細想，商之幼村、蓉翁，告之爾母。方聽翁自揚還，曾晤過，謂箴翁怪我前行太匆匆，繩事亦曾略及，亦許有差委位置。但尚恐無憑，我九月不能不爲揚州行，以踐宿約爲端，看如何耳。

據上海圖書館藏《影寫莫友芝手迹》整理録入。

## 同治八年七月致莫彝孫兄弟書

示兩兒：彝前廿八及初二兩字，繩初三字并十日午後同到，具知一切。爾母利雖已，而飲食太弱，宜如何加意調理，爾輩勿得忽略。食物藥物并須逐細檢點，我不在家，甚懸懸也。爲彝聘馮氏女，既小八字已送來，即諸凡定局，此時只算計遣人往貴池。此事正媒自趙蓉老，而賀幼村副之。蓉老只能書札往還，幼村亦不知能往否？則必須酌議一代媒，將媒公書及禮物以往方是。若不得代媒之人，僅遣一二僕人將事，亦曾有行之者否？不褻慢否？爾輩可與蓉老商請其酌定也。此番遣往，自以行聘送期并行爲是，聘物用何等，大率鍍金飾物四件，配以布帛茶果燭炮，各需若干，只要不失禮而不大縻費乃能辦，此須請之蓉老商定，即告知爾母酌之。至迎娶之事，自以舟中成禮爲便，其應用何衣物首飾，或家中現有，或須借一二套將往，皆須豫籌，當添則添，庶不至臨時發急也。爾叔在京腿疾，甚可念，不審其七月能驗放否。若待至八月，則到家更遲，必在九、十之交。

據上海圖書館藏《影寫莫友芝手迹》整理録入。寫信時間爲同治八年己巳（一八六九）七月，時年莫友芝五十九歲。

## 同治八年致吴大澂書

昨聞台從欲於今日午間到院，請先過局，有要言相商，然後同去可也。手肅，即頌清卿大兄大人著安！弟友芝頓首。鵠候，即到，切切！

據鳳凰出版社二〇一二年版《中國典籍與文化論叢》第十四輯刊載柳向春《張劍先生〈莫友芝年譜長编〉補遺三則》轉録。

## 同治八年十一月致張之洞書

香濤四兄大人閣下：惠山一别，忽忽遂匝兩歲。遥聞使旌所臨，江漢楚翹，罔有不在甄拔，加以因材誘掖，脱去故常，士氣奮興，夐軼鄰省。朱大興、阮儀徵提學風規，宛在今日。臨風企想，快何可言！前月自吴門還金陵，奉到惠書，敬悉閣下與小宋方伯商闢講舍，欲仿古之湖州兩齋，近之詁經、學海，以爲成範，此誠作人第一善法。鄂中毓儁澤藪，持此以爲登高之招，尤善之善者也。唯是主斯席者必得經師人師若胡安定、孫泰山之賢，次則博綜淹洽一世歸通人如錢辛楣、盧抱經諸老輩，始能當之而無愧。來諭乃欲以友芝濫膺其選，慚悚無以自容。計楚中名碩衆矣，所以提唱後進，無不左宜右有，即欲取材異地，以爲觀摩，自當精求海内宿望。若友芝避地奔走，飄蕩踰十年，曩者措心，漫無究竟，羈旅浪迹，只益衰頽，不殖將落，斷難勝任。閣下及宋老徒以久故，忘其孤陋，殆非所以重斯舉也。西上之約，將以覘星使者簡拔之瑰琦，繹南紀吐納偉觀，以滌胸次。别來刻刻在念，徒以蘇局牽絆，未能脱身。秋冬以來，温公《通鑑》已印行，《目録》、《外紀》亦將蔵功，畢氏《續編》板亦歸局中，所闕勝朝一代。又得吴中老輩陳稽亭氏撰《明紀》六十卷稿本以續畢氏。期三冬通勘定，來春付雕。於是編年之書，燦然大備。士之好學致用，得此數編，即不必具廿四史，而數千年興衰治亂、宏觀細節，靡不涵納條貫，取攜自如。此件蓋平昔蓄意欲爲力不逮者，兹幸得完成，吾事畢矣。開歲春和，決當泝江一踐前約，就閣下試隙時上下，別來新獲，開口之笑，定增幾番。唯開創，皋比大不易坐，實遜謝不敏耳。至講舍及書局事宜，如有諮詢，但鄙見所及，當面爲覼縷，以資采擇。北風凝寒，使節莅何郡，起居何如，臨楮馳仰，伏惟爲道珍攝。

別紙詢及諸書，條記如左：

〇近人撰《儀禮正義》者，乃績溪胡竹邨先生培翬，爲此經專門備采唐以後説而權衡之，能暢舊疏所未逮，又無嘉道漢學□□，實爲善本。其板經亂流轉猶存，今已還藏其家，江南肆中尚無行本。

〇《禮記衛氏集説》及《禮記陳氏集説補正》二書，僅《通志堂經解》有之，更無別刻。友芝家有《經解》全書，客中亦欲求衛氏等單本，未遇也。□□杭州人，説《春秋》名《集傳》者，弟未見過。在蘇晤蔭甫，亦未言之。亦非高伯平所撰述，高伯平是舊好，不曾聞其有此書，或經其校定刊刻，未可知，俟訪之。

〇大徐校本《説文》，今行四本，實僅二本，翁出於毛而未正其誤，藤花出於平津而或有小益其疵。合四本論之，平津爲最善。友芝曾見宋刊小字，即孫氏依仿者，以校數紙，非決然失誤顯著者，絶不敢輕改一字。知澗薲校此極爲致慎，若欲重刻，當以平津本覆雕爲善，若讀者參校，則唯李氏《五音韻譜》并引全文。明有大小字兩本，刊則不必改也。其引宋以前書校許書補正二徐者，以嚴鐵橋《校議》爲備而核，然各自爲書傳刻，舊編一經參改，轉成紊亂，蹈斧季以小徐改大徐之前失矣。

○西莊《十七史商榷》，其板聞損失者十之一二，尚待修補。

○《左傳》古注之輯，乾隆末有吴嚴豹人蔚之輯，存三大卷；嘉慶中有洪穉存先生之《春秋左傳詁》二十卷；道光間有嘉興李次白貽德之《春秋左傳賈服注輯述》廿卷，大要皆引古注以正杜注，而引賈、服兩家爲多。上三書皆已刊行，次白書尤詳核，則朱久香閣學近刊也。其未刊行者，道光間又有吴沈小宛欽韓之《左傳補注》十二卷，詳於禮典輿地，而攻駁杜氏，肆口謾駡，竟似元凱之一句不能解者，殊非著述之體。又有嘉定朱亮甫右曾之《左氏服注纂疏》，其疏文太繁，尚未删汰精當而卒。二書皆見其稿本。閣下所見，謂似是揚州劉伯山者，伯山舊交，實無此著，殆即次白之書，有伯山跋尾，否則伯山乃翁孟瞻之書，聞其專治是經，尚未之見。

○《古文辭類纂》康、吴二刻異同：《漢文帝議犯法相坐詔》，康本題二年，吴本題元年。韓碑誌類，吴本增多《尚書左僕射右龍武軍統軍劉公墓誌銘》、《集賢院校理石君墓誌銘》、《河南少尹裴君墓誌銘》、《扶風郡夫人墓誌銘》凡四篇。歐陽永叔，吴本多《江鄰幾墓誌銘》一篇。王介甫，康本多《亡兄王常甫墓誌銘》、《王平甫墓誌銘》二首；吴本多《秘閣校理丁君墓誌銘》、《員外郎仲君墓誌銘》、《大理丞楊君墓誌銘》凡三篇。贊頌類，康多袁彦伯《三國名臣贊》一篇。辭賦類，康多宋玉《招魂》一篇、景差《大招》一篇；二篇吴本入哀祭類。吴多東方曼倩《非有先生論》。康本七十四卷，吴本七十五卷，乃分康本之二十三卷蘇子瞻策，斷二首，爲二十四卷。

據臺北「國家圖書館」藏莫友芝手稿《郘亭書函稿》整理録入。寫信時間爲同治八年己巳（一八六九）十一月，時年莫友芝五十九歲。

## 同治八年十二月致丁日昌書

中丞大人閣下：杪秋請急，遂爾歲晚。伏惟起居順時萬福。承面諭以金陵無事當至吴門度歲，友芝本擬於本年完小兒昏禮後即買舟南出，趨聽指□，奈姻家以前期太促，酌改明春，又遠道往還，更費旬月。友芝既曠三冬之功，入春豈容更曠？竊計局中諸事，有在局諸人分任，俱已條理井然，濫竽其間，了無裨益，自應懇辭局務。請飭停止薪水月支，庶老懶之身，息校讎之勞，稍得優游自適。想□然許之也，拜惠無既。唯兩歲以來，每以迂疏無當，仰荷涵容，未得躬趨辭謝，甚以爲歉。昔蒙示及司馬《通鑑》、畢氏等四種書，涇紙者印成，當各以一部見賜，今計司馬及畢氏二種必先就，能早拜珍惠乎？手肅，敬請尊安。即叩節禧，伏唯垂鑒。

舍親馬雨農信來，言中丞許惠彼《通鑑》一部，如未寄往，即請飭委黎令攜存友芝處。

據臺北「國家圖書館」藏莫友芝手稿《郘亭書函稿》整理録入。寫信時間爲同治八年己巳（一八六九）十二月初十日（一八七〇年一月十一日），時年莫友芝五十九歲。

## 同治八年十二月致吴大澂書

清卿仁兄大人侍史：别來忽歲晚，遥惟起居勝常，著述稱意爲慶。友芝還白門，本擬十一月畢彝兒昏禮，即趨吴門度歲，而姻家以前期促迫，乃改定來春三月内始有成議。計三冬弛曠，豈容更越三春？惟辭去局館，庶得遂我私□。同事匝歲，諸賴切磋，索居閉門，我懷何極。承賜書有鍾山之興，洞庭、岳陽之暢觀，企予望之，定增得幾回開口笑也。金陵四史，兩《漢書》已開印，《史記》、《三國志》尚待明春。吾輩欲買，但先寄書直於洪琴西，兩月必得，以局中亦無印成多本也。呵凍肅復，即頌昭察不具。愚弟莫友芝頓首。十二月九月燭下。

附書價單一紙。尊示欲得兩部四史，蒓齋欲還度歲，如託之，可先得兩《漢》也。梁碑獲其一，而未到者二，詳均初簡中。

（據柳向春《張劍先生〈莫友芝年譜長編〉補遺三則》）

## 同治九年正月致方朔書

小東仁兄大人侍史：昨今承發來《粤雅堂書》合廿包領到，有費清神，容晤致謝。

弟檢理此諸書，聊得一日消遣也。所籌之款未至，至即送尊處轉致。復請台安，不一一。弟友芝頓首。廿九日。

據臺灣文海出版社《近代中國史料叢刊續編》第六十八輯刊載佚名編《清代名人墨迹》莫友芝手稿録入。方朔（一八二〇—一八七二）字小東，號果齋，長於考訂金石文物，著有《枕經堂詩集》行世。

## 同治九年二月致李鴻章書

候選内閣中書莫友芝謹上書合肥中堂爵帥鈞座：金陵客舍中，奉正月二十日手教，以鄂中新開文昌書院，當以講席見委。又示及征黔將發，期友芝早晚趨鄂，得諮黔地情形。此講席爲鄭重肇端，客歲得張鄦濤提學書問，自顧荒落衰病，即以不能勝任答之。讀邸鈔，見以中堂督師征黔之諭旨，慶幸不寐者連夕。黔疆糜爛已久，朝廷以髮、捻、回諸逆數道興師，不遑兼顧。今髮、捻賴中堂力征經營，以次底定，回逆又有他帥專辦，乃重以上相乘勝之聲威，臨荒陬負固之小醜。諸葛之開南中，西林之清雲貴，其豐功偉績，旦夕可以復見。正月之末，即束泝鄂之裝，冀及大纛未發，趨叩台端，稍達區區桑梓致亂委曲，并陳不任講席之私衷。而賜書適至，遂依輪扁以行。行舟無事，輒疏鄙見所及，贄呈鈞覽。

黔省自咸豐甲寅楊元保倡亂於省南，楊漋喜肆逆於省北，雖不久即就殲除，而苗匪、教匪、土匪，所在蜂起。三數年間，通十二府一直隸州，其城守未失僅貴陽、遵義、安順、黎平、思州五府，其廳州縣四十餘亦稱是。其民則逃亡轉徙，百里無煙；其官則遥領虚署，十無一實。兵餉兩空，寸籌莫展，待斃而已。近歲以來，稍得川、湖兩鄰省助其援剿，西北、東北諸府漸有起色，惟東南一邊未能得手。蓋西北、東北滋擾，多係教匪、土匪，本由烏合，盛聚衰散，差易爲力。至東南之台拱、清江、都江、下江、丹江五廳，爲百年前鄂文端公部署，張廣泗、哈元生所開置，其地界在都匀、鎮遠、黎平三府之間，即分轄於三府，今皆盡爲苗據。其都鎮府衛城及附近之八寨，平越、麻哈、黄平、清平、施秉等廳州縣七八城，苗概拆毁，耕成田地。重山複嶺中，縱横盤踞，七八百里，安居樂業，以抗官兵，官兵往往失利。

先是五廳之中，有革夷一種，與九股生苗相鄰比，常四出剽略，恣其荼毒，莫敢誰何。胡文忠公守黎平、鎮遠時，力籌剿捕，暫爲斂迹，而惡黨伏覗，未能盡除。逮楊逆既平，撫貴者粉飾肅清，不肯因乘勝師旅，拔其根株，一二年間，遂蔓延不可究詰。今黔人士餘殘喘者，未嘗不歎惜痛恨黔撫之害人家國也。邇來跳梁阻險抗官兵者，仍是革夷、九股爲亂首，抑更分出多股以相雄長，俱不可知。稍幸苗性别無遠圖，僅以拓産劫財盡其能事。若得痛剿一番，乘其驟不及防，奪其險要，搗其巢穴，殲虜一二最著頭目，使群苗無端驚畏，疑我師自天而下，則破竹之勢成矣。昔聞有夷目九松，頗饒勇智，韓撫軍超以清江通判提兵力與之角，以爲好將才，恨不能招而用之，今不知存否。又不知其黨中如九松比尚幾人。則皆勁敵也。夫制勝在兵，聚兵在餉，向惟餉無所出，遂以無兵。今中堂兼督數省，且得分兩江之儲以爲接濟，饟源裕而兵力厚矣。惟黔地層峰疊箐，絶澗危崖，鳥道盤迴，崎嶇萬狀，非得生長荒山，習獢捷如猿鳥之不可羈勒，即不能深入險阻，以争奇而决勝。故堪斯選者，莫如調鎮筸屯兵，及募上湖南三廳之人。次則辰、沅、寶慶諸府山居之人，在昔淮湘勝軍，極有法度。但得三分之一，因以教練新軍，取張聲勢而已。又稱此兵以求堪將之將，勁兵驍將，一力一心，自然投之所向，無不如意。兵將既定，其轉饟軍械，當於湖南常德府設總臺，以收兩省之運。乃換麻陽船泝上辰、沅兩府，以達貴州之鎮遠。自武昌府至常德有兩道，一自岳州過洞庭湖，一取荊州南岸虎渡口入裏河，其江路并輪船可達。至岳至荊則須換船。岳道稍近，然渡湖須待風，荊路稍遠，然裏河可資人力，其遲速亦略相等。若岳路得順風，又便捷多矣。自常德上辰、沅，即皆石河，惟麻陽船櫟底堅韌，弄舟者能用苦力，時有至荊岳者，然不多，而皆會萃於常德。其食米當師行時，且就常、辰、沅境節次近買，若進剿以後，更可因求鎮遠、黄平、平越一帶積儲之便。貴州各府皆食稻，不待外求。特亂後荒廢，有無難料，待臨機規畫耳。自常德至鎮遠，是通雲貴驛道，陸路十六驛，水路亦相附近。下水則水陸皆可行，爲日亦略相等。水稍盛，則水路尤較速。其上水則重灘疊險、牽輓迂遲，或資重水行而人就陸。蓋沅水兩大源皆自貴州出，鎮遠河出平越、黄平境，下沅州者，古之潕水，其北源也。都匀河下流爲清水江者，古之旁溝水，其南源也。此水即經台拱、清江之境，所謂新置五廳皆在其南。又南即大嶺，接黎平境，古所謂鐔城嶺者。此水又下經靖州會同縣境，至沅州之黔陽縣，與鎮遠河會。平時此水亦可行舟，自黔陽下流數十里之洪江雇載，上至都匀府城外，惟溪湍淺狹，所容之船又小於鎮遠河船，此道現可不問。若得手深入，當有藉資轉運，故附記。既兵精糧足以議進取，或盡鋭以壓之，或分道以逼之，有隙即乘，有惰必擊，出奇無窮，必中要害。至於悍者奪氣，黠者輸心，不出數月，而横亘七八百里之苗疆，不勞多殺，皆可撫而定也。特苗性狡詐，每官兵初至，常示弱以誘其深入，前後皆伏悍苗以迎敵而斷歸路，故兵單者不可輕進。若前茅後勁，節節靈通，彼亦無能爲也。其長技在劫營，其利器在鳥槍，蓋其聚落多依巖傍穴，不履不冠，腳板如鐵，走嶔崎若坦途，其鳥槍挾於掖下，四面俛仰，隨所指發以擊飛走，無不中，其精妙殆有過索倫、吉林馬射者，亦在臨事善爲之防而已。凡夷俗生子，群以精鐵爲賀，積二三百觔，鍊至二三十觔以成一槍，幼弄長習，行立坐卧無輒離，故能專精如此。其槍子用鐵沙，如豌豆大，惟身著軟甲者，常不能入。軟甲者，以頭髮十之七八，絲線十之二三，裝小襖褲。其鐵子中髮必融，每每能緩其力，故尚不及營槍鉛子之利。黔省用兵，凡將領必有軟甲一稱，雖盛夏不脱，亦時可禦營槍。其餘教匪，猶竊發未靖者，或即飭川師專剿，而我分兵爲之救應。或我兵、川兵分道搜剿。但苗匪之大憝既除去，此零瑣惡蘖，直如以石投卵，以湯沃雪，而不盪滌盡浄，未之有也。平定之後，善後切要，更有數端：曰修城池以資治守。凡城爲苗毀必繕完，不爾雖收復無以守。曰儲吏才以資委任。新復苗疆，馭黠夷，招流民，并需有守有爲之吏，恐黔省需次人不足，冀行幕中豫儲此才。曰因閑田以置屯衛。收復之地，或有造逆遺産，或逃徙無主荒田，似可增置一二屯衛，養府兵以資捍禦。又苗疆既復流官，其群苗中必有素爲種人畏服者，恐其别生事端，即增設爲一二武職土官，使充其選，即以苗中此項閑田充其俸料，亦以夷治夷之一道也，不得不預計之。曰表殉義以彰忠節。黔自甲寅軍興，迄今十有七年，其死事之人，在官者時有奏報，而士民婦女，則皆寂焉罕聞。即如友芝胞姪候選訓導遠猷，姪孫秋薇，咸豐庚申秋，毛賊石大開股陷獨山城，遠猷、秋薇同巷戰死，遠猷孀母池氏亦被害，屢以書言之故鄉當事，皆漫置之。若在兩江，忠義有局，凡捍賊身殉，雖走卒村婦，亦得甄録上聞，實教忠敦俗一大端，而黔官吏皆忽視不講，未必非政教之缺也。并乞中堂於成功稍暇時，悉爲經畫，提其大綱，庶使將來承辦，有遵守而不謬，積年之亂，戢以崇朝，長治之規，垂諸永久，凡吾黔人，罔不荷再造恩施，家尸户祝，一如諸葛、西林，永永無極矣。友芝避地飄泊，已十三年，鄉里情形，不能盡識，昔見今聞，無敢或隱，未審有當與否，伏冀裁察爲幸。二月十九日，莫友芝謹上。

中堂此行，拯我鄉里於水火，友芝若能追隨幕下，效楯墨之勞，義則然也。特衰病不任，無可如何。謹記素知可備軍中驅策者，條附於後以獻：

○署湖南提督現任永州鎮總兵官朱洪章，黎平人，果敢有謀，爲東征宿將。從曾沅帥收安慶，平江南，皆有功。特性坦直，於沅帥指麾不中機要處，時有規切，故封爵獨不及，意常不平。聞其年未四十，又生長蠻中，熟悉夷情地勢，此番征黔，即令當一面，或無失策也。

○四川候補道加二品銜唐炯，遵義人，任事沉毅，有開濟之略，由己酉舉人知南溪縣，賊驟至，剿禦有功，賊中號爲唐拚命。現帶川兵援黔，聞已收復甕安、平越、黄平舊州一帶矣。又聞其時與貴藩不協。二君皆正人，不過意見偶歧，無甚可否，今即託在麾下，必能馳驅如意也。

○四川候補道蹇誾，遵義人，敏决精細，才足應變，爲駱相所知，曾帶川兵防守遵義。駱相没後，頗與川帥不合，現今告養在籍。

○銅仁府教授胡長新，開泰人，丁未進士，恬淡好學，守正不阿。登第後用江蘇知縣，以母老改教職便養。貴州軍興，黎平孤懸一隅，屢被賊擾，助防守者數歲，夷情賊勢，皆所熟諳，若召置幕下，可備諮詢。

○四川補用知州顏佐才，貴陽人，英厲猛起，曾在蜀中剿匪，大破賊於白馬關，解緜州之圍，爲駱相所垂。後以司餉者遲其部卒月支且靳例賞，卒變遂劫庫，因下獄。大帥惜其才脱之，去年己巳，貴州補行鄉試，始中舉人，聞現爲道員唐炯帶勇。

○户部候補郎中但培良，廣順人，本部當差。而貴州適亂，其兄鍾良侍講在籍，毁家禦賊，戰死，其子姪數人皆遇害。培良乃還寓湖南，尋中己巳補行鄉試舉人。廣順、定番兩州爲貴省産稻之藪，軍行挽運，可以諮籌。

○獨山州團長楊維藩、羅光明，并州諸生，十年前獲奬五品翎頂，今不知進階云何。貴州亂後，其鄉團勇健者推獨山州州團，又以北路翁寄爲最，即維藩、光明所領也。苗匪侵軼，屢有扞禦功。庚申秋，州城爲長毛陷，數日克復。其陷也，以州官侯姓攘團功與私人，故聞警懈於趨扞，然聞變即至，故能速復。今都匀七屬大半不守，而獨山猶孤懸以存，皆鄉團力也。獨山北接都匀，東北接八寨，南接荔波，皆陸路，其東爲州同分防之三腳坉，有水路入廣西以達廣東，自三腳至都江古州僅二三百里，州境歲有餘稻。若剿五廳苗匪，當分此路進者，兩生可助驅策也。

○記名總兵張朝山，四川達縣人，自言生長山鄉，不怯險峻，其氣貌亦英發。自金陵來同舟始識之。黔省行軍萬山中，蓋與蜀道略相似，朝山習於蜀道，若試之選鋒，必能拔戟先登，盪決如意也。

○前安徽泗州知州賀緒蕃，黄平人，以署蒙城知縣守城禦苗沛霖功，升泗州，在州任内以公罪革職。該員年力正强，不甘廢棄，且家在苗疆，逃難而出，於苗中情形頗能悉其大概。以上數人，并係友芝舊知，亦有未識面者，所長大小不同，并信其於黔事有以自效，伏冀量才指撝，必能收指臂之益。又黔省近苗疆諸府州人士，多流轉於湖南境内，在辰、沅兩府尤衆。今者師行所經，循途叩謁，當亦不乏可用之才，次亦得因以爲鄉導。想休休有容之虚衷，定能不讓不擇，隨時留意也。友芝附上。

據臺北「國家圖書館」藏《莫友芝書札稿》録入。寫信時間爲同治九年庚午（一八七〇）二月十九日（三月二十日），時年莫友芝六十歲。

## 同治九年三月致胡鳳丹書

月翁都轉大人閣下：昨奉貇飭補印選卷，何神速乃爾耶，拜服！宏才區置小事亦爾，知天下艱巨入公手，無不裕如矣。惠賜《國語》、《國策》，謹領到，昨已叨盛筵，又縻書紙，野客之不廉已甚，唯感謝無既耳。子書單俟記憶開呈，欲作小篆數紙爲報，當俟還秣陵後轉寄。手肅奉復，即請尊安。不一一。

拙稿二件附《通鑑》後殷呈政，初十日友芝頓首。謹空。

據中國社會科學院近代史研究所藏《胡鳳丹存札》莫友芝手稿録入。

## 同治九年五月致嚴錫康書

伯雅老兄大人閣下：别來已徂寒暑，遥維起居安善。弟二月爲鄂游，三月末始還金陵。承惠札并个老信，知台從枉顧，以遠出未得迎候，唯益馳仰。个老遠索拙書，并復信，敬懇爲覓妥便寄往爲感。示及五月中當仍來江寧，弟適有維揚之行，未得祗候，留此敬頌升安，伏乞垂照，不具。愚弟莫友芝頓首。五月六日。謹空。

據周秋芳整理《郘亭書札》録入。寫信時間爲同治九年庚午（一八七〇）五月初六日（六月四日），莫友芝時年六十歲。

## 同治九年五月致馬恩溥書

（上闕）可以解脱。衰落之身，故鄉萬里，前途就窄，觸目無聊。唯刻意自懲，不敢蹈喪明之罪耳。如何如何！字到，請親家傳諭小女，聞此不必悲傷。稍候繩兒有差運來京時，將以歸寧，與其窮嫂作一二年聚，取老懷之小慰，亦不得已之極思耳。

今年鄉試不遠，惟祝親家即得江浙試差學差，藉晤教，以暢消一切，當能如願也。四月中即欲作字奉寄，端節後來揚州，猶十日不能下筆。故不次不盡，伏惟昭察。

五月廿二日，姻弟莫友芝頓首上。

志亭三兄親家同候，并問慶長令姪當上學識字矣。

據中國書店海王邨拍賣會展出莫友芝手迹（僅半頁）圖片録入。據手稿内容，知是同治九年莫彝孫去世後，莫友芝寫給親家馬恩溥的書信。

## 同治九年六月致唐炯書

鄂生四兄大人左右：承三月朔重安軍次惠書，并《黔詩紀略》刻資五百兩，蘇州銀號協同慶會兑，九七平。於五月二十九至江寧舍祥弟許。友芝方在維揚，六月二日奉到，始悉吾鄂老爲桑梓軍事，戮力馳驅，以成破竹之勢。艱危急難，猶中間掣撓，蜚擾百端，天下安知真是，惟平情處之，以消諸障，以策我成事，他勿深計也。古來肯擔當艱鉅人，未有不遭此等而不委曲周旋，以期於潛移不覺者。鄂老擔當艱鉅，不愧古人，是所夙信。但意氣稍盛之處，恐亦時有以生衆端，《老子》有「挫鋭解紛，和光同塵，湛兮似若存」，此言大有深味，千萬留意。

友芝館吴門書局一年，以主者議論不協，昨冬辭去。今春鄂督、撫及香濤學使，又以新開文昌書院講席見招，亦力辭之。而龐省三都轉又堅訂揚州書局，投老奔波，任人撥置，於自己安身立命，都荒廢不可收拾，故鄉驟不能歸，飄泊依於胡底，前途□仄，念之悚然。

二月中以李協相將征黔，走鄂送之，并條陳事宜，亦以善後最難、地方官必得賢員爲最亟要，與鄂老所見不期而合。又薦所知數人，即鄂老爲舉首，惜李相旋改援陝，黔事且從擱置。計摧逆撫順，以格有苗，復我疆土，吾鄂老所優爲。獨善後審官，自李相外，他人皆做不到，固恐黔亂之未遽已，唯鄂老善爲之耳。

三月尾自鄂馳還秣陵，將爲大兒彝孫謀應順天鄉試，而乃先以月半夭亡，老客儃伅，懷抱可知。甚怪舍六弟前數年何不早寄我《黔詩》稿子，爾時精力尚足支吾，又有彝兒助爲校理，今則僅次子繩孫，學太淺，又絆兩淮鹽曹卑官，不能少助。潤色鈎稽，亦非衰病所能更精。然此事更不可已，其蕪率處，擬一一聽之。惟客中瀏覽，約增舊編失收者二十家，其已載之君采、龍友兩家，增詩二百餘首而已，奈何奈何！

所來刻貲，若在黔蜀，已寬然有餘，而在東南，僅能就功之半，以數省皆開局刻書，而手民經亂消落，造就不及之故。所不足者，舍祥弟及黎蒓齋當任之。但刻成最速亦須兩年，是新繕稿，勢不能亟促了事也。鄂老跋如命爲之，斷不致誤。前在鄂亟還，香濤方按試荊州，未得泝江一晤，并訪子壽先生，是此行缺典。子壽《黔詩序》，柏容曾鈔以來，僅及柏容之編詩，於本書都不契勘，殆不可用。必欲得兩君爲序，須書成數卷後，印以寄之，更索乃得當也。

伏暑中起居何如？戎事倥偬，得稍息否？書到計當及秋半，爾時必能大就勝算，遡聽爲快。

揮汗具復，不次，伏惟爲時珍攝。庚午六月九日邗上，年愚弟莫友芝手狀。

曾寄舍弟書付提餉者，恐不即至，更作數字，煩速寄之。

據貴州省圖書館藏《莫友芝書札》録入。寫信時間爲同治九年庚午（一八七〇）六月初九日（七月七日），時年莫友芝六十歲。

## 同治九年六月致莫庭芝書

莚升六弟如晤：元日得爾字并《黔詩紀略》，具悉一切。我去臘已辭蘇州書局館，開春湖北督撫諸公以文昌書院講席相招，亦力辭之。而龐省三都轉又以揚州書局堅訂，以是繩兒上司，不能不應。二月中以李協相將往貴州，往鄂一送其行，且陳鄉里事宜，而協相遽改援陝，豈黔亂尚未即艾耶？四月朔，還抵金陵，而彝兒先以三月半天逝，又先失一鍾孫。以正月十六續取馮蓮溪女於池州，二月中將還。投老飄泊，而所遭如此，吾弟謂我情何如也！《黔詩》已來，不能不謀付梓。鄂生又寄貲來相促。甚怪爾不早寄，我於數年前，精力尚能支應，得更整理一番，今家事乃爾，視聽食息都不如往年，惟有聽其蕪率鹵莽上板而已。奈何奈何！李協相部署征黔時曾以五百里信催兄來鄂，蓋欲挾以同行，我亦微會其意，亦將藉謁先墓，與弟輩及子侄故舊相晤。既亦中止，而我日衰一日，吾弟亦有衰境，我弟兄相見更何時耶？閲邸抄，知弟已選，而不得遵義，差不足耳。桐兒在此尚無恙，橙兒所業何如？諸孫長成云何？皆極念。九弟於官事按實處，都有長進。今春開沙洲圩支河四里餘，可免此圩水患。他公件亦稱此，特於上官或合或不合，亦聽之耳。惟其公費每月必不足一二萬金，則以首邑應繁之故，冀一調劑，未能得也。蒓齋家累太重，幾於不支，現方獲委署吴江，想早晚已到任。惟渠性太疏闊，恐亦未能大善也。六月十日。維揚書局。兄友字。

據周秋芳整理《郘亭書札》録入。寫信時間爲同治九年庚午（一八七〇）六月初九日（七月七日），時年莫友芝六十歲。

## 同治九年六月致丁日昌書

中丞大人閣下：伏暑中恭惟起居萬福。旬日前得金陵家信，言蘇局潘令寄到中丞惠賜涇紙《通鑑》一部，并本年春季薪水九十兩。友芝在邗江客舍，謹再拜叩頭謝。精楮巨編，寒士夢想不到者，居然能擁以自豪，感荷盛意，如何可言。聞《目録》、《外紀》、《明紀》等以次就緒，并畢氏《續編》亦欲得此紙印者，合爲珍弆，冀他日更拜賜，當不責其貪饕也。唯友芝謝校務久，而中丞猶殷殷拳拳，猶不停局俸。尊者之賜，禮不敢辭，而無功之受，心實未安，且感悚交并。復念遠道知好聞吴局《通鑑》善本，走書來索，無以應者非一。因囑家中即謹將此款還寄局中買紙印書，俟印足時更領數部分寄，以廣中丞之惠，庶不負踰格優待之至意耳。友芝開歲以來，本擬稍清瑣屑，求一二日静攝，而合肥協相招爲鄂游，既送其行，復辭彼館，往返兩月間，遂夭一大兒，失一小孫，固虚聲無實，以招造物者忌，而十年飄漂，老境如斯，衰病瞶昏，百好都廢。龐省三都轉念其如此，挽來維揚，以爲蕭散，火雲深甑，都無好懷。欲俟秋清，扁舟信意，一豁心目，未知爾時能如願否。手肅，敬請崇安。伏惟垂鑒。六月廿九。

據貴州省圖書館《莫友芝書札》録入。寫信時間爲同治九年庚午（一八七〇）六月二十九（七月二十七日），時年莫友芝六十歲。

## 同治九年七月致莫繩孫書

示繩：爾所持少筠二紙已寫，可致之。姚浣花持其尊人《禹貢正餘》一册令勘，欲以付梓，其説皆淺顯簡當，用於塾中課本良佳，屬爲題跋，匆匆未能下筆，先爲作署首一紙，爾可還之，爲我致意，言此書亟不可不刻，刻時更爲補題跋也。得馬雨翁信，言爾信我信俱早至，亦有與爾一信，言已移居，分劉子重宅子同住，中秋爾回金陵可細讀也。七月廿八日父字。

據上海圖書館藏《影寫莫友芝手迹》録入。寫信時間爲同治九年庚午（一八七〇）七月二十八日（八月二十四日），時年莫友芝六十歲。

## 同治九年七月致沈樹鏞書

均初仁兄大人侍史：四月初自鄂還秣陵，奉惠書，并隋舍利塔銘首山者，是所未經見，企謝珍意。未作答者，以鄂游五十餘日中，遂夭一大兒，失一小孫，哀情方殷，百事都廢故耳。五月中來維揚，伏暑既盛，深甑蒸炊，又無吉樂勝友如吾均公招尋以消永日，苦悶之甚。忽奉六月下旬手教，儼如雙林中衙促膝晤談，精神頓生，勝服一劑清涼散矣。《梁闕》友芝所獲僅前奉寄者，皆托之他人，不得精本。《南康闕》，爲經理者已之試順天，僅得一分，與文帝、敏侯致潘季翁寄伯寅矣。在鄂得椒坡、秋谷數往還，清卿亦常晤，頗不寂莫，聞其八月當還蘇。友芝萍蹤無定，未審遂得相直增幾回開口笑否耳。蝯叟雖扶杖遨游而豪氣不減，其收藏固多秘本，而富殆不如均公。安得有王喬舄子瞬息假我至吴，觀均、蝯兩家鬬寶以爲快耶。揮汗率復，不次不盡，即頌著安，諸維垂鑒。七月二日，愚弟莫友芝叩頭叩頭。

據貴州人民出版社二〇一四年版《莫友芝書法集》影印莫氏此函手稿録入。手稿上鈐有「鶴廬藏札」朱文方印。沈樹鏞（一八三二—一八七三）字韻初、均初，官内閣中書。

# 同治九年八月致姚濬昌書

慕庭大令老弟侍史：燕子磯舟次一别，匝兩歲有半歲矣。秋初奉惠函，敬悉奉侍康樂，政平訟理，慶慰無已。外件書三包，朱提一裹，并拜珍賜。遥想尊公著述舊已脱板，今又整理完善，并張亨甫詩，爲尊人風義未竟者，信乎孝子仁人之用心也。推而上援鶉堂以至端恪公遺著，今行本亦稀少，即宜檢精要次第授梓，以完追遠之緒，吾弟必已生籌及之矣。唯惜抱諸編别有新刻，可不必刊耳。而其《老子》、《莊子》兩章，義説極精簡，有益學者，此亦不可不亟籌者也。示及二年來愧無卓特之政，此固古循自考之美意也，但未審吾弟所指卓特者云何耳。夫親民者但能官與民近，視民事如家事，其是非疾苦，常得以自白自申於官，而不遭冤抑，是即爲良有司，不必其卓特可指也。其卓特可指者，則必有大利大害爲之興除，澤百世者，此亦在所直之時之地藉手成之耳。若意求卓特而忽庸常，轉有無事生事而不能了事之病。鄙見如此，吾弟誠思之，然乎？否耶？友芝蘇局之館去冬已辭。中丞之處傳言，或以去秋其子宿娼人命事，然已虚造數摺，完若無事矣。此事蘇人至好無不遭其疑怪者。今方召往天津辦夷務，未開缺也。今春以李相將征黔，曾爲鄂行，鄂中諸公有文昌書院之留，亦力辭之。四月初還江南，而小兒彝孫先以三月半夭逝，老客當此，頗難爲懷。五月來省三都轉招爲邗游，亦聊藉書局以爲消散，去住期於自由，差無苦耳。莼齋六月委署吴江，初任直此繁難，大爲棘手。舍弟去秋末自京歸，初冬即還任，又將匝一年。當鄉試奔忙時，適值制軍被伏莽之刺，七月廿六看操於箭道，由便道還署，遭草中伏賊刺腹，廿七日斃，爲古來所未有。終口昏忙，幸兇人即得，而操期武官皆在，處分可輕，其量移則待湘鄉爵相至，或有可望耳。尊公碑文，友芝以久客荒廢，筆力稚弱，不能爲老輩發揚駿德，故未敢爲，吾弟屢督促之，擬歲内必有以報命，懸知不能及吴、徐傳誌也。懿甫已補和州校官，二月在皖曾一晤，頗有衰意。小兒繩孫在兩淮差遣，尚未能引見，曾命以《通鑑》及畢《續》者奉寄，當此番并往。蘇局《左傳》、《古文詞類纂》、《孝經》并附致。八月廿二日。

據上海圖書館藏《影寫莫友芝手迹》録入。寫信時間爲同治九年庚午（一八七〇）八月二十二日（九月十七日），時年莫友芝六十歲。

## 同治九年八月致魏錫曾書

稼孫大兄大人侍史：八月自邗江還秣陵，令親張屺堂將到手示，言補正蘭泉《粹編》，於蕭憺一石增出至七百餘字，知於此道寢饋深矣，企想無已。所託均初寄稿至蘇，適其還川沙，未得即持拙釋。拙釋增蘭泉者計合千餘字，可確信者亦僅七百餘，乃以拓本十數會校得之，而老兄以一木尋繹，所得遂已如此。惜此行至蘇，承託均初見寄大稿，未能即持正拙釋以爲快耳。拙釋第一行云「公諱憺，字僧達，南徐州蘭陵縣都鄉中都里人」，下即提行，與尊釋小異。其全似來歲《梁石記》成，奉正也。《白鹿祠碑》即《常山金石志》所載《狄公碑》，前人未及，大致出河南二種，并甲子鄉試所收，未有副本。去歲新訪出《梁闕》六件，先以行篋所有建陵兩闕奉覽，其蕭績、蕭正立各二闕拓本已盡，容他日更獲乃寄也。性之賢郎好古有家法，見顧於胥門。舟次匆匆將發，手此致復，即頌著安。不具。

據臺北「國家圖書館」藏《郘亭書函稿》録入。寫信時間爲同治九年庚午（一八七〇）八月下旬，時年莫友芝六十歲。

## 同治九年九月致龐際雲書

秋熱漸清，爽氣佳適，伏惟起居勝常，遥用企頌。友芝在金陵匝月，了無一事，亦不終日奔忙，直至六日薄晚，乃得登舟南出。今日重九方行及丹陽，計抵吴江、還蘇門，尚各有數日料理。比邗江落帆，趨奉教言，定當月尾矣。聞薛介伯鄂中之行，即在此中旬内，且欲待友芝至，交付其所經手之件。若友芝爾時不能即至，恐其負鄂諸公期約，請趣其先行，不必待友芝之至爲是。意其手校諸卷，必甚妥協，不煩面商也。蘇中有梓人善手舊用者，意欲招來刻五經，渠輩必樂於從事，特不知蘇局肯放手否耳。

據臺北「國家圖書館」藏《郘亭父子藏札》録入。寫信時間爲同治九年庚午（一八七〇）九月初九日（十月三日)，時年莫友芝六十歲。

## 同治九年閏十月致丁日昌書

禹翁中丞大人苫次：昨省三觀察過，言尊訃至，驚悉老伯母太夫人遽棄榮養，遥想中丞至性，肫篤毁瘠之過，如何可言。惟念老伯母壽届九旬，已極人世所稀有，又得中丞經猷懋勳，以爲顯揚，備起居就養之樂，亦可以無憾矣。天下雖向乂安，然未能竟靖，宏濟才略，海内幾人，伏冀節哀順變，惜此一世系屬之身，爲他日時艱作擔荷，是所切禱。友芝浮泊邗江，日增衰病，適以冒寒服藥，未能渡江恭叩老伯母靈幃，一送行紼，甚爲歉然。又竊慨蘇中吏治，自中丞澄敘整飭，漸以蒸蒸日上，誰爲繼者，遂能蕭規曹隨否耶？友芝輩飄轉無根，中丞此去，益無依賴，念之尤憮然也。謹製挽幛一掛，由信局寄上老伯母銘次。手肅，恭請禮安，伏惟垂察。閏月廿五日，莫友芝頓首上。

據羅鳳珠主辦「絲路展書讀網站」中《謝述德堂鴻軒氏藏名賢翰墨》整理録入。寫信時間爲同治九年庚午(一八七〇)閏十月二十五日(十二月十七日)，時年莫友芝六十歲。

## 同治九年十一月致方濬頤書

子箴方伯都轉大人閣下：昨書局提調王守言《全唐文》板式，尊意必以原書大小爲準，而不取友芝之請改依《全唐詩》之議。因命刻匠依原樣寫宋來觀，頗覺其字大行鬆，尚不如新刻《隋書》之整緻。因與王守熟商，此刻既擬改宋，即非原書原式，何妨稍加直行，以損成功時紙墨，惟横行不動，以便板□。今更寫半頁十二行及半頁十行各一紙呈覽，其十行一紙固覺鬆爽，而通計全部僅損十分之一，約二千六七百篇；其十二行一紙亦自覺密栗而不局促，且每部可損四分之一，約七千餘篇。當此經費支絀之時，似不能不爲此預計，唯裁奪焉。且友芝昔請依《全唐詩》者，亦非漫然，因見浙江刻《欽定七經》、蘇州刻《欽定春秋左傳讀本》，皆改宋縮小，江南刻諸正史，亦先擬依官本，既而改依汲古，皆爲省費起見，故悉更官式。若《唐文》依《唐詩》，猶是康熙官樣，以類相從，似較三省局爲有據依。且康熙時大部中部官書如此樣者，御定《韻府》并□□《駢字類編》、《類函》、《書畫譜》、《群芳譜》、《方輿路程考略》、《御選唐詩》、《四朝詩》、《題畫詩》、《詠物詩》、《歷代詩餘》凡十餘種，其書每頁行數或廿行、廿二、廿四行不一，大小則一律。《韻府》一種，行雖廿四，乃多半雙行，爲四十八，亦不嫌其太密。《唐詩》之行廿二，其刊也，又開局於揚州，曹通政寅監之，因刻《篇韻》五種，今猶稱詩局本，是揚之掌故可述者。故嘉慶中以

《唐文》即□□揚州刊板，蓋用例仍爾時。監繕諸君若能念掌故而師成法，則此書工費減半，其行世必若《唐詩》之易於家置。徒以鹽政方盛未弊，猶得侈費以成虛美。若以康熙諸老爲之，必有間矣。今方伯既不取此議，知此書自是嘉慶舊章，宜輕不改，循行數墨，瑣瑣小計，誠爲無當。又與王守再三往復，欲更請因舊式稍爲變通，此所來十二行等寫樣，特爲成書時損篇頁起見，與江南正史同意。伏乞察核，定其是否，賜批發局，以便遵行。肅頌尊安，不具。十一月望日。

據臺北「國家圖書館」藏《郘亭書函稿》録入。寫信時間爲同治九年庚午十一月十五日（一八七一年一月五日），時年莫友芝六十歲。

## 同治九年十一月致何栻書

廉舫老兄大人侍史：冬晴想起居安善，小寓雖在比鄰，常以不得時奉教爲企。兹有懇者，弟三日内當往金陵，而局中臘脩須來月初旬方能領出，乞老兄暫爲借三十金，以爲行資，即屬局提調王治軒兄領出臘脩時代爲歸款，想慨然見許，佇切感切。手肅，即頌台安。諸惟青鑒，不具。愚弟莫友芝頓首。廿六日燭下。

據中國社會科學院近代史研究所藏《雷坡集墨》録入。

# 同治九年十二月致馬恩溥書

雨農大兄親家大人閣下：秋冬兩奉惠函，并與繩兒教，頌悉一是。夢熊有兆，聞之喜慰無已。雖吾親家差運小滯，然所望正在此不在彼，決不以介懷也。當此末世，官途本無勝味，況積薪重疊耶？子壽倏爲楚游，親家復有明年春夏南來之説，三江五湖間，大可蕩滌簪組苦累，但不審是漫言否耳。弟老懶成癖，百慮都付之空花。惟故紙堆未能舍去，然精力頹憊，炳燭餘光，更復幾何，自憐復自笑也。

兩淮都轉交替，邗館尚舊貫，聊藉爲萍蓬消遣。幸主者不苛責，得自由耳。滁相重莅兩江，即卧治亦勝人十倍。野客依賴，未有不餘事及者。唯舍弟遭舊督之獄，應差拘也，疲精負累，不可言説，須待此獄明春成，乃得稍冀調劑。親家所須四史，當即向劼剛言也。評事街宅子贖價交廉舫亦大善，此事舍弟及繩兒料理，渠輩當已詳致，弟不甚了了，即亦不復聞問，疏懶如此，惟親家能相諒耳。繩兒現仍轉運差遣，惟冀得量移稍優者，資其北上，子箴雖許之而未有分曉。內子甚念小女，其歸寧亦待繩兒能入京乃得，若親家南游果就，即偕如君奉翁先至，則幸甚也。忽忽歲杪，馳思無已，起居何如，率奉數字，不次不盡。庚午醉司命日。

據臺北「國家圖書館」藏《邵亭書函稿》録入。寫信時間爲同治九年庚午十二月二十四日（一八七一年二月十三日），時年莫友芝六十歲。

## 同治九年十二月致潘祖蔭書

伯寅仁兄年大人執事：秋冬奉手教并《肥城麃孝禹石刻文》、《安張仁憲碑》、《京畿金石考》，鑑泉出都，又獲《東平劉曜》。晴冬展對，頓忘飄泊之苦。一歲新出兩漢石，而麃石更上在西京，真尤物矣。忽忽歲杪，馳仰無已，起居何如，更何新獲可貽故人耶？友芝春間曾爲鄂游，初夏還秣陵，同失一大兒一小孫，客況蕭條，如何可言。揚局檢校，特主者拉爲消遣，非能有裨益也。鄉昔嗜好，漸爾淡如。《梁石》小篇，迄今直未下筆。執友書問作字，答益疏，意緒可知矣。揚局刻《隋書》未完，僅《廣陵通典》、《述學》二三小件，金陵局則《史記》下至《晉書》皆已就，可向湘鄉索也。《輿地紀勝》惟見嶺南伍氏刻本，邗江岑刻獨所未聞。吴門覆刻《通鑑目録》、《近思録江注》，差皆佳本耳。義興、溧水兩石，久欲手爲善拓，今已索然，意外搜剔，益所不及。梗蓬垂老，家山渺然，縱浪大化，未知止泊。承詢，草草具復，不次不盡。庚午臘月。

據臺北「國家圖書館」藏《郘亭書函稿》録入。寫信時間爲同治九年庚午（一八七〇）十二月，時年莫友芝六十歲。

## 同治九年致張裕釗書

昨日湘鄉公示《江寧學記》，言煩閣下及梅岑爲細勘，因走訪不直，即先示梅老，茲特遣送上，煩爲悉心一校，即定稿上石也。今日想無他出，當奉詣一談。手頌廉卿先生著安。不具。廿日。弟友芝頓首。

據周秋芳整理《郘亭書札》録入。寫信時間爲同治九年庚午（一八七〇），時年莫友芝六十歲。

## 同治十年正月致景其濬書

劍泉先生年大人閣下：使舟去冬經邗江，獲奉教言，頓覺十年客塵袪除殆盡。匆匆揖别，惟益馳仰！

臘杪金陵度歲，奉到賜書，敬悉起居安善，年伯母太夫人又迎養扺皖，自是時月以造士得賢，爲太夫人歡，禄養善養交盡之矣。雖皖中根抵之學，差遜曩昔，首郡士氣，又頗浮動，得吾劍老津津不懈，亟起而震新之，朞月必有可觀，比及三年，一切廢修墜舉可拭目俟也。蒙惠法書四幅，雄偉精詣，蕭條客舍，如睹朱霞，謹當什襲寶藏以爲輝光奕世。欲作數紙奉報，氣索不能下筆,俟春和凍解,乃强爲之耳。所示爲親謀外一節,在古昔行之順以易,在今日議之則頗創聞。見在成例,京秩小員,亦不許請調,況在大員?必如閣下之意,若以啓札自通湘鄉,既措辭未便,惟師生面談,差爾無妨。聞明歲有恩科,曷不待録科晤對時一言,爲不著迹乎?友芝萍蓬,習慣里門,還期未知何日,三山客舍即是并州故鄉。方子箴仍有淮南書局之訂,江臯仲春又當遄往。但局中大綱已舉,又游蹤無定也。開正元夕,肅復,遥叩侍安,并賀年禧,諸維垂鑒。不具。年小弟莫友芝。

據臺北「國家圖書館」所藏《郘亭書函稿》整理録入。

## 同治十年二月致黄彭年書

子壽仁兄同歲左右:去秋得惠書,冬間曾托倪豹岑寄一函,并馮敬亭刻小徐《韻譜》,適文駕出都,因留馬雨農許。臘初早還數日,遂慳一面緣,末由覿展十年契闊,馳想無已。

邇來秦蜀湖湘間,遊寓中定益新著若干種,安得如南明小聚,快讀數日耶?友芝客況蕭條,頽老無成,全家飄蕩,若藝業經術有繼,亦慰客心,而天忌虚名者,奪之吾子,懷抱可知矣。張廉卿來,又蒙惠書慰藉,固知命薄,不敢怨尤,亦每每悵觸無聊賴,則道根淺也,如何如何。所命買金陵局本書兩單,即托局提調洪琴西太守照檢開價,合裝一箱妥寄。書到,吾壽老與器之兄自爲檢分，其價即請煩帶書者攜還，交琴西歸款。世兄昏禮成，遠不得趨賀，外呈《史記》、《三國志》各一部，爲博議之助。

友芝早晚即當爲邗遊，吾壽老何時經過，延企之甚！梁建陵二闕及建安、敏侯二闕是新獲者，并奉鑒定。局刻《晉》、《宋》兩書尚未就，舍弟爲子尹刻者乃《輪輿私箋》，非其《儀禮》，《儀禮》是壽老校、鄂生刻也。兹亦寄上五部，其《儀禮》、《鄭學録》亦煩致聲鄂生，便致數部來。其未刻者尚有《汗簡箋》，若鄂生能索其稿寄此間刻，尤善。壽老謂當爲子尹作狀，冀早成之。友芝亦欲作一文字，亦以其書未備，未能悉究原委，故遲遲耳。《黔詩》昔據諸志集零散兩巨箱，惜經燹毁客中，計無從更增改，惟校妥一卷刻一卷，聊存此毛稿，以待後人補苴，入夏上版，期匝一歲成功，倘能如願耶？

束裝匆匆，不次不盡。辛未二月廿五日。

據臺北「國家圖書館」所藏《郘亭書函稿》莫氏手稿録入。《郘亭日記》同治十年三月初六日記曰：「黄子壽托買局中書，即托琴西寄之鄂城。」日記所言事，與此相吻合。

## 同治十年四月致金安清書

廿五以金陵寓中小有料理，匆匆解纜，未及登尊舟爲别，恐驚吾眉公晨鼾也。書來乃知尊體少違和，即就平復，轉以慳此一晤爲歉，夏秋間當仍至邗上，并承以敝寓湫隘爲念，感荷之甚。爾時友芝凖已至揚州矣。廿六日禁江之風，上下俱無行，舟泊儀徵口一日以待，次日乃行。今晨剛抵三山門，南行想已渡江。伏惟起居佳勝。不具。弟友芝頓首。四月廿八日。

據學苑出版社二〇〇六年版《名家書札墨迹》第八册《名家書札》録入。

## 致戴丙榮書

禮庭老兄大人侍右：前者承委諸件，已就三日矣，曾送道幕，謂方養痾外寓，即日想安善爲慶，諸件即煩大价攜回，不更遣致也。示及訪帖一端，仍以前議爲是，不必添作，如更有不棄見委，其雙款約以鍰叟爲率，單款則半之，又半皆得，庶幾多留幾紙，冀其永久。一切唯裁奪消息之。署中珍攝爲禱。弟友芝頓。廿一日申刻。

據百度圖片録入。戴丙榮（？—一八六六），字禮庭，浙江嘉興人。時游應寶時幕。精研金石書畫。按，以下所録均不詳年月。

## 致蒯德模書

子範三兄大人閣下：承示鄭開陽《江南經略》，數日來粗觀大略，其書雖專爲備倭，而兼留意防土寇。故湖汊出没四郡險易一事詳載，於今蘇藩境内要害，蓋靡不包舉者。所言據明代情形，因與今日不能盡合，然地形水勢，大略無改，且得之身歷，絶無紙上勦説。善用者因時制宜，言治言兵皆有依據，亦實事求是者，爲不可少之書。閣下以明刻之外更無覆刻，謀梓以行，甚善舉也。手肅，敬頌臺安，又徼原書十四册，伏惟垂察。

據臺北「國家圖書館」藏《郘亭書函稿》録入。蒯德模（一八一六—一八七七），字子範，安徽合肥人。

## 致李鴻裔書

今晨想起居佳善矣，冀早見過，補昨日未竟之談，已戒早飯，遲至午間待君也。不一一。弟友芝頓首上眉生老兄大人侍史。十八日辰。

據《近代中國史料叢刊續編》第六十八輯所載《清代名人翰墨》録入。李鴻裔(一八二〇—一八九七)。字眉生,别號香巖。

## 致莫繩孫書

羅□叔喫飯後可將紙筆并阿叔信持來,此間有墨研也。《古微書》補就,可合看,酌分四本,前後各加勘紙二三頁,尋舊殼用之。惠氏《禮説》在内門外茶基上,當補宋本。補紙有白者,即在其書下,合分三厚本。明日雪凍,恐不能補書,即將董工開去,遲數日更做。如須接做,即將《語類》照我分二十本,加入護紙,用元殼訂之。

據臺北「國家圖書館」所藏《郘亭書函稿》録入。

## 致何敦五書

丹臣老弟大人閣下:別來敬想動止勝常,隨事稱意,爲慰爲頌!

友芝鹿鹿如常,今年酷熱中,即似病非病,直至中秋來始能平善,想是老境當然,不足怪也。金陵善後方亟,爵相以九月朔移節後,友芝亦擬初旬内東下。家小俟料理有屋子乃行。小兒繩孫就親江右。手此，敬請勛安！不一一。

如兄莫友芝頓首。八月廿七日。

嬸子、夫人坤祉！賢郎、令千金并佳善！

此函手稿原爲鄭逸梅所藏，劉正成《中國書法全集·清代名家三册》據以影印。今據此影印件録入。何敦五，字丹臣，時與莫友芝同在曾國藩幕府中。

## 致莫彝孫兄弟書

得新年六日信，具悉家中老小平安，良慰！

我託敖季翁、王竹翁所帶書信，想都至，所要兩書當已檢來也。蕭吉丈有信與爾，渠此時已還家矣。目力尚佳，大是難得。故鄉知好無幾，念之神往。所索字，待我還金陵更作耳。議王氏姻事，自以遣人訪實妥爲是。我開年眠食都好，爾母飲食何如？家中想都平安！鍾想能嬉笑矣，我二尾三初當即歸也。上元父字，示彝、繩。

馬雨翁處，我久未有信寄之，彝當寫寄道近況也。

據國家圖書館藏《莫友芝詩文稿書跋》録入。

## 致吴雲書

平翁先生侍史：昨承惠顧，適舊氣病大作，不能坐卧，簡褻之甚。即日幸痛已氣舒，能晚飯，今則如常矣。有以擘窠書見委者，乞惠假斗筆一用，即奉歸。手頌晨安。不具。弟友芝頓首。十六。

據周秋芳整理《郘亭書札》録入。

## 致俞樾書

蔭甫老兄大人執事：承命作引書，手僵墨凍，幾至不成筆畫，奉上一笑，棄之可也。老兄曾乞方伯善堂横牓，已付弟代完，不審是何善堂，應用何等字，屬弟致意老兄，乞代擬四字示下，以便照繕。不具。弟友芝頓首。廿一。

據周秋芳整理《郘亭書札》録入。俞樾（一八二一—一九〇七）字蔭甫，號曲園居士，咸豐五年任職國史館協修，後又任河南學政。

## 致俞樾書

蔭甫先生侍右：《明紀》稿本一夾，凡十四册，致上，乞明眼先勘一通，以定刊否。在局諸同事，不謀而叶，僉謂非先生敏覽密察，莫能決此，伏冀檢入。手頌著安。不具。小弟友芝叩頭上狀。七月四日雨中。

據周秋芳整理《郘亭書札》録入。

## 致李鴻裔書

惠書至，知玉山之計且成，想陶朱之謀大遂矣。五湖浪蹟，但有閒興，即當爲續記游集中人也。歲晚，遥維起居佳善，不具。

臘月廿七日。友芝手狀上眉公老兄大人侍史。左沖。

據周秋芳整理《郘亭書札》録入。

## 復袁節帥書

午橋節帥仁兄大人閣下：正月十八日奉答一械，計邀台覽。頃奉十五日賜書，以淮南北唇齒之依，介毛捻苗泯棼之擾，爲全皖熟籌深計，綜其商鹺通塞、鹽米互利、屯田事宜，一一成竹在胸，毅然薦賢，必合軍務、地方爲一手。想見君子運量天下，苦衷至周至密，所以默契天心，立承俞旨，從此公運籌淮北，滌帥長馳江表，而希弇專力皖中，聲援相應，壁壘皆新，豫皖、江淮連爲一室。孱病之軀，頗欲息肩，忻慶無任。自太湖移營後，狗瞎諸逆之蟄伏者，窺我腹裏空虚，爲竄鄂解皖之計。正月杪，霍山警報，遂入英山。二月八日陷黄州，鄂城騷動。弟呻吟累月，不任馳剿，仍穩坐以安人心，屬希弇提萬人西上，彭雪琴都統爲兩翼，水陸并驅。聞賊僅據巴河一帶，端揆在鄂，亦有準備，武漢或可無虞。希弇沈毅奮迅，了斷非難。馬隊舟師，皆賊所畏，武漢當無虞也。滌帥復建德清饒境，已陳請移營東流張家灘。僞侍王又擾婺源，僞忠王竄建易，亦不無(下闕)

據國家圖書館藏《莫友芝詩文書跋》録入。

## 致襲雲書

襲雲仁兄大人閣下：十六日奉到惠椷，敬悉初六文節已渡漢陽，沔上環琦，盡入珊網矣，慶羨慶羡！

弟太湖一迻，致狗逆窺我腹裏，漏英霍以陷黄州。剿賊有希蓊中丞擔荷，舒都統馬隊、彭方伯水師翼之，可以集事，武漢定當無虞。弟病勢日甚，氣息如絲，已請假一月在營調理，堅守以鎮人心。但俟希公凱旋，征皖軍事，一以付之耳。

據周秋芳整理《邵亭書札》録入。

## 致相廷書

復顔軍門。二月廿一。

相廷仁兄大人閣下：奉十一日惠書，領悉一是。棗陽捻警，經閣下調撥，馳會地方官弁速剿，想已蕆事。現在狗逆上竄，武漢緊急。李希蓊將全師，舒都統將馬隊，彭雪琴將水師，數道并進，揆帥亦有準備。且聞閣下馳援已至漢川，竄賊十六七間尚在麻城、白菓、宋埠一帶，省城定可無虞，然調發亦空矣。所示挑派馬隊爲襄樊先事防捻之籌，尚宜俟此賊肅清方能議及也。復頌勛安！

據周秋芳整理《郘亭書札》録入。

## 致友人書

別兩月來，夢寐常在一所，而疏懶不作，虛修候想，無不心印耳。邇聞介翁攻麻汪洞已得手，川兵又以會集，此賊蕩平，只在早晚。憶兩翁間日運籌握數，其樂意當勝仲春□聚時也。午節又近，友芝以到館日淺，并少旅費，未便言歸。計中秋解館，握手匪遠。節間如須支脩，煩召諭繩兒一同料理，至屬。手奉數字，敬詢道安，即賀午禧。不具。城工近到何分際？

據中國社會科學院文學研究所藏《郘亭函稿》整理録入。函中「介翁」，可能是指江炳琳，字介侯。

## 致友人書

□□年兄足下：二月四日得手書，并春官雋卷，始知問字侯芭，新以更名通籍，喜慰之甚。秋曹律令，欽恤爲根，山牘鈎稽，正足補讀書所不到，唯以明慎不留相勖而已。越國鄙遠，任重力輕，太湖一移，啓狗逆擣虚之計。黄郡不守，省會震驚，雖部署數道，水陸并驅，當不至蔓延難圖，亦已蹂躪不小矣。久病益弱，氣促神昏，醫藥徒然，殆將不濟，然值此時艱，但一息尚存，猶不敢以此自陳求謝也。

據周秋芳整理《郘亭書札》録入。

## 致友人書

皖城收復雖踰兩春，而地方百孔千瘡，長毛捻子時來時去，我軍南北分戍，雖有數萬，仍是單弱，奔命不暇。此間三知守皆窮乏可憐，又繁瑣難應付，所以我不願做。（闕）漂泊依人，將來不知何底，真不敢設想也！然今世人物究竟以滌老爲第一，其行軍縱不能風行雷厲，而能造就人才，謀定後戰，楚軍壁壘終勝他軍。唯不能用不羈之才，又徇乃弟沅圃驕恣，沅圃狃於安慶之役，趾高氣揚，已失乘勝之機。壬夏乃漫以一軍抵金陵雨花臺下，進退唯艱，致水陸諸軍皆爲保護此軍牽制，調度俱形掣肘，而諸軍猶不致體解者，則以此老平日能得其心，不虚餉，不隱勞（下闕）

據上海圖書館藏《影寫莫友芝手迹》整理録入。

## 致丁松生書

今日得觀閣本叢殘，以證夙昔企想賢者愛惜文獻之心，欣慶無既！唯牽率執事冒雨奔波，殊未安耳。《存目》當乞假閱，便付來走爲幸！書債催促，需兑付，而此間洋價都未了徹。來銀伍拾兩少零，欲煩遣紀一換，以應支兑，當不見責瑣事瀆擾也。友芝頓首頌松生先生著安！

據浙江省圖書館所藏《浙江圖書館藏名人手札選》第一百八十頁影印莫友芝手稿録入。「松生」，乃丁丙之字。

## 答宋晉書

雪帆仁兄年大人閣下：差弁還，奉到正月廿七日手教，敬想春扈多慶。病已五月，神氣已去，肌肉日減，心肺二脈若有若無，不絕如縷。兩歲來，濫厠經席，講授無狀。承禮意殷拳，有加靡已，感愧何言。瀕行，復蒙□□□□□復益以厚贐逾常，感愧之私，如何可言。即日遥惟政祉綏和，允升膺福，以頌以慶。友芝以初九日抵家，應俗之煩，刻不容暇。薄寒小中，頭腦昏昏，以致奉别之詩遲未脱稿，謹寄呈三首，懷不能盡，更俟大篇郵到時，途次補和也。友芝行期已展，來月十三不知尊遣諸路專差有一二可倚耶。葰郎姿美，得子尹教之篤實，需以歲月，必有可觀。唯此朔易短日，須得常常督之早起，日課乃不虚耳。

# 增補古今集聯

梁光華
歐陽大霖　點校

# 點校説明

莫友芝博覽群書，好游覽，善談論，才思敏捷，與人商較古今，講究雅趣，吟詩填詞作對，脱口而出，晚清傳爲佳話。莫友芝善于截取漢碑、《易林》、漢魏六朝唐宋詩人名詩名句成聯，後輯爲此書。該書于同治十三年（一八七四）由北京雙魚罌齋主人張叔平首刊，題書名爲《古今集聯》，共分爲十四部分：集漢碑聯、集《易林》聯、集石鼓文字、集萬安橋、集漢魏六朝五言聯、集太白五言聯、集太白七言聯、集杜工部五言聯、集杜工部七言聯、集唐七言聯、集東坡七言聯、集山谷七言聯、集蘇黄七言聯、集宋人七言聯。光緒二十九年（一九〇三）八月，宏道堂據同治十三年刻本覆刻，書名題爲《增補古今集聯》。一九九一年六月，天津市古籍書店影印出版了同治十三年刻本《古今集聯》。

本書雖然祇是莫友芝輯録古籍佳句而成，却包含有再創作的成分，凝聚了集句者心力，更可窺見其深厚學養和獨到的思想境界，故收入《莫友芝全集》中。

本次點校，我們以光緒二十九年八月宏道堂刻本《增補古今集聯》爲底本，參照同治十三年刻本《古今集聯》、宋代洪邁的《隸釋》、《隸續》、漢代焦延壽的《易林》以及《陶淵明詩集》、《漢魏六朝詩選》、《漢魏六朝百三家集》、《全唐詩》、《全宋詩》、《李太白全集》、《杜工部集》、《蘇軾詩詞全集》《黄庭堅詩集注》《歐陽修詩詞全集》《莫友芝書法集》、人民文學出版社二〇〇九年版《莫友芝詩文集》等，同時藉助互聯網等現代信息工具，爲全書一千四百八十五副對聯的出處作了詳細梳理。點校者忠實于底本原貌，將莫友芝輯録的對聯按照刻本原版格式單列成行，同時在每聯之下標注集句出處，并將其上(下)句列出，以爲學界研究提供一些參考。同時，在點校過程中，我們還輯録了散見于各地各書的莫友芝致友人對聯百餘副，作爲附録，以供讀者賞讀。

莫友芝飽讀經史，對古典文化融會貫通，集聯往往是脱口而出、信手拈來，未與原書核實，因此難免出現少量與原文不符的情況。本次點校將這類問題作了詳細爬梳，一一對照原文予以説明。

本書是一部匯集歷史文獻名篇佳句的經典著作，其中聯語的選擇，折射出莫友芝獨到的人生態度與哲學思考。如他輯録蘇東坡的佳句「才者不閑拙者娱」，充分展示了積極的人生理想，其一八七一年臨終前還在揚州里下河小舟之上整理《黔詩紀略》書稿，是其終身踐行這一人生理想的最好詮釋；其集自漢碑的「勤恤民隱頌聲作謡」聯語，體現了普通知識分子對于社會穩定和諧的期盼；其集自戴復古詩句「大開窗户納宇宙」，則彰顯了他的博大胸懷。總之，本書無論是在莫友芝時代還是在當前社會，在弘揚傳統文化這個層面上，都是具有無可替代的重要意義的。

末附《莫友芝楹聯輯逸》，主要輯自譚劍鋒主編的《莫友芝書法集》以及在莫友芝日記等資料中發現的莫氏所撰或所集的楹聯。

梁光華　歐陽大霖

甲午初夏于黔南民族師範學院

# 目録

# 雙魚罌齋録莫子偲友芝集漢碑聯

點校者按：莫友芝集漢碑聯，每聯之下均標注出處，如第一聯「衡方」指此聯前四字集自漢碑《衛尉衡方碑》，「張遷」指此聯後四字集自《漢蕩陰令張遷碑》，「司空殘」指此聯前四字集自《漢司空殘碑》，「孔彪」指此聯後四字集自《博陵太守孔彪碑》。下同。

耀此聲香雖遠猶近　衡方〔一〕　張遷〔二〕
納我鎔範有實若虛　司空殘〔三〕　孔彪〔四〕

〔一〕衡方：《衛尉衡方碑》。碑原文「耀此聲香」之上句爲「維明維允」。
〔二〕張遷：《漢蕩陰令張遷碑》。碑原文「雖遠猶近」之上句爲「三代以來」。
〔三〕司空殘：《漢司空殘碑》。碑原文「納我鎔範」之下句爲「既童具彪」。
〔四〕孔彪：《博陵太守孔彪碑》。碑原文「有實若虛」之上句爲「勞而不伐」。

印紱相承夙夜匪懈　堯廟〔一〕　陳球〔二〕
圭璧之質光容有輝　景君銘〔三〕　孫根〔四〕

〔一〕堯廟：《濟陰太守孟郁修堯廟碑》。碑原文「印紱相承」之下句爲「銀艾不絶」。

〔二〕陳球：《太尉陳球碑》。碑原文「夙夜匪懈」之下句爲「遷繁陽令」。
〔三〕景君銘：《漢北海相景君碑》。碑原文「圭璧之質」之下句爲「臨卒不回」。
〔四〕孫根：《安平相孫根碑》。碑原文「光容有輝」之上句爲「抑抑珪質」。

奉魁承杓垂後不朽　石門〔一〕　夏承〔二〕
鈎河擿洛爲斆者宗　史君〔三〕　高彪〔四〕

〔一〕石門：《石門頌》。碑原文「奉魁承杓」之上句爲「厲清八荒」。
〔二〕夏承：《漢北海淳于長夏承碑》。碑原文「垂後不朽」之上句爲「黨魂有靈」。
〔三〕史君：《史晨碑》。碑原文「鈎河擿洛」之下句爲「象與天謨」。
〔四〕高彪：《外黄令高彪碑》。碑原文「爲斆者宗」之下句爲「裒積藹藉」。

掬精極微雅藝攸載　陳球後〔一〕　張表〔二〕
蓄道修德先民是程　景君銘〔三〕　孔彪〔四〕

〔一〕陳球後：《陳球後碑》。碑原文「掬精極微」之上句爲「聖賢立言」。
〔二〕張表：《冀州從事張表碑》。碑原文「雅藝攸載」之上句爲「張仲孝友」。
〔三〕景君銘：《漢北海相景君碑》。碑原文「蓄道修德」之上句爲「蒙佑以寧」。
〔四〕孔彪：《博陵太守孔彪碑》。碑原文「先民是程」之上句爲「□□之翰」。

虔恭竭力圭璧之質　鄭固〔一〕　景君銘〔二〕

棲遲樂志琴書自娱　楊君〔三〕　魯峻〔四〕

〔一〕鄭固：《郎中鄭固碑》。碑原文「虔恭竭力」之上句爲「顧親誨弟」。

〔二〕景君銘：《漢北海相景君碑》。碑原文「圭璧之質」之下句爲「臨卒不回」。

〔三〕楊君：《繁陽令楊君碑》。碑原文「棲遲樂志」之下句爲「項領滯畜」。

〔四〕魯峻：《漢司隸校尉忠惠公魯君碑》。碑原文「琴書自娱」之上句爲「閉門静居」。

列於風雅筆墨敏疾　尹宙〔一〕　戚伯著〔二〕

和其寒暑草木芬芳　三公山〔三〕　桐柏廟〔四〕

〔一〕尹宙：《豫州從事尹宙碑》。碑原文「列於風雅」之上句爲「二子著詩」。

〔二〕戚伯著：《戚伯著碑》。碑原文「筆墨敏疾」之下句爲「儀容茂盛」。

〔三〕三公山：《三公山碑》。碑原文「和其寒暑」之上句爲「飆雨時降」。

〔四〕桐柏廟：《桐柏廟碑》。碑原文「草木芬芳」之上句爲「禽獸碩茂」。

閉門静居仙逋比迹　魯峻〔一〕　嚴訢〔二〕

聆聲樂附童冠相娱　校官〔三〕　李翊〔四〕

〔一〕魯峻：《漢司隸校尉忠惠公魯君碑》。碑原文「閉門静居」之下句爲「琴書自娱」。

〔二〕嚴訢：《嚴訢碑》。

〔三〕校官：《溧陽長潘乾校官碑》。碑原文「聆聲樂附」之下句爲「樂受一廛」。

〔四〕李翊：《廣漢屬國侯李翊碑》。碑原文「童冠相娱」之上句爲「棲遲不就」。

祖講詩易有朋自遠　校官〔一〕　婁壽〔二〕

婆娑尊俎與世無争　司空殘〔三〕　婁壽〔四〕

〔一〕校官：《溧陽長潘乾校官碑》。碑原文「祖講詩易」之下句爲「剖演奥藝」。

〔二〕婁壽：《玄儒先生婁壽碑》。碑原文「有朋自遠」之下句爲「冕紳莘莘」。

〔三〕司空殘：《司空殘碑》。碑原文「婆娑尊俎」之上句爲「躬差觴豆」。

〔四〕婁壽：《玄儒先生婁壽碑》。碑原文「與世無争」之上句爲「知賤爲貴」。

左琴右書相樂終日　馬江〔一〕　史晨後〔二〕

芝草茂木有馥其馨　張公神〔三〕　張表〔四〕

〔一〕馬江：《郎中馬江碑》。碑原文「左琴右書」之上句爲「贊業聖典」。

〔二〕史晨後：《史晨後碑》。碑原文「相樂終日」之上句爲「奉爵稱壽」。

〔三〕張公神：《張公神碑》。碑原文「芝草茂木」之下句爲「潚潚滋榮」。

〔四〕張表：《冀州從事張表碑》。碑原文「有馥其馨」之上句爲「遂播芳譽」。

耽詩説書好學不厭　衡方〔一〕　婁壽〔二〕
推賢達善秉心惟常　費鳳〔三〕　尹宙〔四〕

〔一〕衡方：《衛尉衡方碑》。碑原文「耽詩説書」之上句爲「長吕欽明」。
〔二〕婁壽：《玄儒先生婁壽碑》。碑原文「好學不厭」之上句爲「捥髮傳業」。
〔三〕費鳳：《堂邑令費鳳碑》。碑原文「推賢達善」之下句爲「遷恩三基」。
〔四〕尹宙：《豫州從事尹宙碑》。碑原文「秉心惟常」之上句爲「含純履規」。

俾爾熾昌孰可爲比　校官〔一〕　張休涯涘〔二〕
聞君風曜永流無窮　韓敕〔三〕　堯廟〔四〕

〔一〕校官：《溧陽長潘乾校官碑》。碑原文「俾爾熾昌」之上句爲「子子孫孫」。
〔二〕張休涯涘：《張休涯涘銘》。
〔三〕韓敕：《魯相韓敕造孔廟禮器碑》。碑原文「聞君風曜」之下句爲「敬詠其德」。
〔四〕堯廟：《濟陰太守孟郁修堯廟碑》。碑原文「永流無窮」之上句爲「令裕衍蔓」。

處靖衡門無文不綜　楊君〔一〕　曹全〔二〕
貢德王室匪禄是榮　李翊〔三〕　度尚〔四〕

〔一〕楊君：《繁陽令楊君碑》。碑原文「處靖衡門」之下句爲「童冠如雲」。

〔二〕曹全：《郃陽令曹全碑》。碑原文「無文不綜」之上句爲「甄極瑟緯」。

〔三〕李翊：《廣漢屬國侯李翊碑》。碑原文「貢德王室」之下句爲「顯名遼疇」。

〔四〕度尚：《荆州刺史度尚碑》。碑原文「匪禄是榮」之下句爲「無言不讎」。

攬英接秀有朋自遠　衡方〔一〕　婁壽〔二〕
探賾窮神爲斆者宗　祝睦〔三〕　高彪〔四〕

〔一〕衡方：《衛尉衡方碑》。碑原文「攬英接秀」之下句爲「踵迹晏平」。

〔二〕婁壽：《玄儒先生婁壽碑》。碑原文「有朋自遠」之下句爲「冕紳莘莘」。

〔三〕祝睦：《山陽太守祝睦碑》。碑原文「探賾窮神」之下句爲「無物不辯」。

〔四〕高彪：《外黄令高彪碑》。碑原文「爲斆者宗」之下句爲「裒積萹藉」。

剋亮天功嘉瑞踵武　衡方〔一〕　孔羡〔二〕
勤恤民隱頌聲作謡　嗀阮神祠〔三〕　祝睦後〔四〕

〔一〕衡方：《漢故衛尉卿衡府君之碑》。碑原文「剋亮天功」之上句爲「能哲能惠」。
〔二〕孔羡：《魏封孔羡碑》。碑原文「嘉瑞踵武」之上句爲「神氣氤氲」。
〔三〕殽阬神祠：《殽阬神祠碑》。碑原文「勤恤民隱」之下句爲「而除其害」。
〔四〕祝睦後：《祝睦後碑》。碑原文「頌聲作謡」之下句爲「令香功烈」。

清以自修忠以自勗　鄭固〔一〕
敬而不怠淡而不盈　唐扶頌〔二〕

〔一〕鄭固：《郎中鄭固碑》。碑原文「清以自修」之下句爲「犯顔謇愕」；「忠以自勗」之上句爲「從政事上」。
〔二〕唐扶頌：《成陽令唐扶頌》。碑原文「敬而不怠」之下句爲「淡而不盈」。「淡而不盈」，碑原文作「澹如不盈」，其下句爲「惟直如矢」。

瀸潤品物政隆上古　修華嶽〔一〕　熊君〔二〕
排啓閶闔道牟群仙　帝堯〔三〕　唐公房〔四〕

〔一〕修華嶽：《樊毅修華嶽碑》。碑原文「瀸潤品物」之上句爲「風雨應時」。
〔二〕熊君：《綏民校尉熊君碑》。碑原文「政隆上古」之上句爲「復莅五年」。
〔三〕帝堯：《帝堯碑》。碑原文「排啓閶闔」之上句爲「雙握嘉文」。「閶」，《隸釋》載原碑文作「闛」。
〔四〕唐公房：《仙人唐公房碑》。碑原文「道牟群仙」之上句爲「德潤故鄉」。

卷舒委隨敬詠其德　　劉熊〔一〕　　韓敕〔二〕

驪樂壽考還歸于嬰　　孔躭神祠〔三〕　　老子銘〔四〕

〔一〕劉熊：《酸棗令劉熊碑》。碑原文「卷舒委隨」之上句爲「既練州郡」。

〔二〕韓敕：《魯相韓敕造孔廟禮器碑》。碑原文「敬詠其德」之上句爲「聞君風耀」。

〔三〕孔躭神祠：《梁相孔躭神祠碑》。碑原文「驪樂壽考」之上句爲「孫息敖姚」。

〔四〕老子銘：《老子銘》。碑原文「還歸於嬰」之上句爲「絶嗜去欲」。

通經綜緯雅藝攸載　　李翊〔一〕　　張表〔二〕

遵矩蹈規曲徑不由　　靈臺陰〔三〕　　王政〔四〕

〔一〕李翊：《廣漢屬國侯李翊碑》。碑原文「通經綜緯」之下句爲「兼究古雅」。

〔二〕張表：《冀州從事張表碑》。碑原文「雅藝攸載」之上句爲「張仲孝友」。

〔三〕靈臺陰：《靈臺碑陰》。碑原文「遵矩蹈規」之下句爲「上仁好義」。「矩」，《隸釋》載原碑文作「榘」。

〔四〕王政：《郎中王政碑》。碑原文「曲徑不由」之上句爲「時言樂笑」。

修身踐言深究聖指　　孔彪〔一〕　　孔謙〔二〕

案經考典率由舊章　　靈臺〔三〕　　白石神君〔四〕

〔一〕孔彪：《博陵太守孔彪碑》。碑原文「修身踐言」之上句爲「孝衷度衷」。

〔二〕孔謙：《孔謙碑》。碑原文「深究聖指」之上句爲「升堂講誦」。

〔三〕靈臺：《靈臺碑》。碑原文「案經考典」之下句爲「河洛秘奥」。

〔四〕白石神君：《白石神君碑》。碑原文「率由舊章」之上句爲「非奢非儉」。

少習家訓文艷彬郁　孔宙〔一〕　祝睦後〔二〕

并受福賜化洽剛柔　堯廟〔三〕　丁魴〔四〕

〔一〕孔宙：《泰山都尉孔宙碑》。碑原文「少習家訓」之下句爲「治《嚴氏春秋》」。

〔二〕祝睦後：《祝睦後碑》。碑原文作「文艷彬彧」，下句爲「淵然深識」。

〔三〕堯廟：《濟陰太守孟郁修堯廟碑》。碑原文「并受福賜」之上句爲「仲尼宗家」。

〔四〕丁魴：《廣漢屬國都尉丁魴碑》。碑原文「化洽剛柔」之下句爲「三載功成」。

嘉禾神芝天與厥福　受禪表〔一〕　韓敕〔二〕

翔風膏雨化行如神　堯廟〔三〕　景君銘〔四〕

〔一〕受禪表：《魏受禪表》。碑原文「嘉禾神芝」之下句爲「奇禽靈獸」。

〔二〕韓敕：《魯相韓敕造孔廟禮器碑》。碑原文「天與厥福」之下句爲「永享牟壽」。

〔三〕堯廟：《濟陰太守孟郁修堯廟碑》。碑原文「翔風膏雨」之下句爲「即時大降」。

〔四〕景君銘：《漢北海相景君碑》。碑原文「化行如神」之上句爲「威立澤宣」。

深明箕陝文艷彬郁　譙敏〔一〕　祝睦後〔二〕

宜參鼎鞅化洽剛柔　景君銘〔三〕　丁魴〔四〕

〔一〕譙敏：《小黄門譙敏碑》。碑原文「深明箕陝」之下句爲「讖録圖緯」。

〔二〕祝睦後：《祝睦後碑》。碑原文作「文艷彬彧」，下句爲「淵然深識」。

〔三〕景君銘：《漢北海相景君碑》。碑原文「宜參鼎鞅」之下句爲「堅幹禎兮」。

〔四〕丁魴：《廣漢屬國都尉丁魴碑》。碑原文「化洽剛柔」之下句爲「三載功成」。

秉心惟常行爲士表　尹宙〔一〕　魯峻〔二〕

立言不朽象與天談　楊統〔三〕　史晨〔四〕

〔一〕尹宙：《豫州從事尹宙碑》。碑原文「秉心惟常」之上句爲「含純履規」。

〔二〕魯峻：《司隸校尉魯峻碑》。碑原文「行爲士表」之上句爲「學爲儒宗」。

〔三〕楊統：《沛相楊統碑》。碑原文「立言不朽」之上句爲「惄焉永傷」。

〔四〕史晨：《史晨碑》。碑原文「象與天談」之上句爲「删定六藝」。

家富人喜順如流水　孫叔敖〔一〕　孔彪〔二〕
時言樂笑穆若清風　王政〔三〕　魯峻〔四〕

〔一〕孫叔敖：《孫叔敖碑》。碑原文「家富人喜」之上句爲「以股潤國家」。
〔二〕孔彪：《博陵太守孔彪碑》。碑原文「順如流水」之上句爲「望如父母」。
〔三〕王政：《郎中王政碑》。碑原文「時言樂笑」之下句爲「由徑不曲」。
〔四〕魯峻：《司隸校尉魯峻碑》。碑原文「穆若清風」之上句爲「統政□載」。

祖述家業先以敬讓　孔謙〔一〕　景君〔二〕
覃思舊制稽之中和　樊敏〔三〕　韓敕〔四〕

〔一〕孔謙：《孔謙碑》。碑原文「祖述家業」之上句爲「修春秋經」。
〔二〕景君：《北海相景君碑》。碑原文「先以敬讓」之上句爲「分明好惡」。
〔三〕樊敏：《巴郡太守樊敏碑》。碑原文「覃思舊制」之上句爲「舉直錯枉」。
〔四〕韓敕：《魯相韓敕造孔廟禮器碑》。碑原文「稽之中和」之上句爲「上合紫臺」。

帥禮不爽師訓之範　孔彪〔一〕　劉衡〔二〕
臨民則惠頌聲作謡　魯峻〔三〕　祝睦後〔四〕

〔一〕孔彪：《博陵太守孔彪碑》。碑原文「帥禮不爽」之下句爲「好惡不愆」。
〔二〕劉衡：《趙相劉衡碑》。碑原文「師訓之範」之上句爲「而劍四教」。
〔三〕魯峻：《司隸校尉魯峻碑》。碑原文「臨民則惠」之上句爲「事帝則忠」。
〔四〕祝睦後：《祝睦後碑》。碑原文「頌聲作謡」之下句爲「令香功烈」。

下筆流藻言必華麗　張平子〔一〕
濯冕題剛嘉其寵榮　樊敏〔二〕

〔一〕張平子：《張平子碑》。碑原文「下筆流藻」之下句爲「潛思發義」；「言必華麗」之上句爲「文無擇辭」。
〔二〕樊敏：《巴郡太守樊敏碑》。碑原文「濯冕題剛」之上句爲「備禮招請」；「嘉其寵榮」之上句爲「魂而有靈」。

仁知約身無文不綜　戚伯著〔一〕　曹全〔二〕
政教稽古斯民以安　孔和〔三〕　孔彪〔四〕

〔一〕戚伯著：《戚伯著碑》。碑原文爲「禮性仁知，約身學事」。
〔二〕曹全：《郃陽令曹全碑》。碑原文「無文不綜」之上句爲「甄極毖緯」。
〔三〕孔和：《孔廟置守百石孔龢碑》，又稱《漢魯相乙瑛請置孔廟百石卒史碑》。碑原文「政教稽古」之下句爲「若重規矩」。
〔四〕孔彪：《博陵太守孔彪碑》。碑原文「斯民以安」之上句爲「路不拾遺」。

素絲羔羊敬詠其德　衡方〔一〕　韓敕〔二〕
翔風羔雨來臻我邦　堯廟〔三〕　劉熊〔四〕
〔一〕衡方：《衡尉衡方碑》。碑原文「素絲羔羊」之上句爲「兢兢業業」。
〔二〕韓敕：《魯相韓敕造孔廟禮器碑》。碑原文「敬詠其德」之上句爲「聞君風耀」。
〔三〕堯廟：《濟陰太守孟郁修帝堯廟碑》。碑原文「翔風羔雨」之下句爲「即時大降」。
〔四〕劉熊：《酸棗令劉熊碑》。碑原文「來臻我邦」之上句爲「三祀有成」。

所在爲雄文彰彪炳　曹全〔一〕　劉熊〔二〕
及其從政化洽剛柔　曹全〔三〕　丁魴〔四〕
〔一〕曹全：《郃陽令曹全碑》。碑原文「所在爲雄」之上句爲「枝分葉布」。
〔二〕劉熊：《酸棗令劉熊碑》。「文彰彪炳」碑原文爲「文彰彪繽」，其上句爲「動履規繩」。
〔三〕曹全：《郃陽令曹全碑》。碑原文「及其從政」之下句爲「清擬夷齊」。
〔四〕丁魴：《廣漢屬國都尉丁魴碑》。碑原文「化洽剛柔」之下句爲「三載功成」。

仁知約身當享眉耇　戚伯著〔一〕　孔彪〔二〕
靖共祈福以毖後昆　帝堯〔三〕　圉令趙君〔四〕

〔一〕戚伯著：《戚伯著碑》。碑原文爲「禮性仁知，約身學事」。

〔二〕孔彪：《博陵太守孔彪碑》。碑原文「當享眉壽」之下句爲「莫匪爾極」。

〔三〕帝堯：《帝堯碑》。「靖共祈福」碑原文爲「靖恭祈福」，其下句爲「即獲祚」。

〔四〕圉令趙君：《圉令趙君碑》。碑原文「以毖後昆」之上句爲「□□紀伐」。

智含淵藪列於風雅　度尚〔一〕　尹宙〔二〕

化速置郵惠我黎烝　衡方〔三〕　校官〔四〕

〔一〕度尚：《荆州刺史度尚碑》。碑原文「智含淵藪」之下句爲「仁隆春暖」。

〔二〕尹宙：《豫州從事尹宙碑》。碑原文「列於風雅」之上句爲「二子著詩」。

〔三〕衡方：《衛尉衡方碑》。碑原文「化速置郵」之上句爲「□本肇末」。

〔四〕校官：《溧陽長潘乾校官碑》。碑原文「惠我黎烝」之上句爲「翼翼聖慈」。

乾坤所挺國之良幹　史晨〔一〕　張遷〔二〕

風雨時節歲獲豐年　曹全〔三〕　曹全〔四〕

〔一〕史晨：《史晨碑》。碑原文「乾坤所挺」之下句爲「西狩獲麟」。

〔二〕張遷：《漢蕩陰令張遷碑》。碑原文「國之良幹」之下句爲「垂愛在民」。

〔三〕、〔四〕曹全：《郃陽令曹全碑》。碑原文「風雨時節，歲獲豐年」之後爲「農夫織婦，百工戴恩」。

夙夜惟寅若涉淵水　衡方〔一〕　西狹〔二〕
遐邇僉服甚於置郵　楊君〔三〕　曹全〔四〕

〔一〕衡方：《衛尉衡方碑》。碑原文「夙夜惟寅」之下句爲「禕隋在公」。
〔二〕西狹：《武都太守漢陽河陽李翕西狹頌》。碑原文「若涉淵水」之上句爲「君踐其險」。
〔三〕楊君：《繁陽令楊君碑》。碑原文爲「寮類假爾，僉服歸稱」。
〔四〕曹全：《郃陽令曹全碑》。碑原文「甚於置郵」之上句爲「惠政之流」。

陰陽協和仍致瑞應　堯廟〔一〕　郙閣〔二〕
遐邇攜負咸歌頌聲　三公山〔三〕　靈臺〔四〕

〔一〕堯廟：《濟陰太守孟郁修帝堯廟碑》。碑原文「陰陽協和」之下句爲「百姓賴福」。
〔二〕郙閣：《李翕析里橋郙閣頌》。碑原文「仍致瑞應」之下句爲「豐稔年登」。
〔三〕三公山：《三公山碑》。碑原文「遐邇攜負」之下句爲「來若雲兮」。
〔四〕靈臺：《靈臺碑》。碑原文「咸歌頌聲」之上句爲「莫不被德」。

操潔冰雪威神霆電　夏堪〔一〕　朱龜〔二〕
智含淵藪德及草蟲　度尚〔三〕　唐扶頌〔四〕

（一）夏堪：《相府小史夏堪碑》。碑原文「操潔冰雪」之下句爲「苛獲縣選」。

（二）朱龜：《幽州刺史朱龜碑》。碑原文「威神霆電」之下句爲「燭於上下」。

（三）度尚：《荆州刺史度尚碑》。碑原文「智含淵藪」之下句爲「仁隆春暖」。

（四）唐扶頌：《成陽令唐扶頌》。碑原文「德及草蟲」之下句爲「澤流無垠」。

頤親誨弟五品用訓　鄭固〔一〕　帝堯〔二〕

彈琴擊磬八音克諧　孔彪〔三〕　史晨〔四〕

（一）鄭固：《郎中鄭固碑》。碑原文「臨親誨弟」之下句爲「雯恭竭力」。

（二）帝堯：《帝堯碑》。碑原文「五品用訓」之上句爲「□□順叙」。

（三）孔彪：《博陵太守孔彪碑》。碑原文「彈琴擊磬」之上句爲「餘暇遲疑」。

（四）史晨：《史晨碑》。碑原文「八音克諧」之上句爲「考之六律」。

道牟群仙當享眉耇　唐公房〔一〕　孔彪〔二〕

天降雄彦則致升平　武榮〔三〕　上尊號奏〔四〕

（一）唐公房：《仙人唐公房碑》。碑原文「道牟群仙」之下句爲「德潤故鄉」。

（二）孔彪：《博陵太守孔彪碑》。碑原文「當享眉耇」之下句爲「莫匪爾極」。

（三）武榮：《執金吾丞武榮碑》。碑原文「天降雄彦」之下句爲「資材卓茂」。

〔四〕上尊號奏：《魏公卿上尊號奏》。碑原文「則致升平」之上句爲「爲世撥亂」。

閉門静居雪白之性　魯峻〔一〕　張遷〔二〕

擒翰著作蘭生有芬　元賓〔三〕　張遷〔四〕

〔一〕魯峻：《司隸校尉魯峻碑》。碑原文爲「閉門静居」，光緒刻本將「閉」誤作「閑」，據改。原碑文此句下句爲「琴書自娱」。

〔二〕張遷：《張遷碑》。碑原文「雪白之性」之下句爲「孝友之仁」。

〔三〕元賓：《議郎元賓碑》。碑原文「擒翰著作」之下句爲「時人莫能豫」。

〔四〕張遷：《張遷碑》。碑原文「蘭生有芬」之上句爲「紀行求本」。

種德收福永享年壽　張公神〔一〕　韓敕〔二〕

敦詩説禮動履規繩　西狹〔三〕　劉熊〔四〕

〔一〕張公神：《張公神碑》。碑原文爲「種德收福惠斯民」。

〔二〕韓敕：《魯相韓敕造孔廟禮器碑》。碑原文「永享年壽」之上句爲「天與厥福」。

〔三〕西狹：《武都太守漢陽河陽李翕西狹頌》。碑原文「敦詩説禮」之上句爲「天姿明敏」。

〔四〕劉熊：《酸棗令劉熊碑》。碑原文「動履規繩」之下句爲「文彰彪繽」。

莅政清平詩云愷悌　雍勸闕〔一〕　張遷〔二〕

受性淵懿事得禮儀　夏承〔三〕　韓敕〔四〕

〔一〕雍勸闕：《趙相雍勸闕碑》。碑原文「莅政清平」之下句爲「有甘棠之化」。

〔二〕張遷：《張遷碑》。碑原文「詩云愷悌」之下句爲「君隆其恩」。

〔三〕夏承：《漢北海淳于長夏承碑》。碑原文「受性淵懿」之下句爲「含和履仁」。

〔四〕韓敕：《魯相韓敕造孔廟禮器碑》。碑原文「事得禮儀」之上句爲「下合聖制」。

斯民以安欽若嘉業　孔彪〔一〕　華山〔二〕

歌君之美僉然同聲　唐扶頌〔三〕　張遷〔四〕

〔一〕孔彪：《博陵太守孔彪碑》。碑原文「斯民以安」之上句爲「路不拾遺」。

〔二〕華山：《後漢西嶽華山廟碑》。碑原文「欽若嘉業」之上句爲「孫府君到」。

〔三〕唐扶頌：《成陽令唐扶頌》。碑原文「歌君之美」之上句爲「乃共刊石樹頌」。

〔四〕張遷：《張遷碑》。碑原文「僉然同聲」之下句爲「賃師孫興」。

翹節建志藐然高厲　侯成〔一〕　武榮〔二〕

種德收福俾爾熾昌　張公神〔三〕　校官〔四〕

〔一〕侯成：《金鄉長侯成碑》。碑原文「翻節建志」之下句爲「冠於君倫」。
〔二〕武榮：《執金吾丞武榮碑》。碑原文「藐然高厲」之下句爲「鮮於雙匹」。
〔三〕張公神：《張公神碑》。碑原文爲「種德收福惠斯民」。
〔四〕校官：《溧陽長潘乾校官碑》。碑原文「俾爾熾昌」之上句爲「子子孫孫」。

實柔實剛乾坤所挺　景君〔一〕　史晨〔二〕
克忠克力福禄攸同　楊統〔三〕　曹全〔四〕

〔一〕景君：《北海相景君碑》。碑原文「實柔實剛」之下句爲「乃武乃文」。
〔二〕史晨：《史晨碑》。碑原文「乾坤所挺」之下句爲「西狩獲麟」。
〔三〕楊統：《沛相楊統碑》。碑原文「克忠克力」之上句爲「其德伊何」。
〔四〕曹全：《郃陽令曹全碑》。碑原文「福禄攸同」之上句爲「既定爾勳」。

體性敦仁黎庶賴祉　周憬功勳録〔一〕　桐柏廟〔二〕
含純履軌先民是程　尹宙〔三〕　孔彪〔四〕

〔一〕周憬功勳録：即《桂陽太守周憬功勳銘》。碑原文「體性敦仁」之下句爲「天資篤厚」。
〔二〕桐柏廟：《桐柏淮源廟碑》。碑原文「黎庶賴祉」之下句爲「民用作頌」。
〔三〕尹宙：《豫州從事尹宙碑》。碑原文「含純履軌」之下句爲「秉心惟常」。

〔四〕孔彪：《博陵太守孔彪碑》。碑原文「先民是程」之上句爲「□□之翰」。

廉孝相承世載其德　武榮〔一〕　張遷〔二〕

剛柔攸得功加於民　楊統〔三〕　華山廟〔四〕

〔一〕武榮：《執金吾丞武榮碑》。碑原文「廉孝相承」之下句爲「亦世載德」。

〔二〕張遷：《張遷碑》。碑原文「世載其德」之上句爲「張是輔漢」。

〔三〕楊統：《沛相楊統碑》。碑原文「剛柔攸得」之下句爲「以和以平」。

〔四〕華山廟：《後漢西嶽華山廟碑》。碑原文「功加於民」之下句爲「祀以報之」。

履該顔原進退以禮　衡方〔一〕　夏承〔二〕

政猶豹産綏禦有勛　任伯嗣〔三〕　張遷〔四〕

〔一〕衡方：《衛尉衡方碑》。碑原文「履該顔原」之下句爲「兼修季由」。

〔二〕夏承：《淳于長夏承碑》。碑原文「進退以禮」之下句爲「允道篤愛」。

〔三〕任伯嗣：《成皋令任伯嗣碑》。碑原文「政猶豹産」之下句爲「邦□□□」。

〔四〕張遷：《張遷碑》。碑原文「綏禦有勳」之上句爲「克岐有兆」。

登班敘優遷於喬木　張壽〔一〕　三公山〔二〕
處正好禮穆若清風　桐柏廟〔三〕　魯峻〔四〕

〔一〕張壽：《竹邑侯相張壽碑》。碑原文「登班敘優」之上句爲「登善濟可」。
〔二〕三公山：《三公山碑》。碑原文「遷於喬木」之上句爲「出從幽谷」。
〔三〕桐柏廟：《桐柏廟碑》。碑原文「處正好禮」之下句爲「尊神敬祀」。
〔四〕魯峻：《司隸校尉魯峻碑》。碑原文「穆若清風」之上句爲「統政□載」。

受性淵懿積德勤約　夏承〔一〕　夏承〔二〕
建策忠讜蒞政清平　景君〔三〕　雍勸闕〔四〕

〔一〕夏承：《淳于長夏承碑》。碑原文「受性淵懿」之下句爲「含和履仁」。
〔二〕夏承：《淳于長夏承碑》。碑原文「積德勤約」之下句爲「燕于孫子」。
〔三〕景君：《北海相景君碑》。碑原文「建策忠讜」之下句爲「辨秩東衍」。
〔四〕雍勸闕：《趙相雍勸闕碑》。碑原文「蒞政清平」之下句爲「有甘棠之化」。

襲裘繼業下筆流藻　袁良〔一〕　張平子〔二〕
彈繩糾枉濯冕題剛　夏承〔三〕　樊敏〔四〕

〔一〕袁良：《國三老袁良碑》。碑原文「襲裘繼業」之上句爲「朕以妙身」。
〔二〕張平子：《張平子碑》。碑原文「下筆流藻」之下句爲「潛思發義」。
〔三〕夏承：《淳于長夏承碑》。碑原文「彈繩糾枉」之下句爲「忠絜清肅」。
〔四〕樊敏：《巴郡太守樊敏碑》。碑原文「濯冕題剛」之下句爲「傑立忠謇」。

既惇既純永作憲矩　張遷〔一〕　孔羨〔二〕
克忠克力當陟合階　楊統〔三〕　張表〔四〕

〔一〕張遷：《張遷碑》。碑原文「既惇既純」之上句爲「於穆我君」。
〔二〕孔羨：《魏封孔羨碑》。碑原文「永作憲矩」之上句爲「魯道以興」。
〔三〕楊統：《沛相楊統碑》。碑原文「克忠克力」之上句爲「其德伊何」。
〔四〕張表：《冀州從事張表碑》。碑原文「當陟合階」之下句爲「注紀王庭」。

琴書自娛緜之日月　魯峻〔一〕　婁壽〔二〕
松喬協軌宜平昆侖　樊敏〔三〕　張休涯涘銘〔四〕

〔一〕魯峻：《司隸校尉魯峻碑》。碑原文「琴書自娛」之上句爲「閉門静居」。
〔二〕婁壽：《玄儒先生婁壽碑》。碑原文「緜之日月」之下句爲「與金石存」。
〔三〕樊敏：《巴郡太守樊敏碑》。碑原文「松喬協軌」之上句爲「當窮臺緄」。

〔四〕張休涯涘銘：《張休涯涘銘》。

和氣絪緼瀸潤品物　受禪表〔一〕　修華嶽〔二〕
天資醇嘏摰斂吉祥　孔宙〔三〕　華山廟〔四〕

〔一〕受禪表：《魏受禪表》。碑原文「和氣絪緼」之上句爲「休徵屢集」。
〔二〕修華嶽：《樊毅修華嶽碑》。碑原文「瀸潤品物」之上句爲「風雨應時」。
〔三〕孔宙：《泰山都尉孔宙碑》。碑原文「天資醇嘏」之下句爲「齊聖達道」。
〔四〕華山廟：《後漢西嶽華山廟碑》。碑原文「摰斂吉祥」之上句爲「遏穰凶劄」。

發號施憲順如流水　孔彪〔一〕　孔彪〔二〕
綴紀撰書穆若清風　史晨〔三〕　魯峻〔四〕

〔一〕孔彪：《博陵太守孔彪碑》。碑原文「發號施憲」之下句爲「每合天心」。
〔二〕孔彪：《博陵太守孔彪碑》。碑原文「順如流水」之上句爲「望如父母」。
〔三〕史晨：《史晨碑》。碑原文「綴紀撰書」之下句爲「修定禮義」。
〔四〕魯峻：《司隸校尉魯峻碑》。碑原文「穆若清風」之上句爲「統政□載」。

躬潔冰雪夷然清皓　祝睦後〔一〕

情發蘭石生自馥芳　帝堯廟〔二〕

〔一〕祝睦後：《祝睦後碑》。

〔二〕帝堯廟：《濟陰太守孟郁修堯廟碑》。

學爲儒宗行爲士表　魯峻〔一〕

愛若慈父畏若神明　劉熊〔二〕

〔一〕魯峻：《司隸校尉魯峻碑》。碑原文「學爲儒宗，行爲士表」之上句爲「博覽群書，無物不栞」。

〔二〕劉熊：《酸棗令劉熊碑》。碑原文「愛若慈父，畏若神明」之下句爲「悔□令德，清越孤竹」。

内懷温潤外撮强虐　魯峻〔一〕

功繇日月名勒管絃　帝堯〔二〕

〔一〕魯峻：《司隸校尉魯峻碑》。碑原文「内懷温潤，外撮强虐」之下句爲「督司京師，穆然清邈」。

〔二〕帝堯：《帝堯碑》。碑原文「功繇日月名勒管絃」之下句爲「立靈廟兮，□休神□」。

威隆秋霜恩逾冬日　樊毅〔一〕

言合雅謨慮中聖權　譙敏〔一〕

〔一〕樊毅：《樊毅修華嶽碑》。碑原文「威隆秋霜，恩逾冬日」之下句爲「景化既宣，由復夕惕」。

〔二〕譙敏：《小黄門譙敏碑》。碑原文「言合雅謨，慮中聖權」之下句爲「既仕在公，忠允篤誠」。

以義抑彊以仁恤弱　唐扶頌〔一〕

乃台吐曜乃嶽降精　楊震〔二〕

〔一〕唐扶頌：《成陽令唐扶頌》。碑原文爲「以仁恤弱，以義抑彊」，其上句爲「以德綏撫，宣恩六陽」。

〔二〕楊震：《太尉楊震碑》。碑原文「乃台吐曜，乃嶽降精」之下句爲「明明天子，實公是匡」。

粉澤大猷元黄禪説　曾賓谷集鹽政

雲霞萬影絲竹千聲　戲臺〔一〕

〔一〕此聯刻本標注「曾賓谷集鹽政戲臺」，非莫友芝集聯。

言不失典術行不越矩度　楊統〔一〕

威以懷殊俗德以化圻民　費鳳〔二〕

〔一〕楊統：指《沛相楊統碑》。此聯實集自《費鳳别碑》，碑原文上句爲「仁義本于心，慈孝著于性」。同治刻本誤將此聯內容列爲《沛相楊統碑》。

〔二〕費鳳：指《費鳳别碑》，但此聯實集自《沛相楊統碑》，碑原文爲「德以化圻民，威以懷殊俗」，其下句爲「慕義者不肅而成，帥服者變衽而屬」，刻本誤爲《堂邑令費鳳碑》。經核，證實刻本將上下兩聯出處顛倒，今改之。

令儀令色　逢盛〔一〕

允武允文　魯峻〔二〕

〔一〕逢盛：《童子逢盛碑》。碑原文「令儀令色」之下句爲「整齊珪角」。

〔二〕魯峻：《司隸校尉魯峻碑》。碑原文「允武允文」之下句爲「厥姿烈逴」。

爲國楨幹　范鎮〔一〕

配曜岳嵩　郭仲奇〔二〕

〔一〕范鎮：《荆州從事范鎮碑》。此聯集自《北軍中候郭仲奇碑》，碑原文「爲國楨幹」之下句爲「君幼有岐」。

〔二〕郭仲奇：《北軍中候郭仲奇碑》。但此聯集自《荆州從事范鎮碑》，「曜」原文爲「燿」，其下句爲「壽不極旌」。同治刻本誤將此聯上下聯出處顛倒，今據改之。

種德收福　張公神〔一〕

幹國棟家　州輔〔二〕

〔一〕張公神：《張公神碑》。碑原文爲「種德收福惠斯民」。

〔二〕州輔：《吉成侯州輔碑》。碑原文「幹國棟家」之下句爲「以光以舒」。

智含淵藪　度尚〔一〕

絜如珪璋　唐扶頌〔二〕

〔一〕度尚：《荆州刺史唐尚碑》。碑原文「智含淵藪」之下句爲「仁隆春暖」。

〔二〕唐扶頌：《成陽令唐扶頌》。碑原文「絜如珪璋」之下句爲「賦政于外」。

敦詩説禮　西狹〔一〕

含謨吐忠　孔彪〔二〕

〔一〕西狹：《武都太守李翕西狹頌》。碑原文爲「敦詩悦禮」，刻本「悦」作「説」，其上句爲「天姿明敏」。

〔二〕孔彪：《博陵太守孔彪碑》。《孔彪碑》中無「含謨吐忠」句。

廣祈多福　孟郁〔一〕

博覽群書　魯峻〔二〕

〔一〕孟郁：集自《濟陰太守孟郁修堯廟碑》。碑原文「廣祈多福」之上句爲「股肱賢良」。

〔二〕魯峻：《司隸校尉魯峻碑》。碑原文「博覽群書」之下句爲「無物不栞」。

比蹤豹產　魯峻〔一〕
膺姿管蘇　范鎮〔二〕

〔一〕魯峻：《司隸校尉魯峻碑》。碑原文「比蹤豹產」之上句爲「視事四年」。

〔二〕范鎮：《荆州從事范鎮碑》。碑原文「膺姿管蘇」之下句爲「靖供衛上」。

剛毅多略　丁魴〔一〕
文雅少疇　郭仲奇〔二〕

〔一〕丁魴：指《廣漢屬國都尉丁魴碑》。此聯實集自《北軍中候郭仲奇碑》，其上句爲「弘雅之摻」。

〔二〕郭仲奇：指《北軍中候郭仲奇碑》。此聯實集自《廣漢屬國都尉丁魴碑》，其上句爲「耽樂術藝」。刻本誤將上下聯出處顛倒。

姿兼申甫　張納〔一〕
德侔產奇　劉熊〔二〕

〔一〕張納：《巴郡太守張納碑》。碑原文「姿兼申甫」之上句爲「篤生我君」。

〔二〕劉熊：《酸棗令劉熊碑》。碑原文「德侔産奇」之下句爲「誠宜褒顯」。

爲國楨幹　郭仲奇〔一〕

作主股肱　樊安〔二〕

〔一〕郭仲奇：《北軍中候郭仲奇碑》。碑原文「爲國楨幹」之上句爲「配周之八」。

〔二〕樊安：《中常侍樊安碑》。碑原文「作主股肱」之下句爲「助國視聽」。

翔風膏雨　孟郁〔一〕

左書右琴　馬江〔二〕

〔一〕孟郁：《濟陰太守孟郁修堯廟碑》。碑原文「翔風膏雨」之下句爲「即時大降」。

〔二〕馬江：《郎中馬江碑》。碑原文「左書右琴」之上句爲「贊業聖典」。

鈎河擿雒　史晨〔一〕

奉魁承杓　石門〔二〕

〔一〕史晨：《史晨碑》。碑原文「鈎河擿雒」之下句爲「却揆未然」。

〔二〕石門：《漢司隸校尉楊孟文石門頌》。碑原文「奉魁承杓」之下句爲「綏億衙强」。

天與厥福　　禮器〔一〕

世有令名　　耿勳〔二〕

〔一〕禮器：《魯相韓敕造孔廟禮器碑》。碑原文「天與厥福」之下句爲「永享牟壽」。

〔二〕耿勳：《武都太守耿勳碑》。碑原文「世有令名」之下句爲「爲漢建功」。

行誼高劭　　費鳳〔一〕

體性温仁　　孟郁〔二〕

〔一〕費鳳：《堂邑令費鳳碑》。碑原文「行誼高劭」之下句爲「卓不可及」。

〔二〕孟郁：《濟陰太守孟郁修堯廟碑》。碑原文「體性温仁」之上句爲「天姿瑋度」。

耽樂術藝　　丁魴〔一〕

摯斂吉祥　　華山〔二〕

〔一〕丁魴：《廣漢屬國都尉丁魴碑》。碑原文「耽樂術藝」之下句爲「文雅少疇」。

〔二〕華山：《後漢西嶽華山廟碑》。碑原文「摯斂吉祥」之上句爲「遏穰凶剳」。

應運挺度　郭究〔一〕

通神達明　祝睦後〔二〕

〔一〕郭究：《司隸從事郭究碑》。碑原文「應運挺度」之下句爲「實有懿德」。

〔二〕祝睦後：《山陽太守祝睦後碑》。碑原文作「愛神達明」，其下句爲「無物不覽」。

文艷彬彧　趙圉令〔一〕

風曜穆清　祝睦〔二〕

〔一〕趙圉令：指《漢圉令趙君碑》。此聯實集自《山陽太守祝睦後碑》，碑原文「文艷彬彧」之下句爲「淵然深識」。

〔二〕祝睦：指《山陽太守祝睦後碑》。此聯實集自《漢圉令趙君碑》，碑原文「風曜穆清」之上句爲「播德二城」。刻本顛倒此上下聯出處。

部演奥藝　校官〔一〕

恬忽世榮　侯成〔二〕

〔一〕校官：《溧陽長潘乾校官碑》。碑原文「部演奥藝」之下句爲「外覽百家」。

〔二〕侯成：《金鄉長侯成碑》。碑原文「恬忽世榮」之上句爲「耽藝樂術」。

篤禮崇義　高彪〔一〕
抱淑守真　景君〔二〕

〔一〕高彪：《外黄令高彪碑》。碑原文「篤禮崇義」之上句爲「稽功猗衡」。
〔二〕景君：《北海相景君碑》。碑原文「抱淑守真」之上句爲「相道恢藝」。

## 雙魚罍齋録莫子偲友芝集《易林》聯

駕福乘喜與天相保〔一〕
履階升墀拜壽無窮〔二〕

〔一〕「駕福乘喜」集自小畜之賁，其下句爲「東至嘉國」；「與天相保」集自訟之泰，其上句爲「生不知老」。
〔二〕「履階升墀」集自節之蠱，其下句爲「高登崔嵬」；「拜壽無窮」集自家人之剥，其上句爲「巫咸就位」。

仁德大隆吉慶長久〔一〕
和氣所舍福禄光明〔二〕

〔一〕「仁德大隆」集自否之賁，其上句爲「三聖茂功」；「吉慶長久」集自履之頤，其上句爲「宜家壽福」。
〔二〕「和氣所舍」，原作「和氣所居」，集自比之坤，其下句爲「康樂無憂」；「福禄光明」集自蠱之節，其上句爲「英俊在堂」。

姣好孝弟各得其願〔一〕
道德神仙常歡以安〔二〕

〔一〕集自小畜之兑，《易林》原作「兄弟六人，姣好孝悌。各得其願，和悦相樂」。

〔二〕集自觀之履，《易林》原文作「逐福除患，道德神仙。避惡萬里，常歡以安」。

陶朱白圭衆利安宅〔一〕
松喬彭祖駕福盈門〔二〕

〔一〕「陶朱白圭」集自遁之謙，其下句爲「善賈息資」；「衆利安宅」集自《屯・遁》，其上句爲「江河海澤」。

〔二〕「松喬彭祖」集自訟之家人，其上句爲「戴堯扶禹」；「駕福盈門」集自睽之豐，其上句爲「衆才君子」。

買魴與鯉可以饒有〔一〕
求兔得麞過其所望〔二〕

〔一〕「買魴與鯉」集自訟之比，其上句爲「求我所有」；「可以饒有」集自《否・乾》，其下句爲「樂我君子」。

〔二〕集自泰之明夷，《易林》原文作「求兔得獐，過其所望。歡以相迎，高位夷傷」。

鵲笑鳩舞大喜在後〔一〕

麟子鳳雛和氣所居〔二〕

〔一〕集自噬嗑之離，《易林》原文作「鵲笑鳩舞，來遺我酒。大喜在後，授我龜紐」。

〔二〕集自比之坤，《易林》原文作「麟子鳳雛，生長嘉國。和氣所居，康樂温仁」。

内外和睦不憂飢渴〔一〕

道利易通爲吾福功〔二〕

〔一〕集自訟之井，《易林》原文作「大壯肥牸，惠我諸舅。内外和穆，不憂飢渴」。

〔二〕集自比之噬嗑，《易林》原文作「蒼梧鬱林，道易利通。元龜象齒，寶貝南金，爲吾福功」。

麟子鳳雛生長家國〔一〕

鹿鳴鴻飛光見善祥〔二〕

〔一〕集自比之坤，《易林》原文作「麟子鳳雛，生長嘉國。和氣所居，康樂温仁」。

〔二〕「鹿鳴鴻飛」集自比、需之遁，《易林》原文作「鹿得美草，鳴呼其友」、「去如飛鴻，避凶直東」；「光見善祥」集自小畜之漸，其下句爲「嘉吉福慶」。

年歲息長歡悦日喜〔一〕
禄祐洋溢父子俱封〔二〕

〔一〕「年歲息長」集自兑之歸妹，《易林》下句爲「疾君拜禱」。「歡悦日喜」集自比之小過，《易林》原文作「歡悦以喜，子孫俱在」。

〔二〕集自《易林》離之小過。「祐」原作「祜」，據《易林》改。其下句爲「封爲齊君」；「父子俱封」集自革之明夷，其上句爲「建國洛東」。

安仁上德貴壽無極〔一〕
入和出明動作有光〔二〕

〔一〕集自賁之豐，其下句爲「東鄰慕義」；「貴壽無極」集自泰之大有，《易林》原文作「賜我福祉，壽算無極」。

〔二〕集自否之復，《易林》原文作「入和出明，動作有光。運轉休息，所爲允康」。

常樂永康與歡飲酒〔一〕
增榮益譽齎福上堂〔二〕

〔一〕「常樂永康」集自隨之坎，《易林》原文作「運轉休息，常樂允康」；「與歡飲酒」集自履之夬，《易林》原文作「宣王飲酒，以告嘉功」。

〔二〕「增榮益譽」集自明夷之晉，其下句爲「以成功名」；「齎福上堂」集自同人之兑，《易林》原文作「齎福上堂，與我同床」。

高明淑仁千秋起舞〔一〕
福祜封實萬歲長安〔二〕

〔一〕「高明淑仁」集自履之困，其下句爲「虞夏配合」；「千秋起舞」集自訟之大過，其下句爲「拜受大福」。

〔二〕「福祜封實」集自歸妹之遯，《易林》原文作「與喜相抱，長子成考，封受福祐」；「萬歲長安」集自師之遁，其上句爲「天地高明」。

伯歌季舞燕樂以喜〔一〕
左酒右漿與福相迎〔二〕

〔一〕集自《否・損》，《易林》原文作「秋風牽手，相提笑語。伯歌季舞，燕樂以喜」。

〔二〕集自《豫・巽》，《易林》原文作「登階上堂，見吾父兄。左酒右漿，與福相迎」。

喜至慶來鼓翼起舞〔一〕
名成德就拱手安居〔二〕

〔一〕「喜至慶來」集自《革·屯》，其上句爲「憂患解除」；「鼓翼起舞」集自《震·晉》，其上句爲「幽人利貞」。

〔二〕「名成德就」集自《未濟·明夷》，其下句爲「項領不試」；「拱手安居」集自《師·大過》，其上句爲「功成事就」。

蹈和履中福善并作〔一〕

依天倚地堅固不傾〔二〕

〔一〕「蹈和履中」集自《蠱·兑》，《易林》原文作「含和履中，國無災殃」；「福善并作」集自《屯·既濟》，其下句爲「樂以高明」。

〔二〕「依天倚地」集自《師·晉》，其下句爲「凶危不至」；「堅固不傾」集自《比·泰》，其上句爲「柏柱載青」。

福喜上堂與歡飲酒〔一〕

慶賀盈户使君延年〔二〕

〔一〕「福喜上堂」集自比之離，下句作「與我同床」；「與歡飲酒」集自履之大過，《易林》原文作「烹羊食肉，飲酒歌笑」。

〔二〕「慶賀盈户」集自遘之咸，《易林》原文作「官爵并至，慶賀盈户」；「使君延年」集自需之困，其上句爲「辭祈萬歲」。

鳳凰在左麒麟處右〔一〕

朱鳥道引靈龜載莊〔二〕

〔一〕集自訟之咸，《易林》原文作「鳳凰在左，麒麟處右。仁聖相遇，伊吕集聚」。
〔二〕集自履之兑，《易林》原文作「玄黿黑穎，東歸高鄉。朱鳥道引，靈龜載莊」。

富饒豐衍快樂無已〔一〕
藩屏輔弼福禄來同〔二〕

〔一〕集自乾之履，《易林》原文作「空拳握手，倒地更起。富饒豐衍，快樂無已」。
〔二〕集自坤之鼎，《易林》原文作「望尚阿衡，太宰國公。藩屏輔弼，福禄來同」。

陶朱白圭金玉滿匱〔一〕
西門子産升擢有功〔二〕

〔一〕「陶朱白圭」集自《遁・謙》，其下句爲「善賈息資」；「金玉滿匱」，集自《師・歸妹》，其上句爲「左輔右弼」。
〔二〕集自《復・需》，《易林》原文作「東風解凍，河川流通。西門子産，陞擢有功」。

春城夏國生長和氣〔一〕
伯歌季舞坐立歡門〔二〕

〔一〕「春城夏國」集自《大畜・坤》，其下句爲「可以飲食」；「生長和氣」集自《豐・家人》，其上句爲「王以爲寶」。

〔二〕「伯歌季舞」集自《否・損》，其下句爲「燕樂以喜」；「坐立歡門」集自《蒙・咸》，其下句爲「與樂爲鄰」。

千柱百梁安樂富有〔一〕
五利四福光明盛昌〔二〕

〔一〕「千柱百梁」集自《謙・未濟》，其下句爲「終不傾僵」；「安樂富有」集自《剥・豐》，其下句爲「二人諧偶」。

〔二〕「五利四福」集自《離・豐》，其下句爲「俱田高邑」；「光明盛昌」集自《蒙・謙》，其上句爲「日月相望」。

執恭除患禦侮致福〔一〕
登高望時見樂無憂〔二〕

〔一〕集自晉之師，《易林》原文作「曉然唯諾，敬上尊客。執恭除患，禦侮致福」。

〔二〕集自遁之豐，《易林》原文作「登高望時，見樂無憂。求利南國，與寶相得」。

被珠懷玉遨游嘉國〔一〕
典册法書藏閣蘭臺〔二〕

〔一〕「被珠懷玉」集自復之震，《易林》原文作「握珠懷玉，還歸我室」；「遨游嘉國」集自坎之井，其下句爲「拜位逢時」。

〔二〕集自《大過》，《易林》原文作「典策法書，藏閣蘭臺。雖遭亂潰，獨不遇災」。

更旦初歲拜受利福〔一〕

啓户開門先見善祥〔二〕

〔一〕集自家人之比，《易林》原文作「更旦初歲，振除禍敗。新衣元服，拜受利福」。

〔二〕「啓户開門」集自大過之師，《易林》原文作「啓室開門，逃得釋冤」；「先見善祥」集自晉之艮，其下句爲「吉盛福慶」。

比目附翼歡樂相得〔一〕

增禄益壽堅固不傾〔二〕

〔一〕集自《需·蹇》，《易林》原文作「比目附翼，歡樂相得。行止集周，終不離忒」。

〔二〕「增禄益壽」集自《歸妹·既濟》，其下句爲「以成功名」；「堅固不傾」集自《比·泰》，其上句爲「柏柱載青」。

載喜抱子得利過母〔一〕

執禮見王與福爲兄〔二〕

〔一〕「載喜抱子」集自《巽·損》，其下句爲「與利爲友」；「得利過母」集自《履·姤》，《易林》原文作「嫁娶有息，利得過母」。

〔二〕「執禮見王」集自《漸·履》，《易林》原文作「珪璧琮璋，執贄見王」；「與福爲兄」集自《大有·小過》，其上句爲「長生歡悦」。

把珠載金榮寵受禄〔一〕

騎龍乘鳳飛騰上天〔二〕

〔一〕「把珠載金」集自《蒙·需》，其下句爲「多得利歸」；「榮寵受禄」集自《巽·震》，《易林》原文作「榮寵赫赫，不可得保」。

〔二〕「騎龍乘鳳」集自《家人·剥》，其下句爲「上見神公」；「飛騰上天」集自《睽·震》，其下句爲「舍宿軒轅」。

六喜三福常居安樂〔一〕

五方四維所之吉昌〔二〕

〔一〕「六喜三福」集自既濟之否，其下句爲「南至歡國」；「常居安樂」集自睽之震，《易林》原文作「飛騰上天，舍宿軒轅。居常樂安」。

〔二〕「五方四維」集自家人之蹇，其下句爲「安平不危」；「所之吉昌」集自萃之恒，其上句爲「延時歷舍」。

年歲時熟不憂飢渴〔一〕

禄身安全以成功名〔二〕

〔一〕「年歲時熟」集自履之蹇，其上句爲「陰陽調和」；「不憂飢渴」集自訟之井，其上句爲「内外和睦」。

〔二〕「禄身安全」集自履之訟，其上句爲「游居石門」；「以成功名」集自明夷之晉，其上句爲「增榮益譽」。

松柏棟梁歡喜堅固〔一〕

麟鳳室堂福禄光明〔二〕

〔一〕「松柏棟梁」集自比之旅，其下句爲「相輔爲强」；「歡喜堅固」集自乾之困，其下句爲「可以長安」。

〔二〕「麟鳳室堂」集自蠱之兑，其上句爲「南山高岡」；「福禄光明」集自《蠱・節》，其上句爲「英俊在堂」。

明允篤誠蔭國受福〔一〕

舞蹈欣躍使君延年〔二〕

〔一〕「明允篤誠」集自《觀・師》，其下句爲「升擢薦舉」；「蔭國受福」集自《比・訟》，其上句爲「仁哲權輿」。

〔二〕「舞蹈欣躍」集自《訟・中孚》，其下句爲「歡樂受福」；「使君延年」集自《需・困》，其上句爲「辭祈萬歲」。

小窗多明使我久坐〔一〕

入門有喜與君笑言〔二〕

〔一〕「小窗多明」集自《咸・乾》，其下句爲「道里利通」；「使我久坐」集自《家人・豐》，其上句爲「漢臺爲秦」。

〔二〕「入門有喜」集自《觀・離》，《易林》原文作「入門笑喜，與吾利市」；「與君笑言」集自《剥・解》，其上句爲「無有重難」。

心平意正〔一〕

耳聰目明〔二〕

〔一〕集自蠱之解，其下句爲「與叔相鳴」。

〔二〕集自臨之需，原文作「目聰耳明」，其上句爲「重瞳四乳」。

德義淵閎〔一〕

履禄綏厚〔二〕

〔一〕集自蹇之大過，其句爲「伯虎仲熊」。

〔二〕集自坎之萃，其下句爲「載受福祉」。

遨遊仁宇〔一〕

坐立歡門〔二〕

〔一〕集自隨之謙，其上句爲「顔叔子夏」。

〔二〕集自革之屯，《易林》下句作「與樂爲鄰」。

## 雙魚罍齋録莫子偲友芝集石鼓文字〔一〕

不華不樸同所好
既安既寧樂乃時

時兹雨暘導康樂
橐乃弓矢趨安平

〔一〕此二聯爲光緒刻本所録，天津古籍書店 1991 年影印本及人民文學出版社 2009 年《莫友芝詩文集》之「集聯」部分均無。

## 雙魚罍齋録莫子偲友芝集萬安橋〔一〕

造道行義以爲利
圖工易危而成安

〔一〕此聯爲光緒刻本所録，天津古籍書店 1991 年影印本及人民文學出版社 2009 年《莫友芝詩文集》之「集聯」部分均無。

## 雙魚罌齋録莫子偲友芝集漢魏六朝五言聯

俯仰終宇宙　陶〔一〕
懷抱觀古今　謝〔二〕

〔一〕陶：集自陶潛《讀山海經》，原詩此句下句爲「不樂復何如」。
〔二〕謝：集自謝靈運《齋中讀書》，原詩此句下句爲「寢食展戲謔」。

詩書敦夙好　陶〔一〕
山水有清音　左〔二〕

〔一〕陶：集自陶潛《辛丑歲七月赴假還江陵夜行塗□》，原詩此句下句爲「園林無世情」。
〔二〕左：集自左思《招隱詩》，原詩此句上句爲「何必絲與竹」。

高志局四海　左太沖〔一〕
英名擅八區　左太沖〔二〕

〔一〕左太沖：集自左思《雜詩》，原詩此句下句爲「塊然守空堂」。
〔二〕左太沖：集自左思《詠史》，原詩此句上句爲「悠悠百世後」。

桑竹垂餘蔭　陶〔一〕
山水含清暉　謝〔二〕

〔一〕陶：集自陶潛《桃花源詩》，原文此句下句爲「菽稷隨時藝」。
〔二〕謝：集自謝靈運《石壁精舍還湖中》，原詩此句上句爲「昏旦變氣候」。

桑竹垂餘陰　陶〔一〕
陵岑聳逸峰　陶〔二〕

〔一〕陶：集自陶潛《桃花源記》，原文此句下句爲「菽稷隨時藝」。
〔二〕陶：集自陶潛《和郭主簿》，原詩此句下句爲「遥瞻皆奇絶」。

春秋多佳日　陶〔一〕
林園無俗情　陶〔二〕

〔一〕陶：集自陶潛《移居》，原詩此句下句爲「登高賦新詩」。

〔二〕陶：集自陶潛《辛丑歲七月赴假還江陵夜行塗□》，原詩此句上句爲「詩書敦宿好」。

雲鶴有奇翼　陶〔一〕

神鸞調玉音　陶〔二〕

〔一〕陶：集自陶潛《連雨獨飲》，原詩此句下句爲「八表須臾還」。

〔二〕陶：集自陶潛《讀山海經》，原詩此句上句爲「靈鳳撫雲舞」。

且共歡此飲　陶〔一〕

詩還讀我書　陶〔二〕

〔一〕陶：集自陶潛《飲酒》，原詩此句下句爲「吾駕不可回」。

〔二〕陶：集自陶潛《讀山海經》，此句亦作「時還讀我書」，其上句爲「既耕亦已種」。

猛志固常在　陶〔一〕

高操非所攀　陶〔二〕

〔一〕陶：集自陶潛《讀山海經》，原詩此句上句爲「刑天舞干戚」。

〔二〕陶：集自陶潛《癸卯歲十二月中作與從弟敬遠》，原詩此句下句爲「謬得固窮節」。

昏旦變氣候　謝〔一〕
溟漲無端倪　謝〔二〕

〔一〕謝：集自謝靈運《石壁精舍還湖中作》，原詩此句下句爲「山水含清暉」。
〔二〕謝：集自謝靈運《游赤石進帆海》，原詩此句下句爲「虚舟有超越」。

懷新道轉迥　謝〔一〕
慮澹物自輕　謝〔二〕

〔一〕謝：集自謝靈運《登江中孤嶼》，原詩此句下句爲「尋異景不延」。
〔二〕謝：集自謝靈運《石壁精舍還湖中》，原詩此句下句爲「意愜理無違」。

白雲抱幽石　謝〔一〕
孤嶼媚中川　謝〔二〕

〔一〕謝：集自謝靈運《過始寧墅》，原詩此句下句爲「緑筱媚清漣」。
〔二〕謝：集自謝靈運《登江中孤嶼》，原詩此句上句爲「亂流趨正絶」。

雲日相照媚　謝〔一〕

山水共澄鮮　謝〔二〕

〔一〕謝：集自謝靈運《初往新安桐廬口》，原詩此句上句爲「江山共開曠」。

〔二〕謝：集自謝靈運《登江中孤嶼》，此句亦作「空水共澄鮮」，其上句爲「雲日相輝映」。

異音同至聽　謝〔一〕

密林含餘清　謝〔二〕

〔一〕謝：集自謝靈運《夜宿石門詩》，原詩此句下句爲「殊響俱清越」。

〔二〕謝：集自謝靈運《游南亭》，原詩此句下句爲「遠峰隱半規」。

神飇接丹轂　曹子建〔一〕

明月照高樓　曹子建〔二〕

〔一〕曹子建：集自曹植《公宴》，原詩此句下句爲「輕輦隨風移」。

〔二〕曹子建：集自曹植《七哀》，原詩此句下句爲「流光正徘徊」。

相與觀所尚　左〔一〕

聊復得此生　陶〔二〕

〔一〕左：集自左思《招隱詩二首》之二，原詩此句下句爲「逍遥撰良辰」。

〔二〕陶：集自陶潛《飲酒》，原詩此句上句爲「嘯傲東軒下」。

努力崇明德〔一〕

隨時愛景光〔二〕

〔一〕集自李陵《與蘇武詩三首》之三，原詩此句下句爲「皓首以爲期」。

〔二〕集自蘇武《詩四首》之四，原詩此句上句爲「願君崇令德」。

良田無晚歲　子建〔一〕

令德唱高言　古詩〔二〕

〔一〕子建：集自曹植《贈徐幹》，原詩此句下句爲「膏澤多豐年」。

〔二〕古詩：集自《古詩十九首》之四，原詩此句下句爲「識曲聽其真」。

白雲抱幽石　謝〔一〕

緑酒開芳顔　陶〔二〕

〔一〕謝：集自謝靈運《過始寧墅》，原詩此句下句爲「緑筱媚清漣」。

〔二〕陶：集自陶潛《諸人共游周家墓柏下》，原詩此句上句爲「清歌散新聲」。

朝霞開宿霧　陶〔一〕

緑篠媚清漣　謝〔二〕

〔一〕陶：集自陶潛《詠貧士》，原詩此句下句爲「衆鳥相與飛」。

〔二〕謝：集自謝靈運《過始寧墅》，原詩此句上句爲「白雲抱幽石」。

積善有餘慶　子建〔一〕

膏澤多豐年　子建〔二〕

〔一〕子建：集自曹植《贈丁翼》，原詩此句下句爲「榮枯立可須」。

〔二〕子建：集自曹植《贈徐幹》，原詩此句上句爲「良田無晚歲」。

芳菊開林耀　陶〔一〕

青松夾路生　陶〔二〕

〔一〕陶：集自陶潛《和郭主簿》，原詩此句下句爲「青松冠岩列」。

〔二〕陶：集自陶潛《擬古》，原詩此句下句爲「白雲宿檐端」。

猛志逸四海　陶〔一〕
和澤周三春　陶〔二〕

〔一〕陶：集自陶潛《雜詩》，原詩此句下句爲「騫翮思遠翥」。
〔二〕陶：集自陶潛《和郭主簿》，原詩此句下句爲「清凉素秋節」。

但道桑麻長　陶〔一〕
而無車馬喧　陶〔二〕

〔一〕陶：集自陶潛《歸園田居》，原詩此句上句爲「相見無雜言」。
〔二〕陶：集自陶潛《飲酒》，原詩此句上句爲「結廬在人境」。

一觴雖獨進〔一〕
千載乃相關〔二〕

〔一〕集自陶潛《飲酒》，原詩此句下句爲「杯盡壺自傾」。
〔二〕集自陶潛《庚戌歲九月中於西田穫早稻》，原詩此句上句爲「遥遥沮溺心」。

得歡當作樂〔一〕

非道故無憂〔一〕

〔一〕集自陶潛《雜詩》，原詩此句下句爲「斗酒聚比鄰」。

〔二〕集自陶潛《詠貧士》，原詩此句上句爲「豈不知其極」。

天高風景澈〔一〕

山氣且夕佳〔二〕

〔一〕集自陶潛《和郭主簿》，原詩此句上句爲「露凝無游氛」。

〔二〕集自陶潛《飲酒》，原詩此句作「山氣日夕佳」，光緒刻本將「日」誤爲「且」，其下句爲「飛鳥相與還」。

虚室絶塵想　陶〔一〕

良晨入奇懷　陶〔二〕

〔一〕陶：集自陶潛《歸園田居》，原詩此句上句爲「白日掩荆扉」。

〔二〕陶：集自陶潛《和劉柴桑》，此句亦作「良辰入奇懷」，其下句爲「挈杖還西廬」。

芳草亦未歇　謝〔一〕

空翠難强名　謝〔二〕

〔一〕謝：集自謝靈運《游赤石進帆海》，原詩此句上句爲「首夏猶清和」。

〔二〕謝：集自謝靈運《遇白岸亭詩》，原詩此句下句爲「漁釣易爲曲」。

挂席拾海月　謝〔一〕

披雲卧石門　謝〔二〕

〔一〕謝：集自謝靈運《游赤石進帆海》，原詩此句上句爲「揚帆采石華」。

〔二〕謝：集自謝靈運《石門新營所住四面高山回溪石瀨茂林修竹》，原詩此句上句爲「躋險築幽居」。

連障疊巘崿　謝〔一〕

長林羅户庭　謝〔二〕

〔一〕謝：集自謝靈運《晚出西射堂》，原詩此句下句爲「青翠杳深沉」。

〔二〕謝：集自謝靈運《登石門最高頂》，原詩此句下句爲「積石擁基階」。

江山共開曠　謝〔一〕

明哲垂經綸　謝〔二〕

〔一〕謝：集自謝靈運《初往新安桐廬口》，原詩此句下句爲「雲日相照媚」。

〔三〕謝：集自謝靈運《述祖德詩二首》之一，原詩此句上句爲「清塵竟誰嗣」。

結念屬霄漢　謝〔一〕
開顔披心胸　謝〔二〕

〔一〕謝：集自謝靈運《石門新營所住四面高山回溪石瀨茂林修竹》，原詩此句下句爲「孤景莫與諼」。
〔二〕謝：集自謝靈運《酬從弟惠連》，原詩此句上句爲「末路值令弟」。

抗言談在昔〔一〕
放意樂餘年〔二〕

〔一〕集自陶潛《移居》，原詩此句上句爲「鄰曲時時來」。
〔二〕集自陶潛《詠二疏》，原詩此句下句爲「遑恤身後慮」。

揮杯勸孤影〔一〕
擁褐曝前軒〔二〕

〔一〕集自陶潛《雜詩》，原詩此句上句爲「欲言無予和」。
〔二〕集自陶潛《詠貧士》，原詩此句上句爲「凄厲歲云暮」。

近澗涓密石〔一〕

援蘿聆青崖〔二〕

〔一〕集自謝靈運《過白岸亭詩》，原詩此句下句爲「遠山映疏木」。

〔二〕集自謝靈運《過白岸亭詩》，原詩此句下句爲「春心自相屬」。

乘流玩迴轉〔一〕

環洲亦玲瓏〔二〕

〔一〕集自謝靈運《從斤竹澗越嶺溪行》，原詩此句上句爲「川渚屢逕復」。

〔二〕集自謝靈運《於南山往北山經湖中瞻眺》，原詩此句上句爲「側逕既窈窕」。

山桃發紅萼〔一〕

新蒲含紫茸〔二〕

〔一〕集自謝靈運《酬從弟惠連》，原詩此句下句爲「野蕨漸紫苞」。

〔二〕集自謝靈運《於南山往北山經湖中瞻眺》，原詩此句上句爲「初篁苞緑籜」。

明月照積雪〔一〕

石磴瀉紅泉〔二〕

〔一〕集自謝靈運《歲暮》，原詩此句下句爲「朔風勁且哀」。

〔二〕集自謝靈運《入華子岡是麻源第三谷》，原詩此句上句爲「銅陵映碧澗」。

懷新道轉迥〔一〕

意愜理無違〔二〕

〔一〕集自謝靈運《登江中孤嶼》，原詩此句下句爲「尋異景不延」。

〔二〕集自謝靈運《石壁精舍還湖中作》，原詩此句上句爲「慮澹物自輕」。

## 雙魚罌齋録莫子偲友芝集太白五言聯

素心自此得〔一〕

幽賞亦何窮〔二〕

〔一〕集自《日夕山中忽然有懷》，原詩此句下句爲「真趣非外惜」。

〔二〕集自《下尋陽城泛彭蠡寄黄判官》，此句亦作「清賞亦何窮」，其上句爲「名山發佳興」。

片石寒青錦〔一〕
雙橋落彩虹〔二〕

〔一〕集自《同族侄評事黯游昌禪師山池二首》，原詩此句下句爲「疏楊挂緑絲」。
〔二〕集自《秋登宣城謝朓北樓》，原詩此句上句爲「兩水夾明鏡」。

長風入短袂〔一〕
白露濕青苔〔二〕

〔一〕集自《贈新平少年》，原詩此句下句爲「兩手如懷冰」。
〔二〕集自《寄遠十二首》之十一，原詩此句上句爲「相思黄葉盡」。

桂子落秋月〔一〕
荷花羞玉顔〔二〕

〔一〕集自《送崔十二游天竺寺》，原詩此句上句爲「每年海樹霜」。
〔二〕集自《懷古》，原詩此句上句爲「秀色掩古今」。

快意且爲樂〔一〕

銜杯惜未傾〔二〕

〔一〕集自《效古二首》之一，原詩此句下句爲「列筵坐群公」。

〔二〕集自《送儲邕之武昌》，原詩此句上句爲「送爾難爲別」。

緑水繞飛閣〔一〕

青天掃畫屏〔二〕

〔一〕集自《游水西簡鄭明府》，原詩此句上句爲「清湍鳴回溪」。

〔二〕集自《秋浦歌十七首》，原詩此句上句爲「江祖一片石」。

青雲當自致〔一〕

白髪不能除〔二〕

〔一〕集自《冬夜醉宿龍門覺起言志》，原詩此句下句爲「何必求知音」。

〔二〕集自《秋浦寄内》，原詩此句上句爲「紅顔愁落盡」。

笑吐張儀舌〔一〕

空吟謝朓詩〔二〕

〔一〕集自《贈崔侍御》，原詩此句下句爲「愁爲莊舄吟」。

〔二〕集自《金陵阻風雪書懷寄楊江寧》，原詩此句上句爲「明發新林浦」。

夕來秋興滿〔一〕

朝坐落花間〔二〕

〔一〕集自《秋日與張少府楚城韋公藏書高齋作》，原詩此句下句爲「回首意何如」。

〔二〕集自《贈黄山胡公求白鷴》，此句亦作「朝步落花間」，其上句爲「夜棲寒月静」。

空思羊叔子〔一〕

多愧魯連生〔二〕

〔一〕集自《憶襄陽舊游贈濟陰馬少府巨》，原詩此句下句爲「墮淚峴山頭」。

〔二〕集自《聞李太尉大舉秦兵百萬出征東南懦夫請纓冀申一割之用半道病還留别金陵崔侍御十九韻》，原詩此句上句爲「恨無左車略」。

横蹙楚山斷〔一〕

平鋪湘水流〔二〕

〔一〕集自《流夜郎至西塞驛寄裴隱》，原詩此句上句爲「回巒引群峰」。

〔二〕集自《陪侍郎叔游洞庭醉後三首》，原詩此句上句爲「剗却君山好」。

六代帝王國〔一〕

一朝風化清〔二〕

〔一〕集自《贈升州王使君忠臣》，原詩此句下句爲「三吴佳麗城」。

〔二〕集自《贈閭丘宿松》，原詩此句上句爲「剖竹十日間」。

天長落日遠〔一〕

意重太山輕〔二〕

〔一〕集自《登新平樓》，原詩此句下句爲「水浄寒波流」。

〔二〕集自《獻從叔當塗宰陽冰》，原詩此句上句爲「各拔五色毛」。

飛文何洒落〔一〕

摇筆起風霜〔二〕

〔一〕集自《陪族叔當塗宰游化城寺升公清風亭》，原詩此句下句爲「萬象爲之摧」。

〔二〕集自《贈從弟宣州長史昭》，原詩此句下句爲「推誠結仁愛」。

明艶光雲海〔一〕

分輝照雪崖〔二〕

〔一〕集自《送祝八之江東賦得浣紗石》，原詩此句上句爲「西施越溪女」。

〔二〕集自《早望海霞邊》，原詩此句上句爲「日出紅光散」。

寸心於此足〔一〕

兩鬢各成絲〔二〕

〔一〕集自《春滯沅湘有懷山中》，原詩此句上句爲「所願歸東山」。

〔二〕集自《贈錢徵君少陽》，原詩此句上句爲「春風餘幾日」。

酣歌激壯士〔一〕

談笑却妖氛〔二〕

〔一〕集自《九日登巴陵置酒望洞庭水軍》，原詩此句下句爲「可以摧妖氛」。

〔二〕集自《送張秀才謁高中丞》，原詩此句上句爲「高公鎮淮海」。

邀遮相組織〔一〕

起舞亂參差〔二〕

〔一〕集自《敘舊贈江陽宰陸調》，原詩此句下句爲「呵嚇來煎熬」。

〔二〕集自《九日登山》，原詩此句上句爲「齊歌送清揚」。

何日更携手〔一〕

臨歧空斷腸〔二〕

〔一〕集自《贈僧崖公》，原詩此句下句爲「乘杯向蓬瀛」。

〔二〕集自《南陽送客》，原詩此句上句爲「揮手再三别」。

長歌盡落日〔一〕

懷古醉餘觴〔二〕

〔一〕集自《游南陽白水登石激作》，原詩此句下句爲「乘月歸田廬」。

〔二〕集自《陪宋中丞武昌夜飲懷古》，原詩此句上句爲「我心還不淺」。

去國難爲别〔一〕

捫心空自悲〔一〕

〔一〕集自《金陵送張十一再游東吴》，原詩此句下句爲「思歸各未旋」。

〔二〕集自《白田馬上聞鶯》，原詩此句上句爲「驅馬又前去」。

閑吟步竹石〔一〕

長醉歌芳菲〔二〕

〔一〕集自《贈宣城趙太守悦》，原詩此句下句爲「精義忘朝昏」。

〔二〕集自《春日獨酌二首》，原詩此句上句爲「對此石上月」。

野竹分青靄〔一〕

疏楊挂緑絲〔二〕

〔一〕集自《訪戴天山道士不遇》，原詩此句下句爲「飛泉挂碧峰」。

〔二〕集自《同族侄評事黯游昌禪師山池二首》，原詩此句上句爲「片石寒青錦」。

但見瀑泉落〔一〕

都無人世喧〔二〕

〔一〕集自《求崔山人百丈崖瀑布圖》，原詩此句下句爲「如潨雲漢來」。

〔二〕集自《留別龔處士》，原詩此句上句爲「龔子棲閑地」。

回頭笑紫燕〔一〕

游目送飛鴻〔二〕

〔一〕集自《天馬歌》，原詩此句下句爲「但覺爾輩愚」。

〔二〕集自《至陵陽山登天柱石酬韓侍御見招隱黄山》，原詩此句上句爲「何意到陵陽」。

相思無晝夜〔一〕

托宿話胸襟〔二〕

〔一〕集自《送王孝廉覲省》，原詩此句下句爲「東泣似長川」。

〔二〕集自《贈崔侍御》，原詩此句上句爲「洛陽因劇孟」。

素手掬青靄〔一〕

低頭禮白雲〔二〕

〔一〕集自《送内尋廬山女道士李騰空二首》，原詩此句下句爲「羅衣曳紫煙」。

〔二〕集自《秋浦歌十七首》，原詩此句上句爲「黯與山僧別」。

山光摇積雪〔一〕

〔一〕集自《游秋浦白笴陂二首》，原詩此句下句爲「猿影挂寒枝」。

帆影挂清川〔二〕

〔二〕集自《送二季之江東》，原詩此句上句爲「雲峰出遠海」。

水閑明鏡轉〔一〕

山逐泛舟行〔二〕

〔一〕集自《與賈至舍人於龍興寺剪落梧桐枝望灉湖》，原詩此句下句爲「雲繞畫屏移」。

〔二〕集自《送儲邕之武昌》，原詩此句上句爲「湖連張樂地」。

秋山宜落日〔一〕

春思結垂楊〔二〕

〔一〕集自《同吴王送杜秀芝赴舉入京》，原詩此句下句爲「秀水出寒烟」。

〔二〕集自《南陽送客》，原詩此句上句爲「離顔怨芳草」。

金尊沽美酒〔一〕

瓊樹有芳枝〔二〕

〔一〕集自《廣陵贈别》，此句亦作「玉瓶沽美酒」，原詩此句下句爲「數里送君還」。

〔二〕集自《江西送友人之羅浮》，原詩此句上句爲「如尋楚狂子」。

紅顔愁落日〔一〕

白雨映寒山〔二〕

〔一〕集自《秋浦寄内》，原詩此句作「紅顔愁落盡」，其下句爲「白髮不能除」。

〔二〕集自《宿鰕湖》，原詩此句下句爲「森森似銀竹」。

登高望遠海〔一〕

倚樹聽流泉〔二〕

〔一〕集自《宣州九日聞崔四侍御與宇文太守游敬亭余時登響山不同此賞醉後寄崔侍御二首》之二，原詩此句下句爲「召客得英才」。

〔二〕集自《尋雍尊師隱居》，原詩此句上句爲「撥雲尋古道」。

林煙横積素〔一〕

溪月湛芳尊〔二〕

〔一〕集自《早過漆林渡寄萬巨》，原詩此句上句爲「水色倒空青」。

〔二〕集自《聞丹丘子于城北山營石門幽居中有高鳳遺迹僕離群遠懷亦有棲遁之志因叙舊以寄之》，此句亦作「溪月湛芳樽」，其上句爲「松風清瑶瑟」。

江湖發秀色〔一〕

山水多奇踪〔二〕

〔一〕集自《涇川送族弟錞》，原詩此句下句爲「草木含榮滋」。

〔二〕集自《送通禪師還南陵隱静寺》，原詩此句上句爲「我聞隱静寺」。

蘿月挂朝鏡〔一〕

荷花發古池〔二〕

〔一〕集自《贈嵩山焦煉師》，原詩此句下句爲「松風鳴夜弦」。

〔二〕集自《贈閭公處士》，此句亦作「荷花落古池」，原詩此句上句爲「竹影掃秋月」。

題詩留萬古[一]

持斧冠三軍[二]

[一]集自《秋浦歌十七首》之九，原詩此句下句爲「緑字錦苔生」。

[二]集自《贈宣城趙太守悦》，原詩此句下句爲「霜清天北門」。

清輝照海月[一]

白首卧松雲[二]

[一]集自《古風五十九首》之五十六，原詩此句下句爲「美價傾皇都」。

[二]集自《贈孟浩然》，原詩此句上句爲「紅顏棄軒冕」。

夔龍一顧重[一]

鸑鷟有時鳴[二]

[一]集自《贈宣城趙太守悦》，原詩此句下句爲「矯翼凌翔鵷」。

[二]集自《古風五十九首》，原詩此句上句爲「騶虞不虚來」。

入洞過天地[一]

争池奪鳳凰〔二〕

〔一〕集自《對雪醉後贈王歷陽》，原詩此句下句爲「登真朝玉皇」。

〔二〕集自《擬古十二首》之六，原詩此句上句爲「得水成蛟龍」。

三山動逸興〔一〕

四座醉清光〔二〕

〔一〕集自《與從侄杭州刺史良游天竺寺》，原詩此句下句爲「五馬同遨游」。

〔二〕集自《泛沔州城南郎官湖》，原詩此句下句爲「爲歡古來無」。

歈鞍憩古木〔一〕

彈劍拂秋蓮〔二〕

〔一〕集自《秋日魯郡堯祠亭上宴别杜補闕范侍御》，原詩此句作「歇鞍憩古木」，其下句爲「解帶挂横枝」。

〔二〕集自《贈宣城宇文太守兼呈崔侍御》，原詩此句上句爲「安知慕群客」。

秋山入遠海〔一〕

明月出高岑〔二〕

〔一〕集自《登單父陶少府半月臺》，原詩此句下句爲「桑柘羅平蕪」。

〔二〕集自崔宗之《贈李十二白》，原詩此句下句爲「清溪澄素光」。莫子偲誤爲李白作。

石徑入丹壑〔一〕
羅衣曳紫煙〔二〕

〔一〕集自《尋山僧不遇作》，原詩此句下句爲「松門閉青苔」。

〔二〕集自《送内尋廬山女道士李騰空二首》，原詩此句上句爲「素手掬青靄」。

石徑入丹壑〔一〕
飛泉挂碧峰〔二〕

〔一〕集自《尋山僧不遇作》，原詩此句下句爲「松門閉青苔」。

〔二〕集自《訪戴天山道士不遇》，原詩此句上句爲「野竹分青靄」。

白髮高千丈〔一〕
黄金買尺薪〔二〕

〔一〕集自《秋浦歌十七首》之十五，此句亦作「白髮三千丈」，其下句爲「緣愁是個長」。

〔二〕集自《送魯郡劉長史遷弘農長史》，原詩此句上句爲「白玉換斗粟」。

組練明秋浦〔一〕
霓旌捲夜雲〔二〕

〔一〕集自《中丞宋公以吴兵三千赴河南軍次尋陽脱余之囚參謀幕府因贈之》，原詩此句下句爲「樓船入郢都」。
〔二〕集自《侍從游宿温泉宫作》，原詩此句上句爲「霜仗懸秋月」。

却顧失丹壑〔一〕
相携上白樓〔二〕

〔一〕集自《自巴東舟行經瞿唐峽登巫山最高峰晚還題壁》，原詩此句下句爲「仰觀臨青天」。
〔二〕集自《贈僧行融》，原詩此句上句爲「待我適東越」。

瀟洒青霞賞〔一〕
優游丹禁通〔二〕

〔一〕集自《酬裴侍御對雨感時見贈》，原詩此句上句爲「孤高綉衣人」。
〔二〕集自《東武吟》，原詩此句上句爲「清切紫霄迥」。

平生多感激〔一〕
醉後發清狂〔二〕

〔一〕集自《酬裴侍御對雨感時見贈》，原詩此句下句爲「忠義非外奬」。

〔二〕集自《陪侍郎叔游洞庭醉後三首》，原詩此句上句爲「三杯容小阮」。

湖清雙鏡曉〔一〕
濤落浙江秋〔二〕

〔一〕集自《送友人尋越中山水》，原詩此句上句爲「濤白雪山來」。

〔二〕集自《送楊山人歸天台》，原詩此句下句爲「沙明浦陽月」。

山將落日去〔一〕
雲繞畫屏移〔二〕

〔一〕集自《秋日魯郡堯祠亭上宴别杜補闕范侍御》，原詩此句下句爲「水與晴空宜」。

〔二〕集自《與賈至舍人于龍興寺剪落梧桐枝望灉湖》，原詩此句上句爲「水閑明鏡轉」。

緑水明秋月〔一〕

青山謁梵筵〔二〕

〔一〕集自《緑水曲》，原詩此句下句爲「南湖采白蘋」。

〔二〕集自《春日歸山寄孟六浩然》，原詩此句上句爲「朱紱遺塵境」。

瀑水灑天半〔一〕

青山落鏡中〔二〕

〔一〕集自《瑩禪師房觀山海圖》，原詩此句上句爲「征帆飄空中」。

〔二〕集自《流夜郎至江夏陪長史叔及薛明府宴興德寺南閣》，原詩此句上句爲「紺殿横江上」。

掃崖去落葉〔一〕

抱瓮灌秋蔬〔二〕

〔一〕集自《與周剛青溪玉鏡潭宴别》，原詩此句下句爲「席月開清樽」。

〔二〕集自《贈張公洲革處士》，原詩此句下句爲「心閑遊天雲」。

隴寒惟有月〔一〕

溪午不聞鐘〔二〕

〔一〕集自《過四皓墓》，原詩此句下句爲「松古漸無煙」。

〔二〕集自《訪戴天山道士不遇》，原詩此句上句爲「樹深時見鹿」。

登艫望遠水〔一〕

拂劍照嚴霜〔二〕

〔一〕集自《答高山人兼呈權顧二侯》，原詩此句下句爲「忽見滄浪枻」。

〔二〕集自《聞李太尉大舉秦兵百萬出征東南懦夫請纓冀申一割之用半道病還留别金陵崔侍御十九韻》，原詩此句下句爲「雕戈鬘胡纓」。

殺氣横千里〔一〕

英風凌四豪〔二〕

〔一〕集自《中丞宋公以吴兵三千赴河南軍次尋陽脱余之囚參謀幕府因贈之》，原詩此句下句爲「軍聲動九區」。

〔二〕集自《送當塗趙少府赴長蘆》，原詩此句上句爲「仙尉趙家玉」。

迥出江山上〔一〕

觀空天地間〔二〕

〔一〕集自《天門山》，原詩此句下句爲「雙峰自對出」。

〔二〕集自《同族侄評事黯游昌禪師山池二首》，原詩此句上句爲「一坐度小劫」。

白雲還自散〔一〕

黄葉向人飛〔二〕

〔一〕集自《憶東山二首》之一，原詩此句下句爲「明月落誰家」。

〔二〕集自《自梁園至敬亭山見會公談陵陽山水兼期同游因有此贈》，原詩此句上句爲「渡江如昨日」。

清風洒六合〔一〕

大略駕群才〔二〕

〔一〕集自《古風五十九首》之十二，原詩此句下句爲「邈然不可攀」。

〔二〕集自《古風五十九首》之三，原詩此句上句爲「明斷自天啓」。

風流自簸蕩〔一〕

才術信縱横〔二〕

〔一〕集自《尋魯城北范居士失道落蒼耳中見范置酒摘蒼耳作》，原詩此句下句爲「謔浪偏相宜」。

〔二〕集自《草創大還贈柳官迪》，原詩此句下句爲「世途自輕擲」。

水荇緑如髮〔一〕

山花開欲然〔二〕

〔一〕集自《太守良宰》，原詩此句作「水樹緑如髪」，其上句爲「紗窗倚天開」。

〔二〕集自《寄韋南陵冰余江上乘興訪之遇尋顔尚書笑有此贈》，原詩此句上句爲「月色醉遠客」。

緑竹入幽徑〔一〕

青松交女蘿〔二〕

〔一〕集自《下終南山過斛斯山人宿置酒》，原詩此句下句爲「青蘿拂行衣」。

〔二〕集自《寄遠十二首》，原詩此句上句爲「奏曲有深意」。

鼓琴亂白雪〔一〕

棄劍學丹砂〔二〕

〔一〕集自《酬裴侍御留岫師彈琴見寄》，原詩此句下句爲「秋變江上春」。

〔二〕集自《流夜郎半道承恩放還兼欣剋復之美書懷示息秀才》，原詩此句下句爲「臨爐雙玉童」。

起舞拂長劍〔一〕

贈言鏤寶刀〔二〕

〔一〕集自《酬崔五郎中》，原詩此句下句爲「四座皆揚眉」。

〔二〕集自《别魯頌》，原詩此句下句爲「千歲庶不滅」。

高松來好月〔一〕

疊嶂憶芳尊〔二〕

〔一〕集自《尋高鳳石門山中元丹丘》，原詩此句下句爲「空谷宜清秋」。

〔二〕集自《朝下過盧郎中叙舊游》，原詩此句作「疊嶂憶清猿」，其上句爲「明湖思曉月」。

心懸萬里外〔一〕

興在一杯中〔二〕

〔一〕集自《聞丹丘子於城北山營石門幽居中有高鳳遺迹僕離群遠懷亦有棲遁之志因叙舊以寄之》，原詩此句下句爲「影滯兩鄉隔」。

〔二〕集自《江夏别宋之悌》，原詩此句上句爲「人分千里外」。

秀句滿江國〔一〕
芳聲騰海隅〔二〕

〔一〕集自《獻從叔當塗宰陽冰》，原詩此句下句爲「高才掞天庭」。

〔二〕集自《春日陪楊江寧及諸官宴北湖感古作》，原詩此句上句爲「楊宰穆清風」。

緑樹聞歌鳥〔一〕
青軒秘晚霞〔二〕

〔一〕集自《宫中行樂詞八首》之五，原詩此句下句爲「青樓見舞人」。

〔二〕集自《宴陶家亭子》，原詩此句上句爲「緑水藏春日」。

月下飛天鏡〔一〕
丘中有素琴〔二〕

〔一〕集自《渡荆門送別》，原詩此句下句爲「雲生結海樓」。

〔二〕集自《留別王司馬嵩》，原詩此句上句爲「他日閑相訪」。

露浩梧楸白〔一〕

風揚絃管清〔二〕

〔一〕集自《秋日登揚州西靈塔》，原詩此句作「露浴梧楸白」，其下句爲「霜催橘柚黄」。

〔二〕集自《九日》，原詩此句上句爲「地遠松石古」。

長劍一杯酒〔一〕

孤篷萬里征〔二〕

〔一〕集自《贈崔侍御》，原詩此句下句爲「男兒方寸心」。

〔二〕集自《送友人》，原詩此句作「孤蓬萬里征」，其上句爲「此地一爲别」。

知音不易得〔一〕

惜别且爲歡〔二〕

〔一〕集自《贈從弟宣州長史昭》，原詩此句下句爲「撫劍增感慨」。

〔二〕集自《餞校書叔雲》，原詩此句下句爲「裴回桃李間」。

三杯容小阮〔一〕

七步繼陳思〔二〕

〔一〕集自《陪侍郎叔游洞庭醉後三首》，原詩此句下句爲「醉後發清狂」。

〔二〕集自《感時留别從兄徐王延年從弟延陵》，原詩此句上句爲「九卿領徐方」。

蘿月掩空幕〔一〕

松風鳴夜弦〔二〕

〔一〕集自《秋夕書懷》，原詩此句下句爲「松霜結前楹」。

〔二〕集自《贈嵩山焦煉師》，原詩此句上句爲「蘿月挂朝鏡」。

青山横北郭〔一〕

緑水接柴門〔二〕

〔一〕集自《送友人》，原詩此句下句爲「白水繞東城」。

〔二〕集自《之廣陵宿常二南郭幽居》，原詩此句下句爲「有如桃花源」。

高樓當此夜〔一〕

明月落誰家〔二〕

〔一〕集自《關山月》，原詩此句下句爲「嘆息未應閑」。

〔二〕集自《憶東山二首》，原詩此句上句爲「白雲還自散」。

自然成妙用〔一〕

誰可比光輝〔二〕

〔一〕集自《草創大還贈柳官迪》，原詩此句下句爲「孰知其指的」。

〔二〕集自《贈裴司馬》，原詩此句上句爲「若無雲間月」。

擊筑落高月〔一〕

開簾當翠微〔二〕

〔一〕集自《登邯鄲洪波臺置酒觀發兵》，原詩此句下句爲「投壺破愁顏」。

〔二〕集自《贈秋浦柳少府》，原詩此句上句爲「摇筆望白雲」。

風雲激壯志〔一〕

禮樂秀群英〔二〕

〔一〕集自《贈張相鎬二首》之一，原詩此句下句爲「枯槁驚常倫」。

〔二〕集自《留别金陵諸公》，原詩此句上句爲「至今秦淮間」。

願言弄倒景〔一〕

不惜買陽春〔二〕

〔一〕集自《同友人舟行游台越作》，原詩此句下句爲「從此煉真骨」。

〔二〕集自《擬古十二首》之三，原詩此句上句爲「黄金高北斗」。

對酒忽思我〔一〕

清光獨映君〔二〕

〔一〕集自《酬岑勳見尋就元丹丘對酒相待以詩見招》，原詩此句下句爲「長嘯臨清飆」。

〔二〕集自《贈郭季鷹》，原詩此句上句爲「盛德無我位」。

榮去老還逼〔一〕

酒酣心自開〔二〕

〔一〕集自《君子有所思行》，原詩此句上句爲「歌鐘樂未休」。

〔二〕集自《月下獨酌四首》，原詩此句上句爲「所以知酒聖」。

意氣遥相托〔一〕

功名安所存〔二〕

〔一〕集自《見訪却之武陵立馬贈别》，原詩此句上句爲「多君重然諾」。

〔二〕集自《贈别從甥高五》，原詩此句上句爲「自顧寡籌略」。

春風傳我意〔一〕

江草不知愁〔二〕

〔一〕集自《望漢陽柳色寄王宰》，「傳」，原誤作「我」。其下句爲「草木别前知」。

〔二〕集自《望夫山》，原詩此句下句爲「岩花但争發」。

## 雙魚罌齋録莫子偲友芝集太白七言聯

我醉欲眠君且去〔一〕

人家有酒我何愁〔二〕

〔一〕集自《謝倅監試未畢事而出以詩三章來用韻奉酬》，原詩此句下句爲「不妨懶瓚繼前猷」。

〔二〕集自《對雪醉後贈王歷陽》，此句亦作「君家有酒我何愁」，其下句爲「客多樂酣秉燭游」。

清晨鼓棹過江去〔一〕
薄暮垂鞭醉酒歸〔二〕

〔一〕集自《對雪醉後贈王歷陽》，原詩此句下句爲「千里相思明月樓」。
〔二〕集自《贈郭將軍》，原詩此句上句爲「平明拂劍朝天去」。

新鶯飛繞上林苑〔一〕
明月還過鳷鵲樓〔二〕

〔一〕集自《侍從宜春苑奉詔賦龍池柳色初青聽新鶯百囀歌》，原詩此句下句爲「願入簫韶雜鳳笙」。
〔二〕集自《永王東巡歌十一首》，原詩此句上句爲「春風試暖昭陽殿」。

三山半落青天外〔一〕
千里相思明月樓〔二〕

〔一〕集自《登金陵鳳皇臺》，原詩此句下句爲「二水中分白鷺洲」。
〔二〕集自《對雪醉後贈王歷陽》，原詩此句上句爲「清晨鼓棹過江去」。

陽春欲奏誰相和〔一〕

自首爲儒身被輕〔一〕

〔一〕集自《答杜秀才五松山見贈》，原詩此句上句爲「登崖獨立望九州」。

〔二〕集自《答王十二寒夜獨酌有懷》，原詩此句上句爲「黄金散盡交不成」。

死生一度人皆有〔一〕

意氣相傾山可移〔二〕

〔一〕集自《悲歌行》，原詩此句上句爲「富貴百年能幾何」。

〔二〕集自《扶風豪士歌》，原詩此句上句爲「扶風豪士天下奇」。

浣溪石上窺明月〔一〕

向日樓中吹落梅〔二〕

〔一〕集自《送祝八之江東賦得浣紗石》，原詩此句上句爲「若見天涯思故人」。

〔二〕集自《司馬將軍歌》，此句亦作「向月樓中吹落梅」，其上句爲「羌笛横吹阿嚲回」。

# 雙魚罌齋録莫子偲友芝集杜工部五言聯

激揚音韻澈〔一〕

歌舞歲時新〔二〕

〔一〕集自《暮春江陵送馬大卿公恩命追赴闕下》，原詩此句作「激揚音韻徹」，其下句爲「藉甚衆多推」。

〔二〕集自《謁先主廟》，原詩此句上句爲「閭閻兒女换」。

明月生長好〔一〕

浮雲薄未歸〔二〕

〔一〕集自《季秋蘇五弟纓江樓夜宴崔十三評事韋少府侄三首》之二，原詩此句下句爲「浮雲薄漸遮」。

〔二〕集自《晚晴》，原詩此句上句爲「返照斜初徹」。

清風左右至〔一〕

苦調短長吟〔二〕

〔一〕集自《夏日李公見訪》，原詩此句下句爲「客意已驚秋」。

〔二〕集自《送嚴侍郎到緜州同登杜使君江樓宴》，原詩此句上句爲「窮途衰謝意」。

倚杖看孤石〔一〕

開林出遠山〔二〕

〔一〕集自《春歸》，原詩此句下句爲「傾壺就淺沙」。

〔二〕集自《早起》，原詩此句上句爲「帖石防頹岸」。

翳翳桑榆日〔一〕

陰陰桃李蹊〔二〕

〔一〕集自《成都府》，原詩此句下句爲「照我征衣裳」。

〔二〕集自《水宿遣興奉呈群公》，原詩此句上句爲「嶷嶷瑚璉器」。

滄海先迎日〔一〕

行藏獨倚樓〔二〕

〔一〕集自《不離西閣二首》之二，原詩此句下句爲「銀河倒列星」。

〔二〕集自《江上》，原詩此句上句爲「勳業頻看鏡」。

層顛餘落日〔一〕

絶壁上朝暾〔二〕

〔一〕集自《西枝村尋置草堂地夜宿贊公土室二首》之一，此句下句爲「草蔓已多露」。

〔二〕集自《貽華陽柳少府》，原詩此句上句爲「火雲洗月露」。

野畦連蛺蝶〔一〕

沙僻舞鵾雞〔二〕

〔一〕集自《陪王使君晦日泛江就黄家亭子二首》，原詩此句下句爲「江檻俯鴛鴦」。

〔二〕集自《絶句六首》之一，原詩此句上句爲「竹高鳴翡翠」。

雲溪花淡淡〔一〕

石瀨月涓涓〔二〕

〔一〕集自《行次鹽亭縣聊題四韻奉簡嚴遂州蓬州兩使君咨議諸昆季》，原詩此句下句爲「春郭水泠泠」。

〔二〕集自《船下夔州郭宿雨濕不得上岸别王十二判官》，原詩此句爲「石瀨月娟娟」，其上句爲「依沙宿舸船」。

山晚半天赤〔一〕

峽乾落日黄〔二〕

〔一〕集自《石櫃閣》，原詩此句上句爲「季冬日已長」。

〔二〕集自《又上後園山脚》，此句亦作「峽乾南日黄」，其上句爲「瘴毒猿鳥落」。

天高雲去盡〔一〕

山迥日初沈〔二〕

〔一〕集自《觀作橋成月夜舟中有述還呈李司馬》，原詩此句下句爲「江迥月來遲」。

〔二〕集自《野望》，原詩此句上句爲「葉稀風更落」。

英雄餘事業〔一〕

棟宇自齊梁〔二〕

〔一〕集自《上白帝城二首》之一，原詩此句下句爲「衰邁久風塵」。

〔二〕集自《上兜率寺》，原詩此句上句爲「江山有巴蜀」。

久露晴初濕〔一〕

留門月復光〔二〕

〔一〕集自《草閣》，原詩此句下句爲「高雲薄未還」。

〔二〕集自《臺上》，原詩此句上句爲「改席臺能迴」。

幽事供高卧〔一〕

清風獨杖藜〔二〕

〔一〕集自《屏迹》，原詩此句上句爲「衰顔甘屏迹」。

〔二〕集自《送舍弟頻赴齊州三首》之一，原詩此句上句爲「絶域惟高枕」。

野橋分仔細〔一〕

水鶴去低徊〔二〕

〔一〕集自《觀李固請司馬弟山水圖三首》之三，原詩此句作「野橋分子細」，其下句爲「沙岸繞微茫」。

〔二〕集自《昔游》，原詩此句上句爲「景晏楚山深」。

悠悠委薄俗〔一〕

處處待高人〔二〕

〔一〕集自《入衡州》，原詩此句下句爲「鬱鬱回剛腸」。

〔二〕集自《奉送韋中丞之晉赴湖南》，原詩此句上句爲「還將徐孺子」。

層軒皆面水〔一〕

喬木上參天〔二〕

〔一〕集自《懷錦水居止二首》之二，原詩此句下句爲「老樹飽經霜」。

〔二〕集自《杜鵑》，原詩此句上句爲「有竹一頃餘」。

暗水流花徑〔一〕

斜暉轉樹腰〔二〕

〔一〕集自《夜宴左氏莊》，原詩此句下句爲「春星帶草堂」。

〔二〕集自《絶句六首》之四，原詩此句上句爲「急雨捎溪足」。

森羅移地軸〔一〕

冰雪耀天衢〔二〕

〔一〕集自《冬日洛城北謁玄元皇帝廟》，原詩此句下句爲「妙絶動宫牆」。

〔二〕集自《大曆三年春白帝城放船出瞿塘峽久居夔府將適江陵漂泊有詩凡四十韻》，原詩此句上句爲「風雷纏地脉」。

如聞馬融笛〔一〕
應在仲宣樓〔二〕

〔一〕集自《風疾舟中伏枕書懷三十六韻奉呈湖南親友》，原詩此句下句爲「若倚仲宣襟」。
〔二〕集自《舍弟觀歸藍田迎新婦送示兩篇》，原詩此句上句爲「此時同一醉」。

南極風濤壯〔一〕
春城草木深〔二〕

〔一〕集自《江閣對雨有懷行營裴二端公》，原詩此句作「南紀風濤壯」，其下句爲「陰晴屢不分」。
〔二〕集自《春望》，此句亦作「城春草木深」，其上句爲「國破山河在」。

燈花散遠近〔一〕
沙草得微茫〔二〕

〔一〕集自《送嚴侍郎到緜州同登杜使君江樓宴》，原詩此句作「燈光散遠近」，其下句爲「月彩静高深」。
〔二〕集自《奉觀嚴鄭公廳事岷山沱江畫圖十韻》，原詩此句上句爲「雪雲虚點綴」。

書亂誰能帙〔一〕

詩成覺有神〔二〕

〔一〕集自《晚晴》，原詩此句下句爲「杯乾自可添」。

〔二〕集自《獨酌成詩》，原詩此句上句爲「醉裏從爲客」。

紅入桃花嫩〔一〕

青懸薜荔長〔二〕

〔一〕集自《奉酬李都督表丈早春作》，原詩此句下句爲「青歸柳葉新」。

〔二〕集自《觀李固請司馬弟山水圖三首》之三，原詩此句上句爲「紅浸珊瑚短」。

天地空搔首〔一〕

文章實致身〔二〕

〔一〕集自《樓上》，原詩此句下句爲「頻抽白玉簪」。

〔二〕集自《奉贈鮮于京兆二十韻》，原詩此句上句爲「侯伯知何算」。

甘從千日醉〔一〕

耻與萬人同〔二〕

〔一〕集自《垂白》，原詩此句下句爲「未許七哀詩」。
〔二〕集自《敬簡王明府》，原詩此句上句爲「看君用高義」。

書籍終相與〔一〕
文章敢自誣〔二〕
〔一〕集自《贈虞十五司馬》，原詩此句下句爲「青山隔故園」。
〔二〕集自《大曆三年春白帝城放船出瞿塘峽久居夔府將適江陵漂泊有詩凡四十韻》，原詩此句上句爲「丘壑曾忘返」。

窮愁但有骨〔一〕
詩興不無神〔二〕
〔一〕集自《王閬州筵奉酬十一舅惜别之作》，原詩此句下句爲「群盗尚如毛」。
〔二〕集自《寄張十二山人彪三十韻》，原詩此句上句爲「草書何太苦」。

雪嶺界天白〔一〕
高山擁縣青〔二〕
〔一〕集自《懷錦水居止二首》，原詩此句下句爲「錦城曛日黄」。

〔二〕集自《行次鹽亭縣聊題四韻奉簡嚴遂州蓬州兩使君咨議諸昆季》，原詩此句上句爲「馬首見鹽亭」。

用拙存吾道〔一〕
隨春入故園〔二〕

〔一〕集自《屏迹》，原詩此句下句爲「幽居近物情」。
〔二〕集自《春日梓州登樓二首》之二，原詩此句上句爲「天畔登樓眼」。

蓬鬢稀疏久〔一〕
風花高下飛〔二〕

〔一〕集自《人日》，原詩此句下句爲「無勞比素絲」。
〔二〕集自《寒食》，原詩此句上句爲「寒食江村路」。

星垂平野闊〔一〕
月傍九霄多〔二〕

〔一〕集自《旅夜書懷》，原詩此句下句爲「月涌大江流」。
〔二〕集自《春宿左省》，原詩此句上句爲「星臨萬户動」。

坐接春杯氣〔一〕
高吟寶劍篇〔二〕

〔一〕集自《陪諸公上白帝城頭宴越公堂之作》，原詩此句下句爲「心傷艷蕊梢」。
〔二〕集自《遇郭代公故宅》，原詩此句作「高詠寶劍篇」，其下句爲「神交付冥漠」。

百年歌自苦〔一〕
一字買堪貧〔二〕

〔一〕集自《南征》，原詩此句下句爲「未見有知音」。
〔二〕集自《寄張十二山人彪三十韻》，原詩此句上句爲「數篇吟可老」。

塤篪鳴自合〔一〕
嵇阮逸相須〔二〕

〔一〕集自《奉贈蕭二十使君》，原詩此句下句爲「金石瑩逾新」。
〔二〕集自《哭台州鄭司户蘇少監》，原詩此句上句爲「班揚名甚盛」。

素琴將暇日〔一〕

佳句染華箋〔一〕

〔一〕集自《季秋江村》，原詩此句下句爲「白首望霜天」。

〔二〕集自《秋日夔府詠懷奉寄鄭監審李賓客之芳一百韻》，原詩此句上句爲「遠遊凌絶境」。

聽歌驚白鬢〔一〕

久客惜黄金〔二〕

〔一〕集自《季秋蘇五弟纓江樓夜宴崔十三評事韋少府侄三首》，原詩此句下句爲「笑舞拓秋窗」。

〔二〕集自《上後園山脚》。其上句爲「志士惜白日」。

野雲低度水〔一〕

老樹飽經霜〔二〕

〔一〕集自《陪章留後侍御宴南樓》，原詩此句下句爲「檐雨細隨風」。

〔二〕集自《懷錦水居止二首》之二，原詩此句上句爲「層軒皆面水」。

江水流城郭〔一〕

風帆數驛亭〔二〕

〔一〕集自《春日梓州登樓二首》之一，原詩此句下句爲「春風入鼓鼙」。

〔二〕集自《喜觀即到復題短篇二首》之二，原詩此句上句爲「江閣嫌津柳」。

江城帶素月〔一〕

風岸疊青岑〔二〕

〔一〕集自《聽楊氏歌》，原詩此句下句爲「況乃清夜起」。

〔二〕集自《風疾舟中伏枕書懷三十六韻奉呈湖南親友》，原詩此句作「楓岸疊青岑」，其上句爲「水鄉霾白屋」。「岑」，原誤作「琴」，據杜詩更正。

山花相映發〔一〕

梯徑繞幽深〔二〕

〔一〕集自《送何侍御歸朝》，原詩此句下句爲「水鳥自孤飛」。

〔二〕集自《望牛頭寺》，原詩此句上句爲「牛頭見鶴林」。

興來猶杖屨〔一〕

客至罷琴書〔二〕

〔一〕集自《祠南夕望》，原詩此句下句爲「目斷更雲沙」。

〔二〕集自《過客相尋》，原詩此句上句爲「地幽忘盥櫛」。

花蘿封蛺蝶〔一〕

江檻俯鴛鴦〔二〕

〔一〕集自《奉和嚴中丞西城晚眺十韻》，其下句爲「瑞錦送麒麟」。

〔二〕集自《陪王使君晦日泛江就黄家亭子二首》，原詩此句上句爲「野畦連蛺蝶」。

興趣江湖迥〔一〕

提携日月長〔二〕

〔一〕集自《西枝村尋置草堂地夜宿贊公土室二首》，原詩此句上句爲「從來支許游」。

〔二〕集自《豎子至》，原詩此句上句爲「欹枕江湖客」。

倒影垂澹瀨〔一〕

忘形向友朋〔二〕

〔一〕集自《萬丈潭》，原詩此句作「倒影垂澹瀩」，其上句爲「削成根虛無」。

〔二〕集自《贈特進汝陽王二十韻》，原詩此句上句爲「精理通談笑」。

每恨陶彭澤〔一〕

宜憂阮步兵〔二〕

〔一〕集自《復愁十二首》，原詩此句下句爲「無錢對菊花」。

〔二〕集自《敬贈鄭諫議十韻》，原詩此句上句爲「君見途窮哭」。

道爲詩書重〔一〕

官因老病休〔二〕

〔一〕集自《哭長孫侍郎》，原詩此句下句爲「名因賦頌雄」。

〔二〕集自《旅夜書懷》，原詩此句上句爲「名豈文章著」。

名豈文章著〔一〕

貧嗟出入勞〔二〕

〔一〕集自《旅夜書懷》，原詩此句下句爲「官因老病休」。

〔二〕集自《赴青城縣出成都寄陶王二少尹》，原詩此句上句爲「老被樊籠役」。

月出山更静〔一〕

秋來興甚長〔二〕

〔一〕集自《西枝村尋置草堂地夜宿贊公土室二首》，原詩此句上句爲「天寒鳥已歸」。

〔二〕集自《寄彭州高三十五使君適虢州岑二十七長史参三十韻》，原詩此句上句爲「老去才難盡」。

計疏疑翰墨〔一〕

情在强詩篇〔二〕

〔一〕集自《奉贈鮮于京兆二十韻》，原詩此句下句爲「時過憶松筠」。

〔二〕集自《哭韋大夫之晉》，原詩此句上句爲「老來多涕淚」。

逍遥有能事〔一〕

感激在知音〔二〕

〔一〕集自《遣興五首》，原詩此句上句爲「不雜蹄嚙間」。

〔二〕集自《風疾舟中伏枕書懷奉呈湖南親友三十六韻》，原詩此句上句爲「蹉跎翻學步」。

雪雲虚點綴〔一〕

詞氣浩縱橫〔二〕

〔一〕集自《奉觀嚴鄭公廳事岷山沱江畫圖十韻》，原詩此句下句爲「沙草得微茫」。

〔二〕集自《同元使君春陵行》，原詩此句上句爲「道州憂黎庶」。

有客過茅宇〔一〕

無錢對菊花〔二〕

〔一〕集自《賓至》，原詩此句下句爲「呼兒正葛巾」。

〔二〕集自《復愁十二首》，原詩此句上句爲「每恨陶彭澤」。

聞説江山好〔一〕

終嗟風雨頻〔二〕

〔一〕集自《東津送韋諷攝閬州録事》，原詩此句下句爲「憐君吏隱兼」。

〔二〕集自《通泉縣署屋壁後薛少保畫鶴》，原詩此句上句爲「曝露牆壁外」。

青雲猶契闊〔一〕

白日到羲皇〔二〕

〔一〕集自《奉留贈集賢院崔于二學士》，原詩此句作「青冥猶契闊」，其下句爲「凌厲不飛翻」。

〔二〕集自《重過何氏五首》，原詩此句上句爲「看君用幽意」。

山晚浮雲合〔一〕
江鳴夜雨懸〔二〕

〔一〕集自《佐還山後寄三首》，原詩此句下句爲「歸時恐路迷」。

〔二〕集自《船下夔州郭宿雨濕不得上岸別王二十判官》，原詩此句上句爲「風起春燈亂」。

陰陽相主客〔一〕
歌笑輕波瀾〔二〕

〔一〕集自《七月三日亭午已後較熱退晚加小凉穩睡有詩因論壯年樂事戲呈元二十一曹長》，原詩此句下句爲「時序遞回斡」。

〔二〕集自《水會渡》，原詩此句上句爲「篙師暗理楫」。

風鴛藏近渚〔一〕
宿鷺起圓沙〔二〕

〔一〕集自《朝雨》，原詩此句下句爲「雨燕集深條」。
〔二〕集自《草堂即事》，原詩此句上句爲「寒魚依密藻」。

## 雙魚罌齋録莫子偲友芝集杜工部七言聯

謝安舟楫風還起〔一〕
庾信文章老更成〔二〕
〔一〕集自《戲作寄上漢中王二首》，原詩此句下句爲「梁苑池臺雪欲飛」。
〔二〕集自《戲爲六絶句》，原詩此句下句爲「凌雲健筆意縱横」。

細柳新蒲爲誰緑〔一〕
投壺散帙有餘清〔二〕
〔一〕集自《哀江頭》，原詩此句上句爲「江頭宫殿鎖千門」。
〔二〕集自《江陵節度使陽城郡王新樓成王請嚴侍御判官賦七字句同作》，原詩此句上句爲「仗鉞褰帷瞻具美」。

窮巷峭然車馬絶〔一〕

誰家數去酒杯寬〔二〕

〔一〕集自《題鄭十八著作丈》，此句亦作「窮巷悄然車馬絶」，其下句爲「案頭乾死讀書螢」。

〔二〕集自《遣悶戲呈路十九曹長》，原詩此句上句爲「晚節漸於詩律細」。

歲暮陰陽催短景〔一〕

春來花鳥莫深愁〔二〕

〔一〕集自《閣夜》，原詩此句下句爲「天涯霜雪霽寒宵」。

〔二〕集自《江上值水如海勢聊短述》，原詩此句上句爲「老去詩篇渾漫與」。

浩落古今同一體〔一〕

風流儒雅亦吾師〔二〕

〔一〕集自《狄明府》，此句亦作「浩蕩古今同一體」，其上句爲「大賢之後竟陵遲」。

〔二〕集自《詠懷古迹五首》，原詩此句上句爲「摇落深知宋玉悲」。

三年奔走空皮骨〔一〕

萬里風煙接素秋〔二〕

〔一〕集自《將赴成都草堂途中有作先寄嚴鄭公五首》，原詩此句下句爲「信有人間行路難」。
〔二〕集自《秋興八首》，原詩此句上句爲「瞿塘峽口曲江頭」。

秋花錦石誰能數〔一〕
高棟層軒已自凉〔二〕

〔一〕集自《發閬中》，原詩此句上句爲「女病妻憂歸意速」。
〔二〕集自《七月一日題終明府水樓二首》，其下句爲「秋風此日灑衣裳」。

絶壁過雲開錦繡〔一〕
石門斜日到林丘〔二〕

〔一〕集自《七月一日題終明府水樓二首》，原詩此句下句爲「疏鬆夾水奏笙簧」。
〔二〕集自《題張氏隱居二首》，原詩此句上句爲「澗道餘寒歷冰雪」。

水光風力俱相怯〔一〕
落絮游絲亦有情〔二〕

〔一〕集自《風雨看舟前落花戲爲新句》，原詩此句上句爲「吹花困癲旁舟楫」。

〔二〕集自《白絲行》，原詩此句下句爲「隨風照日宜輕舉」。

澗道餘寒歷冰雪〔一〕
洞口經春長薜蘿〔二〕

〔一〕集自《題張氏隱居二首》，原詩此句下句爲「石門斜日到林丘」。
〔二〕集自《峽中覽物》，原詩此句上句爲「舟中得病移衾枕」。

縱使盧王操翰墨〔一〕
遠開山岳散江湖〔二〕

〔一〕集自《戲爲六絶句》，原詩此句下句爲「劣于漢魏近風騷」。
〔二〕集自《又作此非衛王》，原詩此句上句爲「西北樓成雄楚都」。

白沙翠竹江村暮〔一〕
碧水春風野外昏〔二〕

〔一〕集自《南鄰》，原詩此句下句爲「相送柴門月色新」。
〔二〕集自《絶句漫興九首》，原詩此句上句爲「蒼苔濁酒林中静」。

厚禄故人書斷絶〔一〕
凌雲健筆意縱横〔二〕

〔一〕集自《狂夫》，原詩此句下句爲「恒飢稚子色凄凉」。
〔二〕集自《戲爲六絶句》，原詩此句上句爲「庾信文章老更成」。

煙緜碧草萋萋長〔一〕
雨浥紅蕖冉冉香〔二〕

〔一〕集自《樂游園歌》，原詩此句上句爲「樂游古園崒森爽」。
〔二〕集自《狂夫》，原詩此句上句爲「風含翠篠娟娟浄」。

更爲後會知何地〔一〕
且盡生前有限杯〔二〕

〔一〕集自《送路六侍御入朝》，原詩此句下句爲「忽漫相逢是别筵」。
〔二〕集自《絶句漫興九首》，原詩此句上句爲「莫思身外無窮事」。

深山大澤龍蛇遠〔一〕

古木蒼藤日月昏〔二〕

〔一〕集自《送孔巢父謝病歸游江東兼呈李白》，原詩此句下句爲「春寒野陰風景暮」。

〔二〕集自《白帝》，原詩此句上句爲「高江急峽雷霆門」。

晴浴狎鷗分處處〔一〕
清秋燕子故飛飛〔二〕

〔一〕集自《夔州歌十絶句》，原詩此句下句爲「雨隨神女下朝朝」。

〔二〕集自《秋興八首》，原詩此句上句爲「信宿漁人還泛泛」。

更爲後會知何地〔一〕
自斷此生休問天〔二〕

〔一〕集自《送路六侍御入朝》，原詩此句下句爲「忽漫相逢是別筵」。

〔二〕集自《曲江三章章五句》，原詩此句下句爲「杜曲幸有桑麻田」。

萬里秋風吹錦水〔一〕
九重春色醉仙桃〔二〕

〔一〕集自《黄草》，原詩此句下句爲「誰家别淚濕羅衣」。

〔二〕集自《早朝大明宫呈省僚友》，原詩此句上句爲「五夜漏聲催曉箭」。

老去詩篇渾漫與〔一〕

天涯風俗自相親〔二〕

〔一〕集自《江上值水如海勢聊短述》，此句亦作「老去詩篇渾漫興」，其下句爲「春來花鳥莫深愁」。

〔二〕集自《冬至》，原詩此句上句爲「江上形容吾獨老」。

不知明月爲誰好〔一〕

更有澄江消客愁〔二〕

〔一〕集自《秋風二首》，原詩此句下句爲「早晚孤帆他夜歸」。

〔二〕集自《卜居》，原詩此句上句爲「已知出郭少塵事」。

天下友朋皆膠漆〔一〕

故園池臺今是非〔二〕

〔一〕集自《憶昔二首》，此句亦作「天下朋友皆膠漆」，其上句爲「宫中聖人奏雲門」。

〔二〕集自《秋風二首》，原詩此句上句爲「會將白髮倚庭樹」。

魚龍寂寞秋江冷〔一〕

關塞蕭條行路難〔二〕

〔一〕集自《秋興八首》，原詩此句下句爲「故國平居有所思」。

〔二〕集自《宿府》，原詩此句上句爲「風塵荏苒音書絶」。

## 雙魚罌齋録莫子偲友芝集唐七言聯

顧視清高氣深穩　杜甫〔一〕

文章彪炳光陸離　李白〔二〕

〔一〕集自杜甫《韋諷録事宅觀曹將軍畫馬圖引》，原詩此句上句爲「可憐九馬争神駿」。

〔二〕集自李白《酬殷佐明見贈五雲裘歌》，原詩此句下句爲「應是素娥玉女之所爲」。

文翁勸學人應戀　薛能〔一〕

劉表爲邦客盡依　許渾〔二〕

〔一〕集自薛能《送崔學士赴東川》，原詩此句下句爲「魏絳和戎戍自休」。

〔二〕集自許渾《陪宣城大夫崔公泛後池兼北樓宴二首》，原詩此句上句爲「王珣作簿公曾喜」。

詩情逸似陶彭澤　劉禹錫〔一〕

痴號多於顧愷之　皮日休〔二〕

〔一〕集自劉禹錫《答樂天戲贈》，原詩此句下句爲「齋日多如周太常」。

〔二〕集自皮日休《新秋即事三首》，原詩此句下句爲「更無餘事可從知」。

閑臨静案修茶品〔一〕

高敞吟軒近釣灣　陸魯望〔二〕

〔一〕集自陸龜蒙《和襲美冬曉章上人院》，原詩此句下句爲「獨旁深溪記藥科」。

〔二〕集自陸希聲《題顧正字谿居》，原詩此句下句爲「塵中來似出人間」。

鳥啼碧樹閑臨水　儲嗣宗〔一〕

竹映高牆似傍山　薛能〔二〕

〔一〕集自儲嗣宗《和顧非熊先生題茅山處士閑居》，原詩此句下句爲「花滿青山静掩門」。

〔二〕集自薛能《和府帥相公》，原詩此句下句爲「鄒陽歸後令威還」。

舍南有竹堪書字　李賀〔一〕

馬上逢人亦説山　張籍〔二〕

〔一〕集自李賀《南園十三首》，原詩此句下句爲「老去溪頭作釣翁」。

〔二〕集自張籍《酬秘書王丞見寄》，原詩此句上句爲「街西借宅多臨水」。

縱横聯句長侵夜　楊巨源〔一〕

屈曲登高自有山　方干〔二〕

〔一〕集自楊巨源《送人過衛州》，原詩此句作「縱横聯句長侵曉」，其下句爲「次第看花直到秋」。

〔二〕集自方干《郭中山居》，原詩此句上句爲「沉吟不寐先聞角」。

貪廣異蔬行徑窄　陸龜蒙〔一〕

多栽紅藥待春還　劉禹錫〔二〕

〔一〕集自陸龜蒙《病中秋懷寄襲美》，原詩此句下句爲「故求偏藥出錢添」。

〔二〕集自劉禹錫《秋日題竇員外崇德里新居》，原詩此句上句爲「疏種碧松通月朗」。

琴曲少聲重勘譜　許渾〔一〕
歌詞自作別生情　劉禹錫〔二〕

〔一〕集自許渾《湖州韋長史山居》，原詩此句下句爲「藥丸多忌更尋方」。
〔二〕集自劉禹錫《和樂天南園試小樂》，原詩此句上句爲「花木手栽偏有興」。

閑看秋水心無事　皇甫冉〔一〕
每見同人眼暫明　韓偓〔二〕

〔一〕集自皇甫冉《秋日東郊作》，原詩此句下句爲「卧對寒松手自栽」。
〔二〕集自韓偓《李太舍池上玩紅薇醉題》，原詩此句上句爲「乍爲旅客顔常厚」。

江郡謳吟誇杜母　白居易〔一〕
漢廷文采有相如　温〔二〕

〔一〕集自白居易《寄李蘄州》，原詩此句作「江郡謳謡誇杜母」，其下句爲「洛城歡會憶車公」。
〔二〕集自温庭筠《送襄州李中丞赴從事》，原詩此句下句爲「天子通宵愛子虛」。

登臨許作煙霞伴　僧皎然〔一〕

懶慢遲修鴛鷺書　劉兼〔二〕

〔一〕集自僧皎然《奉酬李員外使君嘉祐蘇臺屏營居春首有懷》，原詩此句下句爲「高在方袍間幅巾」。
〔二〕集自劉兼《春霽》，原詩此句上句爲「猖狂亂打貔貅鼓」。

傾壺待客花開後　李中〔一〕
出竹吟詩月上初　杜荀鶴〔二〕

〔一〕集自李中《書郭判官幽齋壁》，原詩此句下句爲「煮茗留僧月上初」。
〔二〕集自杜荀鶴《書齋即事》，原詩此句上句爲「沿溪摘果霜晴後」。

湖館翕然無俗客　裴夷直〔一〕
人家大抵傍山嵐　郎士元〔二〕

〔一〕集自裴夷直《留客》，原詩此句作「湖館翛然無俗客」，其下句爲「白衣居士且匡床」。
〔二〕集自郎士元《蓋少府新除江南尉問風俗》，原詩此句上句爲「客路尋常隨竹影」。

隔窗雲霧生衣上　王維〔一〕
半樹梅花似嶺南　方干〔二〕

〔一〕集自王維《敕借岐王九成宫避暑應教》，原詩此句下句爲「卷幔山泉入鏡中」。
〔二〕集自方干《與鄉人鑒休上人别》，原詩此句下句爲「山夜獵徒多信犬」。

實事漸消虚事在　白居易〔一〕
長年方悟少年非　韋莊〔二〕

〔一〕集自白居易《自嘆二首》，原詩此句下句爲「銀魚金帶繞腰光」。
〔二〕集自韋莊《長年》，原詩此句下句爲「人道新詩勝舊詩」。

吟處落花藏筆硯　方干〔一〕
宅邊秋水浸苔磯　趙嘏〔二〕

〔一〕集自方干《寄江陵王少府》，原詩此句下句爲「睡時斜雨濕圖書」。
〔二〕集自趙嘏《長安月夜與友人話故山》，原詩此句下句爲「日日持竿去不歸」。

醉凴危檻波千頃　羅隱〔一〕
暗養清陰竹數科　譚用之〔二〕

〔一〕集自羅隱《廣陵春日憶池陽有寄》，原詩此句下句爲「愁倚長亭柳萬條」。

〔二〕集自譚用之《山中春晚寄賈員外》，原詩此句作「暗養清音竹數科」，其上句爲「高添雅興松千尺」。

閑憐鶴貌偏能畫　張籍〔一〕
欲算棋圖却望雲　皮日休〔二〕

〔一〕集自張籍《送楊州判官》，原詩此句下句爲「暗辨桐聲自作琴」。
〔二〕集自皮日休《江南道中懷茅山廣文南陽博士三首》，原詩此句上句爲「將開丹灶那防鶴」。

致身不似笙簧巧　李山甫〔一〕
所得須憐雅頌同　杜荀鶴〔二〕

〔一〕集自李山甫《贈彈琴李處士》，原詩此句作「致身不似笙竽巧」，其下句爲「悦耳寧如鄭衛淫」。
〔二〕集自杜荀鶴《投從叔補闕》，原詩此句上句爲「其來雖愧源流淺」。

重裝墨畫數行竹　王建〔一〕
静對芳齋一炷香　僧曇域〔二〕

〔一〕集自王建《早秋過龍武李將軍書齋》，原詩此句作「重裝盡墨數莖竹」，其下句爲「長著香薰一架書」。
〔二〕集自僧曇域《懷齊己上人》。原詩句作「静對茅齋一炷香」，刻本「茅」作「芳」，其上句爲「鬌髯修景兩蒼蒼」。

麈機消盡話元理　劉滄〔一〕

夙昔修來得慧根　劉禹錫〔二〕

〔一〕集自劉滄《夏日登慈恩寺》，原詩此句下句爲「暮磬出林疏韻澄」。

〔二〕集自劉禹錫《送宗密上人歸南山草堂寺因詣河南尹白侍郎》，此句亦作「宿習修來得慧根」，其下句爲「多聞第一却忘言」。

春近帶煙分短蕙　陸〔一〕

月明憑檻數跳魚　徐寅〔二〕

〔一〕集自陸龜蒙《和襲美寒日書齋即事三首每篇各用一韻》，原詩此句下句爲「曉來冲雪撼疏篁」。

〔二〕集自徐夤《茅亭》，原詩此句上句爲「秋晚捲簾看過雁」。

閑留賓客嘗新酒　白居易〔一〕

共引家僮拾野蔬　盧綸〔二〕

〔一〕集自白居易《府中夜賞》，原詩此句下句爲「醉領笙歌上小舟」。

〔二〕集自盧綸《秋中過獨孤郊居》，其上句爲「開園過水到郊居」。

麗事肯教饒沈謝　陸〔一〕
世情誰是舊雷陳　元稹〔二〕

〔一〕集自陸龜蒙《奉和襲美夏景無事因懷章來二上人次韻》，原詩此句下句爲「談微何必減宗雷」。
〔二〕集自元稹《寄樂天二首》，原詩此句上句爲「榮辱升沉影與身」。

珠玉會應成咳唾　牛僧孺〔一〕
樓臺亦要數躋攀　白居易〔二〕

〔一〕集自牛僧孺《席上贈劉夢得》，原詩此句下句爲「山川猶覺露精神」。
〔二〕集自白居易《送姚杭州赴任因思舊游二首》，原詩此句上句爲「閭里固宜勤撫恤」。

昔日繁華今日恨　司空圖〔一〕
南家歌吹北家愁　汪遵〔二〕

〔一〕集自司空圖《南北史感遇十首》，原詩此句下句爲「雉媒聲晚草芳時」。
〔二〕集自汪遵《緑珠》，原詩此句作「南家歌歇北家愁」，其上句爲「大抵花顔最怕秋」。

春風莫逐桃花去　儲嗣宗〔一〕

世事方看木槿榮　皇甫曾〔二〕

〔一〕集自儲嗣宗《和茅山高拾遺憶山中雜題五首》，原詩此句作「春風莫泛桃花去」，其下句爲「恐引凡人入洞來」。

〔二〕集自皇甫曾《張芬見訪鄰居作》，原詩此句上句爲「愁心自惜江蘺晚」。

一路沿溪花覆水　陶雍〔一〕

幾家深樹碧藏樓　牟融〔二〕

〔一〕集自陶雍《春行武關作》，原詩此句作「一路緣溪花覆水」，其下句爲「不妨閑看不妨行」。

〔二〕集自牟融《送徐浩》，原詩此句上句爲「千里好山青入楚」。

長愛謝家能詠雪　徐凝〔一〕

始知嬴女善吹簫　杜〔二〕

〔一〕集自徐凝《喜雪》，原詩此句下句爲「今朝見雪亦狂歌」。

〔二〕集自杜甫《玉臺觀二首》，原詩此句上句爲「遂有馮夷來擊鼓」。

小橋連驛楊柳晚　温〔一〕

野岸維舟春草齊　韋莊〔二〕

〔一〕集自温庭筠《送客偶作》，原詩此句下句爲「廢寺入門禾黍高」。

〔二〕集自韋莊《江皋贈別》，原詩此句上句爲「江亭系馬緑楊短」。

溪雲雜雨來茅屋　錢起〔一〕

庭竹移陰就小齋　李紳〔二〕

〔一〕集自錢起《幽居春暮書懷》，原詩此句下句爲「山雀將雛到藥欄」。

〔二〕集自李紳《州中小飲便别牛相》，原詩此句上句爲「笙歌罷曲辭賓侶」。

清曉自傾花上露　宫人韓氏〔一〕

濃香染著洞中霞　韓偓〔二〕

〔一〕集自《宫詞》，原詩此句下句爲「冷侵宫殿玉蟾蜍」。此聯作者爲後蜀孟昶的妃子花蕊夫人，莫友芝誤爲宫人韓氏作。

〔二〕集自韓偓《甲子歲夏五月自長沙抵醴陵貴就深僻以便疏慵由道林之南步步勝絶去緑口分東入南小江山水益秀村籬之次忽見紫薇花因思玉堂及西掖廳前皆植是花遂賦詩四韻聊寄知心》，原詩此句上句爲「淺色暈成宫裏錦」。

雉飛鹿過芳草遠〔一〕

鷺渚鶩梁溪日斜　牧之[一]

〔一〕集自杜牧《商山麻澗》，原詩此句下句爲「牛巷雞塒春日斜」。

〔二〕集自杜牧《登九峰樓》，原詩此句上句爲「牛歌魚笛山月上」。

祇道詩人無佛性　杜荀鶴[一]

自憐清格笑塵心　徐彦伯[二]

〔一〕集自杜荀鶴《贈休禪和》，原詩此句下句爲「長將二雅入三乘」。

〔二〕集自司空圖《雜題二首》，原詩此句上句爲「曉鏡高窗氣象深」。莫友芝誤爲徐彦伯作。

義士要教天下見　孫元晏[一]

高情自與俗人疏　張籍[二]

〔一〕集自孫元晏《馬仙埤》，原詩此句下句爲「且留君住待袁昂」。

〔二〕集自張籍《送許處士》，原詩此句下句爲「獨向藍溪選僻居」。

閑尋野寺聽秋水　劉兼[一]

特酌山醪讀古書　劉滄[二]

〔一〕集自李中《贈永真杜翶少府》，原詩此句下句爲「寄睡僧窗到夕陽」。莫友芝誤爲劉兼作。
〔二〕集自劉滄《題桃源處士山居留寄》，原詩此句上句爲「閑看竹嶼吟新月」。

偶嘗佳果求枝去　方干〔一〕
移得閑花用意栽　李中〔二〕

〔一〕集自方干《題盛令新亭》，原詩此句作「偶嘗嘉果求枝去」，其下句爲「因問名花寄種來」。
〔二〕集自李中《贈朐山孫明府》，原詩此句上句爲「買將病鶴勞心養」。

万木長承新雨露　文房〔一〕
四鄰多是老農家　魯望〔二〕

〔一〕集自劉長卿《上陽宮望幸》，原詩此句下句爲「千門空對舊河山」。
〔二〕集自陸龜蒙《奉和夏初襲美見訪題小齋次韻》，原詩此句下句爲「百樹雞桑半頃麻」。

却把漁竿尋小徑　劉方平〔一〕
更將樵叟對閑扉　周賀〔二〕

〔一〕集自張志和《漁父》，原詩此句下句爲「閑梳鶴髮對斜暉」。莫友芝誤爲劉方平作。

〔三〕集自周賀《秋晚歸廬山留別道友》，原詩此句作「便將樵叟對閑扉」，其上句爲「已許衲僧修静社」。

松陰繞院鶴相對　姚鵠〔一〕
柳絮蓋溪魚正肥　韓偓〔二〕

〔一〕集自姚鵠《玉真觀尋趙尊師不遇》，原詩此句下句爲「山色滿樓人未歸」。

〔二〕集自韓偓《卜隱》，原詩此句上句爲「桑梢出舍蠶初老」。

牧笛自由隨草遠　冬郎〔一〕
玉簫遷度隔花微　袁聖〔二〕

〔一〕集自韓偓《漢江行次》，原詩此句下句爲「漁歌得意扣弦歸」。

〔二〕集自司空曙《送王尊師歸湖州》，原詩此句作「玉簫遥聽隔花微」，其上句爲「金闕乍看迎日麗」。莫友芝誤爲袁聖作。

須知日富爲神授　魯望〔一〕
不可家貧與善疏　杜荀鶴〔二〕

〔一〕集自陸龜蒙《奉和襲美臥疾感春見寄次韻》，原詩此句下句爲「只有家貧免盜憎」。

〔二〕集自杜荀鶴《書齋即事》，原詩此句上句爲「時清只合力爲儒」。

陶潛見社無妨醉　皮日休〔一〕
宓賤之官獨抱琴　文房〔二〕

〔一〕集自皮日休《奉和魯望寒夜訪寂上人次韻》，原詩此句下句爲「殷浩談經不廢吟」。
〔二〕集自劉長卿《送宇文遷明府赴洪州張觀察追攝豐城令》，原詩此句上句爲「陳蕃待客應懸榻」。

數間茅屋閑臨水　夢得〔一〕
一枕秋聲夜聽泉　牟融〔二〕

〔一〕集自劉禹錫《送曹璩歸越中舊隱詩》，原詩此句下句爲「一盞秋燈夜讀書」。
〔二〕集自牟融《題李昭訓山水》，原詩此句上句爲「半岩松暝時藏鶴」。

無伴偶吟溪上路　錢翊〔一〕
有人曾見洞中仙　黄滔〔二〕

〔一〕集自錢翊《客舍寓懷》，原詩此句下句爲「有花偷笑臘前枝」。
〔二〕集自黄滔《寄羅浮山道者二首》，原詩此句下句爲「才到人間便越年」。

滿庭詩景飄紅葉　雍陶〔一〕
舊館秋陰生緑苔　賈至〔二〕

〔一〕集自雍陶《韋處士郊居》，原詩此句下句爲「繞砌琴聲滴暗泉」。
〔二〕集自賈至《答嚴大夫》，原詩此句上句爲「思君獨步華亭月」。

蒼苔白露生三徑　文房〔一〕
月色江聲共一樓　雍陶〔二〕

〔一〕集自劉長卿《郥上送韋司士歸上都舊業》，原詩此句下句爲「古木寒蟬滿四鄰」。
〔二〕集自雍陶《宿嘉陵館樓》，原詩此句上句爲「今宵難作刀州夢」。

雲外軒窗通早景　許渾〔一〕
門前堤路枕平湖　飛卿〔二〕

〔一〕集自許渾《陪宣城大夫崔公泛後池兼北樓宴二首》，原詩此句下句爲「風前簫鼓送殘暉」。
〔二〕集自温庭筠《寄盧生》，原詩此句上句爲「遺業荒凉近故都」。

竹裏橋鳴知馬過　李洞〔一〕

柳邊人歇待船歸　飛卿〔二〕

〔一〕集自李洞《寄淮海惠澤上人》，原詩此句下句爲「塔中燈露見鴻飛」。

〔二〕集自温庭筠《利州南渡》，原詩此句上句爲「波上馬嘶看棹去」。

千樹梨花百壺酒　曹唐〔一〕

半潭秋水一房山　李洞〔二〕

〔一〕集自曹唐《小游仙詩九十八首》之八十九，原詩此句下句爲「共君論飲莫論詩」。

〔二〕集自李洞《山居喜友人見訪》，原詩此句上句爲「看待詩人無别物」。

風吹畫角孤城曉　郎士元〔一〕

月滿寒江夜笛高　羅鄴〔二〕

〔一〕集自李洞《山居喜友人見訪》，原詩此句下句爲「入雲晴斸茯苓還」。莫友芝誤爲郎士元作。

〔二〕集自羅鄴《秋日懷江上友人》，原詩此句上句爲「酒醒孤館秋簾卷」。

著書笑破蘇司業　鄭谷〔一〕

論舊惟存盛孝章　夢得〔二〕

〔一〕集自鄭谷《送田光》，原詩此句下句爲「賦詠思齊鄭廣文」。

〔二〕集自劉禹錫《贈同年陳長史員外》，原詩此句上句爲「推賢有愧韓安國」。

花枝入户猶含潤　　武元衡〔一〕

山色逢秋始可登　　杜荀鶴〔二〕

〔一〕集自武元衡《南徐别業早春有懷》，原詩此句下句爲「泉水侵階乍有聲」。

〔二〕集自杜荀鶴《懷廬岳舊隱》，原詩此句作「山色逢秋始好登」，其上句爲「泉聲入夜方堪聽」。

得劍乍如添健僕　　表聖〔一〕

尋芳多共謁東鄰　　劉兼〔二〕

〔一〕集自司空圖《退棲》，原詩此句下句爲「亡書久似失良朋」。

〔二〕集自劉兼《寄長安鄭員外》，原詩此句上句爲「乘醉幾同游北内」。

殷勤斗酒城陰暮　　文房〔一〕

寂歷秋花野意多　　皎然〔二〕

〔一〕集自劉長卿《送馬秀才落第歸江南》，原詩此句下句爲「蕩漾孤舟楚水春」。

〔二〕集自僧皎然《題周諫別業》，原詩此句上句爲「昂藏獨鶴閑心遠」。

窗下覆棋殘局在　柳〔一〕
闌邊清酒落花多　張喬〔二〕

〔一〕集自許渾《夜歸驛樓》，原詩此句下句爲「橘邊沽酒半壚空」。
〔二〕集自薛能《投杜舍人》，此句亦作「欄邊清灑落花多」，其上句爲「床上新詩詔草和」。莫友芝誤爲張喬作。

碧莎裳下携詩草　皮日休〔一〕
緑藻潭中繫釣舟　白〔二〕

〔一〕集自皮日休《奉和魯望新夏東郊閑泛》，原詩此句下句爲「黄篾樓中挂酒篘」。
〔二〕集自白居易《池上閑詠》，原詩此句上句爲「青莎臺上起書樓」。

雲盡獨看晴塞雁　劉滄〔一〕
秋來倍憶武昌魚　岑〔二〕

〔一〕集自劉滄《秋日山寺懷友人》，原詩此句下句爲「月明遥聽遠村砧」。
〔二〕集自岑參《送費子歸武昌》，原詩此句下句爲「夢魂只在巴陵道」。

遠放歌聲分白紵　夢得〔一〕
近炊香稻識紅蓮　魯望〔二〕

〔一〕集自劉禹錫《衢州徐員外使君遺以縞紵兼竹書箱因成一篇用答佳貺》，原詩此句下句爲「知傳家學與青箱」。
〔二〕集自陸龜蒙《别墅懷歸》，原詩此句上句爲「遥爲晚花吟白菊」。

寄身且喜滄洲近　冬郎〔一〕
無事始知春日長　文房〔二〕

〔一〕集自劉長卿《江州重别薛六柳八二員外》，原詩此句下句爲「顧影無如白髮何」。
〔二〕集自韓偓《守愚》，原詩此句上句爲「守愚不覺世途險」。

流水斷橋芳草路　牟融〔一〕
粥香餳白杏花天　義山〔二〕

〔一〕集自牟融《陳使君山莊》，原詩此句下句爲「淡煙疏雨落花天」。
〔二〕集自李商隱《評事翁寄賜餳粥走筆爲答》，原詩此句下句爲「省對流鶯坐綺筵」。

但將酩酊酬佳節　杜牧〔一〕

自有風流助少年　方干〔一〕

〔一〕集自杜牧《九日齊安登高》，原詩此句下句爲「不用登臨怨落暉」。

〔二〕集自方干《宋從事》，原詩此句上句爲「雖將潔白酬知己」。

登閣共看彭蠡水　伍喬〔一〕

滿瓶同坼惠山泉　皮日休〔二〕

〔一〕集自伍喬《寄落星史虚白處士》，原詩此句下句爲「圍爐相憶杜陵秋」。

〔二〕集自皮日休《寒夜文宴得泉字》，原詩此句上句爲「盈篋共開華頂藥」。

人間歲月如流水　蕭徹〔一〕

鏡裏雲山若畫屏　鮑溶〔二〕

〔一〕集自蕭徹《題少陵別墅》，原詩此句下句爲「何事頻行此道中」。

〔二〕集自鮑溶《上巳寄孟中丞》，原詩此句上句爲「世間禊事風流處」。

豈獨愛民兼愛客　白〔一〕

敢言知命且知非　牧之〔二〕

〔一〕集自白居易《得楊湖州書頗誇撫民接賓縱酒題詩因以絶句戲之》，原詩此句下句爲「不唯能飲又能文」。

〔二〕集自杜牧《歲旦朝回口號》，原詩此句上句爲「笑向春風初五十」。

落花相逐去何處　陸〔一〕

清鏡無情未我嫌　白〔二〕

〔一〕集自鄭谷《水》，原詩此句下句爲「幽鷺獨來無限時」。原作陸龜蒙詩，誤。

〔二〕集自陸龜蒙《病中秋懷寄襲美》，原詩此句作「清鏡無形未我嫌」，其上句爲「病容愁思苦相兼」。原作白居易詩，誤。

江村竹樹多於草　姚合〔一〕

古縣棠梨也作花　韓翃〔二〕

〔一〕集自姚合《送陳偶赴江陵從事》，原詩此句下句爲「山路塵埃半是雲」。又，光緒刻本誤「合」作「台」，今據《姚少監詩集》改。

〔二〕集自韓翃《送客水路歸陜》，原詩此句上句爲「春橋楊柳應齊葉」。

幾處早鶯争暖樹　白〔一〕

頻來語燕定新巢　杜〔二〕

〔一〕集自白居易《錢塘湖春行》，原詩此句下句爲「誰家新燕啄春泥」。

〔二〕集自杜甫《堂成》，原詩此句上句爲「暫止飛烏將數子」。

樓中飲興因明月　夢得〔一〕

才子風流詠曉霞　牧之〔二〕

〔一〕集自劉禹錫《送蘄州李郎中赴任》，原詩此句下句爲「江上詩情爲晚霞」。

〔二〕集自杜牧《偶作》，原詩此句下句爲「倚樓吟住日初斜」。

明月過溪吟釣艇　李中〔一〕

夕陽和樹入簾櫳　韋莊〔二〕

〔一〕集自李中《贈史虚白》，原詩此句下句爲「落花堆席睡僧軒」。

〔二〕集自韋莊《貴公子》，原詩此句上句爲「流水帶花穿巷陌」。

惜竹不除當路笋　貫休〔一〕

伐薪教護帶巢枝　杜荀鶴〔二〕

〔一〕集自貫休《山居》，原詩此句下句爲「愛松留得礙人枝」。

〔二〕集自杜荀鶴《題覺禪和》，原詩此句上句爲「耕地誠侵連冢土」。

近來詩思清於水　陳陶〔一〕
大抵花顔最怕秋　汪遵〔二〕

〔一〕集自陳陶《答蓮花妓》，原詩此句下句爲「老去風情薄似雲」。
〔二〕集自汪遵《緑珠》，原詩此句下句爲「南家歌歇北家愁」。

銅瓶浄貯桃花雨　陸〔一〕
木甑朝蒸紫芋香　韋莊〔二〕

〔一〕集自陸龜蒙《和襲美臘後送内大德從勖游天臺》，原詩此句下句爲「金策閑摇麥穗風」。
〔二〕集自韋莊《贈漁翁》，原詩此句上句爲「蘆刀夜鱠紅鱗膩」。

碧草暗侵穿苑路　義山〔一〕
清泉閑洗種花泥　皮日休〔二〕

〔一〕集自李商隱《與同年李定言曲水閑話戲作》，原詩此句下句爲「珠簾不卷枕江樓」。
〔二〕集自皮日休《奇而訪之因題》，原詩此句上句爲「白石静敲蒸術火」。

波生野渚雁初下　温〔一〕

簾捲春風燕復來　胡曾〔二〕

〔一〕集自温庭筠《送盧處士游吴越》，原詩此句作「波生野渚雁初下」，光緒刻本脱「波」字，今據補；其下句爲「風滿驛樓潮欲來」。

〔二〕集自胡曾《獨不見》，原詩此句上句爲「窗殘夜月人何處」。

古人花爲今人發　陳陶〔一〕

上界鐘清下界聞　白〔二〕

〔一〕集自陳陶《吴苑思》，原詩此句上句爲「今人地藏古人骨」。

〔二〕集自白居易《寄韜光禪師》，原詩此句上句爲「前臺花發後臺見」。

樵客出來山帶雨　劉威〔一〕

遠帆歸處水連雲　許渾〔二〕

〔一〕集自劉威《遊東湖黄處士園林》，原詩此句下句爲「漁舟過去水生風」。

〔二〕集自許渾《瓜州留别李詡》，原詩此句上句爲「孤館宿時風帶雨」。

陳琳漫自稱雄伯　孫元晏〔一〕
方朔虛傳是歲星　杜〔二〕

〔一〕集自孫元晏《張弦》，原詩此句作「陳琳漫自稱雄伯」，其下句爲「神氣應須怯大巫」。

〔二〕集自杜甫《題鄭十八著作虔》，原詩此句上句爲「禰衡實恐遭江夏」。

典琴賒酒吟蕭寺　張喬〔一〕
問柳尋花到野亭　杜〔二〕

〔一〕集自張喬《贈友人》，此句亦作「典琴賒酒吟過寺」，其下句爲「送客思鄉上灞陵」。

〔二〕集自杜甫《嚴中丞枉駕見過》，原詩此句上句爲「元戎小隊出郊坰」。

近水方同梅市隱　司空曙〔一〕
知音還有子期聽　僧元孚〔二〕

〔一〕集自司空曙《閑園即事寄暕公》，原詩此句作「近水方同梅市隱」，莫友芝誤「同」作「聞」，光緒刻本誤刻爲「間」，今據改；其下句爲「曝衣多笑阮家貧」。

〔二〕集自僧元孚《送李四校書》，原詩此句上句爲「莫學楚狂隳姓字」。

池傍坐客穿叢篠　蘇頲〔一〕

林外遥山接翠嵐　牟融〔二〕

〔一〕集自蘇頲《景龍觀送裴士曹》，原詩此句作「池傍坐客穿叢筱」，其下句爲「樹下游人掃落花」。

〔二〕集自牟融《春游》，此句亦作「林外遥山隔翠嵐」，其上句爲「樓前弱柳摇金縷」。

月色滿床兼滿地　元稹〔一〕

花枝臨水復臨堤　元稹〔二〕

〔一〕集自元稹《江樓月》，原詩此句下句爲「江聲如鼓復如風」。

〔二〕集自元稹《襄陽爲盧竇紀事》，原詩此句下句爲「閑照江流亦照泥」。

高齋既許陪雲宿　薛逢〔一〕

冷句偏宜選竹題　鄭谷〔二〕

〔一〕集自薛逢《五峰隱者》，原詩此句下句爲「晚稻何妨爲客春」。

〔二〕集自鄭谷《訪題表兄王藻渭上别業》，原詩此句上句爲「濁醪最稱看山醉」。

樹影不隨明月去　方干〔一〕

詩題閑上小樓分　陸（二）

〔一〕集自方干《再題路支使南亭》，原詩此句下句爲「溪聲常送落花來」。

〔二〕集自陸龜蒙《懷楊台文楊鼎文二秀才》，原詩此句上句爲「釣具每隨輕舸去」。

偶逢新語書紅葉　王建（一）

便好携家住白雲　李洞（二）

〔一〕集自王建《晚秋病中》，原詩此句下句爲「難得閑人話白雲」。

〔二〕集自李洞《送友罷舉赴邊職》，原詩此句上句爲「莫辭秉笏隨紅旆」。

風生野渡河聲急　劉滄（一）

霜落秋郊樹影疏　權德輿（二）

〔一〕集自劉滄《入關留別主人》，原詩此句下句爲「雁過寒原嶽勢侵」。

〔二〕集自權德輿《送李處士歸弋陽山居》，原詩此句上句爲「波翻極浦檣竿出」。

萬頃白波迷宿鷺　鄭谷（一）

一星幽火照叉魚　李群玉（二）

〔二〕集自鄭谷《江際》，原詩此句下句爲「一林黄葉送殘蟬」。

〔三〕集自李群玉《仙明洲口號》，原詩此句上句爲「半浦夜歌聞蕩槳」。

楊雄宅在惟喬木　鄭谷〔一〕

潘令花繁賀板輿　羅隱〔二〕

〔一〕集自鄭谷《蜀中》，原詩此句下句爲「杜甫台荒絶舊鄰」。

〔二〕集自羅隱《送丁明府赴紫溪任》，原詩此句上句爲「錦衣公子憐君在」。

野船著岸偎春草　温〔一〕

沙鳥帶聲飛遠天　李群玉〔二〕

〔一〕集自温庭筠《南湖》，原詩此句下句爲「水鳥帶波飛夕陽」。

〔二〕集自李群玉《湖寺清明夜遣懷》，原詩此句上句爲「野雲將雨渡微月」。

莫著妄心消彼我　元稹〔一〕

閑將詩句問乾坤　杜荀鶴〔二〕

〔一〕集自元稹《酬知退》，原詩此句下句爲「我心無我亦無君」。

〔二〕集自杜荀鶴《投鄭先輩》，原詩此句上句爲「悶向酒杯吞日月」。

黄花助興方携酒　白〔一〕

芳草侵階獨閉門　李中〔二〕

〔一〕集自白居易《酬皇甫郎中對新菊花見憶》，原詩此句下句爲「紅葉添愁正滿階」。

〔二〕集自李中《贈海上書記張濟員外》，原詩此句上句爲「春風滿院空欹枕」。

茗爐盡日燒松子　皮日休〔一〕

竹徑還床避筍芽　皮日休〔二〕

〔一〕集自皮日休《夏景沖澹偶然作二首》，原詩此句下句爲「書案經時剥瓦花」。

〔二〕集自皮日休《重玄寺元達年逾八十好種名藥凡所植者多至自天臺四明包山句曲叢翠紛糅各可指名余奇而訪之因題二章》，原詩此句作「竹徑穿床避筍芽」，其上句爲「石盆换水撈松葉」。

老去不知花有態　韋莊〔一〕

客來應是酒頻賒　戴叔倫〔二〕

〔一〕集自韋莊《與東吴生相遇》，原詩此句下句爲「亂來唯覺酒多情」。

〔二〕集自戴叔倫《寄劉禹錫》，原詩此句上句爲「春去能忘詩共賦」。

鶴群常繞三珠樹　表聖〔一〕
燕子嗔垂一桁簾　牧之〔二〕

〔一〕集自司空圖《自河西歸山》，原詩此句下句爲「不借人間一隻騎」。

〔二〕集自杜牧《十九兄郡樓有宴病不赴》，原詩此句上句爲「空堂病怯階前月」。

橫雲嶺外千重樹　錢起〔一〕
秋色牆頭數點山　夢得〔二〕

〔一〕集自錢起《題郎士元半日吴村别業兼呈李長官》，原詩此句下句爲「流水聲中一兩家」。

〔二〕集自劉禹錫《秋日題竇員外崇德里新居》，原詩此句上句爲「清光門外一渠水」。

但令心似蓮花潔　貫休〔一〕
誰料心爲白髮催　李頻〔二〕

〔一〕集自貫休《山居詩二十四首》，原詩此句下句爲「何必身將槁木齊」。

〔二〕集自李頻《題張司馬別墅》，原詩此句作「誰訝身爲白髮催」，其上句爲「自拋官與青山近」。

憑欄却憶騎鯨客　徐月英〔一〕
漉酒多招采藥翁　劉兼〔二〕

〔一〕集自徐月英《西巖》，原詩此句下句爲「把酒臨風手自招」。
〔二〕集自劉兼《留題胡參卿秀才幽居》，原詩此句作「灑酒多招采藥翁」，其上句爲「扣門時有棲禪客」。

浮雲心事誰能識　白〔一〕
明月襟懷只自知　錢起〔二〕

〔一〕集自白居易《贈張處士山人》，此句亦作「浮雲心事誰能會」，其下句爲「老鶴風標不可親」。
〔二〕集自錢珝《客舍寓懷》，原詩此句上句爲「野雲行止誰相待」。莫友芝誤爲錢起作。

暑天移榻就深竹　方干〔一〕
小鼎烹茶面曲池　義山〔二〕

〔一〕集自方干《湖北有茅齋湖西有松島輕棹往返頗諧素心因成四韻》，原詩此句下句爲「月夜乘舟歸淺山」。
〔二〕集自李商隱《即日》，原詩此句作「小鼎煎茶面曲池」，其下句爲「白須道士竹間棋」。

四面常時對屏障　元稹〔一〕

一年今日最芳菲　白〔二〕

〔一〕集自元稹《以州宅誇於樂天》，原詩此句下句爲「一家終日在樓臺」。

〔二〕集自白居易《縣南花下醉中留劉五》，原詩此句上句爲「百歲幾回同酩酊」。

祇聞留客教沽酒　杜荀鶴〔一〕

何用將金別買山　朱慶餘〔二〕

〔一〕集自杜荀鶴《贈溧水崔少府》，原詩此句下句爲「未省逢人説料錢」。

〔二〕集自朱慶餘《歸故園》，原詩此句上句爲「於焉已是忘機地」。

風巧解吹松上曲　翊聖徐氏〔一〕

月高誰共酒家樓　羅隱〔二〕

〔一〕集自翊聖徐氏《題金華宮》，原詩此句下句爲「蝶嬌頻采臉邊脂」。

〔二〕集自羅隱《秋日酬張特玄》，原詩此句上句爲「風急幾聞江上笛」。

時和始見陶鈞力　白〔一〕

風便那知道路長　姚合〔二〕

〔一〕集自白居易《夢得相遇援琴命酒因彈秋思偶詠所懷兼寄繼之待價二相府》，原詩此句下句爲「物遂方知盛聖朝」。
〔二〕集自姚合《送源中丞赴新羅》，原詩此句上句爲「雲晴漸覺山川異」。

諸葛大名垂宇宙　杜〔一〕
楊雄托諫在文章　盧綸〔二〕

〔一〕集自杜甫《詠懷古迹五首》，原詩此句下句爲「宗臣遺像肅清高」。
〔二〕集自盧綸《和王員外冬夜寓直》，其上句爲「潘岳叙年因鬢髮」。

下藥遠求新熟酒　張籍〔一〕
刈田應得自生瓜　薛能〔二〕

〔一〕集自張籍《書懷寄王秘書》，原詩此句下句爲「看山多上最高樓」。
〔二〕集自薛能《懷汾上舊居》，原詩此句作「刈田因得自生瓜」，其上句爲「好事喜逢投宿客」。

山中童子燒松節　顧況〔一〕
河上老人坐古槎　王昌齡〔二〕

〔一〕集自顧況《山中贈客》，原詩此句上句爲「野客相逢夜不眠」。

〔二〕集自王昌齡《河上老人歌》，原詩此句下句爲「和丹只用青蓮花」。

不共世人争得失　韓偓〔一〕
須逢精鑒定妍媸　鄭谷〔二〕

〔一〕集自韓偓《贈孫仁本尊師》，原詩此句下句爲「卧床前有上天梯」。
〔二〕集自鄭谷《閑題》，原詩此句上句爲「舉世何人肯自知」。

明鏡懶開長在匣　白〔一〕
好雲無處不遮樓　羅隱〔二〕

〔一〕集自白居易《贈蘇煉師》，原詩此句下句爲「素琴欲弄半無弦」。
〔二〕集自羅隱《魏城逢故人》，原詩此句上句爲「芳草有情皆礙馬」。

欲就麻姑買滄海　義山〔一〕
略邀王母話長生　曹唐〔二〕

〔一〕集自李商隱《謁山》，原詩此句下句爲「一杯春露冷如冰」。
〔二〕集自曹唐《小游仙詩九十八首》，原詩此句上句爲「净掃蓬萊山下路」。

顧渚一甌春有味　鄭谷〔一〕

東風百里雪初晴　李紳〔二〕

〔一〕集自鄭谷《宜春再訪芳公言公幽齋寫懷叙事因賦長言》，原詩此句下句爲「中林話舊亦潸然」。

〔二〕集自李紳《初出泗口入淮》，原詩此句下句爲「泗口冰開好濯纓」。

門前學種先生柳　右丞〔一〕

日暮聊爲梁父吟　工部〔二〕

〔一〕集自王維《老將行》，原詩此句上句爲「路旁時賣故侯瓜」。

〔二〕集自杜甫《登樓》，原詩此句上句爲「可憐後主還祠廟」。

前輩不須輕後輩　柳棠〔一〕

忙人應未勝閑人　白〔二〕

〔一〕集自柳棠《上東川楊尚書二首》，原詩此句下句爲「靖安今日在衡州」。

〔二〕集自白居易《閑行》，原詩此句上句爲「五十年來思慮熟」。

子山園静憐幽木　陸〔一〕

杜甫臺荒絶舊鄰　鄭谷〔二〕

〔一〕集自陸龜蒙《松間斟》，原詩此句下句爲「公幹詞清詠華門」。

〔二〕集自鄭谷《蜀中三首》，原詩此句上句爲「揚雄宅在唯喬木」。

數派清泉黄菊盛　盧綸〔一〕

一行斜字早鴻來　張繼〔二〕

〔一〕集自盧綸《晚次新豐北野老家書事呈贈韓質明府》，原詩此句下句爲「一林寒露紫梨繁」。

〔二〕集自張繼《九日巴丘楊公臺上宴集》，原詩此句上句爲「萬疊銀山寒浪起」。

守愚不覺世途險　韓偓〔一〕

吟苦須經白髮催　譚用之〔二〕

〔一〕集自韓偓《守愚》，原詩此句下句爲「無事始知春日長」。

〔二〕集自譚用之《寄王侍御》，原詩此句作「吟苦須驚白髮催」，其上句爲「煉多不信黄金耗」。

舍南舍北皆春水　杜〔一〕

他席他鄉送客杯　王勃〔二〕

〔一〕集自杜甫《客至》，原詩此句下句爲「但見群鷗日日來」。
〔二〕集自王勃《蜀中九日》，原詩此句上句爲「九月九日望鄉臺」。

野性平生唯愛月　陸暢〔一〕
花時暫出亦提壺　白〔二〕

〔一〕集自陸暢《新晴愛月》，原詩此句下句爲「新晴半夜睹嬋娟」。
〔二〕集自白居易《早春醉吟寄太原令狐相公蘇州劉郎中》，原詩此句上句爲「雪夜閑游多秉燭」。

窮達盡爲身外事　劉滄〔一〕
升沉不改故人情　張籍〔二〕

〔一〕集自劉滄《題桃源處士山居留寄》，原詩此句下句爲「浩然元氣樂樵漁」。
〔二〕集自張籍《贈王侍御》，原詩此句上句爲「府縣同趨昨日事」。

誰家見月能閑坐　崔液〔一〕
浮世除詩盡强名　杜牧〔二〕

〔一〕集自崔液《上元夜》，原詩此句下句爲「何處聞燈不看來」。

〔二〕集自杜牧《湖南正初招李郢秀才》，原詩此句上句爲「高人以飲爲忙事」。

斜陽映閣山當寺　趙嘏〔一〕
寒夜歸村月滿溪　韓偓〔二〕

〔一〕集自趙嘏《東望》，原詩此句下句爲「微緑含風月滿川」。

〔二〕集自韓偓《小隱》，原詩此句作「寒夜歸村月照溪」，其上句爲「斜陽映閣山當寺」。

豈關名利分榮路　温〔一〕
猶恐行藏墮俗流　冬郎〔二〕

〔一〕集自温庭筠《寄河南杜少尹》，原詩此句下句爲「自有才華作慶霄」。

〔二〕集自劉長卿《游江南水陸院》，原詩此句作「猶恐行藏墜俗流」，其上句爲「早于喧雜是深讎」。

仙道最高黄玉籙　魯望〔一〕
方諸還拜碧琳侯　魯望〔二〕

〔一〕集自陸龜蒙《奉和襲美懷華陽潤卿博士三首》，原詩此句下句爲「署天偏稱白綸巾」。

〔二〕集自陸龜蒙《奉和襲美夏景冲澹偶作次韻二首》，原詩此句上句爲「莫道仙家無好爵」。

簾前春色應須惜　岑〔一〕
身外浮名好是閑　朱慶餘〔二〕

〔一〕集自岑參《暮春虢州東亭送李司馬歸扶風别廬》，原詩此句下句爲「世上浮名好是閑」。
〔二〕集自朱慶餘《歸故園》，原詩此句作「身外浮名總是閑」，其上句爲「尊中美酒長須滿」。

常共酒杯爲伴侶　方干〔一〕
更無書札到公卿　方干〔二〕

〔一〕集自方干《贈錢塘湖上唐處士》，原詩此句下句爲「復聞紗帽見公卿」。
〔二〕集自方干《書桃花塢周處士壁》，原詩此句作「更無書札答公卿」，其上句爲「何事懶于嵇叔夜」。

文字豈勞諸子重　許渾〔一〕
乖疏還有正人知　表聖〔二〕

〔一〕集自許渾《東游留别李叢秀才》，原詩此句下句爲「風塵多幸故人憂」。
〔二〕集自司空圖《争名》，原詩此句上句爲「窮辱未甘英氣阻」。

鳥鳴花發空山裏　李端〔一〕

日暖風和種苗時　文房〔一〕

〔一〕集自李端《山中寄苗員外》，原詩此句下句爲「衡嶽幽人藉草時」。

〔二〕集自錢起《山中酬楊補闕見訪》，此句亦作「日暖風恬種藥時」，其下句爲「紅泉翠壁薜蘿垂」。莫友芝誤爲劉長卿（字文房）作。

流水帶花穿巷陌　韋莊〔一〕

歸雲擁樹失山村　杜〔二〕

〔一〕集自韋莊《貴公子》，原詩此句下句爲「夕陽和樹入簾櫳」。

〔二〕集自杜甫《返照》，原詩此句上句爲「返照入江翻石壁」。

一飯未曾留俗客　杜〔一〕

亡書久似憶良朋　表聖〔二〕

〔一〕集自杜甫《解悶十二首》，原詩此句下句爲「數篇今見古人詩」。

〔二〕集自司空圖《與李生論詩書》，原詩此句上句爲「得劍乍如添健僕」。

睫在眼前長不見　牧之〔一〕

詩傳身後亦何榮　薛能〔二〕

〔一〕集自杜牧《登池州九峰樓寄張祜》，原詩此句下句爲「道非身外更何求」。

〔二〕集自薛能《春日使府寓懷二首》，原詩此句上句爲「道困古來應有分」。

畫榼倒懸鸚鵡觜　章孝標〔一〕

碧梧棲老鳳凰枝　杜〔二〕

〔一〕集自章孝標《少年行》，原詩此句下句爲「蜀琴欲奏鴛鴦玄」。

〔二〕集自杜甫《秋興八首》，原詩此句上句爲「香稻啄餘鸚鵡粒」。

乍爲旅客顔常厚　韓偓〔一〕

唯有故人心不疏　方干〔二〕

〔一〕集自韓偓《李太舍池上玩紅薇醉題》，原詩此句下句爲「每見同人眼暫明」。

〔二〕集自方干《寄江陵王少府》，原詩此句上句爲「此來俗輩皆疏我」。

微紅幾處花心吐　韋莊〔一〕

烈日方知竹氣寒　吕温〔二〕

〔一〕集自韋莊《含香》，原詩此句下句爲「嫩緑誰家柳眼開」。

〔二〕集自吕温《同恭夏日題尋真觀李寬中秀才書院》，原詩此句上句爲「微風但覺杉滿香」。

欲携刀筆從新幕　許渾〔一〕

誰斬樓蘭獻未央　翁綬〔二〕

〔一〕集自許渾《吴門送振武李從事》，原詩此句上句爲「伊州一曲淚雙雙」。

〔二〕集自翁綬《隴頭吟》，原詩此句下句爲「更宿煙霞别舊窗」。

園林一半成喬木　白〔一〕

節概猶誇似古人　高駢〔二〕

〔一〕集自白居易《會昌二年春題池西小樓》，原詩此句下句爲「鄰里三分作白頭」。

〔二〕集自高駢《留别彰德軍從事范校書》，原詩此句上句爲「無金寄與白頭親」。

誰家緑酒歡連夜　白〔一〕

時有白雲邀獨行　張南史〔二〕

〔一〕集自白居易《春來》，原詩此句下句爲「何處紅樓睡失明」。

〔二〕集自張南史《春日道中寄孟侍御》，原詩此句作「時有白雲遮獨行」，其上句爲「春來游子傍歸路」。

柳門竹巷依依在　夢得〔一〕

樵唱漁歌日日新　杜荀鶴〔二〕

〔一〕集自劉禹錫《傷愚溪三首》，原詩此句下句爲「野草青苔日日多」。

〔二〕集自杜荀鶴《獻鄭給事》，原詩此句上句爲「化行邦域二年春」。

大抵南朝皆曠達　牧之〔一〕

勝於東晉是文章　薛能〔二〕

〔一〕集自杜牧《潤州二首》，原詩此句下句爲「可憐東晉最風流」。

〔二〕集自薛能《加階》，原詩此句上句爲「唯有一般酬聖主」。

陳琳草奏才還在　僧太易〔一〕

衛玠清談性最强　韋渠牟〔二〕

〔一〕集自靈澈《贈司空拾遺》，原詩此句下句爲「王粲登樓興未賒」。莫友芝誤爲「僧太易」。

〔二〕集自韋渠牟《覽外生盧綸詩因以示此》，原詩此句下句爲「明時獨拜正員郎」。

桃花細逐楊花落　杜〔一〕
山色初明水色新　王貞白〔二〕

〔一〕集自杜甫《曲江對酒》，原詩此句下句爲「黄鳥時兼白鳥飛」。
〔二〕集自王貞白《庾樓曉望》，按亦見白居易詩，原詩此句上句爲「獨憑朱檻立凌晨」。

## 雙魚罍齋録莫子偲友芝集東坡七言聯

飛電流雲維瀟洒〔一〕
銀鈎秀句益疏通〔二〕

〔一〕集自《申王畫馬圖》，原詩此句上句爲「當時不獨玉花驄」。
〔二〕集自《寄子由》，原詩此句上句爲「厭暑多應一向慵」。

十年不入紛華域〔一〕
晚歲猶存鐵石心〔二〕

〔一〕集自《次韻秦觀秀才見贈秦與孫莘老李公擇甚熟將入京應舉》，原詩此句上句爲「翹關負重君無力」。
〔二〕集自《軾以去歲春夏侍立邇英而秋冬之交子由相繼入侍次韻絶句四首各述所懷》，原詩此句上句爲「微生偶脱風波地」。

得見來禽與青李〔一〕
常撞大吕應黄鐘〔二〕

〔一〕集自《次韻米黻二王書跋尾二首》，原詩此句上句爲「三館曝書防蠹毁」。
〔二〕集自《次韻劉景文西湖席上》，原詩此句上句爲「二老長身屹兩峰」。

多情明月邀君共〔一〕
引睡文書信手翻〔二〕

〔一〕集自《次韻送徐大正》，原詩此句下句爲「無價青山爲我賒」。
〔二〕集自《次韻答邦直子由四首》，原詩此句上句爲「忘懷杯酒逢人共」。

神清骨冷無由俗〔一〕
歲美人和易得情〔二〕

〔一〕集自《書林逋詩後》，原詩此句上句爲「先生可是絶俗人」。
〔二〕集自《次韻秦少章和錢蒙仲》，其上句爲「碧畦黄隴稻如金」。

許我投名重入社〔一〕
請君見月時登樓〔二〕

〔一〕集自黄庭堅《將次施州先寄張十九使君三首》，原詩此句下句爲「放狂作惱未應嗔」。莫友芝將此句誤爲蘇軾所作。
〔二〕集自《送張嘉州》，原詩此句上句爲「謫仙此語誰解道」。

平生執鞭所欣慕〔一〕
少日結交皆老蒼〔二〕

〔一〕集自黄庭堅《尉氏孫著作二十韻》，原詩此句上句爲「扶亭大夫伯淳父」。
〔二〕集自黄庭堅《次韻答和甫盧泉水三首》，原詩此句上句爲「初侯不能六尺長」。此上下聯均爲黄庭堅詩句，莫友芝誤爲蘇軾作。

會與江山成故事〔一〕
且將墨竹换新詩〔二〕

〔一〕集自《吴子野絶粒不睡過作詩戲之芝上人陸道士皆和予亦次其韻》，原詩此句下句爲「不妨詩酒樂新年」。
〔二〕集自《孔毅甫以詩戒飲酒問》，原詩此句下句爲「潤色何須待東里」。

此間不可無君語〔一〕
鄰舍何妨借樹涼〔二〕

〔一〕集自《往富陽新城李節推先行三日留風水洞見待》，原詩此句上句爲「路長漫漫傍江浦」。
〔二〕集自《新葺小園二首》，原詩此句上句爲「使君尚許分池緑」。

園中草木春無數〔一〕
筆下波瀾老欲平〔二〕

〔一〕集自《退圃》，原詩此句下句爲「只有黄楊厄閏年」。
〔二〕集自《過泗上喜見張嘉父二首》，原詩此句上句爲「眉間冰玉照淮明」。

讀破萬卷詩逾美〔一〕
朝作千篇日未晡〔二〕

〔一〕集自《送任伋通判黄州兼寄其兄孜》，原詩此句上句爲「别來十年學不厭」。
〔二〕集自《再和》，原詩此句上句爲「君才敏贍兼百夫」。

定心肯爲微塵起〔一〕

壯觀應須好句誇〔二〕

〔一〕集自《次韻答舒教授觀余所藏墨》，此句亦作「定心肯爲微物起」，其上句爲「一生當著幾兩屐」。

〔二〕集自《望海樓晚景五絶》，原詩此句上句爲「横風吹雨入樓斜」。

祇有陰功不知數〔一〕
未妨明月却當空〔二〕

〔一〕集自《石芝詩》，原詩此句上句爲「我家韋布三百年」。

〔二〕集自《慈湖夾阻風五首》，原詩此句上句爲「暴雨過雲聊一快」。

近聞陶令開三徑〔一〕
誰識東坡不二門〔二〕

〔一〕集自《李伯時畫其弟亮功舊宅圖》，原詩此句下句爲「應許揚雄寄一區」。

〔二〕集自《臂痛謁告作三絶句示四君子》，原詩此句上句爲「維摩示病吾真病」。

想有新詩傳素壁〔一〕
自携修綆汲清泉〔二〕

〔一〕集自王安石《寄題程公闢物華樓》，原詩此句下句爲「怪無餘墨到滄州」。莫友芝誤爲蘇軾作。
〔二〕集自《絶句三首》，原詩此句上句爲「偶與老僧煎茗粥」。

永與名山共井磑〔一〕
未妨便腹貯書詩〔二〕

〔一〕集自《龜山辯才師》，此句亦作「永與名山躬井磑」，其上句爲「何當來世結香火」。
〔二〕集自《奉酬仲閔食新麪湯餅仍聞糴麥甚盛因以戲之》，原詩此句上句爲「尚有清才對風月」。

得與仙兄躡飛控〔一〕
招呼明月到芳尊〔二〕

〔一〕集自《同正輔表兄游白水山》，此句亦作「得與仙兄躡飛鞚」，其上句爲「因隨化人履巨迹」。
〔二〕集自《新釀桂酒》，此句亦作「招呼明月到芳樽」，其上句爲「收拾小山藏社瓮」。

暫借好詩清永夜〔一〕
招呼明月到芳尊〔二〕

〔一〕集自《夜直玉堂携李之儀端叔詩百餘首讀至夜半書其後》，此句亦作「暫借好詩消永夜」，其下句爲「每逢佳處輒參禪」。

〔二〕集自《新釀桂酒》，其上句爲「收拾小山藏社瓮」。

故遣佳人在空谷〔一〕
自携修綆汲清泉〔二〕

〔一〕集自《寓居定惠院之東雜花滿山有海棠一株土人不知貴也》，原詩此句上句爲「也知造物有深意」。

〔二〕集自《絶句三首》，原詩此句上句爲「偶與老僧煎茗粥」。

故遣佳人在空谷〔一〕
勢若駿馬奔平川〔二〕

〔一〕集自《寓居定惠院之東雜花滿山有海棠一株土人不知貴也》，原詩此句上句爲「也知造物有深意」。

〔二〕集自《游徑山》，原詩此句上句爲「衆峰來自天目山」。

欲試良玉須猛火〔一〕
自携修綆汲清泉〔二〕

〔一〕集自《送蔡冠卿知饒州》，原詩此句上句爲「莫嗟天驥逐羸牛」。

〔二〕集自《絶句三首》，原詩此句上句爲「偶與老僧煎茗粥」。

飛電流雲絶瀟洒〔一〕
玉濤金浪相徘徊〔二〕

〔一〕集自《申王畫馬圖》，原詩此句上句爲「當時不獨玉花驄」。

〔二〕集自《觀湖二首》，此句亦作「玉濤銀浪相徘徊」，其上句爲「朝陽照水紅光開」。

結習已空花不住〔一〕
隱居求志義之從〔二〕

〔一〕集自《眉子石硯歌贈胡誾》，原詩此句上句爲「毗耶居士談空處」。

〔二〕集自《薄薄酒二首》，原詩此句下句爲「本不計較東華塵土北窗風」。

絶境自忘千里遠〔一〕
放懷還與一尊同〔二〕

〔一〕集自《與秦太虚參寥會于松江而關彦長徐安中適至分韻得風字二首》，原詩此句下句爲「勝游難復五人同」。

〔二〕集自《題永叔會老堂》，此句亦作「放懷還喜一樽同」，其上句爲「乘興不辭千里遠」。

忘懷杯酒逢人共〔一〕

此去溪山琢句新〔二〕

〔一〕集自《次韻答邦直子由四首》，原詩此句下句爲「引睡文書信手翻」。

〔二〕集自《送李陶通直赴清溪》，原詩此句下句爲「從來勢利關心薄」。

到處聚觀香案吏〔一〕

詩人例作水曹郎〔二〕

〔一〕集自《舟行至清遠縣見顧秀才極談惠州風物之美》，原詩此句下句爲「此邦宜著玉堂仙」。

〔二〕集自《初到黄州》，原詩此句上句爲「逐客不妨員外置」。

東風吹開錦綉谷〔一〕

晚歲猶存鐵石心〔二〕

〔一〕集自《送孔郎中赴陝郊》，原詩此句下句爲「渌水翻動蒲萄酒」。

〔二〕集自《軾以去歲春夏侍立邇英而秋冬之交子由相繼入侍次韻絶句四首各述所懷》，原詩此句上句爲「微生偶脱風波地」。

不能丹青追世好〔一〕
偶然談笑得佳篇〔二〕

〔一〕集自《送蜀僧去塵》，此句亦作「不解丹青追世好」，其下句爲「欲將芹芷薦君盤」。
〔二〕集自《次韻章傳道喜雨》，原詩此句下句爲「便恐流傳成樂府」。

全以山川爲眼界〔一〕
故應琴鶴是家傳〔二〕

〔一〕集自黄庭堅《高至言築亭於家圃以奉親總其觀覽之富命曰溪亭乞余賦詩余先君之敝廬望高子所築不過十牛鳴爾故余未常登臨而得其勝處》，原詩此句上句爲「明月清風共一家」。莫友芝誤爲蘇軾作。
〔二〕集自《題李伯時畫趙景仁琴鶴圖二首》，原詩此句上句爲「清獻先生無一錢」。

青山有約常當户〔一〕
幽人無事不出門〔二〕

〔一〕集自《刁同年草堂》，此句亦作「青山有約長當户」，其下句爲「流水無情自入池」。
〔二〕集自《定惠院寓居月夜偶出》，原詩此句下句爲「偶逐東風轉良夜」。

清詩草聖俱入妙〔一〕

絳闕雲臺總有名〔二〕

〔一〕集自《送顔復兼寄王鞏》，原詩此句下句爲「别後寄我書連紙」。

〔二〕集自《和章七出守湖州二首》，原詩此句下句爲「應須極貴又長生」。

不辭歌詩勸公飲〔一〕

試問行年與我同〔二〕

〔一〕集自《陪歐陽公燕西湖》，原詩此句下句爲「坐無桓伊能撫筝」。

〔二〕集自《永和清都觀謝道士童顔鬒髮問其年生於丙子蓋與予同求此詩》，原詩此句上句爲「每逢佳境携兒去」。

高人自與山有素〔一〕

老可能爲竹寫真〔二〕

〔一〕集自《越州張中舍壽樂堂》，原詩此句上句爲「不待招邀滿庭户」。

〔二〕集自《題過所畫枯木竹石三首》，原詩此句下句爲「小坡今與石傳神」。

我書意造本無法〔一〕

此老胸中常有詩〔二〕

〔二〕集自《石蒼舒醉墨堂》，原詩此句下句爲「點畫信手煩難求」。

〔三〕集自陸游《湖山尋梅》，原詩此句上句爲「路人看者竊相語」。莫友芝誤爲蘇軾作。

繹山傳刻典型在〔一〕

吏部文章日月光〔二〕

〔一〕集自《孫莘老求墨妙亭詩》，原詩此句下句爲「千載筆法留陽冰」。

〔二〕集自《平淮西碑》，原詩此句上句爲「淮西功業冠吾唐」。

不解丹青追世好〔一〕

故應琴鶴是家傳〔二〕

〔一〕集自《送蜀僧去塵》，原詩此句下句爲「欲將芹芷薦君盤」。

〔二〕集自《題李伯時畫趙景仁琴鶴圖二首》，原詩此句上句爲「清獻先生無一錢」。

高才本不緣勳閥〔一〕

壽骨遥知是弟兄〔二〕

〔一〕集自《次許沖元韻送成都高士敦鈐轄》，原詩此句上句爲「餘力還思治蜀兵」。

〔二〕集自《表弟程德孺生日》，原詩此句上句爲「長身自昔傳甥舅」。

嘗茶看畫亦不惡〔一〕

飲酒食肉自得仙〔二〕

〔一〕集自《龜山辯才師》，原詩此句下句爲「問法求試了無礙」。

〔二〕集自《寄吴德仁兼簡陳季常》，原詩此句上句爲「誰似濮陽公子賢」。

我欲仙山拾瑶草〔一〕

自知醉耳愛松風〔二〕

〔一〕集自《次韻僧潛見贈》，此句亦作「我欲仙山掇瑶草」，其下句爲「傾筐坐嘆何時盈」。

〔二〕集自《定惠院寓居月夜偶出》，原詩此句下句爲「會揀霜林結茅舍」。

藏春塢裏鶯花鬧〔一〕

浴鳳池邊星斗光〔二〕

〔一〕集自《贈張刁二老》，原詩此句下句爲「仁壽橋邊日月長」。

〔二〕集自《秋興三首》，原詩此句下句爲「宴餘香滿上書囊」。

結交最晚情獨厚〔一〕

積累當年慶自鍾〔二〕

〔一〕集自《至秀州贈錢端公安道并寄其弟惠山山人》，原詩此句下句爲「論心無數今有幾」。

〔二〕集自《次前韻答馬忠玉》，原詩此句上句爲「坡陀巨麓起連峰」。

綺天照海花無數〔一〕

流水高山心自知〔二〕

〔一〕集自《和蔡景繁海州石室》，此句亦作「倚天照海花無數」，其上句爲「坐令空山出錦綉」。

〔二〕集自王安石《伯牙》，原詩此句上句爲「故人舍我閉黄壤」。莫友芝誤爲蘇軾作。

絶境自忘千里遠〔一〕

新詩説盡萬物情〔二〕

〔一〕集自《與秦太虚參寥會於松江而關彦長徐安中適至分韻得風字二首》，原詩此句下句爲「勝游難復五人同」。

〔二〕集自《次韻秦觀秀才見贈秦與孫莘老李公擇甚熟將入京應舉》，原詩此句下句爲「硬黄小字臨黄庭」。

當其下手風雨快〔一〕

莫放高樓雪月閑〔二〕

〔一〕集自《王維吴道子畫》，原詩此句下句爲「筆所未到氣已吞」。

〔二〕集自《送穆越州》，原詩此句上句爲「樽前俱是蓬萊守」。

夢底花仙覓奇句〔一〕

此間風物屬詩人〔二〕

〔一〕集自《臘梅一首贈趙景貺》，此句亦作「夢裏花仙覓奇句」，其上句爲「歸來却夢尋花去」。

〔二〕集自《臘梅一首贈趙景貺》，原詩此句下句爲「我老不飲當付君」。

我懷汝陰六一老〔一〕

氣壓鄴侯三萬籤〔二〕

〔一〕集自《歐陽晦夫遺接離琴枕戲作此詩謝之》，原詩此句下句爲「眉宇秀髮如春巒」。

〔二〕集自《書劉景文所藏王子敬帖絶句》，原詩此句上句爲「君家兩行十二字」。

龔黄側畔難言政〔一〕

薝蔔林中別有香〔一〕

〔一〕集自《次韻孫莘老見贈時莘老移廬州因以別之》，原詩此句下句爲「羅趙前頭且眩書」。

〔二〕集自《景純復以二篇一言其亡兄與伯父同年之契一言今者唱酬之意仍次其韻》，此句亦作「薝蔔林中無別香」，其下句爲「蘇門山上莫長嘯」。

故遣佳人在空谷〔一〕

且容老子上南樓〔二〕

〔一〕集自《寓居定惠院之東雜花滿山有海棠一株土人不知貴也》，原詩此句上句爲「也知造物有深意」。

〔二〕集自《九日次韻王鞏》，原詩此句上句爲「聞道郎君閉東閣」。

秋風亦作煙雲意〔一〕

晚歲猶存鐵石心〔二〕

〔一〕集自《雙石》，此句亦作「秋風與作煙雲意」，其下句爲「曉日令涵草木姿」。

〔二〕集自《軾以去歲春夏侍立邇英而秋冬之交子由相繼入侍次韻絶句四首各述所懷》，原詩此句上句爲「微生偶脫風波地」。

蓬萊方丈應不遠〔一〕
絳閣雲臺總有名〔二〕

〔一〕集自《寓居合江樓》，原詩此句下句爲「肯爲蘇子浮將來」。
〔二〕集自《和章七出守湖州二首》，此句亦作「絳闕雲臺總有名」，其下句爲「應須極貴又長生」。

結習已空花不住〔一〕
神仙可學道之餘〔二〕

〔一〕集自《眉子石硯歌贈胡誾》，原詩此句上句爲「毗耶居士談空處」。
〔二〕集自《回先生過湖州東林沈氏……次其韻三首》之一，原詩此句上句爲「世俗何知貧是病」。

清詩已入新歌舞〔一〕
絶品難尋舊畫圖〔二〕

〔一〕集自《次韻答錢穆父以軾得汝陰用杭越唱酬韻作詩見寄》，原詩此句下句爲「要使邦人識雅言」。
〔二〕集自《玉盤盂二首》，原詩此句上句爲「佳名會作新翻曲」。

要知冰雪心腸好〔一〕

踏遍江湖草木春〔二〕

〔一〕集自《次韻曹輔寄壑源試焙新茶》，原詩此句下句爲「不是膏油首面新」。

〔二〕集自《樂全先生生日以鐵拄杖爲壽二首》，原詩此句上句爲「三年相伴影隨身」。

宦游直送江入海〔一〕

公堂登歌鳳將雛〔二〕

〔一〕集自《游金山寺》，原詩此句上句爲「我家江水初發源」。

〔二〕集自《送宋朝散知彭州迎侍二親》，原詩此句上句爲「棬韝上壽白玉壺」。

久陪方丈曼陀雨〔一〕

快瀉錢塘藥玉船〔二〕

〔一〕集自《和子由柳湖久涸忽有水開元寺山茶舊無花今歲盛開二首》，原詩此句下句爲「羞對先生苜蓿盤」。

〔二〕集自《二月三日點燈會客》，原詩此句上句爲「試開雲夢羔兒酒」。

近聞陶令開三徑〔一〕

來與彌陀共一龕〔二〕

〔一〕集自《李伯時畫其弟亮功舊宅圖》，原詩此句下句爲「應許揚雄寄一區」。

〔二〕集自《絶句三首》，原詩此句上句爲「市區收罷豚魚税」。

明月來投玉川子〔一〕

逸書閑問濟南生〔二〕

〔一〕集自《次韻曹輔寄壑源試焙新茶》，原詩此句下句爲「清風吹破武林春」。

〔二〕集自《和致仕張郎中春晝》，原詩此句上句爲「跪履數從圯下老」。

結交最晚情獨厚〔一〕

冷淡爲生意自長〔二〕

〔一〕集自《至秀州贈錢端公安道并寄其弟惠山山人》，原詩此句下句爲「論心無數今有幾」。

〔二〕集自《和子由木山引水二首》，此句亦作「冷淡爲歡意自長」，其上句爲「崎嶇好事人應笑」。

中有玉人談寂滅〔一〕

古來静治得清閑〔二〕

〔一〕集自《王維吴道子畫》，此句亦作「中有至人談寂滅」，其下句爲「悟者悲涕迷者手自捫」。

〔二〕集自《九日袁公濟有詩次其韻》，原詩此句下句爲「我愧真常也一班」。

偶逐東風轉良夜〔一〕
忽逢佳士與名山〔二〕

〔一〕集自《定惠院寓居月夜偶出》，原詩此句上句爲「幽人無事不出門」。
〔二〕集自《與胡祠部游法華山》，原詩此句下句爲「何異枯楊便馬疥」。

一壺往助齊眉餉〔一〕
二頃方求負郭田〔二〕

〔一〕集自《送碧香酒與趙明叔教授》，原詩此句上句爲「不學劉伶獨自飲」。
〔二〕集自《臺頭寺送宋希元》，原詩此句上句爲「三年不顧東鄰女」。

便恐流傳成樂府〔一〕
聊同語笑説東坡〔二〕

〔一〕集自《留題蘭臯亭》，原詩此句上句爲「偶然談笑得佳篇」。
〔二〕集自《留題蘭臯亭》，此句亦作「聊同笑語説東坡」，其上句爲「無復往來乘下澤」。

積德已自三世種〔一〕

新詩説盡萬物情〔二〕

〔一〕集自《過于海舶得邁寄書酒作詩遠和之皆粲然可觀子由有書相慶也因用其韻賦一篇并寄諸子侄》，原詩此句上句爲「曶兒雖是兩翁癖」。

〔二〕集自《次韻秦觀秀才見贈秦與孫莘老李公擇甚熟將入京應舉》，原詩此句下句爲「硬黄小字臨黄庭」。

更要維摩一轉語〔一〕

只哦少陵七字詩〔二〕

〔一〕集自《次韻子由書清汶老所傳秦湘二女圖》，原詩此句上句爲「胡爲寫真傳世人」。

〔二〕集自楊萬里《上元夜里俗粉米爲繭絲書吉語置其中以占一歲之福禍謂之繭蔔因戲作長句》，原詩此句下句爲「但得長年飽吃飯」。莫友芝誤爲蘇軾作。

遥想人天會方丈〔一〕

聊同語笑説東坡〔二〕

〔一〕集自《樂全先生生日以鐵拄杖爲壽二首》，原詩此句下句爲「衆中驚倒野狐禪」。

〔二〕集自《留題蘭皋亭》，原詩此句上句爲「無復往來乘下澤」。

幽人自種千頭橘〔一〕

稚子新畦五畝蔬〔二〕

〔一〕集自《留題顯聖寺》，原詩此句下句爲「元克萊迅白結花」。

〔二〕集自《南堂五首》，原詩此句上句爲「山家爲割千房蜜」。

但令文字還照世〔一〕

遥知風雨不同川〔二〕

〔一〕集自《過於海舶得邁寄書酒作詩遠和之皆粲然可觀子由有書相慶也因用其韻賦一篇并寄諸子侄》，原詩此句下句爲「糞土腐餘安足夢」。

〔二〕集自《郭熙秋山平遠二首》，原詩此句上句爲「目盡孤鴻落照邊」。

聞道神仙亦相過〔一〕

但題詩句不須編〔二〕

〔一〕集自《樓觀》，原詩此句下句爲「只疑田叟是庚桑」。

〔二〕集自《和子由寒食》，此句亦作「偶題詩句不須編」，其上句爲「忽聞啼鴂驚羈旅」。

妙語應須得山骨〔一〕

餘波猶足挂天紳〔二〕

〔一〕集自《送淵師歸徑山》，原詩此句上句爲「師住此山三十年」。

〔二〕集自《次韻王定國得穎倅二首》，原詩此句上句爲「一噫固應號地籟」。

眼浄塵空無可掃〔一〕

水清石瘦便能奇〔二〕

〔一〕集自《再和潛師》，原詩此句上句爲「吴山道人心似水」。

〔二〕集自《與毛令方尉游西菩提寺二首》，原詩此句上句爲「路轉山腰足未移」。

早歲便懷齊物志〔一〕

先生可是絶俗人〔二〕

〔一〕集自《次韻和柳子玉過陳絶糧二首》，原詩此句下句爲「微官敢有濟時心」。

〔二〕集自《書林逋詩後》，原詩此句下句爲「神清骨冷無由俗」。

題詩寄遠方揮翰〔一〕

妙意有在終無言[二]

[一] 集自《雅安人日次舊韻二首》，原詩此句下句爲「扶杖登高獨出門」。

[二] 集自《十一月二十六日松風亭下梅花盛開》，原詩此句上句爲「酒醒夢覺起繞樹」。

詩無定律君應將[一]

老不求名語益真[二]

[一] 集自《次韻王定國得晉卿酒相留夜飲》，原詩此句下句爲「醉有真鄉我可侯」。

[二] 集自《送邵道士彦肅還都嶠》，原詩此句上句爲「少而寡欲顔常好」。

詩無定律君應將[一]

花不能言意可知[二]

[一] 集自《次韻王定國得晉卿酒相留夜飲》，原詩此句下句爲「醉有真鄉我可侯」。

[二] 集自《玉盤盂二首》，原詩此句下句爲「令君痛飲更無疑」。

民不飢寒爲上瑞[一]

酒餘歡適似還鄉[二]

〔一〕集自《荔支嘆》，原詩此句上句爲「雨順風調百穀登」。

〔二〕集自《臂痛謁告作三絶句示四君子》，原詩此句上句爲「公退清閑如致仕」。

結習已空花不住〔一〕

勝游無礙脚誰輕〔二〕

〔一〕集自《眉子石硯歌贈胡誾》，原詩此句上句爲「毗耶居士談空處」。

〔二〕集自《次韻和楊次公惠徑山龍井水》，此句亦作「勝游無礙脚殊輕」，其上句爲「幻色將空眼先暗」。

江上幽居連福地〔一〕

尊前侑酒只新詩〔二〕

〔一〕集自《贈仲素寺丞致仕歸隱潛山》，原詩此句上句爲「腹中靈液變丹砂」。

〔二〕集自《次韻曹子方運判雪中同游西湖》，其下句爲「何異書魚餐蠹簡」。

傳家各自聞詩禮〔一〕

壽骨遥知是弟兄〔二〕

〔一〕集自《送張軒民寺丞赴省試》，原詩此句下句爲「與子相逢亦弟兄」。

〔三〕集自《表弟程德孺生日》，原詩此句上句爲「長身自昔傳甥舅」。

玉羽瓊枝門清好〔一〕

名章俊句紛交衡〔二〕

〔一〕集自《再和潛師》，原詩此句上句爲「惟有飛來雙白鷺」。

〔二〕集自《次韻孔毅父集古人句見贈五首》，此句亦作「名章俊語紛交衡」，其下句爲「無人巧會當時情」。

爲散冰花除熱惱〔一〕

敢將詩律門清嚴〔二〕

〔一〕集自《再和潛師》，原詩此句上句爲「江南無雪春瘴生」。

〔二〕集自《謝人郵和前篇二首》，此句亦作「敢將詩律門深嚴」，其上句爲「已分酒杯欺淺懦」。

飛電流雲絶瀟洒〔一〕

名章俊句紛交衡〔二〕

〔一〕集自《申王畫馬圖》，原詩此句上句爲「當時不獨玉花驄」。

〔二〕集自《次韻孔毅父集古人句見贈五首》，此句亦作「名章俊語紛交衡」，其下句爲「無人巧會當時情」。

青山有約常當户〔一〕
秋水爲文不受塵〔二〕

〔一〕集自《刁同年草堂》，此句亦作「青山有約長當户」，其下句爲「流水無情自入池」。
〔二〕集自《次韻王定國得潁倅二首》，原詩此句上句爲「仙風入骨已凌雲」。

不獨江天解空闊〔一〕
爲將翰墨留染濡〔二〕

〔一〕集自《監洞霄宫俞康直郎中所居四詠・遠樓》，原詩此句下句爲「地偏心遠似陶潛」。
〔二〕集自《將往終南和子由見寄》，此句亦作「惟將翰墨留染濡」，其下句爲「絶勝醉倒蛾眉扶」。

故作明窗書小字〔一〕
且將墨竹换新詩〔二〕

〔一〕集自《南堂》，原詩此句下句爲「更開幽室養丹砂」。
〔二〕集自《孔毅甫以詩戒飲酒問買田且乞墨竹次其韻》，原詩此句下句爲「潤色何須待東里」。

天香國艷肯相顧〔一〕

奇草幽花不記名〔二〕

〔一〕集自《再用前韻》，原詩此句下句爲「知我酒熟詩清温」。

〔二〕集自《王復秀才所居雙檜二首》，原詩此句上句爲「吴王池館遍重城」。

飛電流雲絶瀟洒〔一〕

野鳥游魚信往還〔二〕

〔一〕集自《申王畫馬圖》，原詩此句上句爲「當時不獨玉花驄」。

〔二〕集自《秋興三首》，原詩此句下句爲「此身同寄水雲間」。

天下幾人學杜甫〔一〕

他年故事紀南徐〔二〕

〔一〕集自《次韻孔毅父集古人詩見贈五首》，原詩此句下句爲「誰得其皮與其骨」。

〔二〕集自《刁景純席上和謝生二首》，原詩此句上句爲「此夜新聲聞北里」。

問法求詩了無礙〔一〕

登樓上馬不用扶〔二〕

〔一〕集自《龜山辯才師》，原詩此句上句爲「嘗茶看畫亦不惡」。

〔二〕集自《送宋朝散知彭州迎侍二親》，原詩此句上句爲「丈人今年二毛初」。

積德已自三世種〔一〕
放懷還喜一尊同〔二〕

〔一〕集自《過於海船得邁寄書酒作詩遠和之皆粲然可觀子由有書相慶也因用其韻賦一篇并寄諸子侄》，原詩此句上句爲「譽兒雖是兩翁癖」。

〔二〕集自《題永叔會老堂》，其上句爲「乘興不辭千里遠」。

或雲靈境歸賢者〔一〕
正是春容最好時〔二〕

〔一〕集自《次韻孫職方蒼梧山》，原詩此句下句爲「又恐神功亦偶然」。

〔二〕集自《劉貢父見余歌詞數首以詩見戲聊次其韻》，原詩此句上句爲「相從痛飲無餘事」。

豈知入骨愛詩酒〔一〕
坐令合眼夢湖湘〔二〕

〔一〕集自《次前韻送劉景文》，原詩此句下句爲「醉倒正欲蛾眉扶」。
〔二〕集自黄庭堅《客自潭府來稱明因寺僧作静照堂求予作》，原詩此句上句爲「正苦窮年對塵土」。莫友芝誤爲蘇軾作。

高風已自雜漁釣〔一〕
喬木如今似畫圖〔二〕

〔一〕集自《寄劉孝叔》，此句亦作「高踪已自雜漁釣」，其下句爲「大隱何曾棄簪組」。
〔二〕集自《傅堯俞濟源草堂》，原詩此句上句爲「先生卜築臨清濟」。

正如春風弄群卉〔一〕
要伴高人餐落英〔二〕

〔一〕集自《龐公》，原詩此句上句爲「我性不飲只解醉」；一説爲沈遼作。
〔二〕集自《次韻僧潛見贈》，此句亦作「要伴騷人餐落英」，其上句爲「獨依古寺種秋菊」。

顧我小詩如點纈〔一〕
借君妙語發春容〔二〕

〔一〕集自《用前韻作雪詩留景文》，原詩此句上句爲「朝來雲漢接天流」。

〔二〕集自《用前韻答西掖諸公見和》，原詩此句下句爲「顧我風琴不成弄」。

寒燈相對憶疇昔〔一〕
壽骨遷知是弟兄〔二〕

〔一〕集自《辛丑十一月十九日既與子由别于鄭州西門之外馬上賦詩一篇寄之》，此句亦作「寒燈相對記疇昔」，其下句爲「夜雨何時聽蕭瑟」。

〔二〕集自《表弟程德孺生日》，原詩此句上句爲「長身自昔傳甥舅」。

高情不盡落縑素〔一〕
勝事傳説誇友朋〔二〕

〔一〕集自《題王維畫》，原詩此句下句爲「連山絶澗開重帷」。

〔二〕集自《孫莘老求墨妙亭詩》，原詩此句上句爲「奇踪散出走吴越」。

時復長篇書小草〔一〕
要將真色鬥生枝〔二〕

〔一〕集自《再和潛師》，原詩此句上句爲「東坡習氣除未盡」。

〔二〕集自《再和楊公濟梅花十絶》，原詩此句上句爲「洗盡鉛華見雪肌」。

不比狂花生客慧〔一〕
故將妙語寄多情〔二〕

〔一〕集自《子由新修汝州龍興寺吴畫壁》，原詩此句上句爲「乃知真放本精微」。
〔二〕集自《再和潛師》，原詩此句下句爲「横機欲試東坡老」。

少而寡欲顔常好〔一〕
筆所未到氣已吞〔二〕

〔一〕集自《送邵道士彦肅還都嶠》，原詩此句下句爲「老不求官夢亦閑」。
〔二〕集自《王維吴道子畫》，原詩此句上句爲「當其下手風雨快」。

一年好景君須記〔一〕
到處名園意盡便〔二〕

〔一〕集自《贈劉景文》，原詩此句下句爲「最是橙黄橘緑時」。
〔二〕集自《和子由寒食》，原詩此句上句爲「繞城駿馬誰能借」。

暫借官奴遣吹笛〔一〕
試教天女爲磨鉛〔二〕

〔一〕集自《贈莘老七絶》，原詩此句下句爲「明朝新月到三更」。
〔二〕集自《眉子石硯歌贈胡誾》，原詩此句下句爲「千偈瀾翻無一語」。

此叟神完中有恃〔一〕
是心朝空夕了然〔二〕

〔一〕集自《維摩像唐楊惠之塑在天柱寺》，原詩此句下句爲「談笑可却千熊羆」。
〔二〕集自《黄庭經贊》，原詩此句上句爲「問我何修果此緣」。

閑道平反供一笑〔一〕
要將老健敵千鍾〔二〕

〔一〕集自《新茶送簽判程朝奉以饋其母有詩相謝次韻答之》，此句亦作「聞道平反供一笑」，其下句爲「會須難老待千鍾」。
〔二〕集自《送鮮于都曹歸灌口舊居》，原詩此句上句爲「莫嘆倦游無駟馬」。

願君净掃清香閣[一]
載酒閑過緑野堂[二]

[一] 集自《寄蘄簟與蒲傳正》，原詩此句下句爲「卧聽風漪聲滿榻」。
[二] 集自《次韻許遵》，原詩此句上句爲「問禪時到長幹寺」。

五更曉色來書幌[一]
數首風流似玉壺[二]

[一] 集自《雪後書北臺壁二首》，原詩此句下句爲「半夜寒聲落畫檐」。
[二] 集自《金門寺中見李西臺與二錢惟演易唱和四絶句戲用其韻跋之》，此句亦作「數首風流似玉臺」，其上句爲「故知前輩宗徐庾」。

五更曉色來書幌[一]
萬里清風上澗濤[二]

[一] 集自《雪後書北臺壁二首》，原詩此句下句爲「半夜寒聲落畫檐」。
[二] 集自《觀湖二首》，此句亦作「萬里清風上海濤」，其上句爲「乘槎遠引神仙客」。

## 雙魚罌齋録莫子偲友芝集山谷七言聯

權衡此心坐堂奥〔一〕
領略古法生新奇〔二〕

〔一〕集自《送朱昵中允宰宋城》，原詩此句下句爲「草木遂生蟲蟻化」。
〔二〕集自《詠李伯時摹韓幹三馬次子由韻簡伯時兼寄李德》，原詩此句上句爲「李侯一顧嘆絶足」。

故人相見自青眼〔一〕
涉世忘味皆朱顔〔二〕

〔一〕集自《次韻蓋郎中率郭郎中休官二首》，此句亦作「故人相見白青眼」，其下句爲「新貴即今多黑頭」。
〔二〕集自《送劉道純》，原詩此句上句爲「平生樽俎宫亭上」。

萬山不隔中秋月〔一〕
三徑還尋二仲家〔二〕

〔一〕集自《寄黄龍清老三首》，原詩此句下句爲「一雁能傳寄遠書」。

〔二〕集自《暮到張氏園和壁間舊題》，原詩此句上句爲「邵平不見見園瓜」。

俯仰之間已陳迹〔一〕

談笑與世殊臼科〔二〕

〔一〕集自《池口風雨留三日》，原詩此句下句爲「暮窗歸了讀殘書」。

〔二〕集自《次韻無咎閻子常携琴入村》，此句亦作「笑談與世殊臼科」，其上句爲「晁家公子屢經過」。

論交撥置形骸外〔一〕

盡日經營錦綉中〔二〕

〔一〕集自《答明略并寄無咎》，原詩此句下句爲「得意相忘樽俎間」。

〔二〕集自《行道雜篇六首》，此句亦作「盡日經行錦綉中」，其上句爲「千村萬落花相照」。

小草真成有風味〔一〕

一尊相屬要從容〔二〕

〔一〕集自《戲答王觀復酴醿菊二首》，原詩此句下句爲「東園添我老生涯」。

〔二〕集自《和高仲本喜相見》，此句上句爲「何日晴軒觀筆硯」。

惟倚新詩可傳本〔一〕

忽逢佳士喜同游〔二〕

〔一〕集自《答黄冕仲索煎雙井并簡揚休》，原詩此句上句爲「惜無纖纖來捧碗」。

〔二〕集自《次韻黄斌老晚游池亭二首》，原詩此句上句爲「路入東園無俗駕」。

平生相從忘歲月〔一〕

取意閑談没臼窠〔二〕

〔一〕集自《酌别世弼》，原詩此句上句爲「手足割裂誠迷惘」。

〔二〕集自《次韻奉答吉老并寄何君庸》，原詩此句上句爲「傾懷相見開城府」。

行隨丈人奉巾履〔一〕

心與歡伯爲友朋〔二〕

〔一〕集自《和范信中寓居崇寧遇雨二首》，此句亦作「行尋丈人奉巾屨」，其上句爲「二十始肯爲儒生」。

〔二〕集自《謝答聞善二兄九絶句》，原詩此句上句爲「身入醉鄉無畔岸」。

不知眼界闊多少〔一〕

必有人才備訪尋[三]

[二] 集自《題大雲倉達觀臺二首》，原詩此句下句爲「白鳥飛盡青天回」。

[三] 集自《寄上叔父夷仲三首》，此句亦作「必有人才備尋訪」，其上句爲「經心隴蜀封疆守」。

山隨宴坐畫圖出[一]

潤及邊城草木香[二]

[一] 集自《題胡逸老致虛庵》，原詩此句下句爲「水作夜窗風雨來」。

[二] 集自《次韻少激甘露降太守居桃葉上》，原詩此句上句爲「金莖甘露薦齋房」。

眼看青冥有餘力[一]

胸吞雲夢如秋豪[二]

[一] 集自《觀劉永年團練畫角鷹》，原詩此句上句爲「兀立槎枒不畏人」。

[二] 集自《别蔣穎叔》，其上句爲「荆溪居士傲軒冕」。

身入醉鄉無畔岸[一]

胸吞雲夢略從容[二]

〔一〕集自《謝答聞善二兄九絶句》，原詩此句下句爲「心與歡伯爲友朋」。

〔二〕集自《鄂州南樓書事四首》，原詩此句上句爲「勢壓湖南可長雄」。

況我平生賞神駿〔一〕

爲君滿意説江湖〔二〕

〔一〕集自《次韻子瞻和子由觀韓幹馬因論伯畫天馬》，原詩此句下句爲「僧中雲是道林師」。

〔二〕集自《和答子瞻》，原詩此句上句爲「玉堂下直長廊静」。

色深林表風霜下〔一〕

潤及邊城草木香〔二〕

〔一〕集自《謝檀敦信送柑子》，原詩此句下句爲「香著尊前指爪間」。

〔二〕集自《次韻少激甘露降太守居桃葉上》，原詩此句上句爲「金莖甘露薦齋房」。

不獨江天解空闊〔一〕

聽教魚鳥自飛沈〔二〕

〔一〕集自蘇軾《監洞霄宫俞康直郎中所居四詠·遠樓》，原詩此句下句爲「地偏心遠似陶潛」。莫友芝誤爲黄庭堅作。

〔一〕集自《次韻蓋郎中率郭郎中休官二首》，此句亦作「聽教魚鳥逐飛沉」，其上句爲「付與兒孫知伏臘」。

吾宗落筆賞幽事〔一〕
他日過飯隨家風〔二〕

〔一〕集自《答黄冕仲索煎雙井并簡揚休》，原詩此句下句爲「秋月下照澄江空」。
〔二〕集自《再答冕仲》，原詩此句上句爲「安用茗澆壘塊胸」。

周鼎商盤見科斗〔一〕
剡藤蜀繭照松煙〔二〕

〔一〕集自《再次韻呈明略并寄無咎》，此句亦作「周鼎湯盤見科斗」，其上句爲「夏雲凉生土囊口」。
〔二〕集自《次元明韻寄子由》，原詩此句上句爲「蠆尾銀鈎寫珠玉」。

學問文章過吾黨〔一〕
東南淮海惟揚州〔二〕

〔一〕集自《酌别世弼》，原詩此句上句爲「王郎婚友平生期」。
〔二〕集自《送少章從翰林蘇公餘杭》，原詩此句下句爲「國士無雙秦少游」。

老子平生殊不淺〔一〕
家風孝友故相親〔二〕

〔一〕集自《鄂州南樓書事四首》，原詩此句下句爲「諸君少住對胡床」。
〔二〕集自《贈送張叔和》，原詩此句上句爲「箕帚掃公堂上塵」。

相看領會一談勝〔一〕
乃似不著十指彈〔二〕

〔一〕集自《贈石敏若》，原詩此句下句爲「注目長江天際流」。
〔二〕集自《聽崇德君鼓琴》，原詩此句上句爲「兩忘琴意與己意」。

父翁老蒼孫子秀〔一〕
外慕淡薄天機深〔二〕

〔一〕集自《元師自榮州來追送余于瀘之江安緜水驛因復用舊所賦此君軒詩韻贈之并簡元師法弟周彦公》，原詩此句上句爲「籜龍森森新間舊」。
〔二〕集自《送焦浚明》，原詩此句上句爲「中懷坦夷眉宇静」。

閑情欲被春將去〔一〕

落筆乃與天同功〔二〕

〔一〕集自《寄杜家父二首》，原詩此句下句爲「鳥喚花驚只麽回」。

〔二〕集自《題李夫人偃竹》，原詩此句上句爲「閨中白髮翰墨手」。

精神高秀非人力〔一〕

詩句縱横付酒杯〔二〕

〔一〕集自《觀王熙叔唐本草書歌》，原詩此句上句爲「移燈近前拭眼看」。

〔二〕集自《出迎使客質明放船自瓦窑歸》，原詩此句上句爲「惜無陶謝揮斤手」。

學道有才真可喜〔一〕

當官持廉自不煩〔二〕

〔一〕集自蘇軾《送沈逵赴廣南》，此句亦作「學道有涯真可喜」，其上句爲「功名如幻何足計」。莫友芝誤爲黄庭堅作。

〔二〕集自《送謝公定作竟陵主簿》，此句亦作「當官持廉庭不煩」，其上句爲「胸中恢疏無怨恩」。

欲雕好句乞春色〔一〕

試遣七言賒一枝〔二〕

〔一〕集自《乞姚花二首》，原詩此句下句爲「日曆如山不到詩」。

〔二〕集自《王才元舍人許牡丹求詩》，原詩此句上句爲「欲搜佳句恐春老」。

野老已歌豐歲語〔一〕

先生可是絶俗人〔二〕

〔一〕集自蘇軾《儋耳》，原詩此句下句爲「除書欲放逐臣回」。

〔二〕集自蘇軾《書林逋詩後》，原詩此句下句爲「神清骨冷無由俗」。此聯上下聯均係蘇軾詩句，莫友芝誤爲黄庭堅作。

十年揩洗見真妄〔一〕

二老風流總健强〔二〕

〔一〕集自蘇軾《孔毅甫以詩戒飲酒問買田且乞墨竹次其韻》，原詩此句下句爲「石女無兒焦穀槁」。

〔二〕集自蘇軾《贈張刁二老》，原詩此句上句爲「兩邦山水未凄凉」。此聯上下聯均係蘇軾詩句，莫友芝誤爲黄庭堅作。

不藏秋毫心地直〔一〕

每見紫芝眉宇開〔二〕

〔一〕集自《贈送張叔和》，原詩此句上句爲「無可簡擇眼界平」。

〔二〕集自《次韻子瞻送穆父二絶》，原詩此句上句爲「渺然今日望人材」。

心游萬里不知遠〔一〕

自成一家始逼真〔二〕

〔一〕集自《觀叔祖少卿弈棋》，原詩此句下句爲「身與一山相對閑」。

〔二〕集自《題樂毅論後》，原詩此句上句爲「隨人作計終後人」。

閑尋書册應多味〔一〕

實用人材即至公〔二〕

〔一〕集自《和高仲本喜相見》，原詩此句上句爲「老傍人門想更慵」。

〔二〕集自《病起荆江亭即事十首》，原詩此句上句爲「不須要出我門下」。

故應當家有季子〔一〕

頗喜作詩如已公〔二〕

〔一〕集自《送少章從翰林蘇公餘杭》，原詩此句上句爲「文學縱横乃如此」。

〔二〕集自《題虔州東禪圓照師新作御書閣》，原詩此句上句爲「道人飽參口挂壁」。

身入醉鄉無畔岸〔一〕

詩來清吹拂衣巾〔二〕

〔一〕集自《謝答聞善二兄九絶句》，原詩此句下句爲「心與歡伯爲友朋」。

〔二〕集自《次韻奉答文少激推官紀贈二首》，原詩此句下句爲「句法詞鋒覺有神」。

神工妙手欲自試〔一〕

山色江聲相與清〔二〕

〔一〕集自《觀崇德墨竹歌》，原詩此句下句爲「襲取天巧不作難」。

〔二〕集自《奉答李和甫代簡二絶句》，原詩此句下句爲「捲簾待得月華生」。

眉宇之間見風雅〔一〕

談笑與世殊臼科〔二〕

〔一〕集自《次韻答張沙河》，原詩此句下句爲「藍田煙霧生球琳」。

〔二〕集自《次韻無咎閻子常携琴八村》，此句亦作「笑談與世殊臼科」，其上句爲「晁家公子屢經過」。

明府豈弟心傾寫〔一〕
書生賡載筆縱横〔二〕

〔一〕集自《送朱眖中允宰宋城》，原詩此句上句爲「宋城萬家有和氣」。

〔二〕集自《再次韻兼簡履中南玉三首》，此句亦作「諸生賡載筆縱横」，其上句爲「李侯詩律嚴且清」。

無數雲山供點筆〔一〕
遥知風雨不同川〔二〕

〔一〕集自蘇軾《次前韻送程六表弟》，原詩此句上句爲「憶昔江湖一釣舟」。

〔二〕集自蘇軾《郭熙秋山平遠二首》，原詩此句上句爲「目盡孤鴻落照邊」。此聯上下聯均係蘇軾詩句，莫友芝誤爲黄庭堅作。

有書萬卷繞四壁〔一〕
美酒百船醉一春〔二〕

〔一〕集自《和王觀復洪駒父謁陳無己長句》，原詩此句下句爲「樵蘇不爨談至夕」。

〔二〕集自《戲題》，此句亦作「美酒百船酬一春」，其上句爲「只有清風與明月」。

詩成十首不供寫〔一〕

身與一山相對閑〔二〕

〔一〕集自《戲答歐陽誠發奉議謝餘送茶歌》，此句亦作「詩成十手不供寫」，其上句爲「飲如江入洞庭野」。

〔二〕集自《觀叔祖少卿弈棋》，原詩此句上句爲「心游萬里不知遠」。

山隨宴坐畫圖出〔一〕

雨足郊原草木柔〔二〕

〔一〕集自《題胡逸老致虚庵》，原詩此句下句爲「水作夜窗風雨來」。

〔二〕集自《清明》，原詩此句上句爲「雷驚天地龍蛇蟄」。

論交撥置形骸外〔一〕

探道欲度羲皇前〔二〕

〔一〕集自《答明略并寄無咎》，原詩此句下句爲「得意相忘樽俎間」。

〔二〕集自《老杜浣花溪圖引》，原詩此句下句爲「論詩未覺國風遠」。

乃是天機貫胸肊〔一〕

欲知春色到池塘[二]

[一] 集自《觀劉永年團練畫角鷹》，原詩此句上句爲「旁觀未必窮神妙」。

[二] 集自《從張仲謀乞蠟梅》，原詩此句上句爲「不擬折來遮老眼」。

世有高賢踐台斗[一]

多由陰德至公卿[二]

[一] 集自《次韻晁補之廖正一贈答詩》，原詩此句上句爲「晁子抱材耕谷口」。

[二] 集自《奉送時中攝東曹獄掾》，原詩此句上句爲「參軍雖卑獄司命」。

不問主人來看竹[一]

可容名士乞歸田[二]

[一] 集自《陳氏園詠竹》，原詩此句下句爲「小溪風物似家林」。

[二] 集自《次韻奉答廖袁州懷舊隱之詩》，原詩此句上句爲「聞道省郎方結綬」。

功名可致猶回首[一]

道德無多只本心[二]

〔一〕集自《次韻答柳通叟求田問舍之詩》，原詩此句下句爲「何況功名不可求」。

〔二〕集自《贈謝敞王博喻》，原詩此句上句爲「文章最忌隨人後」。

畫圖不減吴生筆〔一〕

衣袂頗薰荀令香〔二〕

〔一〕集自《題石恪畫嘗醋翁》，此句亦作「圖畫不減吴生筆」，其上句爲「誰知聳膊寒至骨」。

〔二〕集自《戲贈南安倅柳朝散》，原詩此句上句爲「柳侯風味晚相見」。

經行東坡眠食地〔一〕

請讀南華内外篇〔二〕

〔一〕集自《次韻文潛》，原詩此句下句爲「拂拭寶墨生楚愴」。

〔二〕集自《長句謝陳適用惠送吴南雄所贈紙》，此句亦作「請續南華内外篇」，其上句爲「已無商頌猗那手」。

經行東坡眠食地〔一〕

定是米家書畫船〔二〕

〔一〕集自《次韻文潛》，原詩此句下句爲「拂拭寶墨生楚愴」。

〔二〕集自《戲贈米元章二首》，原詩此句上句爲「滄江静夜虹貫月」。

道家蓬萊見仙伯〔一〕

天上玉堂森寶書〔二〕

〔一〕集自《次韻李之純少監惠硯》，原詩此句下句爲「我亦洗滴與清流」。

〔二〕集自《雙井茶送子瞻》，原詩此句上句爲「人間風日不到處」。

得公萬户開門卧〔一〕

讀易一篇如酒醒〔二〕

〔一〕集自《子範徼巡諸鄉捕逐群盜幾盡輒作長句勞苦行李》，原詩此句下句爲「看取三年治最功」。

〔二〕集自《再和元禮春懷十首》，此句亦作「讀易一肩如酒醒」，其上句爲「體中忽覺有佳處」。

高文大册書鴻烈〔一〕

絳闕清都想盛容〔二〕

〔一〕集自《思賢》，原詩此句下句爲「潤色論思禁林傑」。

〔二〕集自《次韻元日》，原詩此句上句爲「會朝四海頓圖籍」。

要與六經生羽翼〔一〕

從來五字弄珠璣〔二〕

〔一〕集自《再和答張仲謀陳純益兄弟》，原詩此句上句爲「凉秋夏日數來過」。

〔二〕集自《戲贈元翁》，原詩此句下句爲「忍負僧床鎖翠微」。

天生材器必有用〔一〕

胸次詩書要不忘〔二〕

〔一〕集自《謝文灝元豐上文槁》，此句亦作「天生材器各有用」，其下句爲「相如名獨重太山」。

〔二〕集自《贈益陽成之主簿》，原詩此句上句爲「人間卿相何足道」。

惟有交情等金石〔一〕

多由陰德至公卿〔二〕

〔一〕集自《至襄陽捨驛馬就舟見過三首》，此句亦作「惟有交親等金石」，其下句爲「白頭忘義復忘年」。

〔二〕集自《奉送時中攝東曹獄掾》，原詩此句上句爲「參軍雖卑獄司命」。

晁子胸中開典禮〔一〕

庾公樓上有詩人[一]

[一]集自《以小團龍及半挺贈無咎并詩用前韻爲戲》，原詩此句下句爲「平生自期莘與渭」。

[二]集自《再用舊韻寄孔毅甫》，原詩此句下句爲「平生落筆瀉河漢」。

未嘗頃刻可去酒[一]

想見先生多好賢[二]

[一]集自《謝答聞善二兄九絶句》，原詩此句下句爲「無有一日不吟詩」。

[二]集自《郭明父作西齋於潁尾請予賦詩二首》，原詩此句上句爲「未嘗終日不思潁」。

好事風流有涇渭[一]

向人懷抱絶關防[二]

[一]集自《謝送碾賜壑源揀芽》，原詩此句上句爲「右丞似是李元禮」。

[二]集自《次韻奉酬劉景文河上見寄》，原詩此句上句爲「想見哦詩煮春茗」。

傾懷相見開城府[一]

作吏辦事猶詩書[二]

〔二〕集自《次韻奉答吉老并寄何君庸》，原詩此句下句爲「取意閑談没臼窠」。

〔三〕集自《送薛樂道知鄖鄉》，原詩此句上句爲「念君胸中極了了」。

所愛子猷發佳興〔一〕

尚堪何遜作同時〔二〕

〔一〕集自《觀崇德墨竹歌》，原詩此句下句爲「不可一日無此君」。

〔二〕集自《急雪寄王立之問梅花》，原詩此句上句爲「老子此中殊不淺」。

文學縱横乃如此〔一〕

醉鄉安穩更何之〔二〕

〔一〕集自《送少章從翰林蘇公餘杭》，原詩此句下句爲「故應當家有季子」。

〔二〕集自《戲答荆州王充道烹茶四首》，原詩此句上句爲「三徑雖鉏客自稀」。

地靈人秀誕豪傑〔一〕

鳥度雲行閲古今〔二〕

〔一〕集自《送焦浚明》，此句亦作「地靈山秀誕豪傑」，其下句爲「來入中州振羽儀」。

〔二〕集自《高至言築亭於家圃以奉親總其觀覽之富命曰溪亭乞余賦詩余先君之敝廬望高子所築不過十牛鳴爾故余未常登臨而得其勝處》，原詩此句下句爲「溪演木末聽竽籟」。

樹林幽翠滿山谷〔一〕
詩句縱橫付酒杯〔二〕

〔一〕集自蘇軾《犍爲王氏書樓》，原詩此句下句爲「樓觀突兀起江濱」。莫友芝誤爲黄庭堅作。

〔二〕集自《出迎使客質明放船自瓦窑歸》，原詩此句上句爲「惜無陶謝揮斤手」。

子舍芝蘭皆可佩〔一〕
家風孝友故相親〔二〕

〔一〕集自《道中寄公壽》，原詩此句下句爲「後房桃李總能言」。

〔二〕集自《贈送張叔和》，原詩此句上句爲「箕帚掃公堂上塵」。

今日相看青眼舊〔一〕
至人神會碧天寥〔二〕

〔一〕集自《次韻奉答文少激推官紀贈二首》，原詩此句下句爲「他年肯作白頭新」。

〔二〕集自《雜詩四首》，原詩此句上句爲「佛子身歸樂國遥」。

## 雙魚罍齋録莫子偲友芝集蘇黄七言聯

賴有高樓能聚遠　坡〔一〕
可容名士乞歸田　谷〔二〕

〔一〕坡，即蘇軾，其號東坡居士，刻本簡稱爲「坡」，下同。此聯集自其《單同年求德興俞氏聚遠樓詩三首》，原詩此句下句爲「一時收拾與閑人」。

〔二〕谷，即黄庭堅，其自號山谷道人，刻本簡稱爲「谷」，下同。此聯集自其《次韻奉答廖袁州懷舊隱之詩》，原詩此句上句爲「闖道省郎方結綬」。

也知造物有深意　坡〔一〕
欲遣吟人對好山　谷〔二〕

〔一〕集自蘇軾《寓居定惠院之東雜花滿山有海棠一株土人不知貴也》，原詩此句下句爲「故遣佳人在空谷」。

〔二〕集自黄庭堅《李大夫招飲》，原詩此句下句爲「暮天和雨醉憑欄」。

主人自是文章伯　谷〔一〕
山色豈非清净身　坡〔二〕

〔一〕集自黄庭堅《和王觀復洪駒父謁陳無已長句》，原詩此句下句爲「鄰里頗怪有此客」。
〔二〕集自蘇軾《贈東林總長老》，原詩此句上句爲「溪聲便是廣長舌」。

色深林表風霜下　谷〔一〕
春在先生杖履中　坡〔二〕

〔一〕集自黄庭堅《謝檀敦信送柑子》，原詩此句下句爲「香著尊前指爪間」。
〔二〕集自蘇軾《寄題刁景純藏春塢》，原詩此句上句爲「年抛造物甄陶外」。

太古乾坤隨處有　谷〔一〕
君家庭院得春多　坡〔二〕

〔一〕集自黄庭堅《賦陳季張北軒杏花》，原詩此句上句爲「豈如大醉升糟丘」。
〔二〕集自蘇軾《次韻楊褒早春》，原詩此句上句爲「窮巷凄凉苦未和」。

摩詰得之於象外　坡〔一〕

孝章要是有名人　谷〔二〕

〔一〕集自蘇軾《王維吳道子畫》，原詩此句下句爲「有如仙翮謝籠樊」。

〔二〕集自蘇軾《次韻林子中見寄》，原詩此句上句爲「元亮本無適俗韻」。莫友芝誤爲黄庭堅作。

竭來東觀弄筆墨　坡〔一〕

退倚北窗睡松風　谷〔二〕

〔一〕集自蘇軾《送劉道原歸覲南康》，此句亦作「竭來東觀弄丹墨」，其下句爲「聊借舊史誅奸强」。

〔二〕集自黄庭堅《再用舊韻寄孔毅甫》，原詩此句上句爲「如星結柳送文窮」。

見説文星環北極　谷〔一〕

且容老子上南樓　坡〔二〕

〔一〕集自黄庭堅《再次韻四首》，原詩此句下句爲「人間無路仰天庭」。

〔二〕集自蘇軾《九日次韻王鞏》，原詩此句上句爲「聞道郎君閉東閣」。

是家豪逸生有種　坡〔一〕

老來忠義氣横秋　谷〔二〕

〔一〕集自蘇軾《答王鞏》，原詩此句下句爲「千金一擲頗黎盆」。

〔二〕集自黄庭堅《次韻德孺五丈惠貺秋字之句》，原詩此句上句爲「少日才華接貴游」。

似聞梨棗同時種　坡〔一〕

且傍江山好處吟　谷〔二〕

〔一〕集自蘇軾《次韻子由種杉竹》，原詩此句下句爲「應與杉篁刻日添」。

〔二〕集自黄庭堅《宗楙宗寄夔州五十詩三首》，原詩此句上句爲「方今臺閣稱多士」。

好去江魚煮江水　谷〔一〕

只將春睡賞春晴　坡〔二〕

〔一〕集自蘇軾《次韻李修孺留别二首》，原詩此句下句爲「劍南歸路有姜詩」。莫友芝誤爲黄庭堅作。

〔二〕集自蘇軾《春日》，原詩此句作「只將春睡賞春晴」，「晴」原作「情」，今據改；其上句爲「午醉醒來無一事」。

清似釣船聞夜雨　谷〔一〕

皎如明月在秋潭　坡〔二〕

〔一〕集自黄庭堅《和答任仲微贈别》，原詩此句下句爲「壯如軍壘動秋聲」。

〔二〕集自蘇軾《老人行》，原詩此句下句爲「動著依前還不見」。

不藏秋毫心地直　谷〔一〕
肯使細故胸中留　坡〔二〕

〔一〕集自黄庭堅《贈送張叔和》，原詩此句上句爲「無可簡擇眼界平」。
〔二〕集自蘇軾《和蔡準郎中見邀游西湖三首》，原詩此句上句爲「臨風飽食得甘寢」。

孤雲出岫豈求伴　坡〔一〕
秋水黏天不自多　谷〔二〕

〔一〕集自蘇軾《合浦愈上人以詩名嶺外將訪道南嶽留詩壁上云閑伴孤雲自在飛東坡居士過其精舍戲和其韻》，原詩此句下句爲「錫杖凌空自要飛」。
〔二〕集自黄庭堅《贈陳師道》，原詩此句上句爲「旅床争席方歸去」。

骨氣乃有老松格　谷〔一〕
先生可是絶俗人　坡〔二〕

〔一〕集自黄庭堅《送石長卿太學秋補》，原詩此句上句爲「胸中已無少年事」。

〔二〕集自蘇軾《書林逋詩後》，原詩此句下句爲「神清骨冷無由俗」。

天香國色不著意　谷〔一〕
粟飯藜羹問養神　坡〔二〕

〔一〕集自黄庭堅《次韻景珍餘醲》，此句亦作「天香國艷不著意」，其下句爲「詩社酒徒空得名」。
〔二〕集自蘇軾《送喬仝寄賀君六首》，原詩此句上句爲「狂吟醉舞知無益」。

似聞海若談秋水　谷〔一〕
絶勝倉公飲上池　坡〔二〕

〔一〕集自黄庭堅《再次韻奉答子由》，此句亦作「似逢海若談秋水」，其下句爲「始覺醯雞守瓮天」。
〔二〕集自蘇軾《次韻錢舍人病起》，原詩此句下句爲「絶勝倉公飲上池」。

行尋丈人奉巾履　谷〔一〕
中有遺民懷袴襦　坡〔二〕

〔一〕集自黄庭堅《和范信中寓居崇寧遇雨二首》，此句亦作「行尋丈人奉巾屨」，其上句爲「二十始肯爲儒生」。
〔二〕集自蘇軾《慶源宣義王丈以累舉得官爲洪雅主簿雅州户掾遇吏民如家人人安樂之既謝事居眉之青神瑞草橋放懷

自得有書來求紅帶既以遺之且作詩爲戲請黄魯直學士秦少游賢良各爲賦一首爲老人光華》，原詩此句上句爲「今年蠶市數州集」。

全以山川爲眼界　坡〔一〕
故應賓主盡詩人　谷〔二〕

〔一〕集自黄庭堅《高至言築亭於家圃以奉親總其觀覽之富命曰溪亭乞余賦詩余先君之敝廬望高子所築不過十牛鳴爾故余未常登臨而得其勝處》，原詩此句上句爲「明月清風共一家」。莫友芝誤爲蘇軾作。

〔二〕集自蘇軾《次韻張舜民自御史出倅虢州留别》，此句亦作「故應客主盡詩人」，其上句爲「此去若容陪坐嘯」。莫友芝誤爲黄庭堅作。亦或刻本將此聯上下聯出處顛倒。

主人自是文章伯　谷〔一〕
晚歲猶存鐵石心　坡〔二〕

〔一〕集自黄庭堅《和王觀復洪駒父謁陳無已長句》，原詩此句下句爲「鄰里頗怪有此客」。

〔二〕集自蘇軾《軾以去歲春夏侍立邇英而秋冬之交子由相繼入侍次韻絶句四首各述所懷》，原詩此句上句爲「微生偶脱風波地」。

骨氣乃有老松格　谷〔一〕
神妙獨到秋豪顛　坡〔二〕

〔一〕集自黄庭堅《送石長卿太學秋補》，原詩此句上句爲「胸中已無少年事」。
〔二〕集自蘇軾《僕曩於長安陳漢卿家見吴道子畫佛碎爛可惜其後十餘年復見之于鮮于子駿家則已裝背完好子駿以見遺作詩謝之》，此句亦作「神妙欲到秋毫顛」，其上句爲「覺來落筆不經意」。

夢底花仙得奇句　坡〔一〕
胸中水鏡是人材　谷〔二〕

〔一〕集自蘇軾《蠟梅一首贈趙景貺》，此句亦作「夢裏花仙覓奇句」，其下句爲「歸來却夢尋花去」。
〔二〕集自黄庭堅《送顧子敦赴河東三首》，原詩此句上句爲「塞上金湯惟粟粒」。

詩句多傳知有暇　谷〔一〕
草書非學聊自娱　坡〔二〕

〔一〕集自黄庭堅《次韻漢公招七兄》，原詩此句下句爲「道人相見不應難」。
〔二〕集自蘇軾《六觀堂老人草書詩》，原詩此句上句爲「化身爲醫忘其軀」。

世綠遮盡不到眼　谷〔一〕
妙意有在終無言　坡〔二〕

〔一〕集自黄庭堅《次韻和台源諸篇九首·疊屏巖》，原詩此句下句爲「幽事相引頗關情」。
〔二〕集自蘇軾《十一月二十六日松風亭下梅花盛開》，原詩此句下句爲「幽事相引頗關情」。

盡日竹風談法要　谷〔一〕
一甌花蕊浮輕圓　坡〔二〕

〔一〕集自黄庭堅《題醒心軒》，原詩此句下句爲「無人竹影又斜陽」。
〔二〕集自蘇軾《和蔣夔寄茶》，此句亦作「一甌花乳浮輕圓」，其上句爲「臨風飽食甘寢裏」。

水落石出魚可數　坡〔一〕
地静人閑月自妍　谷〔二〕

〔一〕集自蘇軾《臘日游孤山訪惠勤惠思二僧》，此句亦作「水清石出魚可數」，其下句爲「林深無人鳥相呼」。
〔二〕集自黄庭堅《次韻公秉子由十六夜憶清虚》，原詩此句上句爲「車馳馬逐燈方鬧」。

百丈清潭數鲂鯉　坡〔一〕

十年種木長風煙　谷[二]

〔一〕集自蘇軾《次韻王定國南遷回見寄》。此句亦作「百丈空潭數魴鯉」，其上句爲「歸來詩思轉清激」。

〔二〕集自黄庭堅《郭明父作西齋於潁尾請予賦詩二首》，此句亦作「十年樹木長風煙」，其上句爲「萬卷藏書宜子弟」。

落霞孤鶩供千里　坡[一]

航海梯山共一家　谷[二]

〔一〕集自蘇軾《蔡景繁官舍小閣》，原詩此句上句爲「素琴濁酒容一榻」。

〔二〕集自黄庭堅《和中玉使君晚秋開天寧節道場》，原詩此句上句爲「釣溪築野收多士」。

鶴髮初生千萬壽　坡[一]

園花更開三四紅　谷[二]

〔一〕集自蘇軾《朱壽昌郎中少不知母所在刺血寫經求之五十年去歲得之蜀中以詩賀之》，原詩此句上句爲「烹龍爲炙玉爲酒」。

〔二〕集自黄庭堅《次韻外舅謝師厚喜王正仲三丈奉詔禱南嶽回至襄陽捨驛馬就舟見過三首》，原詩此句上句爲「家釀已隨刻漏下」。

不問主人來看竹　谷〔一〕
每逢佳處輒參禪　坡〔二〕

〔一〕集自黄庭堅《陳氏園詠竹》，原詩此句下句爲「小溪風物似家林」。
〔二〕集自蘇軾《夜直玉堂携李之儀端叔詩百餘首讀至夜半書其後》，原詩此句上句爲「暫借好詩消永夜」。

安心有道年顔好　坡〔一〕
生物趨功日夜流　谷〔二〕

〔一〕集自蘇軾《次韻贈清凉長老》，原詩此句下句爲「遇物無情句法新」。
〔二〕集自黄庭堅《北窗》，原詩此句下句爲「園林才夏麥先秋」。

詔書擢守二千石　谷〔一〕
詩律輸君一百籌　坡〔二〕

〔一〕集自黄庭堅《送魏君俞知宿遷》，原詩此句上句爲「人言才似鉅鹿公」。
〔二〕集自蘇軾《九日次韻王鞏》，原詩此句上句爲「鬢霜饒我三千丈」。

主人自是文章伯　谷〔一〕

洛邑從來天地中　坡〔二〕

〔一〕集自黃庭堅《和王觀復洪駒父謁陳無已長句》，原詩此句下句爲「鄰里頗怪有此客」。

〔二〕集自蘇軾《追和子由去歲試舉人洛下所寄詩五首暴雨初晴樓上晚景》，原詩此句下句爲「嵩高蒼翠北邙紅」。

是家豪逸生有種　谷〔一〕

國老安榮心自閑　坡〔二〕

〔一〕集自蘇軾《答王鞏》，原詩此句下句爲「千金一擲頗黎盆」。莫友芝誤爲黃庭堅作。

〔二〕集自蘇軾《次韻借觀睢陽五老圖》，原詩此句下句爲「紫袍金帶舊簪冠」。

老松閱世卧雲壑　谷〔一〕

喬木如今似畫圖　坡〔二〕

〔一〕集自蘇軾《秋思寄子由》，原詩此句下句爲「拘著滄江無萬牛」。莫友芝誤爲黃庭堅作。

〔二〕集自蘇軾《傅堯俞濟源草堂》，原詩此句上句爲「先生卜築臨清濟」。

全以山川爲眼界　谷〔一〕

盡攜書畫到天涯　坡〔二〕

〔一〕集自黄庭堅《高至言築亭於家圃以奉親總其觀覽之富命曰溪亭乞余賦詩余先君之敝廬望高子所築不過十牛鳴爾故余未常登臨而得其勝處》，原詩此句作「全以山川爲眼界」，「眼」原誤作「四」，據《全宋詩》改；其上句爲「明月清風共一家」。

〔二〕集自蘇軾《王晉叔所藏畫跋尾五首·徐熙杏花》，原詩此句上句爲「江左風流王謝家」。

本來面目長如故　坡〔一〕

實用人材即至公　谷〔二〕

〔一〕集自蘇軾《老人行》，原詩此句上句爲「一任秋霜換鬢毛」。

〔二〕集自黄庭堅《病起荆江亭即事十首》，原詩此句上句爲「不須要出我門下」。

獨立千載誰與友　坡〔一〕

自成一家始逼真　谷〔二〕

〔一〕集自蘇軾《石鼓》，原詩此句上句爲「漂流百戰偶然存」。

〔二〕集自黄庭堅《題樂毅論後》，原詩此句上句爲「隨人作計終後人」。

雲山得伴松檜老　坡〔一〕

天地無私花柳春　谷[一]

[一] 集自蘇軾《四月十一日初食茘支》，原詩此句下句爲「霜雪自困楂梨粗」。

[二] 集自黄庭堅《睡起二首》，原詩此句上句爲「風和睡起鳥聲樂」。

道人偶愛山水故　坡[一]

清興自與耳目謀　谷[二]

[一] 集自蘇軾《贈曇秀》，原詩此句下句爲「縱步不知湖嶺深」。

[二] 集自黄庭堅《和世弼中秋月詠懷》，原詩此句上句爲「不須乞靈向沈謝」。

安心有道年顔好　坡[一]

生玉之山草木榮　谷[二]

[一] 集自蘇軾《次韻贈清凉長老》，原詩此句下句爲「遇物無情句法新」。

[二] 集自黄庭堅《走答明略適堯民來相約奉謁故篇末及之》，原詩此句上句爲「生珠之水砂礫潤」。

興來且作尋安道　坡[一]

我昔頗復喜墨卿　谷[二]

〔一〕集自蘇軾《天聖二僧皆蜀人不見留二絶》，原詩此句下句爲「醉後何須覓老兵」。
〔二〕集自黄庭堅《以右軍書數種贈丘十四》，原詩此句下句爲「銀勾蠆尾爛箱籯」。

祇有陰功不知數　坡〔一〕
忽逢佳士喜同游　谷〔二〕

〔一〕集自蘇軾《石芝詩》，原詩此句上句爲「我家韋布三百年」。
〔二〕集自黄庭堅《次韻黄斌老晚游池亭二首》，原詩此句上句爲「路入東園無俗駕」。

幻法生機全得妙　谷〔一〕
吟詩寫字有底忙　坡〔二〕

〔一〕集自黄庭堅《小鴨》，原詩此句上句爲「小鴨看從筆下生」。
〔二〕集自蘇軾《答孔周翰求書與詩》，原詩此句下句爲「未脱多生宿塵垢」。

乞與徐熙畫新樣　坡〔一〕
尚堪何遜作同時　谷〔二〕

〔一〕集自蘇軾《紅梅三首》，原詩此句下句爲「竹間璀璨出斜枝」。

〔二〕集自黄庭堅《急雪寄王立之問梅花》，原詩此句上句爲「老子此中殊不淺」。

居士無塵堪洗沐　坡〔一〕
化工造物能神奇　谷〔二〕

〔一〕集自蘇軾《贈虔州慈雲寺鑒老》，原詩此句下句爲「道人有句借宣揚」。
〔二〕集自黄庭堅《博山臺》，原詩此句下句爲「不必驚世出蓬萊」。

欲雕好句乞春色　谷〔一〕
要伴騷人餐落英　坡〔二〕

〔一〕集自黄庭堅《乞姚花二首》，原詩此句下句爲「日曆如山不到詩」。
〔二〕集自蘇軾《次韻僧潛見贈》，原詩此句上句爲「獨依古寺種秋菊」。

天上列星當亦喜　坡〔一〕
眼前尊酒未宜輕　谷〔二〕

〔一〕集自蘇軾《觀開西湖次吴左丞韻》，其下句爲「月明時下浴晴波」。
〔二〕集自黄庭堅《和師厚郊居示里中諸君》，其上句爲「身後功名空自重」。

當其下手風雨快　坡〔一〕
却是遊絲意思長　谷〔二〕

〔一〕集自蘇軾《王維吴道子畫》，原詩此句下句爲「筆所未到氣已吞」。
〔二〕集自黄庭堅《次韻元禮春懷十首》，原詩此句上句爲「都無畔岸隨風去」。

十年揩洗見真妄　坡〔一〕
少日結交皆老蒼　谷〔二〕

〔一〕集自蘇軾《孔毅甫以詩戒飲酒問買田且乞墨竹次其韻》，原詩此句下句爲「石女無兒焦穀槁」。
〔二〕集自黄庭堅《次韻答和甫盧泉水三首》，原詩此句上句爲「初筷不能六尺長」。

江上同舟詩滿篋　坡〔一〕
山中讀書民有秋　谷〔二〕

〔一〕集自蘇軾《九月二十日微雪懷子由弟二首》，原詩此句下句爲「鄭西分馬涕垂膺」。
〔二〕集自黄庭堅《送鄭彦能宣德知福昌縣》，原詩此句上句爲「銅章去作福昌縣」。

不獨江山解空闊　坡〔一〕

必知耆舊想風流　谷〔二〕

〔一〕集自蘇軾《監洞霄宮俞康直郎中所居四詠・遠樓》。此句亦作「不獨江天解空闊」，其下句爲「地偏心遠似陶潛」。

〔二〕集自黃庭堅《寄題瑩中野軒》，原詩此句上句爲「□□□□□□力」。

清詩兩幅寄千里　坡〔一〕

美酒百船酬一春　谷〔二〕

〔一〕集自蘇軾《和蔣夔寄茶》，原詩此句下句爲「紫金百餅費萬錢」。

〔二〕集自黃庭堅《戲題》，原詩此句上句爲「安得眼前只有清風與明月」。

閑尋書册應多味　谷〔一〕

喜人燈花欲鬥妍　坡〔二〕

〔一〕集自黃庭堅《和高仲本喜相見》，原詩此句下句爲「老傍人門似更慵」。

〔二〕集自蘇軾《夜直玉堂攜李之儀端叔詩百餘首讀至夜半書其後》，原詩此句上句爲「愁侵硯滴初含凍」。

對月酣歌清美夜　坡〔一〕

折梅傾酒著斑衣　谷〔二〕

〔一〕集自蘇軾《次韻前篇》，此句亦作「對月酣歌美清夜」，其上句爲「去年花落在徐州」。

〔二〕集自黄庭堅《題徐氏姑壽安君壽梅亭》，原詩此句上句爲「生育劬勞安可報」。

且憑詩酒勸春事　谷〔一〕

知向江湖拜散人　坡〔二〕

〔一〕集自黄庭堅《和答孫不愚見贈》，此句亦作「且憑詩酒勤春事」，其下句爲「莫愛兒郎作好官」。

〔二〕集自蘇軾《監洞霄宫俞康直郎中所居四詠·逸堂》，原詩此句上句爲「請君置酒吾當賀」。

但令文字還照世　坡〔一〕

此去風流定慰人　谷〔二〕

〔一〕集自蘇軾《過於海舶得邁寄書酒作詩遠和之皆粲然可觀子由有書相慶也因用其韻賦一篇并寄諸子侄》，原詩此句下句爲「糞土腐余安足夢」。

〔二〕集自王安石《送直講吴殿丞宰鞏縣》，原詩此句上句爲「古來學問須行己」。莫友芝誤爲黄庭堅作。

欲窮風月三千界　坡〔一〕

收取聲名四十年　谷〔二〕

〔一〕集自蘇軾《刁景純席上和謝生二首》，原詩此句下句爲「願化人天百憶軀」。

〔二〕集自黄庭堅《呈外舅孫莘老二首》，原詩此句上句爲「扁舟不爲鱸魚去」。

心游萬里不知遠　谷〔一〕

詩到諸郎尚絶倫　坡〔二〕

〔一〕集自黄庭堅《觀叔祖少卿弈棋》，原詩此句下句爲「身與一山相對閑」。

〔二〕集自蘇軾《和王斿二首》，原詩此句上句爲「氣吞餘子無全目」。

夢逐東風泛蘋芷　坡〔一〕

詩來清吹拂衣巾　谷〔二〕

〔一〕集自蘇軾《次韻王晉卿送梅花一首》，原詩此句上句爲「五年不踏江頭路」。

〔二〕集自黄庭堅《次韻奉答文少激推官紀贈二首》，原詩此句下句爲「句法詞鋒覺有神」。

乃是天機貫胸肊　谷〔一〕

便于禪坐作跏趺　坡〔二〕

〔一〕集自黄庭堅《觀劉永年團練畫角鷹》，原詩此句上句爲「旁觀未必窮神妙」。

〔二〕集自蘇軾《謝人惠雲巾方舄二首》，原詩此句上句爲「擬學梁家名解脱」。

且憑詩酒勸春事　谷〔一〕
長共松杉門歲寒　坡〔二〕

〔一〕集自黃庭堅《和答孫不愚見贈》，此句亦作「且憑詩酒勤春事」，其下句爲「莫愛兒郎作好官」。

〔二〕集自蘇軾《和子由柳湖久涸忽有水開元寺山茶舊無花今歲盛開二首》，原詩此句上句爲「長明燈下石欄干」。

春風淮月動清鑒　谷〔一〕
罨畫溪山指後期　坡〔二〕

〔一〕集自黃庭堅《別蔣穎叔》，原詩此句下句爲「白拂羽扇隨輕舠」。

〔二〕集自蘇軾《次韻蔣穎叔》，原詩此句上句爲「瓊林花草聞前語」。

漁蓑句好真堪畫　坡〔一〕
燕子日長宜讀書　谷〔二〕

〔一〕集自蘇軾《謝人見和前篇二首》，此句亦作「漁蓑句好應須畫」，其下句爲「柳絮才高不道鹽」。

〔二〕集自黃庭堅《侄耜隨知命舟行》，原詩此句上句爲「清江濯足窗下坐」。

賴有高樓能聚遠　坡[一]
忽逢佳士喜同游　谷[二]

[一] 集自蘇軾《單同年求德興俞氏聚速樓詩三首》，原詩此句下句爲「一時收拾與閑人」。
[二] 集自黄庭堅《次韻黄斌老晚游池亭二首》，原詩此句上句爲「路入東園無俗駕」。

## 雙魚罌齋録莫子偲友芝集宋人七言聯

立脚怕隨流俗轉　復古[一]
高懷猶有故人知　后山[二]

[一] 集自戴復古《題姚顯叔南嶼書院》，原詩此句下句爲「留心學到古人難」。
[二] 后山，即陳師道。此聯集自其《何郎中出示黄公草書四首》，原詩此句上句爲「妙手不爲平世用」。

年來槁帙成堆垛　惠洪[一]
春晚山花各静芳　石湖[二]

[一] 集自惠洪《贈蔡儒效》，原詩此句上句爲「林泉成趣亦題詩」。
[二] 石湖，即范成大，其號爲石湖居士。此聯集自其《餘杭》，原詩此句下句爲「從教紅紫送韶光」。

路絶塵埃非洒掃　李覯〔一〕
心縈雲水尚追求　僧道潛〔二〕

〔一〕集自李覯《東湖》，原詩此句下句爲「地無風雨亦清涼」。

〔二〕集自僧道潛《次韻李端叔題孔方平書齋壁》，原詩此句上句爲「萬事年來即甘休」。

棠棣并爲天下士　東坡〔一〕
廊廟方尋密縣人　誠齋〔二〕

〔一〕集自蘇軾《生日王郎以詩見慶次其韻并寄茶二十一片》，原詩此句下句爲「芙蓉曾到海邊郛」。

〔二〕誠齋，楊萬里號。此聯集自其《送昌英叔知縣之官麻陽》，原詩此句上句爲「不應更作徒勞嘆」。

百尺闌干横海立　簡齋〔一〕
一生襟抱與山開　簡齋〔二〕

〔一〕簡齋，陳與義號。此聯集自其《雨中再賦海山樓》，原詩此句下句爲「一生襟抱與山開」。

〔二〕集自陳與義《雨中再賦海山樓》，原詩此句上句爲「百尺闌干横海立」。

溪山共作窗中緑　晁冲之〔一〕

松柏仍當雪後青　秦少游〔二〕

〔一〕集自晁冲之《東陽山人僻居》，原詩此句上句爲「亭陰野塘亦新築」。

〔二〕集自秦觀《别子瞻》，原詩此句上句爲「芝蘭不獨庭中秀」。

路絶塵埃非灑掃　李覯〔一〕

眼逢泉石便吟哦　僧道潛〔二〕

〔一〕集自李覯《東湖》，原詩此句下句爲「地無風雨亦清凉」。

〔二〕集自僧道潛《送王彦齡承務還河内》，原詩此句下句爲「咳唾珠璣不論數」。

千古風流有詩在　山谷〔一〕

一生襟抱與山開　簡齋〔二〕

〔一〕集自黄庭堅《和世弼中秋月詠懷》，原詩此句下句爲「百憂坐忘知酒聖」。

〔二〕集自陳與義《雨中再賦海山樓》，原詩此句上句爲「百尺闌干横海立」。

坡云無竹令人俗　誠齋〔一〕

君去將詩與畫評　宛〔二〕

〔一〕集自楊萬里《題唐德明秀才玉立齋》，原詩此句下句爲「我云俗人正累竹」。

〔二〕宛，即梅堯臣，世稱宛陵先生。此聯集自其《重送周都官》，原詩此句上句爲「十年不到風烟改」。

藕味初能消酒渴　宛〔一〕
詩清都爲飲茶多　徐璣〔二〕

〔一〕集自梅堯臣《寄許主客》，原詩此句下句爲「蓼芳猶愛照波紅」。

〔二〕集自徐璣《贈徐照》，原詩此句上句爲「身健却緣餐飯少」。

清游始覺心無累　半山〔一〕
前輩曾言木就繩　後村〔二〕

〔一〕半山，王安石號。此聯集自其《太湖恬亭》，原詩此句下句爲「静處誰知世有機」。

〔二〕後村，劉克莊號。此聯集自其《贈鍾主簿父子》，原詩此句作「前輩曾言木就規」，其上句爲「妙年不患錐無穎」。

無端酒思催吟筆　朱子〔一〕
聊與風光作主人　黄公度〔二〕

〔一〕集自朱熹《次秀野詠雪韻》，原詩此句下句爲「却恐長鯨吸海乾」。

〔二〕集自黄公度《恩平燈夕憶上都舊游呈座客》，原詩此句上句爲「年來大覺歡情减」。

千丈虚廊到明月　簡齋〔一〕
十年曹舍醉春風　林逋〔二〕

〔一〕集自陳與義《道山宿直》，原詩此句作「千丈虚廊貯明月」，其下句爲「十分奇事更新詩」。
〔二〕集自林逋《春暮寄懷曹南通守任寺丞》，原詩此句作「十年曹社醉春風」，其上句爲「跌宕情懷每事同」。

惟有雲山差可樂　放〔一〕
何曾燈火稍相疏　誠〔二〕

〔一〕放，即陸游號放翁之簡稱。此聯集自其《殘年》，原詩此句下句爲「杖藜誰與伴幽尋」。
〔二〕集自楊萬里《夜聞蕭伯和與子上弟讀書》，原詩此句上句爲「少日耽書病得臞」。

詩人與竹一樣瘦　誠〔一〕
松柏凌霜幾换秋　徐鉉〔二〕

〔一〕集自楊萬里《題太和主簿趙昌父思隱堂》，原詩此句下句爲「詩句與竹一樣秀」。
〔二〕集自徐鉉《和張先輩見寄二首》，原詩此句作「松節凌霜幾换秋」，其上句爲「雞鳴候旦寧辭晦」。

應須緑酒酬黄菊　半山〔一〕
更遣飛花綉好春　誠齋〔二〕

〔一〕集自王安石《九日登東山寄昌叔》，原詩此句下句爲「何必紅裙弄紫簫」。
〔二〕集自楊萬里《春草》，原詩此句上句爲「東風猶自嫌蕭索」。

年來槁帙成堆垛　惠洪〔一〕
吟久溪雲時往還　蘇子美〔二〕

〔一〕集自惠洪《贈蔡儒效》，原詩此句上句爲「林泉成趣亦題詩」。
〔二〕蘇子美，即蘇舜欽。此聯集自其《大禹寺》，原詩此句上句爲「坐中岩鳥自上下」。

醉裏雄詞驚電掃　參寥〔一〕
起來信手攬書看　誠齋〔二〕

〔一〕參寥，釋道潛俗名。此聯集自其《和梅花原韻》，原詩此句作「醉裏雄詞驚電掃」，光緒刻本將「掃」作「婦」，今據改；此句上句爲「先生携酒傍玉叢」。
〔二〕集自楊萬里《南溪山居秋日睡起》，原詩此句上句爲「客至從嗔不著冠」。

年來槁帙成堆垛　惠洪〔一〕
夜深燈火識升平　王庭珪〔二〕

〔一〕集自惠洪《贈蔡儒效》，原詩此句上句爲「林泉成趣亦題詩」。
〔二〕集自王庭珪《初至行在》，原詩此句上句爲「行盡沙河塘上路」。

雲藏遠岫茶煙起　王庭珪〔一〕
桂染中秋月色香　復古〔二〕

〔一〕集自王庭珪《春日山行》，原詩此句下句爲「知有僧居在翠微」。
〔二〕集自戴復古《廬山》，原詩此句上句爲「松摇半夜風聲壯」。

醉鄉何處尋城郭　谷〔一〕
甘澤以時豐麥麩　永〔二〕

〔一〕集自黄庭堅《次韻任公漸感梅花十五韻》，原詩此句上句爲「累累牆底卧虚樽」。
〔二〕永，係歐陽修之字永叔簡稱。此聯集自其《答梅聖俞莫登樓》，原詩此句作「甘澤以時豐麥麰」，其下句爲「游騎踏泥非我愁」。

自掃竹根培老節　谷〔一〕
願携茶具作清歡　宛〔二〕

〔一〕集自黄庭堅《寄題安福李令愛竹堂》，原詩此句上句爲「小僧知令不凡材」。
〔二〕集自梅堯臣《依韻和吴正仲聞重梅已開見招》，原詩此句上句爲「我爲病衰方止酒」。

大隱本來無境界　坡〔一〕
勝游長得共躋攀　參寥〔二〕

〔一〕集自蘇軾《夜直秘閣呈王敏甫》，原詩此句下句爲「北山猿鶴謾移文」。
〔二〕集自釋道潛《九江與東坡居士話别》，原詩此句上句爲「香水黄樓赤壁間」。

養成心性方能静　徐璣〔一〕
夢亦齋莊始見功　放〔二〕

〔一〕集自徐璣《贈趙師秀》，原詩此句下句爲「化得妻兒不説貧」。
〔二〕集自陸游《又明日復作長句自規》，原詩此句上句爲「醉猶温克方成德」。

百年不負膠投漆　谷〔一〕

前輩曾言木就繩　後村〔二〕

〔二〕集自黄庭堅《病起次韻和稚川進叔倡酬之什》，原詩此句上句爲「萬事相依葛與瓜」。

〔三〕集自劉克莊《贈鍾主簿父子》，原詩此句「前輩曾言木就規」，其上句爲「妙年不患錐無穎」。

佳木盡從方外得　坡〔一〕
高懷獨出世間痴　惠洪〔二〕

〔一〕集自蘇軾《萬菊軒》，原詩此句下句爲「異香多在月中聞」。

〔二〕集自惠洪《超然自見軒》，原詩此句上句爲「幽境自能情外見」。

幽境自能情外見　惠洪〔一〕
異香多在月中聞　坡〔二〕

〔一〕集自惠洪《超然自見軒》，原詩此句下句爲「高懷獨出世間痴」。

〔二〕集自蘇軾《萬菊軒》，原詩此句上句爲「佳木盡從方外得」。

囊携鼎藥身難老　張詠〔一〕
人立梅花月正高　趙師秀〔二〕

〔一〕集自張詠《送馬道人歸天臺》，原詩此句下句爲「路接仙橋眼更明」。

〔二〕集自趙師秀《呈蔣薛二友》，原詩此句上句爲「鳥飛竹葉霜初下」。

清游已覺心無累　半〔一〕

落筆乃與天同功　谷〔二〕

〔一〕集自王安石《太湖恬亭》，原詩此句作「清游始覺心無累」，其下句爲「静處誰知世有機」。

〔二〕集自黄庭堅《題李夫人偃竹》，原詩此句上句爲「閨中白髮翰墨手」。

斜倚水開花有思　半〔一〕

正緣人與景相參　王炎〔二〕

〔一〕集自王安石《金明池》，原詩此句下句爲「緩隨風轉柳如痴」。

〔二〕集自王炎《和陸簿九日一首》，原詩此句上句爲「極羡酒兼詩共好」。

秋月半鈎留客意　惠洪〔一〕

使星萬里朝天心　谷〔二〕

〔一〕集自惠洪《誠上人求詩》，原詩此句下句爲「凍雲千頃欲歸情」。

〔二〕集自黄庭堅《寄上叔父夷仲三首》，原詩此句上句爲「王春正月調玉燭」。

押得韻來如砥柱　復古〔一〕
盡收佳處入雕欄　少游〔二〕

〔一〕集自戴復古《昭武太守王子文日與李賈嚴羽共觀前輩一兩家詩及晚唐詩因有論詩十絶子文見之謂無甚高論亦可作詩家小學須知》，原詩此句下句爲「動移不得見工夫」。

〔二〕集自秦觀《次韻子由題平山堂》，原詩此句上句爲「棟宇高開古寺間」。

披圖哦詩想幽致　攻媿〔一〕
解帶量松長舊圍　放〔二〕

〔一〕集自樓鑰《寄題台州倅廳雲壑圖》，原詩此句下句爲「直欲携筇上山头」。

〔二〕集自陸游《寓驛舍》，原詩此句上句爲「繞庭數竹饒新笋」。

養氣不動真豪傑　放〔一〕
居心無物轉虛明　朱子〔二〕

〔一〕集自陸游《稽山雪》，原詩此句上句爲「梅欲飄零特地香」。

〔二〕集自朱熹《導引》，原詩此句上句爲「按蹺有時聊戲劇」。

草木枝葉自殊致　與可〔一〕

溪山風物且淹留　徐鉉〔二〕

〔一〕集自文同《自斜谷第一堰沂舟上觀石門兩岸奇峰最爲佳絶》，原詩此句作「草木枝葉自殊别」，其下句爲「禽蟲羽毛亦奇詭」。

〔二〕「徐鉉」，原誤作「徐鉉」。集自徐鉉《和清源太保寄湖州潘郎中》，原詩此句上句爲「老大離群一倍愁」。

書當快意讀易盡　后山〔一〕

山不在高仙則名　攻媿〔二〕

〔一〕集自陳師道《絶句四首》，原詩此句下句爲「客有可人期不來」。

〔二〕集自樓鑰《寄題台州倅廳雲壑圖》，原詩此句下句爲「頃年登臨赤城裏」。

年來槁帙成堆垛　惠洪〔一〕

在處江山足護持　王庭珪〔二〕

〔一〕集自惠洪《贈蔡儒效》，原詩此句上句爲「林泉成趣亦題詩」。

〔二〕集自王庭珪《送胡邦衡之新州貶所二首》，原詩此句上句爲「端能飽吃新州飯」。

直以文章爲潤色　半〔一〕
故應琴鶴是家傳　坡〔二〕

〔一〕集自王安石《幕次憶漢上舊居》，原詩此句作「直以文章供潤色」，其下句爲「未應風月負登臨」。
〔二〕集自蘇軾《題李伯時畫趙景仁琴鶴圖二首》，原詩此句上句爲「清獻先生無一錢」。

樂天長短三千首　坡〔一〕
吏部文章二百年　永〔二〕

〔一〕集自蘇軾《觀净觀堂效韋蘇州詩》，原詩此句下句爲「却愛韋郎五字詩」。
〔二〕集自歐陽修《贈王介甫》，原詩此句上句爲「翰林風月三千首」。

天上星辰有奇字　林夢英〔一〕
胸中水鏡是人材　谷〔二〕

〔一〕集自林夢英《筆架山》，上句作「山中雲霧皆寶衣」。
〔二〕集自黃庭堅《送顧子敦赴河東三首》，原詩此句上句爲「塞上金湯惟粟粒」。

盡籤書册齊幽架　惠洪〔一〕
静拂琴床有落花　王禹偁〔二〕

〔一〕集自惠洪《春日會思禹兄於谿堂》，原詩此句作「盡籤書策齊幽架」，其下句爲「已買漁舟泊小灘」。
〔二〕集自王禹偁《和郡僚題李中舍公署》，原詩此句上句爲「閑拖屐齒妨横笋」。

筆墨超然絶畦徑　樓攻媿〔一〕
風神迥處本天資　劉子翬〔二〕

〔一〕集自樓鑰《催老融墨戲》，原詩此句上句爲「中含太古不盡意」。
〔二〕集自劉子翬《臨池歌》，原詩此句下句爲「巧力亦自精勤至」。

無端酒思催吟筆　朱子〔一〕
却卷波瀾入小詩　坡〔二〕

〔一〕集自朱熹《次秀野詠雪韻》，原詩此句下句爲「却恐長鯨吸海乾」。
〔二〕集自蘇軾《元祐六年六月自杭州召還汶公館我於東堂閲舊詩卷次諸公韻三首》，原詩此句上句爲「文章曹植今堪笑」。

自掃竹根培老節　半〔一〕
温燒石鼎試新茶　戴昺〔二〕
〔一〕集自黄庭堅《寄題安福李令愛竹堂》，原詩此句上句爲「小僧知令不凡材」。莫友芝誤爲王安石作。
〔二〕集自戴昺《賞茶》，原詩此句上句爲「自汲香泉帶落花」。

客裏賴詩增意氣　簡〔一〕
胸中無地著塵埃　復古〔二〕
〔一〕集自陳與義《招張仲宗》，原詩此句下句爲「老來唯懶是工夫」。
〔二〕集自戴復古《杜仲高相遇約李尉》，原詩此句下句爲「有我唯堪把酒杯」。

萬卷藏書宜子弟　谷〔一〕
一蓑春雨自農桑　方岳〔二〕
〔一〕集自黄庭堅《郭明甫作西齋於潁尾請予賦詩二首》，原詩此句下句爲「十年種木長風煙」。
〔二〕集自方岳《田頭》，原詩此句上句爲「但得有牛横短笛」。

月上忽看梅影出　放〔一〕

客來相倚竹根眠　谷〔二〕

〔二〕集自陸游《書室明暖終日婆娑其間倦則扶杖至小園戲作長句二首》，原詩此句下句爲「風高時送雁聲過」。

〔三〕集自黄庭堅《土榻》，原詩此句下句爲「免令不解陳登去」。

閑語更端茶竈熟　放〔一〕

安眠無夢雨聲新　坡〔二〕

〔一〕集自陸游《雪意》，原詩此句作「閑話更端茶竈熟」，其下句爲「清詩分韻地爐紅」。

〔二〕集自蘇軾《次韻子由三首》，原詩此句上句爲「小醉易醒風力軟」。

盡籤書册齊幽架　惠洪〔一〕

却卷波瀾入小詩　坡〔二〕

〔一〕集自惠洪《春日會思禹兄於谿堂》，原詩此句作「盡籤書策齊幽架」，其下句爲「已買漁舟泊小灘」。

〔二〕集自蘇軾《元祐六年六月自杭州召還汶公館我於東堂閲舊詩卷次諸公韻三首》，原詩此句上句爲「文章曹植今堪笑」。

湘江一點不容俗　復古〔一〕

珠樹三株詎可攀　少游[二]

[一]集自戴復古《長沙呈趙東巖運使并簡幕中楊唯叔通判諸丈》，原詩此句下句爲「嶽麓四時皆是秋」。

[二]集自秦觀《别子瞻》，原詩此句下句爲「玉海千尋真莫測」。

仁聲已逐春風到　半山[一]

壯觀應須好句誇　坡[二]

[一]集自王安石《送王蒙州》，原詩此句下句爲「使節猶占夜門行」。

[二]集自蘇軾《望海樓晚景五絶》，原詩此句上句爲「横風吹雨入樓斜」。

還有詩書能慰我　半[一]

遥知風雨不同川　坡[二]

[一]集自王安石《丙申八月作》，原詩此句下句爲「不多霜雪上顛毛」。

[二]集自蘇軾《郭熙秋山平遠二首》，原詩此句上句爲「目盡孤鴻落照邊」。

能言奇字世已少　半[一]

屢獲新篇喜可涯　永叔[二]

〔一〕集自王安石《過劉貢甫》，原詩此句下句爲「終欲追攀豈辭劇」。

〔二〕集自歐陽修《答王内翰范舍人》，原詩此句上句爲「相從一笑歡無厭」。

壁上墨君不解語 坡〔一〕
水邊幽樹憶同攀 半〔二〕

〔一〕集自蘇軾《送文與可出守陵州》，原詩此句下句爲「見之尚可銷百憂」。

〔二〕集自王安石《寄友人三首》，原詩此句下句爲「曾約移居向此間」。

文嚴字麗皆可喜 半〔一〕
水清石瘦便能奇 坡〔二〕

〔一〕集自王安石《董伯懿示裴晉公平淮右題名碑詩用其韻和酬》，原詩此句下句爲「黄埃蔽没蒼蘚埋」。

〔二〕集自蘇軾《與毛令方尉游西菩提寺二首》，原詩此句上句爲「路轉山腰足未移」。

得句會應緣竹鶴 坡〔一〕
吟筆自欲圖丹青 半〔二〕

〔一〕集自蘇軾《送呂昌朝知嘉州》，原詩此句下句爲「思歸寧復爲蓴鱸」。

〔二〕集自王安石《寄題衆樂亭》，原詩此句上句爲「嘗聞仿佛入夢寐」。

欲共幽人洗筆硯　坡〔一〕
猶將餘力寄風騷　半〔二〕

〔一〕集自蘇軾《和參寥見寄》，原詩此句下句爲「要傳流水入絲桐」。原詩此句作「欲共幽人洗筆硯」，光緒刻本將「共」作「天」，今據改。

〔二〕集自王安石《奉招吉甫》，原詩此句上句爲「誰奮長謀平嶺海」。

長以聲音爲佛事　半〔一〕
故應賓主盡詩人　坡〔二〕

〔一〕集自王安石《次昌叔韻》，原詩此句下句爲「野風蕭颯水潺湲」。

〔二〕集自蘇軾《次韻張舜民自御史出倅虢州留别》，原詩此句作「故應客主盡詩人」，其上句爲「此去若容陪坐嘯」。

若見桃花生聖解　半〔一〕
且將墨竹換新詩　坡〔二〕

〔一〕集自王安石《寓言二首》，原詩此句下句爲「不疑還自有疑心」。

〔二〕集自蘇軾《孔毅甫以詩戒飲酒問買田且乞墨竹次其韻》，原詩此句下句爲「潤色何須待東里」。

民淳政簡居多樂　六一〔一〕
儉節清名世絕倫　六一〔二〕

〔一〕集自歐陽修《送襄陵令李君》，原詩此句下句爲「無苦思歸欲挂冠」。
〔二〕集自歐陽修《紀德陳情上致政太傅杜相公二首》，原詩此句下句爲「坐令風俗可還淳」。

直以文章供潤色　半〔一〕
自然富貴出天姿　坡〔二〕

〔一〕集自王安石《幕次憶漢上舊居》，原詩此句下句爲「未應風月負登臨」。
〔二〕集自蘇軾《寓居定惠院之東雜花滿山有海棠一株土人不知貴也》，原詩此句上句爲「不待金盤薦華屋」。

新篇波瀾特浩蕩　半〔一〕
古人廉陛要躋攀　谷〔二〕

〔一〕集自王安石《董伯懿示裴晉公平淮右題名碑詩用其韻和酬》，原詩此句下句爲「把卷熟讀迷津涯」。
〔二〕集自黄庭堅《去賢齋》，原詩此句上句爲「末俗風波尤浩渺」。

勸課農桑誠有道　谷〔一〕
寄懷魚鳥欲忘形　半〔二〕

〔一〕集自黄庭堅《送顧子敦赴河東三首》，原詩此句下句爲「折冲樽俎不臨邊」。

〔二〕集自王安石《招吕望之使君》，原詩此句上句爲「委質山林如許國」。

清尊賴有平生約　放〔一〕
壯觀應須好句誇　坡〔二〕

〔一〕集自陸游《梅花絶句》，其下句爲「爛醉千場死即休」。

〔二〕集自蘇軾《望海樓晚景五絶》，原詩此句上句爲「横風吹雨入樓斜」。

白傅林塘傳畫去　半〔一〕
巳公茅屋賦詩來　放〔二〕

〔一〕集自王安石《送程公闢得謝歸姑蘇》，原詩此句下句爲「吴王花鳥入詩來」。

〔二〕集自陸游《過湖上僧庵》，原詩此句上句爲「陶令巾車尋壑去」。

八月秋濤供筆力　放〔一〕

半甌春茗過花時　放〔二〕

〔一〕集自陸游《感舊》，原詩此句下句爲「初爲博士不暖席」。

〔二〕集自陸游《閉門》，原詩此句上句爲「數簡隱書忘世味」。

應須江海寄曠快　放〔一〕

自有豪俊相攀追　半〔二〕

〔一〕集自陸游《秋晴見天際飛鴻有感》，原詩此句下句爲「肯爲霜雪嗟飄零」。

〔二〕集自王安石《和劉貢甫燕集之作》，原詩此句上句爲「才高意大方用世」。

真能與物同其適　半〔一〕

惟有進德當自強　放〔二〕

〔一〕集自王安石《次韻信都公石枕蘄簟》，原詩此句上句爲「知公用意每如此」。

〔二〕集自陸游《自傷》，原詩此句上句爲「世間萬事俱茫茫」。

所好與時雖異趣　永〔一〕

此君何處不相宜　坡〔二〕

〔一〕集自歐陽修《憶鶴呈公儀》，原詩此句下句爲「累心於物豈非情」。
〔二〕集自蘇軾《書艾宣畫四首·竹鶴》，原詩此句下句爲「況有能言老令威」。

自昔文章關治道　放〔一〕
從來簡儉作家風　放〔二〕

〔一〕集自陸游《送范西叔赴召》，原詩此句下句爲「即今台閣要名流」。
〔二〕集自陸游《對食戲作》，原詩此句上句爲「不爲休官須惜費」。

道義極知當負荷　放〔一〕
湖山仍得飽登臨　放〔二〕

〔一〕集自陸游《故人趙昌甫久不相聞寄三詩皆傑作也輒以長句奉酬》，原詩此句下句爲「風波那得易禁當」。
〔二〕集自陸游《喜晴》，原詩此句上句爲「文史漸宜精討閱」。

心地平安體舒適　放〔一〕
杯觴豪舉筆縱橫　放〔二〕

〔一〕集自陸游《東園晚興》，原詩此句作「心地平安體紓適」，其上句爲「蕭然濯手坐磐石」。

〔二〕集自陸游《書意》，原詩此句上句爲「湖海凄凉身跌宕」。

淵源師友簡編上　放〔一〕

放蕩胸懷詩酒中　放〔二〕

〔一〕集自陸游《老鰥》，原詩此句下句爲「土木形骸魚鳥間」。

〔二〕集自陸游《閑游》，原詩此句上句爲「袚除情景煙波上」。

剪裁妙處非刀尺　放〔一〕

領略古法生新奇　谷〔二〕

〔一〕集自陸游《九月一日夜讀詩稿有感走筆作歌》，原詩此句上句爲「天機雲錦用在我」。

〔二〕集自黄庭堅《次韻子瞻和子由觀韓幹馬因論伯時畫天馬》，原詩此句上句爲「李侯一顧嘆絶足」。

顧我小詩如點頮　坡〔一〕

祝君眉壽似增川　放〔二〕

〔一〕集自蘇軾《用前韻作雪詩留景文》，原詩此句上句爲「朝來雲漢接天流」。

〔二〕集自蘇軾《次韻鄭介夫二首》，原詩此句上句爲「收取桑榆種梨棗」。莫友芝誤爲陸游作。

尊酒不空書滿架　放〔一〕
萬花成圍柳著行　放〔二〕

〔一〕集自陸游《酒方夢時亦自知其爲夢也》，其下句爲「何時真得與君同」。
〔二〕集自陸游《觀花》，原詩此句上句爲「我游西川醉千場」。

寒澗挹泉供試墨　放〔一〕
高齋掃地獨焚香　放〔二〕

〔一〕集自陸游《秋思》，原詩此句下句爲「墮巢篝火喚煎茶」。
〔二〕集自陸游《九月初作》，原詩此句上句爲「陋巷閉門常謝客」。

長松吟風晚雨細　坡〔一〕
醉手題詩淡墨斜　放〔二〕

〔一〕集自蘇軾《自普照游三庵》，原詩此句下句爲「東庵半掩西庵閉」。
〔二〕集自陸游《秋夜獨醉戲題》，原詩此句上句爲「幽窗照影烏巾折」。

舊學蟲魚箋爾雅　放〔一〕

廣收草木續離騷　放〔二〕

〔一〕集自陸游《晨起》，原詩此句下句爲「晚知稼穡講豳風」。

〔二〕集自陸游《秋興》，原詩此句上句爲「細考蟲魚箋爾雅」。

賦詩健筆挾風雨　放〔一〕

把釣幽情渺水雲　放〔二〕

〔一〕集自陸游《送張野夫寺丞牧滁州》，原詩此句下句爲「論兵辯舌森戈矛」。

〔二〕集自陸游《九月初作》，原詩此句上句爲「哦詩高韻凄金石」。

鄉閭禮讓已成俗　永〔一〕

意象簡樸足鎮浮　放〔二〕

〔一〕集自歐陽修《送章生東歸》，原詩此句上句爲「餘風漸被來江淮」。

〔二〕集自陸游《閏二月二十日游西湖》，原詩此句上句爲「青梅苦笋助獻酬」。

酒美賓佳自相對　永〔一〕

水清石瘦便能奇　坡〔二〕

〔一〕集自歐陽修《惠泉亭》，原詩此句作「酒美寅嘉自相對」，其上句爲「須知清興無時已」。

〔二〕集自蘇軾《與毛令方尉遊西菩提寺二首》，原詩此句上句爲「路轉山腰足未移」。

馬駿初非凡眼識　放〔一〕

山開頻得異書看　放〔二〕

〔一〕集自陸游《次韻邢德允見贈》，原詩此句下句爲「源深終與大川通」。

〔二〕集自陸游《夢中作》，原詩此句上句爲「人遠忽聞清嘯起」。

人遠忽聞清嘯起　放〔一〕

源深終與大川通　放〔二〕

〔一〕集自陸游《夢中作》，原詩此句下句爲「山開頻得異書看」。

〔二〕集自陸游《次韻邢德允見贈》，原詩此句上句爲「馬駿初非凡眼識」。

細改新詩須枕上　放〔一〕

盡驅春色入豪端　坡〔二〕

〔一〕集自陸游《見事》，原詩此句下句爲「少留劇飲待花前」。

〔二〕集自蘇軾《次韻秦少游王仲至元日立春三首》，原詩此句上句爲「好遣秦郎供貼子」。

萬卷雖多當具眼　放〔一〕
百家屏盡獨窮經　放〔二〕

〔一〕集自陸游《冬夜對書卷有感》，原詩此句下句爲「一言惟恕可銘膺」。
〔二〕集自陸游《自詠》，原詩此句下句爲「萬事忘來尚憂國」。

但使鄉閭稱善士　放〔一〕
自令事業見真儒　放〔二〕

〔一〕集自陸游《示兒》，原詩此句下句爲「布衣未必愧公卿」。
〔二〕集自陸游《讀書》，原詩此句作「坐令事業見真儒」，其下句爲「老農不恨老耕鉏」。

一池新墨生吟思　放〔一〕
半嶺天風有嘯聲　放〔二〕

〔一〕集自陸游《暇日》，原詩此句下句爲「半篆殘香入夢魂」。
〔二〕集自陸游《自上清延慶歸過丈人觀少留》，原詩此句作「半嶺天風有嘯聲」，其上句爲「空山霜葉無行迹」。

人遠忽聞清嘯起　放〔一〕
日長惟憶異書看　放〔二〕

〔一〕集自陸游《夢中作》，原詩此句下句爲「山開頻得異書看」。
〔二〕集自陸游《夏日感舊》，原詩此句上句爲「身病不堪閑客攪」。

梗柟豫章概白日　半〔一〕
騏麟騕褭跨浮雲　半〔二〕

〔一〕集自王安石《寄王逢原》，原詩此句下句爲「祗要匠石聊穿裁」。
〔二〕集自王安石《思王逢原三首》，原詩此句上句爲「杞梓豫章蟠絶壑」。

應須江海寄曠快　放〔一〕
乞與丹青畫怪奇　放〔二〕

〔一〕集自陸游《秋晴見天際飛鴻有感》，原詩此句下句爲「肯爲霜雪嗟飄零」。
〔二〕集自陸游《暇日行城上同行追不能及》，原詩此句上句爲「高吟醉舞忘歸去」。

醉帖淋漓寄豪舉　放〔一〕

古詩簡淡有遺音　放〔一〕

〔一〕集自陸游《醉中作行草數紙》，原詩此句上句爲「還家痛飲洗塵土」。

〔二〕集自陸游《暑中自遣》，原詩此句上句爲「上藥和平無近效」。

煙水幸堪供眼界　放〔一〕

江山猶得助詩豪　放〔二〕

〔一〕集自陸游《對酒》，原詩此句下句爲「世緣何得累心君」。

〔二〕集自歐陽修《送王學士赴兩浙轉運》，原詩此句上句爲「平昔壯心今在否」。莫友芝誤爲陸游作。

杜陵評書貴瘦硬　坡〔一〕

放翁拄杖具神通　放〔二〕

〔一〕集自蘇軾《孫莘老求墨妙亭詩》，原詩此句下句爲「此論未公吾不憑」。

〔二〕集自陸游《拄杖》，原詩此句下句爲「蜀棧吴山興未窮」。

攝衣丈室參耆宿　放〔一〕

放浪萬里求蓬萊　放〔二〕

〔一〕集自陸游《飯保福》，原詩此句下句爲「曳杖長廊喚弟」。

〔二〕集自陸游《池上醉歌》，原詩此句作「破浪萬里求蓬萊」，其上句爲「又欲造方士入海之舟」。

更拂烏絲寫新句　放〔一〕

獨臨青峭倚長松　坡〔二〕

〔一〕集自陸游《對酒戲詠》，原詩此句下句爲「此翁可惜老天涯」。

〔二〕集自王安石《觀王氏雪圖》，原詩此句上句爲「想有幽人遺世事」。

書爲半酣差近古　放〔一〕

樓無一面不當山　放〔二〕

〔一〕集自陸游《齋中弄筆偶書示子聿》，原詩此句下句爲「詩雖苦思未名家」。

〔二〕集自劉克莊《方寺丞新第二首》，原詩此句上句爲「地占百弓多是水」。莫友芝誤爲陸游作。

雲錦天機織詩句　誠齋〔一〕

綸巾鶴氅試春風　簡齋〔二〕

〔一〕集自楊萬里《雲龍歌調陸務觀》，原詩此句下句爲「孤山海棠今已開」。

〔二〕集自陳與義《懷天經智老因訪之》，原詩此句上句爲「忽憶輕舟尋二子」。

便當閉門學水墨　谷〔一〕
更與移床入薜蘿　方岳〔二〕

〔一〕集自黄庭堅《謝景文惠浩然所作廷珪墨》，其下句爲「灑作江南驟雨圖」。
〔二〕集自方岳《感懷》，原詩此句上句爲「尚嫌山淺人知處」。

問法求詩了無礙　坡〔一〕
種桃接李不辭勤　陳造〔二〕

〔一〕集自蘇軾《龜山辯才師》，原詩此句上句爲「嘗茶看畫亦不惡」。
〔二〕集自陳造《閑居十首》，原詩此句下句爲「旋作花前把酒人」。

應須緑酒酬黄菊　半山〔一〕
煩向蒼煙問白鷗　石湖〔二〕

〔一〕集自王安石《九日登東山寄昌叔》，原詩此句下句爲「何必紅裙弄紫簫」。
〔二〕石湖，係范成大之號。此聯集自其《李輩知縣作亭西湖上餘用東坡語名之曰飲緑遂爲勝概》，原詩此句上句爲「石湖也似西湖好」。

詩酒放懷真是癖　復古[一]
丹青妙處不可傳　谷[二]

[一]集自戴復古《衡陽度歲》，原詩此句下句爲「江湖久客若無家」。
[二]集自黄庭堅《戲題小雀捕飛蟲畫扇》，原詩此句下句爲「輪扁斫輪如此用」。

遥聞詩酒皆推勝　子由[一]
每見田園輒自招　坡[二]

[一]集自蘇轍《次韻子瞻秋雪見寄二首》，原詩此句下句爲「社客何人近納睬」。
[二]集自蘇軾《自昌化雙溪館下步尋溪源至治平寺二首》，原詩此句下句爲「倦飛不擬控扶摇」。

詩句多傳知有暇　谷[一]
人生自足乃爲娱　永[二]

[一]集自黄庭堅《次韻漢公招七兄》，原詩此句下句爲「道人相見不應難」。
[二]集自歐陽修《於劉功曹家見楊直講褒女奴彈琵琶戲作呈聖俞》，原詩此句上句爲「宛陵詩翁勿誚渠」。

萬户春風爲子壽　坡〔一〕
半窗松雪論天倪　和靖〔二〕

〔一〕集自蘇軾《王氏生日致語口號》，原詩此句下句爲「坐看滄海起揚塵」。
〔二〕集自林和靖《寄太白李山人》，原詩此句上句爲「幾度枕肱人迹外」。

山林不受塵埃涴　復古〔一〕
台閣相歡笑語開　韓維〔二〕

〔一〕集自戴復古《題姚顯叔南嶼書院》，原詩此句下句爲「屋宇無多氣象寬」。
〔二〕集自韓維《和子華兄同永叔飲三班官舍兼約明日飲永叔家》，原詩此句上句爲「朝廷無事文書省」。

著書多暇真良策　坡〔一〕
對酒清歡似昔時　子由〔二〕

〔一〕集自蘇軾《病中聞子由得告不赴商州三首》，原詩此句作「著書多暇真良計」，其下句爲「從宦無功謾去鄉」。
〔二〕集自蘇轍《陪歐陽少師永叔燕潁州西湖》，原詩此句上句爲「公年未老發先衰」。

高下品題分甲乙　戴復古〔一〕

磊砢詩句相撑支　　王令〔一〕

〔一〕集自戴復古《靈壁石歌爲方巖王侍郎作》，原詩此句上句爲「又不見奇章公家太湖碧」。

〔二〕集自王令《寄題韓丞相定州閲古堂》，原詩此句上句爲「又聞當世大手筆」。

惟有交情等金石　　谷〔一〕

想當逸氣吞江湖　　王庭珪〔二〕

〔一〕集自黄庭堅《次韻外舅喜王正仲三丈奉詔禱南嶽回至襄陽舍驛馬就舟見過三首》，原詩此句作「惟有交親等金石」，其下句爲「白頭忘義復忘年」。

〔二〕集自王庭珪《送駱仲武》，原詩此句下句爲「與人恢疏無怨黷」。

欲話此懷須我輩　　朱松〔一〕

有時以詩陶天真　　復古〔二〕

〔一〕集自朱松《招友生》，原詩此句下句爲「一來蠟屐伴春行」。

〔二〕集自戴復古《趙尊道郎中出示唐畫四老飲圖滕賢良有詩亦使野人著句》，原詩此句作「有時以酒陶天真」，其上句爲「我疑此畫即其人」。

野興漸多公事少 與可〔一〕
聞塵掃盡性根空 坡〔二〕

〔一〕此聯集自文同《北齋雨後》，原詩此句下句爲「宛如當日在山家」。
〔二〕集自蘇軾《次韻秦太虚見戲耳聾》，原詩此句作「聞塵掃盡根性空」，其下句爲「不須更枕清流派」。

宦游到處真如寄 坡〔一〕
直道自任心不紆 子容〔二〕

〔一〕集自蘇軾《至濟南李公擇以詩相迎次其韻二首》，原詩此句作「宦遊到處身如寄」，其下句爲「農事何時手自親」。
〔二〕集自蘇頌《次韻蘇子瞻學士臘日游西湖》，原詩此句上句爲「是社稷臣魯顓臾」。

養成筆力可扛鼎 復古〔一〕
準備花時要索詩 劉後村〔二〕

〔一〕集自戴復古《高九萬見示落星長句賦此答之》，原詩此句下句爲「然後一發妙奪造化功」。
〔二〕集自劉克莊《葺居一首》，原詩此句上句爲「旋移梅樹臨窗下」。

翠壁長年懸布水 朱子〔一〕

青燈徹夜課農書　朱子〔二〕

〔一〕集自朱熹《再用韻題翠壁》，原詩此句作「翠壁何年懸布水」，其下句爲「緑陰經雨墮危花」。

〔二〕集自朱熹《戲贈勝私老友》，原詩此句上句爲「乞得山田三百畝」。

但知膏澤利麰麥　子由〔一〕

亦有文章在澗阿　谷〔二〕

〔一〕集自蘇轍《次韻子瞻記十月十六日所見》，原詩此句下句爲「恣食餅餌真嘉祥」。

〔二〕集自黄庭堅《何蕭二族》，原詩此句上句爲「向來富貴喧天地」。

開池鑿圃增氣象　參寥〔一〕

坐膝扶床戲子孫　坡〔二〕

〔一〕集自釋道潛詩句。

〔二〕集自蘇軾《雅安人日次舊韻二首》，原詩此句上句爲「似聞高隱在前村」。

便有好懷安得盡　誠齋〔一〕

恍如造物與同游　復古〔二〕

〔一〕集自楊萬里《見周子充舍人叙懷》，原詩此句下句爲「不知造物底相窮」。

〔二〕集自戴復古《題邵武熙春臺呈王子文使君》，原詩此句上句爲「步到風煙上上頭」。

人得朋友衣冠正　孔平仲〔一〕
思入江山氣象雄　張九成〔二〕

〔一〕集自孔平仲《送朱君既德安宰罷任還》，原詩此句上句爲「山有猛虎藜藿長」。

〔二〕集自張九成《次施彦執韻》，原詩此句上句爲「新詩宛見故人面」。

遥聞詩酒皆推勝　潁濱〔一〕
便入林泉真自豪　谷〔二〕

〔一〕潁濱，係蘇轍之號潁濱遺老簡稱。此聯集自其《次韻子瞻秋雪見寄二首》，原詩此句下句爲「社客何人近納睬」。

〔二〕集自黄庭堅《答龍門潘秀才見寄》，原詩此句上句爲「男兒四十未全老」。

遠聞佳士輒相許　放〔一〕
付與詩人洗眼看　方岳〔二〕

〔一〕集自陸游《先少師宣和初有贈晁公以道詩云奴愛才如蕭潁士婢知詩似鄭康成晁公大愛賞今逸全篇偶讀晁公文集

泣而足之》，原詩此句作「遠聞佳士輒心許」，其下句爲「老見異書猶眼明」。

〔二〕集自方岳《次韻閑中》，原詩此句上句爲「玲瓏奈轡系絨鞍」。

偶對好山留客坐　　王炎〔一〕

解如明月逐人行　　谷〔二〕

〔一〕集自王炎《晚憩田家二絶》，原詩此句下句爲「緑陰遮屋日將西」。

〔二〕集自黄庭堅《題郭熙山水扇》，原詩此句上句爲「一段風煙且千里」。

興來不假江山助　　后山〔一〕

心静尤知日月長　　放〔二〕

〔一〕集自陳師道《寄杜擇之》，原詩此句下句爲「目過渾如草木春」。

〔二〕集自陸游《寄題朱元晦武夷精舍》，原詩此句上句爲「身閑剩覺溪山好」。

馮杖幽人收艾蒳　　坡〔一〕

不妨細雨看梅花　　方岳〔二〕

〔一〕集自蘇軾《再和楊公濟梅花十絶》，原詩此句作「憑仗幽人收艾菊」，其下句爲「國香和雨入青苔」。

〔二〕集自方岳《春盤》，原詩此句下句爲「且喜春風到茅屋」。

時有好懷誇得句　石湖〔一〕
閑無一事只栽花　與可〔二〕

〔一〕集自范成大《病起初見賓僚時上疏丐祠未報》，原詩此句下句爲「略無情語怕回書」。
〔二〕集自文同《可笑口號》其二，原詩此句上句爲「可笑陵陽太守家」。

自慚把筆初成字　宛陵〔一〕
喜聽連牀共和詩　張元幹〔二〕

〔一〕集自梅堯臣《依韻和永叔澄心堂紙答劉原甫》，原詩此句作「自慚把筆粗成字」，其下句爲「安可遠與鍾王陪」。
〔二〕集自張元幹《用折樞韻呈李丞相二首》，原詩此句上句爲「心知勝地都忘睡」。

探囊贈硯頗宜墨　谷〔一〕
坐石携泉旋煮茶　趙抃〔二〕

〔一〕集自黄庭堅《次韻李之純少監惠硯》，其下句爲「近出黄山非遠求」。
〔二〕集自趙抃《次韻范師道龍圖》，原詩此句上句爲「捨車弭蓋争尋勝」。

我疑神遇非有筆　陳造〔一〕
喜接高談若飲冰　谷〔二〕

〔一〕集自陳造《題胡處士猿麞圖》，原詩此句上句爲「今君所寶亦第一」。
〔二〕集自黄庭堅《次韻答李端叔》，原詩此句下句爲「風騷清興坐來增」。

骨氣乃有老松格　谷〔一〕
神妙獨到秋毫顛　坡〔二〕

〔一〕集自黄庭堅《送石長卿太學秋補》，原詩此句上句爲「胸中已無少年事」。
〔二〕集自蘇軾《僕曩於長安陳漢卿家見吴道子畫佛碎爛可惜其後十餘年復見之於鮮于子駿家則已裝背完好子駿以見遺作詩謝之》，原詩此句上句爲「覺來落筆不經意」。

鄉閭禮讓已成俗　永〔一〕
雲物點綴多餘妍　放〔二〕

〔一〕集自歐陽修《送章生東歸》，原詩此句下句爲「餘風漸被來江淮」。
〔二〕集自陸游《記夢》，原詩此句上句爲「樓臺縹緲知幾疊」。

按行花木皆朋友　劉克莊〔一〕
坐想星宿羅心胸　朱子〔二〕

〔一〕集自劉克莊《方寺丞新第》，原詩此句下句爲「主掌湖山即事權」。
〔二〕集自朱熹詩句，此句亦作「坐得星宿羅心胸」，其上句爲「每勞書疏問生死」。

幽徑有風偏愛竹　放〔一〕
訟庭生草數開尊　〔二〕

〔一〕集自陸游《遣興》，原詩此句下句爲「虚堂無暑不憎蠅」。
〔二〕集自蘇軾《送孔郎中赴陝郊》，其下句爲「過客如雲牢閉口」。

謨議軒昂開日月　朱長文〔一〕
風光爛漫擁樓臺　温公〔二〕

〔一〕集自朱長文《送知府滕光禄》，原詩此句下句爲「辭章雄偉鼓風雷」。
〔二〕集自司馬光《次韻和韓子華寒食休沐與諸公同趙令園暮歸馬上偶成》，原詩此句上句爲「冠蓋連翩陌上來」。

養成林下無窮懶　放〔一〕

放出枝間自在春〔一〕

〔一〕集自陸游《閑詠》，原詩此句下句爲「占盡人間徹底痴」。

〔二〕集自王安石《出定力院作》，原詩此句上句爲「殷勤爲解丁香結」。

遠聞佳士輒心許　放〔一〕

盡放青山入座來　孔平仲〔二〕

〔一〕集自陸游《先少師宣和初有贈晁公以道詩云奴愛才如蕭穎士婢知詩似鄭康成晁公大愛賞今逸全篇偶讀晁公文集泣而足之》，原詩此句作「遠聞佳士輒心許」，其下句爲「老見異書猶眼明」。

〔二〕集自孔平仲《西軒》，上句爲「久藏勝境因人發」。

故人金石情猶在　誠〔一〕

古木樓臺畫不成　坡〔二〕

〔一〕集自楊萬里《延之寄詩覓道院集遣騎送呈和韻謝之》，原詩此句下句爲「贈我瓊琚雪似清」。

〔二〕集自蘇軾《瑞金東明觀》，原詩此句上句爲「浮金最好溪南景」。

正欲清言聞客至　放〔一〕

每思舊友取書看　放〔二〕

〔一〕集自陸游《幽居書事》，原詩此句下句爲「偶思小飲報花開」。

〔二〕集自陸游《春日園中作》，原詩此句上句爲「久别名山憑夢到」。

客因問字來携酒　放〔一〕

天與新詩合看山　〔二〕

〔一〕集自陸游《小園》，原詩此句下句爲「僧趁分題就賦詩」。

〔二〕集自王禹偁《臘月》，原詩此句上句爲「官供好酒何憂雪」。

此心少忍便無事　放〔一〕

宿習猶存爲愛詩　放〔二〕

〔一〕集自陸游《自規》，原詩此句下句爲「吾道力行方有功」。

〔二〕集自陸游《山房》，原詩此句上句爲「家貲屢罄緣耽酒」。

江山於人端有助　谷〔一〕

草樹惟梅大耐寒　方岳〔二〕

〔一〕集自黄庭堅《和世弼中秋月詠懷》，原詩此句下句爲「君不見至今宋玉傳悲秋」。
〔二〕集自方岳《十二月十日》，原詩此句上句爲「溪山與我俱我畫」。

太乙老仙閑不出　坡〔一〕
竹林詩公端可師　放〔二〕

〔一〕集自蘇軾《送顏復兼寄王鞏》，原詩此句下句爲「踵門問道今時矣」。
〔二〕集自陸游《醉歌》，原詩此句作「竹林諸公端可師」，其上句爲「三十六策醉特奇」。

長松更老惟添節　子由〔一〕
秋水爲文不受塵　坡〔二〕

〔一〕集自蘇轍《次韻毛君感事書懷》，原詩此句作「長松更老仍添節」，其下句爲「古井雖深自不波」。
〔二〕集自蘇軾《次韻王定國得潁倅二首》，原詩此句上句爲「仙風入骨已凌雲」。

花枝圍坐紅相向　谷〔一〕
古錦藏書墨未乾　韓維〔二〕

〔一〕集自黄庭堅《送蘇太祝歸石城》，原詩此句上句爲「畫燭如椽吐白虹」。

〔二〕集自韓維《寶奎殿前花樹子去年與宋中道同賦今復答宋詩》，原詩此句作「古錦藏詩墨未乾」，其上句爲「春羅試舞衣新换」。

看花聽竹心無事　半〔一〕

掃地焚香樂有餘　放〔二〕

〔一〕集自王安石《雜詠五首》之五，原詩此句下句爲「風竹聲中作醉醒」。

〔二〕集自陸游《北窗即事》，原詩此句上句爲「衡茅隨力葺幽居」。

久别名山憑夢到　放〔一〕

偶思小飲報花開　放〔二〕

〔一〕集自陸游《春日園中作》，原詩此句下句爲「每思舊友取書看」。

〔二〕集自陸游《幽居書事》，原詩此句上句爲「正欲清言聞客至」。

卷裏有詩皆錦綉　朱子〔一〕

席間無地可塵埃　朱子〔二〕

〔一〕集自朱熹詩句。

〔二〕集自朱熹詩句。

移竹南窗初試笋　放〔一〕

買地十畝皆種蓮　宛〔二〕

〔一〕集自陸游《春日雜賦》，原詩此句下句爲「掃花北陌旋成塵」。

〔二〕集自梅堯臣《邵郎中姑蘇園亭》，原詩此句作「買池十畝皆種蓮」，其上句爲「公愛樂天池上篇」。

詩纔適意豈求好　放〔一〕

學但求源自不疑　放〔二〕

〔一〕集自陸游《野意》，原詩此句作「詩纔適意寧求好」，其下句爲「醉即成眠不暇狂」。

〔二〕集自陸游《示兒》，原詩此句作「學但窮源自不疑」，其上句爲「文能換骨餘無法」。

藏書萬卷可教子　谷〔一〕

買地十畝皆種蓮　宛〔二〕

〔一〕集自黄庭堅《題胡逸老致虚庵》，原詩此句下句爲「遺金滿籯常作災」。

〔二〕集自梅堯臣《邵郎中姑蘇園亭》，原詩此句作「買池十畝皆種蓮」，其上句爲「公愛樂天池上篇」。

百丈清潭數魴鯉　坡〔一〕

多年修竹見翁孫　戴昺〔二〕

〔一〕集自蘇軾《次韻王定國南遷回見寄》，原詩此句作「百丈空潭數魴鯉」，其上句爲「歸來詩思轉清激」。

〔二〕集自戴昺《閑居幽事》，原詩此句上句爲「足水旱禾分母子」。

山隨宴坐畫圖出　谷〔一〕

春到人間草木知　錢惟演〔二〕

〔一〕集自黄庭堅《題胡逸老致虛庵》，原詩此句作「山隨宴坐圖畫出」，其下句爲「水作夜窗風雨來」。

〔二〕集自張栻《立春日禊亭偶成》，莫氏誤爲錢惟演作。原詩此句上句爲「律回歲晚冰霜少」。

周鼎商盤見科斗　谷〔一〕

名山大澤出文章　復古〔二〕

〔一〕集自黄庭堅《再次韻呈明略并寄無咎》，原詩此句作「周鼎湯盤見科斗」，其上句爲「夏雲凉生土囊口」。

〔二〕集自戴復古《廬山》，原詩此句上句爲「白石清泉聞笑語」。

春到人間盡花柳　谷〔一〕

香清仙界列星辰　丁簒[一]

[一] 集自黄庭堅《賦陳季張北軒杏花》，原詩此句作「春到人家盡花柳」，其上句爲「青春不揀勢薄厚」。

[二] 集自丁簒《後十日重游》，原詩此句作「香清仙界引星辰」，其上句爲「風送炎天墮冰雪」。

筆下江山轉葱蒨　朱子[一]

樽前懷抱頗清真　放翁[二]

[一] 集自朱熹《題祝生畫》，原詩此句上句爲「眼明骨輕須不變」。

[二] 集自陸游《暮春》，其上句爲「湖上風光猶淡沱」。

坐當鴻鵠高飛處　柳開[一]

思入風雲變態中　程子[二]

[一] 集自柳開《楚南偉觀樓》，原詩此句下句爲「身在乾坤浩氣中」。

[二] 集自程顥《秋日偶成二首》，原詩此句上句爲「道通天地有形外」。

讀書不放一字過　放[一]

至理真能萬事忘　放[二]

〔一〕集自陸游《寄題吴斗南玩芳亭》，原詩此句下句爲「閉户忽驚雙鬢秋」。

〔二〕集自陸游《醉卧道傍》，原詩此句上句爲「高懷那遣群兒覺」。

衆峰環拱受約束　林景熙〔一〕

小樹扶疏若剪裁　蘇頌〔二〕

〔一〕集自林景熙《石門洞》，原詩此句下句爲「何年神造驅五丁」。

〔二〕集自蘇頌《同賦山寺郁李花》，原詩此句下句爲「新英濃淡對山齋」。

醉裏千篇風雨速　放〔一〕

胸中九淵蛟龍蟠　放〔二〕

〔一〕集自陸游《憶唐安》，原詩此句上句爲「逢春飲酒似長鯨」。

〔二〕集自陸游《贈劉改之秀才》，原詩此句下句爲「筆底六月冰雹寒」。

乳竇雲腴凝石髓　永〔一〕

粉箋香墨寄詩筒　錢惟演〔二〕

〔一〕集自歐陽修《三游洞》，原詩此句上句爲「誰知一室煙霞裏」。

〔二〕集自錢惟演《初秋》，原詩此句上句爲「病已不須傳七發」。

卷裏有詩皆錦綉　朱子〔一〕
坐中無處不煙霞　周必大〔二〕

〔一〕集自朱熹詩句。
〔二〕集自周必大《上巳訪楊廷秀賞牡丹於御書匾榜之齋其東園僅一畝爲術者九名曰三三徑意象絶新》，原詩此句作「望中無處不煙霞」，其上句爲「門外有田聊伏臘」。

松煙灑落成珠玉　谷〔一〕
文字光彩垂虹霓　放〔二〕

〔一〕集自黄庭堅《和世弼中秋月詠懷》，原詩此句下句爲「溪藤卷舒爛銀鈎」。
〔二〕集自歐陽修《寄聖俞》，原詩此句上句爲「面顔憔悴暗塵土」。

白雲作伴宜長在　王禹偁〔一〕
佳客能來不再招　放〔二〕

〔一〕集自王禹偁《霽後望山中春雪》，原詩此句下句爲「紅日無情已半銷」。

〔二〕集自陸游《自芳華樓過瑶林莊》，原詩此句作「佳客能來不費招」，其上句爲「名花未落如相待」。

閑攜清聖濁賢酒　　放〔一〕
時發披雲嘯月聲　　張先〔二〕

〔一〕集自陸游《溯溪》，原詩此句下句爲「重試朝南暮北風」。
〔二〕集自惠洪《送瑩上人游衡嶽》，莫友芝誤爲張光作。

欲圖江色不上筆　　張先〔一〕
但聽松聲自得仙　　放〔二〕

〔一〕集自張先《吴江》，原詩此句下句爲「静覓鳥聲深在蘆」。
〔二〕集自陸游《松下縱筆》，原詩此句作「但聽松風自得仙」，其上句爲「陶公妙訣吾曾受」。

平生幽討貴瀟散　　契嵩〔一〕
雅意遠游闊見聞　　李昴英〔二〕

〔一〕集自釋契嵩《冷泉獨賞寄沖晦上人》，原詩此句作「平生幽討貴蕭散」，其下句爲「世道紛紜何足算」。
〔二〕「昴」，原誤作「昂」，據《全宋詩》改。集自李昴英《送梁伯隆歸丹谷舊隱秋堂之客自建上來省携以偕行》。

一榻暖風棲竹屋　真桂芳〔一〕
三更畫船穿藕花　放〔二〕

〔一〕集自真桂芳《連城春夜留別張建溪》，原詩此句上句爲「半闌淡月立花陰」。
〔二〕集自陸游《同何元立賞荷花追憶鏡湖舊游》，原詩此句下句爲「花爲四壁船爲家」。

新黄暗緑各自媚　曾鞏〔一〕
老鶴喬松不計年　李綱〔二〕

〔一〕集自曾鞏《聽鵲寄家人》，原詩此句下句爲「爛漫未減春風時」。
〔二〕集自李綱《游麻姑山》，原詩此句上句爲「野花芳草真成夢」。

移酒近花坐明月　趙汝礪〔一〕
擁爐閉閤賦幽香　崔鶠〔二〕

〔一〕「趙」當作「彭」，集自彭汝礪《昨日餞趙教授行會飲秀楚堂晚徙櫻桃花下夜月上正夫設燭于花下光明焜耀昔所未見正夫因約賦詩》。
〔二〕刻本誤「鶠」爲「鴟」，集自崔鶠《早春偶題》，原詩此句作「擁爐閉閤賦幽香」，其下句爲「未怕春冰生硯水」。

道家蓬萊見仙伯　坡〔一〕
山中雲霧皆寶衣　林夢英〔二〕

〔一〕集自黄庭堅《次韻李之純少監惠硯》，原詩此句下句爲「我亦洗湔與清流」。莫友芝誤爲蘇軾作。
〔二〕集自林夢英詩句。

花影忽生知月到　真桂芳〔一〕
古人不見想山高　谷〔二〕

〔一〕集自真桂芳《夜飲趙園次徐君實韻》，原詩此句下句爲「林梢微響覺風來」。
〔二〕集自黄庭堅《奉答固道》，原詩此句上句爲「末俗相看終眼白」。

月明夜氣清入骨　楊簡〔一〕
山色朝晴翠染衣　張耒〔二〕

〔一〕集自楊簡《乾道撫琴有作》，原詩此句下句爲「何處仙佩摇丁東」。
〔二〕集自張耒《屋東》，原詩此句上句爲「溪聲夜漲寒通枕」。

花鳥從知春爛漫　半〔一〕

江山爲助筆縱横　谷[二]

[一] 集自王安石《重將》，原詩此句作「花鳥總知春爛漫」，其下句爲「人間獨自有傷心」。

[二] 集自黄庭堅《憶邢惇夫》，原詩此句上句爲「詩到隨州更老成」。

盡日煙雲同變化　放[一]

讀書肝膽尚輪囷　放[二]

[一] 集自陸游《千峰榭宴坐》，原詩此句作「盡日煙雲窮變化」，其下句爲「入秋草木漸雕疏」。

[二] 集自陸游《讀書》，原詩此句下句爲「蠹簡堆中著此身」。

閑將西蜀團窠錦　放[一]

因誦東坡憶雪詩　王庭珪[二]

[一] 集自陸游《齋中雜題》，原詩此句下句爲「自背南唐落墨花」。

[二] 集自王庭珪《次韻曾育才翠樾堂雪詩》，原詩此句下句爲「城郭山川兩奇絶」。

更傳華嚴八千偈　后山[一]

探請東皇第一機　谷[二]

〔一〕集自陳師道《謝寇十一惠端硯》，原詩此句作「要傳華嚴八千偈」，其上句爲「敢書細字注魚蟲」。

〔二〕集自黃庭堅《劉邦直送早梅水仙花四首》，原詩此句下句爲「水邊風日笑横枝」。

牙籤錦囊數百軸　沈遼〔一〕
翠竹蒼梧一萬根　谷〔二〕

〔一〕集自沈遼《贈清道》，原詩此句上句爲「少年好書老彌篤」。

〔二〕集自黃庭堅《砌臺曉思》，原詩此句作「翠竹蒼煙一萬根」，其上句爲「向人猶作故時面」。

更傳華嚴八千偈　后山〔一〕
要是東皇第一花　李端叔〔二〕

〔一〕集自陳師道《謝寇十一惠端硯》，原詩此句作「要傳華嚴八千偈」，其上句爲「敢書細字注魚蟲」。

〔二〕集自李之儀《次韻東坡梅花十絶》，原詩此句上句爲「不須蒼蔔分高下」。

偶陪上閣鵷鸞後　宛〔一〕
新管江南山水來　張耒〔二〕

〔一〕集自梅堯臣《依韻和吴正仲冬至》，原詩此句作「阻陪上合鴛鸞後」，其下句爲「且與南州父老期」。

〔二〕張來，當作「張耒」，此聯集自其《觀魚亭呈陳公度二首》，原詩此句上句爲「樽前忽起扁舟興」。

東風吹開錦綉谷　坡〔一〕
和氣先薰草樹心　半〔二〕

〔一〕集自蘇軾《送孔郎中赴陝郊》，原詩此句下句爲「渌水翻動蒲萄酒」。
〔二〕集自王安石《次韻春日即事》，原詩此句上句爲「人間尚有薄寒侵」。

偶陪上閣鵷鸞後　宛〔一〕
莫放高樓雪月閑　坡〔二〕

〔一〕集自梅堯臣《依韻和吴正仲冬至》，原詩此句作「阻陪上合鴛鸞後」，其下句爲「且與南州父老期」。
〔二〕集自蘇軾《送穆越州》，原詩此句上句爲「樽前俱是蓬萊守」。

雲山得伴松檜老　坡〔一〕
桑柘相望雨露新　劉後村〔二〕

〔一〕集自蘇軾《四月十一日初食荔支》，原詩此句下句爲「霜雪自困楂梨粗」。
〔二〕集自陸游《湖村春興》，原詩此句下句爲「桃源自隱不緣秦」。莫友芝誤爲劉克莊作。

近瞻北斗璿璣次　石湖〔一〕
且與南州父老期　宛〔二〕
〔一〕集自范成大《寓直玉堂拜賜御酒》，原詩此句下句爲「猶夢西山翠碧堆」。
〔二〕集自梅堯臣《依韻和吴正仲冬至》，原詩此句上句爲「阻陪上合鴛鸞後」。

近瞻北斗璿璣次　石湖〔一〕
昔侍西山講習時　後村〔二〕
〔一〕集自范成大《寓直玉堂拜賜御酒》，原詩此句下句爲「猶夢西山翠碧堆」。
〔二〕集自劉克莊《題鄭寧文卷》，原詩此句下句爲「頗於函丈得精微」。

還似昔時風露好　半山〔一〕
只疑身有羽翰生　子美〔二〕
〔一〕集自王安石《再至京口寄漕使曹郎中》，原詩此句下句爲「只疑談笑在君前」。
〔二〕集自蘇舜欽《關都官孤山四照閣》，原詩此句上句爲「漸覺愁隨煙靄散」。

賡酬不減笙磬答　晁補之〔一〕

揮洒忽如風雨來　晁補之[一]

[一] 集自晁補之《次韻和趙令僉防禦春日感懷》，原詩此句下句爲「秀髮更爲煙霞新」。

[二] 集自晁補之《酧李唐臣贈山水短軸》，原詩此句上句爲「經營初似雲煙合」。

江湖萬里水雲闊　汪元量[一]

草木一溪文字香　林景熙[二]

[一] 集自汪元量《巴陵》，原詩此句下句爲「天地一凉河漢明」。

[二] 集自林景熙《次曹近山見寄》，原詩此句上句爲「風煙萬里別離夢」。

朝廷無事文書省　韓維[一]

桑柘相望雨露新　後村[二]

[一] 集自韓維《和子華兄同永叔飲三班官舍兼約明日飲永叔家》，原詩此句下句爲「臺閣相歡笑語開」。

[二] 集自陸游《湖村春興》，原詩此句下句爲「桃源自隱不緣秦」。莫友芝誤爲劉克莊作。

山水於人歲月長　葉適[一]

忠孝臨民父母同　山谷[二]

〔一〕集自葉適《水心即事六首兼謝吴民表宣義》，原詩此句作「山水娱人歲月長」，其上句爲「生薑門外山如染」。

〔二〕集自黄庭堅《叔父給事挽詞十首》，原詩此句上句爲「平生治獄有陰功」。

入妙文章本平淡　戴復古〔一〕

逸群翰墨争傳誇　惠洪〔二〕

〔一〕集自戴復古《讀放翁先生劍南詩草》，原詩此句下句爲「等閑言語變瑰琦」。

〔二〕集自惠洪《和曾逢原試茶連韻》，原詩此句上句爲「細窺不容銖兩差」。

即事想多梅蕊句　石湖〔一〕

勸農曾入杏花村　坡〔二〕

〔一〕集自范成大《謝江東漕楊廷秀秘監送江東集并索近詩二首》，原詩此句下句爲「有誰堪共桂花樽」。

〔二〕集自蘇軾《陳季常所蓄朱陳村嫁娶圖》，原詩此句上句爲「我是朱陳舊使君」。

鬱積中州清淑氣　后山〔一〕

從容居士宰官身　程俱〔二〕

〔一〕集自陳師道《謝寇十一惠端硯》，原詩此句上句爲「端溪四山下龍淵」。

〔二〕集自程俱《和白樂天三首寫懷仍效其體》，原詩此句上句爲「梟燕去來何足道」。

月輪高挂山河影　放〔一〕
心鏡忽入造化機　復古〔二〕

〔一〕集自戴復古《一相識無辜獲罪》，原詩此句下句爲「江浪巧爲風雨聲」。
〔二〕集自陸游《湖山尋梅》，原詩此句上句爲「歸來青燈耿窗扉」。上下兩聯作者倒置。

公餘若起吟游興　翁卷〔一〕
醉後分題爛漫書　許月卿〔二〕

〔一〕集自翁卷《寄筠州張録事》，原詩此句下句爲「游處多應兒白雲」。
〔二〕集自許月卿《次韻雲巖》，原詩此句上句爲「樽前遠韻輕盈菊」。

偶陪上閣鵷鸞後　苑〔一〕
得共中原草木春　坡〔二〕

〔一〕集自梅堯臣《依韻和吴正仲冬至》，原詩此句作「阻陪上合鴛鸞後」，其下句爲「且與南州父老期」。
〔二〕集自蘇軾《太皇太后閣六首》，原詩此句作「共得中原草木春」，其上句爲「聖恩與解河湟凍」。

直侔造化并包體　孔平仲〔一〕
急作新詩報答春　后山〔二〕

〔一〕集自孔平仲《題老杜集》，原詩此句作「直侔造物并包體」，其下句爲「不作諸家細碎語」。
〔二〕集自陳師道《次韻關子容湖上晚飲》，原詩此句上句爲「旋傾美酒留連客」。

草木亦蒙銓品力　鄭介夫〔一〕
典型猶識老成人　韓駒〔二〕

〔一〕集自鄭俠《上蘇端明》，原詩此句下句爲「山川難載頌歌音」。
〔二〕集自韓駒《送蘇世美東歸》，原詩此句下句爲「系舟一笑都門外」。

遠民蒙惠即真學　誠〔一〕
盛事傳家有素風　坡〔二〕

〔一〕集自楊萬里《送昌英叔知縣之官麻陽》，原詩此句下句爲「漫仕緑親非爲身」。
〔二〕集自蘇軾《題永叔會老堂》，原詩此句上句爲「嘉謀定國垂青史」。

天下蒼生待霖雨　復古〔一〕

古來賢守是詩人　簡〔一〕

〔一〕集自王安石《龍泉寺石井二首》，原詩此句下句爲「不知龍向此中蟠」。莫友芝誤爲戴復古作。

〔二〕集自陳與義《次韻景純道中寄大成》，原詩此句上句爲「聞道歌行伏李紳」。

呼酒拈花談舊事　誠〔一〕

冠巖帶壑無俗情　葉適〔二〕

〔一〕集自楊萬里《和彭仲莊對牡丹上酒》，原詩此句下句爲「牡丹匹似夢中看」。

〔二〕集自葉適《送陳壽老》，原詩此句下句爲「秋幹春荑競時盡」。

勝游還與邦人共　子由〔一〕

壯觀應須好句吟　坡〔二〕

〔一〕集自蘇轍《陪歐陽少師永叔燕潁州西湖》，原詩此句上句爲「歸來築室傍湖東」。

〔二〕集自蘇軾《望海樓晚景五絶》，此句亦作「壯觀應須好句誇」，其上句爲「橫風吹雨入樓斜」。

白傳林塘傳畫去　半〔一〕

紫芝眉宇向人開　后山〔二〕

〔一〕集自王安石《送程公闢得謝歸姑蘇》，原詩此句下句爲「吳王花鳥入詩來」。
〔二〕集自陳師道《和王明之見寄》，原詩此句上句爲「末路相逢首重回」。

瑶井玉繩相對曉　坡〔一〕
仙源雲路有時通　趙抃〔二〕

〔一〕集自蘇軾《轆轤歌》，原詩此句上句爲「愁人一夜不得眠」。
〔二〕集自趙抃《初入峽》，原詩此句上句爲「樵户人家隨處見」。

四座歡欣觀酒德　谷〔一〕
一筇老健愜山行　方岳〔二〕

〔一〕集自黄庭堅《謝答聞善二兄九絶句》，原詩此句下句爲「一燈明暗又詩成」。
〔二〕集自方岳《山中》其四，原詩此句上句爲「半塢幽深近物情」。

詩句對君難出手　坡〔一〕
牡丹邀我且尋春　王禹偁〔二〕

〔一〕集自蘇軾《李頎秀才善畫山以兩軸見寄仍有詩次韻答之》，原詩此句下句爲「雲泉勸我早抽身」。

〔二〕集自王禹偁《三月廿七日偶作簡仲咸》，原詩此句上句爲「青杏勸君重酌酒」。

臺閣山林本無異　坡〔一〕
典謨雅頌用所長　后〔二〕

〔一〕集自蘇軾《次韻參寥寄少游》，原詩此句下句爲「故應文字不離禪」。
〔二〕集自陳師道《贈二蘇公》，原詩此句上句爲「小却盛之白玉堂」。

口不能言心自省　坡〔一〕
仁當養人義適宜　永〔二〕

〔一〕集自蘇軾《和錢安道寄惠建茶》，原詩此句上句爲「胸中似記故人面」。
〔二〕集自歐陽修《食糟民》，原詩此句下句爲「言可聞達力可施」。

故人金石情猶在　誠〔一〕
國老安榮心自閑　坡〔二〕

〔一〕集自楊萬里《延之寄詩覓道院集遺騎送呈和韻謝之》，原詩此句下句爲「贈我瓊琚雪似清」。
〔二〕集自蘇軾《次韻借觀睢陽五老圖》，原詩此句下句爲「紫袍金帶舊簪冠」。

點檢轉工新句法　益公〔一〕
普薰聊發善萌芽　坡〔二〕

〔一〕集自韓駒《次韻侯思孺將至黄州見簡》，原詩此句下句爲「揩磨難减舊風情」。
〔二〕集自周必大《七月十五日邦衡用前韻送薰衣香二貼次韻爲謝》，原詩此句上句爲「剩馥欲沾吾臭味」。莫友芝誤爲蘇軾作。

居士無塵堪洗沐　坡〔一〕
群賢高會皆雍容　攻媿〔二〕

〔一〕集自蘇軾《贈虔州慈雲寺鑒老》，原詩此句下句爲「道人有句借宣揚」。
〔二〕集自樓鑰《跋李少裴修禊序》，原詩此句作「群賢高會俱雍容」，其上句爲「蘭亭修禊就和中」。

毫端古意皆含蓄　韓魏公〔一〕
筆下萬物生光榮　永〔二〕

〔一〕集自韓琦《觀胡九齡員外畫牛》，原詩此句作「毫端古意多含蓄」，其上句爲「采摭諸家百餘狀」。
〔二〕集自歐陽修《感二子》，原詩此句上句爲「及其放筆騁豪俊」。

化工妙手開群木　趙次公〔一〕
清坐不言行四時　谷〔二〕

〔一〕集自趙次公《和東坡定惠院海棠》，原詩此句下句爲「酷向海棠私意獨」。
〔二〕集自黄庭堅《用幾復韻題伯氏思堂》，原詩此句上句爲「開門擇友盡三益」。

竹葉梨花十分注　誠〔一〕
芸香桃實一時來　鄒浩〔二〕

〔一〕集自楊萬里《曉泊蘭溪》，原詩此句上句爲「急閉篛篷擁爐去」。
〔二〕集自鄒浩《謝潛亨惠芸香紫桃》，原詩此句上句爲「珍重先生解人意」。

書生事業期千載　放〔一〕
吏部文章妙兩都　吴儆〔二〕

〔一〕集自陸游《九月二十三夜小兒方讀書而油盡口占此詩示之》，原詩此句下句爲「得喪從來未易評」。
〔二〕集自吴儆《送洪史君赴闕移節會府》，原詩此句上句爲「魯公金石光千古」。

正如春風弄群卉　〔一〕

曾寄詩筒遞百篇〔三〕

〔一〕集自蘇軾《龐公》，原詩此句上句爲「我性不飲只解醉」。

〔二〕集自趙抃《武林即事寄程給事》，原詩此句上句爲「東州賴有微之約」。

至人無心亦無法　子由〔一〕

古者養民如養兒　放〔二〕

〔一〕集自蘇轍《次韻子瞻送楊傑主客奉詔同高麗僧游錢塘》，原詩此句下句爲「一物不見誰爲敵」。

〔二〕集自陸游《僧廬》，原詩此句下句爲「勸相農事憂其飢」。

高名業已照六合　王庭珪〔一〕

無事常教放兩衙　文同〔二〕

〔一〕集自王庭珪《謝向提刑見訪》，原詩此句下句爲「賤子窮當隱半山」。

〔二〕集自文同《依韻和蒲誠之春日即事》，原詩此句上句爲「輕煙漠漠雨斜斜」。

惜花意欲春長在　劉子翬〔一〕

落筆乃與天同功　谷〔二〕

〔一〕集自劉子翬《次韻陳成季郡會》，原詩此句做「惜花意欲春常在」，其下句爲「對酒年來飲不多」。
〔二〕集自黄庭堅《題李夫人偃竹》，原詩此句上句爲「閨中白髮翰墨手」。

玉瑟瑶琴倚天半　誠〔一〕
五湖三島在胸中　坡〔二〕

〔一〕集自楊萬里《題望韶亭》，原詩此句上句爲「金鐘大鏞浮水涯」。
〔二〕集自蘇軾《惠州靈惠院壁間畫一仰面向天醉僧雲是蜀僧隱巒所作題詩於其下》，原詩此句上句爲「直視無前氣吐虹」。

高名業已照六合　王庭珪〔一〕
盛事終當繼八蕭　坡〔二〕

〔一〕集自王庭珪《謝向提刑見訪》，原詩此句下句爲「賤子窮當隱半山」。
〔二〕集自蘇軾《次韻劉貢父所和韓康公憶持國二首》，原詩此句上句爲「援毫欲作衣冠表」。

幅巾藜杖聊三徑　誠〔一〕
航海梯山共一家　谷〔二〕

〔一〕集自楊萬里《寄題蕭國賢佚我堂》，原詩此句下句爲「明月清風自一丘」。

〔二〕集自黄庭堅《和中玉使君晚秋開天寧節道場》，原詩此句上句爲「釣溪築野收多士」。

得句旋題新竹上　　子美〔一〕

飛塵難到碧波中　　徐照〔二〕

〔一〕子美，係蘇舜欽字。此聯集自其《秀州城外九里有竹樹小橋予十八年前與友人解晦叔飲别于此今遇之景物依然而解生已亡悲嘆不足復成小詩》，原詩此句下句爲「移舟還傍亂花前」。

〔二〕集自徐照《題趙運管吟篷》，原詩此句下句爲「波上煙雲盡不同」。

玉瑟瑶琴倚天半　　誠〔一〕

白波青嶂非人間　　坡〔二〕

〔一〕集自楊萬里《題望韶亭》，原詩此句上句爲「金鐘大鏞浮水涯」。

〔二〕集自蘇軾《郭熙畫秋山平遠》，原詩此句上句爲「鳴鳩乳燕初睡起」。

半幅生綃開萬里　　王庭珪〔一〕

九天寶月霏五雲　　楊成齋〔二〕

〔二〕集自王庭珪《題惠崇畫秋江鳧雁》，原詩此句上句爲「定自維摩三昧裏」。

〔三〕集自楊萬里《謝木韞之舍人分送講筵賜茶》，原詩此句下句爲「玉龍雙舞黄金鱗」。

爲郡似家身似客　吴儆〔一〕

遇民如兒吏如奴　坡〔二〕

〔一〕集自吴儆《送洪史君赴闕移節會府》，原詩此句下句爲「視民如子吏如奴」。

〔二〕集自蘇軾《慶源宣義王丈以累舉得官爲洪雅主簿雅州户掾遇吏民如家人人安樂之既謝事居眉之青神瑞草橋放懷自得有書來求紅帶既以遺之且作詩爲戲請黄魯直學士秦少游賢良各爲賦一首爲老人光華》，原詩此句上句爲「青衫半作霜葉枯」。

擬之于經輔之史　徐積〔一〕

才者不閑拙者娱　坡〔二〕

〔一〕集自徐積《和李自明》，此句亦作「擬之于經輔之友」，其下句爲「精講明辯相切磋」。

〔二〕集自蘇軾《再和》，原詩此句上句爲「君恩飽暖及爾孥」。

及身强健始爲樂　永〔一〕

奉使清閑亦自由　子由〔二〕

〔一〕集自歐陽修《續思潁詩序》，原詩此句上句爲「上下林壑相攀躋」。

〔二〕集自蘇轍《李邦直見邀終日對卧南城亭上二首》，原詩此句上句爲「東來無事得遨游」。

作民父母今得職　谷〔一〕

奉使清閑亦自由　由〔二〕

〔一〕集自黄庭堅《答永新宗令寄石耳》，原詩此句上句爲「佩刀買犢劍買牛」。

〔二〕集自蘇轍《李邦直見邀終日對卧南城亭上二首》，原詩此句上句爲「東來無事得遨游」。

文章清逸世少比　由〔一〕

胸臆廣博天所開　半〔二〕

〔一〕集自蘇轍《次韻子瞻送陳睦龍圖出守潭州》，原詩此句下句爲「科第峥嶸聲自重」。

〔二〕集自王安石《寄贈胡先生》，原詩此句上句爲「先生天下豪傑魁」。

天下蒼生待霖雨　復古〔一〕

此間風物屬詩人　坡〔二〕

〔一〕集自王安石《龍泉寺石井二首》，原詩此句下句爲「不知龍向此中蟠」。莫友芝誤爲戴復古作。

〔二〕集自蘇軾《臘梅一首贈趙景貺》，原詩此句下句爲「我老不飲當付君」。

詩眼頓驚春富貴　方岳〔一〕

先聲已振越溪山　坡〔二〕

〔一〕集自方岳《次韻牡丹》，原詩此句下句爲「雨侵衫袖不知寒」。

〔二〕集自蘇軾《送穆越州》，原詩此句上句爲「舊政猶傳蜀父老」。

南省望郎仍國士　後〔一〕

古來賢守是詩人　簡〔二〕

〔一〕集自陳師道《送晁堯民守徐》，原詩此句下句爲「東方千騎更吾州」。

〔二〕集自陳與義《次韻景純道中寄大成》，原詩此句上句爲「聞道歌行伏李紳」。

自有琴書增道氣　孔平仲〔一〕

只將詩句答年華　簡〔二〕

〔一〕集自孔平仲《小庵初成奉酬元師》，原詩此句下句爲「別開世界在仙壺」。

〔二〕集自陳與義《清明》，原詩此句上句爲「不用秋千與蹴踘」。

大開窗户納宇宙　復古〔一〕
醉與花鳥爲友朋　永〔二〕

〔一〕集自戴復古《鄂州南樓》，原詩此句下句爲「高插欄干侵鬥牛」。
〔二〕集自歐陽修《啼鳥詩》，原詩此句上句爲「花開鳥語輒自醉」。

青天白日春長好　半〔一〕
書殿宫臣寵并叨　永〔二〕

〔一〕集自王安石《金明池》，原詩此句作「青天白日春常好」，其下句爲「緑髮朱顔老自悲」。
〔二〕集自歐陽修《退居述懷寄北京韓侍中二首》，原詩此句下句爲「不同憔悴返漁樵」。

詩名官職看雙好　誠〔一〕
丹桂靈椿并一時　後村〔二〕

〔一〕集自楊萬里《書黄盧陵伯庸詩卷》，原詩此句亦作「詩名官職看雙美」，其下句爲「向道儒冠不誤身」。
〔二〕集自劉克莊《贈鍾主簿父子》，原詩此句上句爲「旗鈴接迹向西馳」。

春風使盡開花力　　徐積〔一〕
君子果有育才心　　韓琦〔二〕
〔一〕集自徐積《瓊花歌》，原詩此句上句爲「春皇費盡養花心」。
〔二〕集自韓琦《和袁陟節推龍興寺芍藥》，原詩此句下句爲「請視維揚種花者」。

不羞老圃秋容淡　　韓琦〔一〕
爲有源頭活水來　　朱子〔二〕
〔一〕集自韓琦《北門重陽有詩》，原詩此句下句爲「且看黄花晚節香」。
〔二〕集自朱熹《觀書有感二首》，原詩此句上句爲「問渠那得清如許」。

句裏江山隨指顧　　后〔一〕
胸中雲夢自逶遲　　坡〔二〕
〔一〕集自陳師道《次韻夏日》，原詩此句下句爲「舌端幽眇致張惶」。
〔二〕集自蘇軾《次韻吕梁仲屯田》，原詩此句上句爲「門外吕梁從迅急」。

路絶塵埃非洒掃　　李邁〔一〕

胸吞雲夢略從容　谷〔二〕

〔一〕集自李覯《東湖》，原詩此句下句爲「地無風雨亦清涼」。莫友芝誤爲李遘作。

〔二〕集自黄庭堅《鄂州南樓書事四首》，原詩此句上句爲「勢壓湖南可長雄」。

錦雲綉霧參差起　葉適〔一〕

玉節朱幡次第開　韓駒〔二〕

〔一〕集自葉適《趙振文在城北廂兩月無日不游馬埭作歌美之請知振文者同賦》，原詩此句上句爲「馬埭東西花百里」。

〔二〕集自韓駒《梅花八首》，此句亦作「玉節珠幡次第开」，原詩此句上句爲「籃輿曉入關山路」。

絶須絲竹娱安石　陳造〔一〕

能使江山似永嘉　坡〔二〕

〔一〕陳造，當爲陳慥，刻本誤「慥」爲「造」。此聯集自陳慥《復次韻寄程帥二首》，原詩此句下句爲「能使江山似永嘉」。

〔二〕集自蘇軾《寄題興州晁太守新開古東池》，原詩此句上句爲「自言官長如靈運」。

更得新詩寫珠玉　王晉卿〔一〕

想當逸氣吞江湖　王庭珪〔二〕

〔一〕集自王詵《子瞻再和前篇非惟格韻高絶而語意鄧重相與甚厚因復用韻答謝之》，原詩此句下句爲「勸我不作區中緣」。
〔二〕集自王庭珪《送駱仲武》，原詩此句下句爲「與人恢疏無怨吁」。

信知君家有摩詰　谷〔一〕
自覺前身隱華山　放〔二〕

〔一〕集自黄庭堅《答王道濟寺丞觀許道寧山水圖》，原詩此句上句爲「四時風物入句圖」。
〔二〕集自陸游《東籬》，原詩此句上句爲「每因清夢游敷水」。

好在三山尋浩渺　林光朝〔一〕
看來千古許清新　誠〔二〕

〔一〕集自林光朝《次韻奉酬趙校書子直》，原詩此句下句爲「何如一紙問平安」。
〔二〕集自楊萬里《中秋雨過月出》，原詩此句上句爲「照却八方還剩在」。

豪俠持身復修謹　晁冲之〔一〕
化工造物能神奇　谷〔二〕

〔一〕集自晁冲之《東陽山人僻居》，原詩此句上句爲「東陽山人高華隱」。

〔二〕集自黄庭堅《博山臺》，原詩此句下句爲「不必驚世出蓬萊」。

圓嶠方壺聞笑語　僧道潛〔一〕

名山大澤出文章　戴復古〔二〕

〔一〕集自僧道潛《次韻姜伯輝朝奉宿九曲池》，此句亦作「圓嶠方壺同笑語」，其下句爲「終宵疑在水仙家」。

〔二〕集自戴復古《廬山》，原詩此句上句爲「白石清泉聞笑語」。

已潔心源超世表　徐鉉〔一〕

盡驅山嶽置眼前　王庭珪〔二〕

〔一〕集自徐鉉《奉和武功學士舍人紀贈文懿大師浄公》其四，原詩此句下句爲「却緣詩句有時名」。

〔二〕集自王庭珪《觀徐明叔畫湘西磨崖圖》，原詩此句下句爲「坐看徐郎拂絹素」。

青史滿前閑即讀　放〔一〕

豐年爲瑞古有稱　沈遼〔二〕

〔一〕集自陸游《小飲梅花下作》，原詩此句下句爲「幾人爲我作蓍龜」。

〔二〕集自沈遼《次韻酬李正甫對雪》，原詩此句下句爲「凍死何暇談鄒滕」。

佛桑解吐四時艷　誠〔一〕
老鶴猶堪萬里風　放〔二〕

〔一〕集自楊萬里《壬寅歲朝發石塔寺》，原詩此句下句爲「鐵樹還如九節蒲」。
〔二〕集自陸游《道院雜興》，原詩此句上句爲「琳房何日金丹熟」。

截來雲錦花無樣　誠〔一〕
採得靈根手自栽　朱子〔二〕

〔一〕集自楊萬里《書黄廬陵伯庸詩卷》，原詩此句下句爲「倒寫珠胎海亦貧」。
〔二〕集自朱熹《春谷》，原詩此句上句爲「武夷高處是蓬萊」。

種成桃李人間滿　朱松〔一〕
吞若雲夢胸中寬　谷〔二〕

〔一〕集自朱松《蘆檻》，原詩此句下句爲「應念孤根首屢回」。
〔二〕集自黄庭堅《次韻叔父臺源歌》，原詩此句上句爲「一朝斬木見萬象」。

詩名官職看雙好　誠〔一〕
文采風流被諸生　谷〔二〕

〔一〕集自楊萬里《書黄廬陵伯庸詩卷》，此句亦作「詩名官職看雙美」，其下句爲「向道儒冠不誤身」。
〔二〕集自黄庭堅《再次韻兼簡履中南玉三首》，原詩此句上句爲「道機禪觀轉萬物」。

本來面目常如故　坡〔一〕
實用人材即至公　谷〔二〕

〔一〕集自蘇軾《老人行》，此句亦作「本來面目長如故」，原詩此句上句爲「一任秋霜换鬢毛」。
〔二〕集自黄庭堅《病起荆江亭即事十首》，原詩此句上句爲「不須要出我門下」。

書册不嫌官屋冷　方岳〔一〕
風流宜與晉人并　道潛〔二〕

〔一〕集自方岳《次韻王尉白事幕府》，原詩此句下句爲「香匜相對歙溪晴」。
〔二〕集自釋道潛《寄俞秀老清老二居士》，原詩此句上句爲「慚愧君家好弟兄」。

千古登臨增健筆　孔武仲〔一〕

十年曹舍醉春風　林逋〔二〕

〔二〕集自孔武仲《巴陵官舍二題》，原詩此句下句爲「投文猶可吊湘靈」。

〔二〕集自林逋《春暮寄懷曹南通守任寺丞》，此句亦作「十年曹社醉春風」，原詩此句上句爲「跌蕩情懷每事同」。

風含廣宇生虚籟　吴儆〔一〕

天與黄堂作好春　戴復古〔二〕

〔一〕集自吴儆《題古巖舊嘗侍孫先生題名巖中二首》，此句亦作「風涵廣宇生虚籟」，原詩此句下句爲「夢破西窗上夕陰」。

〔二〕集自戴復古《汪給事守鄂渚元宵代江夏宰吴熙仲獻燈》，原詩此句上句爲「一晴收盡四山雲」。

園中草木春無數　坡〔一〕

湖上山林畫不如　林逋〔二〕

〔一〕集自蘇軾《監洞霄宫俞康直郎中所居四詠》，原詩此句下句爲「只有黄楊厄閏年」。

〔二〕集自林逋《雜興四首》，原詩此句下句爲「霜天時候屬園廬」。

籠中老鶴千年翅　何夢桂〔一〕

窗外新篁一尺圍　方岳〔二〕

〔一〕集自何夢桂《寄和竹所叔攝慈溪税官二首》，原詩此句下句爲「冰下寒蠶五色絲」。

〔二〕集自戴爲《夏晝小雨》，莫氏誤爲方岳作，原詩此句上句爲「小床蘄簟展琉璃」。

好作新詩寄桑苧　米芾〔一〕

想當逸氣吞江湖　王庭珪〔二〕

〔一〕集自米芾《垂虹亭》，原詩此句下句爲「垂虹秋色滿東南」。

〔二〕集自王庭珪《送駱仲武》，原詩此句下句爲「與人恢疏無怨籲」。

見説前頭山更好　誠〔一〕

到今名下士非虚　沈與求〔二〕

〔一〕集自楊萬里《舟過黄田謁龍母護應廟》，原詩此句下句爲「且留好句未須吟」。

〔二〕集自沈與求《從劉殿院借書》，原詩此句上句爲「自昔暗中人易記」。

春秧夏苗秋遂穫　戴復古〔一〕

花暖風香酒未消　方岳〔二〕

〔一〕集自戴復古《題申季山所藏李伯時畫村田樂圖》，原詩此句下句爲「官賦私逋都了却」。

〔二〕集自方岳《湖上八 首》，此句亦作「風暖花香酒未消」，原詩此句上句爲「游人抵死愛春韶」。

詩人例合三閑月　方岳〔一〕
好是家藏萬卷書　王禹偁〔二〕

〔一〕集自方岳《月墅》，原詩此句下句爲「餘子從教百尺樓」。

〔二〕集自王禹偁《寄題義門胡氏華林書院》，此句亦作「好事家藏萬卷書」，原詩此句上句爲「力田歲取千箱稻」。

論德乃是花之傑　徐積〔一〕
此心猶與物爲春　放〔二〕

〔一〕集自徐積《瓊花歌》，原詩此句下句爲「論色乃是花之絶」。

〔二〕集自陸游《七十三吟》，原詩此句上句爲「末路已悲身是客」。

論德乃是花之傑　徐積〔一〕
鈔書但覺日方長　放〔二〕

〔一〕集自徐積《瓊花歌》，原詩此句下句爲「論色乃是花之絶」。

〔二〕集自陸游《初夏閑居》，原詩此句上句爲「閉户不知春已去」。

祇有此中作好句　程俱〔一〕
更於高處望春華　孔平仲〔二〕

〔一〕集自程俱《用前韻作招許主簿》，此句亦作「祇有此中多好句」，原詩此句下句爲「可來茅閣試憑虚」。
〔二〕集自孔平仲《登賀園高亭》，原詩此句上句爲「東武名園數賀家」。

官府太平無一事　復古〔一〕
文章妙絶具三多　道潛〔二〕

〔一〕集自戴復古《游雲溪與郡宴用太守韻即事二首》，原詩此句下句爲「凝香座上著衰翁」。
〔二〕集自道潛《寄伯言明發》，原詩此句上句爲「論議凜然無兩可」。

已全真氣能從容　徐鉉〔一〕
自有春風爲掃門　半〔二〕

〔一〕徐鉉，當作徐鉉。此聯集自其《寄玉笥山沈道山》，原詩此句下句爲「不墜家風善賦詩」。
〔二〕集自僧顯忠《閑居》，原詩此句上句爲「閑眠盡日無人到」。

及時小雨放桐葉　放〔一〕

乞取春陰護海棠　放〔二〕

〔一〕集自陸游《三月二十一日作》，原詩此句下句爲「無賴餘寒開楝花」。

〔二〕集自陸游《花時遍游諸家園》，此句亦作「乞借春陰護海棠」，原詩此句上句爲「緑章夜奏通時殿」。

即事想多梅蕊句　石湖〔一〕

可人惟有蕙爐煙　道潛〔二〕

〔一〕集自范成大《謝江東漕楊廷秀秘監送江東集并索近詩二首》，原詩此句下句爲「有誰堪共桂花樽」。

〔二〕集自釋道潛《照閣奉陪辯才老師夜坐懷少游學士》，原詩此句上句爲「照坐不須紅蠟炬」。

尊前俱是蓬萊守　坡〔一〕

筆下還爲魯直書　後〔二〕

〔一〕集自蘇軾《送穆越州》，原詩此句上句爲「莫放高樓雪月閑」。

〔二〕集自陳師道《徐仙書》，原詩此句上句爲「詩成已作客兒語」。

詩墨淋漓不負酒　林景熙〔一〕

江山雄麗洵宜人　由〔二〕

〔一〕集自林景熙《書陸放翁詩卷後》，原詩此句下句爲「但恨未飲月氏首」。

〔二〕集自蘇轍《送梁交之徐州》，此句亦作「江山雄麗信宜人」，原詩此句下句爲「風流孰似梁王苑」。

南省望郎仍國士　后〔一〕

玉霄散吏是頭銜　放〔二〕

〔一〕集自陳師道《送晁堯民守徐》，原詩此句下句爲「東方千騎更吾州」。

〔二〕集自陸游《簡譚德稱排悶》，原詩此句上句爲「錦里先生爲老伴」。

祗有陰功不知數　坡〔一〕

恍如造物與同游　戴復古〔二〕

〔一〕集自蘇軾《石芝詩》，原詩此句上句爲「我家韋布三百年」。

〔二〕集自戴復古《題邵武熙春臺呈王子文使君》，原詩此句上句爲「步到風煙上上頭」。

名與洛花相上下　韓琦〔一〕

官升芝閣更風流　王禹偁〔二〕

〔一〕集自韓琦《和袁陟節推龍興寺芍藥》，原詩此句上句爲「廣陵芍藥真奇美」。
〔二〕集自王禹偁《送查校書從事彭門》，原詩此句上句爲「佐幕徐方鬢未秋」。

方丈蓬萊多伴侣　半〔一〕
木公金母相東西　坡〔二〕

〔一〕集自王安石《葛藴作巫山高愛其飄逸因亦作兩篇》，原詩此句上句爲「昆侖曾城道可取」。
〔二〕集自蘇軾《贈陳守道》，原詩此句上句爲「樓臺十二紅玻璃」。

花鳥總知春爛漫　半〔一〕
溪山信美暇徘徊　誠〔二〕

〔一〕集自王安石《重將》，原詩此句下句爲「人間獨自有傷心」。
〔二〕集自楊萬里《過下梅》，原詩此句上句爲「不待山盤水亦回」。

水暖玉池添嗽咽　石〔一〕
月留銀漢小徘徊　誠〔二〕

〔一〕集自范成大《大廳後堂南窗負暄》，原詩此句下句爲「花生銀海費揩摩」。

〔二〕集自楊萬里《病中夜坐》，此句亦作「月流銀漢小徘徊」，原詩此句下句爲「似戀空庭獨樹梅」。

碧落翠微好將息　誠〔一〕
玉堂金殿要論思　坡〔二〕

〔一〕集自楊萬里《祗承敕召還京題江西道院》，原詩此句下句爲「清風明月夢中看」。
〔二〕集自蘇軾《次韻蔣穎叔》，原詩此句上句爲「豈敢便爲雞黍約」。

須憑精識能陶冶　韓琦〔一〕
但使俚俗相恬安　坡〔二〕

〔一〕集自韓琦《和袁陟節推龍興寺芍藥》，原詩此句上句爲「因知名種本自然」。
〔二〕集自蘇軾《歐陽晦夫遺接䍦琴枕戲作此詩謝之》，原詩此句上句爲「不愁故人驚絶倒」。

雲山得伴松檜老　坡〔一〕
心鏡忽入造化機　放〔二〕

〔一〕集自蘇軾《四月十一日初食荔支》，原詩此句下句爲「霜雪自困楂梨粗」。
〔二〕集自陸游《湖山尋梅》，原詩此句上句爲「歸來青燈耿窗扉」。

朱顔酒鬢常如昨　放〔一〕
紅樹青山合有詩　放〔二〕

〔一〕集自陸游《春愁曲》，此句亦作「朱顔緑鬢常如昨」，原詩此句上句爲「我願無愁但歡樂」。
〔二〕集自陸游《望江道中》，原詩此句上句爲「晚來又入淮南路」。

高言大義經比重　韓維〔一〕
書殿功臣寵并叨　永〔二〕

〔一〕集自韓維《讀杜子美詩》，原詩此句下句爲「往往變化安能常」。
〔二〕集自歐陽修《退居述懷寄北京韓侍中二首》，此句亦作「青殿寵臣寵并叨」，原詩此句下句爲「不同憔悴返漁樵」。

高文大册書鴻烈　谷〔一〕
斗極台符供太微　誠〔二〕

〔一〕集自黄庭堅《思賢》，原詩此句下句爲「潤色論思禁林傑」。
〔二〕集自楊萬里《送胡端明赴召》，此句亦作「斗極台符拱太微」，原詩此句上句爲「金魚玉帶明霜鬢」。

誰人敢議清風價　韓琦〔一〕

君子果有育才心　韓琦〔一〕

〔一〕集自韓琦《北塘避暑》，原詩此句下句爲「無樂能過百日閑」。

〔二〕集自韓琦《和袁陟節推龍興寺芍藥》，原詩此句下句爲「請視維揚種花者」。

龔黄側畔難言政　坡〔一〕

山谷前頭敢説詩　誠〔二〕

〔一〕集自蘇軾《次韻孫莘老見贈時莘老移廬州因以別之》，原詩此句下句爲「羅趙前頭且眩書」。

〔二〕集自楊萬里《讀張文潛詩》，原詩此句下句爲「絶稱漱井掃花詞」。

天公遣足看山願　放〔一〕

君子果有育才心　琦〔二〕

〔一〕集自陸游《春日》，原詩此句下句爲「白盡髭鬚却眼明」。

〔二〕集自韓琦《和袁陟節推龍興寺芍藥》，原詩此句下句爲「請視維揚種花者」。

春風日夜吹草木　放〔一〕

文字光彩垂虹霓　永〔二〕

〔一〕集自陸游《將進酒》，原詩此句下句爲「只有榮盛無時雕」。
〔二〕集自歐陽修《寄聖俞》，原詩此句上句爲「面顔憔悴暗塵土」。

水暖玉池添嗽咽　石〔一〕，
官升芝閣更風流　王禹偁〔二〕

〔一〕集自范成大《大廳後堂南窗負暄》，原詩此句下句爲「花生銀海費揩摩」。
〔二〕集自王禹偁《送查校書從事彭門》，原詩此句上句爲「佐幕徐方鬢未秋」。

水暖玉池添嗽咽　石〔一〕
雲生海面無端倪　宛〔二〕

〔一〕集自范成大《大廳後堂南窗負暄》，原詩此句下句爲「花生銀海費揩摩」。
〔二〕集自梅堯臣《觀楊之美書》，此句亦作「雲生海面無端涯」，原詩此句上句爲「步趨群吏怪眼眉」。

水光入座杯盤潔　少游〔一〕
詩思如泉日夜生　韓維〔二〕

〔一〕集自秦觀《游監湖》，此句亦作「水光照坐杯盤潔」，原詩此句下句爲「花氣侵人笑語香」。

〔二〕集自韓維《再和二首》，原詩此句上句爲「知公幾案常豐暇」。

集古序篇出真筆　誠〔一〕
隆儒殿閣對横經　谷〔二〕

〔一〕集自楊萬里《跋王順伯所藏歐公集古録序真迹》，原詩此句上句爲「不知臨川何許得尤物」。
〔二〕集自黄庭堅《再次韻四首》，原詩此句下句爲「咫尺清都雨露零」。

高言大義經比重　韓維〔一〕
文采風流衆所歸　谷〔二〕

〔一〕集自韓維《讀杜子美詩》，原詩此句下句爲「往往變化安能常」。
〔二〕集自黄庭堅《與黔倅張茂宗》，原詩此句上句爲「静居門巷似烏衣」。

居士仁心到魚鳥　后〔一〕
古人居教自詩書　趙抃〔二〕

〔一〕集自陳師道《次韻蘇公西湖徙魚三首》，原詩此句下句爲「會有微生化餘鱠」。
〔二〕集自趙抃《勸學示江原諸生》，此句亦作「古人名教自詩書」，原詩此句下句爲「淺俗頽風好力扶」。

大筆直能挾風雨　周必大〔一〕
歲華全得屬文章　程俱〔二〕
〔一〕集自周必大《次韻天官韓尚書七月十八日風雨中觀潮予内直不赴》，此句亦作「大筆直能扶急雨」，原詩此句下句爲「小才何敢助涓埃」。
〔二〕集自韓維《寄題蘇子美滄浪亭》，原詩此句上句爲「生事已能支伏臘」，莫友芝誤爲程俱作。

乾坤坱圠本無迹　程俱〔一〕
德義風流夙所欽　朱子〔二〕
〔一〕集自程俱《題蔣永仲蜀道圖》，原詩此句下句爲「我獨毫端發神用」。
〔二〕集自朱熹《鵝湖寺和陸子壽》，原詩此句下句爲「别離三載更關心」。

煙霞平日真成癖　誠〔一〕
風月相期不用賒　少游〔二〕
〔一〕集自楊萬里《和周元吉左司夢歸之韻》，原詩此句下句爲「山水中年却語離」。
〔二〕集自秦觀《次韻公闢即席呈太虚》，原詩此句上句爲「湖山對值全如買」。

愛敬古梅如宿士　後村〔一〕
發揮春色有新詩　少游〔二〕

〔一〕集自劉克莊《爲圃二首》，原詩此句下句爲「護持新笋似嬰兒」。
〔二〕集自秦觀《次韻朱李二君見寄二首》，原詩此句上句爲「尚賴故人遥省憶」。

文章固自有機杼　劉子翬〔一〕
官職況已登清華　宛〔二〕

〔一〕集自劉子翬《吴傅朋游絲書歌》，原詩此句下句爲「戲事豈足勞心神」。
〔二〕集自梅堯臣《次韻再和》，原詩此句上句爲「歐陽翰林百事得精妙」。

筆下江山轉葱蒨　朱子〔一〕
雲中樓閣自陰晴　與可〔二〕

〔一〕集自朱熹《題祝生畫》，原詩此句上句爲「眼明骨輕須不變」。
〔二〕集自文同《無爲山寺》，原詩此句上句爲「煙外川原誰綉畫」。

一生肝膽如星斗　子美〔一〕

二老風流入畫圖　朱松〔二〕

〔一〕集自蘇舜欽《覽照》，原詩此句下句爲「嗟爾頑銅豈見明」。

〔二〕集自朱松《次張演翁林元惠韻》，原詩此句上句爲「朱門小駐使君車」。

已發政聲歸召杜　沈與求〔一〕

共恢詩律撼瀟湘　簡〔二〕

〔一〕集自沈與求《次韻宏父喜雨》，此句亦作「已發政聲歸召社」，原詩此句下句爲「更驚詩律門陰何」。

〔二〕集自陳與義《江行野宿寄大光》，原詩此句上句爲「投老相逢難袞袞」。

春能醞藉如相識　方岳〔一〕

風入襟懷只自知　〔二〕

〔一〕集自方岳《次韻徐宰集珠溪》，原詩此句下句爲「柳自風流未肯眠」。

〔二〕集自孔平仲《兄長寄五詩依韻和寄詩各有所懷》，原詩此句上句爲「雲迷步武多相失」。

春風不解分疆界　許月卿〔一〕

壽骨遥知是弟兄　坡〔二〕

〔一〕集自許月卿《朗湖道中因見二事信筆二首》，原詩此句下句爲「本自無心却有情」。

〔二〕集自蘇軾《表弟程德孺生日》，原詩此句上句爲「長身自昔傳甥舅」。

五華雲闕通閨籍　俱程〔一〕

萬里清風上海濤　坡〔二〕

〔一〕俱程，當爲程俱，係刻本顛倒。集自程俱《和白樂天二首寫懷仍效其體》，此句亦作「五雲華闕通閨籍」，原詩此句下句爲「萬頃煙波擲釣綸」。

〔二〕集自蘇軾《觀湖二首》，原詩此句上句爲「乘槎遠引神仙客」。

剪裁妙處非刀尺　放〔一〕

追琢秀句酬江山　谷〔二〕

〔一〕集自陸游《九月一日夜讀詩稿有感走筆作歌》，原詩此句上句爲「天機雲錦用在我」。

〔二〕集自黄庭堅《送劉道純》，原詩此句上句爲「此時阿翁尚無恙」。

坐上和風隨麈柄　放〔一〕

樽前絳雪點春衣　放〔二〕

〔一〕集自陸游《十五日雲陰凉尤甚再賦長句》，此句亦作「亹亹清風隨麈柄」，原詩此句下句爲「悠悠長日付棋枰」。

〔二〕集自陸游《連日至梅仙塢及花涇觀桃花抵暮乃歸》，原詩此句上句爲「水底紅雲迷醉眼」。

更續池塘惠連句　益公〔一〕

絶勝茅屋己公茶　益公〔二〕

〔一〕集自周必大《萬安韋邦彦字俊臣携王民瞻楊廷秀謝昌國絶句相過次韻勉之》，此句亦作「更讀池塘惠連句」，原詩此句下句爲「識君何待接清襟」。

〔二〕集自周必大《季懷設酬且示佳篇再賦一章以疇五詠》，原詩此句上句爲「卯飲高樓徹暮霞」。

使君登高訪古昔　半〔一〕

李白落筆生雲煙　永〔二〕

〔一〕集自王安石《和王微之登高齋三首》其二，原詩此句下句爲「傷此陳迹聊持杯」。

〔二〕集自歐陽修《太白戲聖俞》，原詩此句下句爲「千奇萬險不可攀」。

風高月白最宜夜　永〔一〕

燕入花開必有詩　谷〔二〕

〔一〕集自歐陽修《滄浪亭》，原詩此句下句爲「一片瑩浄鋪瓊田」。
〔二〕集自黄庭堅《杜似吟院兩首》，原詩此句上句爲「日長吟院無公事」。

須憑精識能陶冶　韓琦〔一〕
所以鐫鑿無瑕痕　永〔二〕

〔一〕集自韓琦《和袁陟節推龍興寺芍藥》，原詩此句上句爲「因知靈種本自然」。
〔二〕集自歐陽修《菱溪大石》，原詩此句上句爲「沙磨水激自穿穴」。

奇書古畫不論價　永〔一〕
絳闕雲臺總有名　坡〔二〕

〔一〕集自歐陽修《於劉功曹家見楊直講裒女奴彈琵琶戲作呈聖俞》，原詩此句下句爲「盛以錦囊裝玉軸」。
〔二〕集自蘇軾《和章七出守湖州二首》，原詩此句下句爲「應須極貴又長生」。

天上列星當亦喜　坡〔一〕
海中蟠桃良未涯　張耒〔二〕

〔一〕集自蘇軾《觀開西湖次吴左丞韻》，原詩此句下句爲「月明時下浴晴波」。

〔二〕集自張耒《和無咎二首》，原詩此句上句爲「雲間明月誰可攬」。

十里荷花開世界　王庭珪〔一〕
半窗松雪論天倪　余靖〔二〕

〔一〕集自王庭珪《初至行在》，下句作「幾年羈旅憶神京」。
〔二〕集自林逋《寄太白李山人》，原詩此句上句爲「幾度枕肱人迹外」。莫友芝誤爲余靖作。

獨愛清香生雲霧　坡〔一〕
故開新館集琳瑯　子固〔二〕

〔一〕集自蘇軾《送劉寺丞赴餘姚》，原詩此句上句爲「銀山動地君不看」。
〔二〕集自曾鞏《寄孫莘老湖州墨妙亭》，原詩此句上句爲「好事今推霅溪守」。

中含太古不盡意　攻媿〔一〕
正是春容最好時　坡〔二〕

〔一〕集自樓鑰《催老融墨戲》，原詩此句下句爲「筆墨超然絶畦徑」。
〔二〕集自蘇軾《劉貢父見余歌詞數首以詩見戲聊次其韻》，原詩此句上句爲「相從痛飲無餘事」。

聊復小吟開後悟　誠〔一〕
應須極貴又長生　坡〔二〕

〔一〕集自楊萬里《和胡侍郎見簡》，原詩此句下句爲「便應大用到前疑」。
〔二〕集自蘇軾《和章七出守湖州二首》，原詩此句上句爲「絳闕雲臺總有名」。

長松更老惟添節　由〔一〕
秋水爲文不受塵　坡〔二〕

〔一〕集自蘇轍《次韻毛君感事書懷》，此句亦作「長松更老仍添節」，原詩此句下句爲「古井雖深自不波」。
〔二〕集自蘇軾《次韻王定國得潁倅二首》，原詩此句上句爲「仙風入骨已凌雲」。

生才故有山川氣　半〔一〕
晚歲猶存鐵石心　坡〔二〕

〔一〕集自王安石《不到太初兄所居遂已十年以詩攀寄》，原詩此句下句爲「卜築兼無市井囂」。
〔二〕集自蘇軾《軾以去歲春夏侍立邇英而秋冬之交子由相繼入侍次韻絶句四首各述所懷》，原詩此句上句爲「微生偶脱風波地」。

討論潤色今爲美　半〔一〕
文采風流衆所歸　谷〔二〕

〔一〕集自王安石《上西垣舍人》，原詩此句下句爲「學問文章老更醇」。
〔二〕集自黄庭堅《與黔倅張茂宗》，原詩此句上句爲「静居門巷似烏衣」。

花鳥總知春爛漫　半〔一〕
江山爲助筆縱横　谷〔二〕

〔一〕集自王安石《重將》，原詩此句下句爲「人間獨自有傷心」。
〔二〕集自黄庭堅《憶邢惇夫》，原詩此句上句爲「詩到隨州更老成」。

樂天長短三千首　坡〔一〕
吏部文章二百年　永〔二〕

〔一〕集自蘇軾《觀净觀堂效韋蘇州詩》，原詩此句下句爲「却愛韋郎五字詩」。
〔二〕集自歐陽修《贈王介甫》，原詩此句上句爲「翰林風月三千首」。

故假音聲召和氣　復古〔一〕

更添松竹作壽星　攻媿〔二〕

〔一〕集自戴復古《烏鹽角行》，此句亦作「故假聲音召和氣」，原詩其上句爲「田家作勞多怨咨」。

〔二〕集自樓鑰《葉處士寫照》，原詩此句下句爲「我已甘心就枯槁」。

不禱自安緣壽骨　坡〔一〕

其賢可樂比嘉魚　仲車〔二〕

〔一〕集自蘇軾《和致仕張郎中春晝》，原詩此句下句爲「苦藏難没是詩名」。

〔二〕集自徐積《和路朝奉新居》，原詩此句上句爲「所義有源如大水」。

寒香嚼得成詩句　方岳〔一〕

新月邀將入酒杯　張耒〔二〕

〔一〕集自方岳《次韻梅花》，原詩此句下句爲「落紙雲煙行草真」。

〔二〕集自張耒《同周楚望飲華園》，「邀」原作「邊」，據改；原詩此句上句爲「斜陽似欲妝詩句」。

俸外不教收果實　王禹偁〔一〕

夢中亦覺在雲泉　惠洪〔二〕

〔一〕集自王禹偁《滁州官舍》，原詩此句下句爲「公餘多愛入林泉」。
〔二〕集自惠洪《徐師川罪餘作詩多恐招禍因焚去筆硯入居九峰投老庵讀高僧曇諦傳忽作數語是足成之以寄師川師川讀之想亦見赦二首》，原詩此句上句爲「門外不知何歲月」。

禁掖便教提大筆　文同〔一〕
郡齋惟喜有藏書　王禹偁〔二〕

〔一〕集自文同《送張宗益工部知相州》，此句亦作「禁掖便當提大筆」，原詩此句下句爲「名藩猶自擁高麾」。
〔二〕集自王禹偁《送第三人朱嚴先輩從事和州》，原詩此句上句爲「賓職不憂無厚俸」。

時雨纔聞遍中外　李端叔〔一〕
詩人須記許生涯　道潛〔二〕

〔一〕集自李端叔《次韻東坡還自嶺南》，原詩此句下句爲「卧龍相繼起東南」。
〔二〕集自楊萬里《三月三日雨作遣悶十絶句》，原詩此句上句爲「却是春殘景更佳」。莫友芝誤爲道潛作。

大隱本來無境界　坡〔一〕
勝游聊爲好山川　道潛〔二〕

〔一〕集自蘇軾《夜直秘閣呈王敏甫》，原詩此句下句爲「北山猿鶴謾移文」。
〔二〕集自道潛《同韓子蒼游黃山觀約高壽朋張公碩不至》，原詩此句上句爲「仙事未須窮傳記」。

清光不辨水與月　永〔一〕
落筆更如錐畫沙　王庭珪〔二〕

〔一〕集自歐陽修《滄浪亭》，原詩此句下句爲「但見空碧涵漪漣」。
〔二〕集自王庭珪《次韻劉升卿惠焦坑寺茶用東坡韻》，原詩此句上句爲「劉郎寄我兼長句」。

古意已將蘭緝佩　坡〔一〕
前輩曾言木就規　後村〔二〕

〔一〕集自蘇軾《和邵同年戲贈賈收秀才三首》，原詩此句下句爲「招詞閑詠桂生叢」。
〔二〕集自劉克莊《贈鍾主簿父子》，原詩此句上句爲「妙年不患錐無穎」。

幽境自能情外見　惠洪〔一〕
異香多在月中聞　坡〔二〕

〔一〕集自惠洪《超然自見軒》，原詩此句下句爲「高懷獨出世間痴」。

〔二〕集自蘇軾《萬菊軒》，原詩此句上句爲「佳本盡從方外得」。

獨坐每將詩作伴　張耒〔一〕
歲寒惟有竹相娱　坡〔二〕

〔一〕集自張耒《探春有感二首》，原詩此句下句爲「遣愁安得酒如泉」。
〔二〕集自蘇軾《和文與可洋川園池三十首·竹塢》，原詩此句上句爲「晚節先生道轉孤」。

須信神仙原有國　文天祥〔一〕
可容名士乞歸田　谷〔二〕

〔一〕集自文天祥《改題萬安縣凝祥觀》，其下句爲「不知蠻觸是何鄉」。
〔二〕集自黄庭堅《次韻奉答廖袁州懷舊隱之詩》，原詩此句上句爲「聞道省郎方結綬」。

詩句縱横剪宫錦　谷〔一〕
高談灑落見天機　孔武仲〔二〕

〔一〕集自黄庭堅《長句謝陳適用惠送吴南雄所贈紙》，原詩此句下句爲「惜無阿買書銀鈎」。
〔二〕集自孔武仲《薪水縣爲詩贈之》，原詩此句下句爲「健句縱横濾腹稿」。

年來稿帙成堆垛　惠洪〔一〕
夜深燈火識升平　王庭珪〔二〕

〔一〕集自惠洪《贈蔡儒效》，原詩此句上句爲「林泉成趣亦題詩」。
〔二〕集自王庭珪《初至行在》，原詩此句上句爲「行盡沙河塘上路」。

樓上清風簾箔静〔一〕
水邊官舍吏人稀〔二〕

〔一〕集自韓維《登城樓呈子華》，原詩此句下句爲「田間白水鷺鷗輕」。
〔二〕集自張耒《屋東》，此句亦作「水邊官舍吏民稀」，原詩此句上句爲「竹裏人家雞犬静」。

天晴海上峰巒出〔一〕
雨足郊原草木柔〔二〕

〔一〕集自張耒《登城樓》，原詩此句下句爲「野暗人家燈火明」。
〔二〕集自黄庭堅《清明》，原詩此句上句爲「雷驚天地龍蛇蟄」。

歸作雙親千歲壽〔一〕

要分清署一壺冰〔一〕

〔一〕集自范成大《富順楊商卿使君鼏與余相别於瀘之合江渺然再會之期後九年乃訪余吴門則喜可知也今復分袂更增惘然病中强書數語送之》，原詩此句上句爲「天香懷袖左魚符」。

〔二〕集自蘇軾《白鶴峰新居欲成夜過西鄰翟秀才二首》，此句亦作「要分清暑一壺冰」，其上句爲「待鑿平江百尺井」。

詩歌甘棠美召伯　半〔一〕

天遣江山助牧之　益公〔二〕

〔一〕集自王安石《吴長文新得顔公壞碑》，原詩此句下句爲「愛惜蔽芾由思人」。

〔二〕集自周必大《池陽四詠》，原詩此句下句爲「謝材猶及杜筠兒」。

官府太平無一事　復古〔一〕

故家文獻有諸孫　韓駒〔二〕

〔一〕集自戴復古《游雲溪與郡宴用太守韻即事二首》，原詩此句下句爲「凝香座上著衰翁」。

〔二〕集自韓駒《送范叔器次路公弼韻》，原詩此句上句爲「雒邑風流餘此老」。

董生明經守正直　張耒〔一〕

我輩栽花樂太平　葉適〔二〕

〔一〕集自張耒《有感三首》，原詩此句下句爲「白首區區相侯國」。

〔二〕集自葉適《趙振文在城北廂兩月無日不游馬塍作歌美之請知振文者同賦》，原詩此句上句爲「聖人有道賁草木」。

俸外不教收果實　王禹偁〔一〕

胸中先自無塵埃　攻媿〔二〕

〔一〕集自王禹偁《滁州官舍》，原詩此句下句爲「公餘多愛人林泉」。

〔二〕集自樓鑰《石門洞》，原詩此句上句爲「到此更覺心崔嵬」。

旋傾美酒留連客　後〔一〕

剩作新詩準備君　坡〔二〕

〔一〕集自陳師道《次韻關子容湖上晚飲》，原詩此句下句爲「急作新詩報答春」。

〔二〕集自蘇軾《和張昌言喜雨》，原詩此句上句爲「秋來定有豐年喜」。

超然遂有江湖意　半〔一〕

却是初無富貴心　谷〔二〕

〔一〕集自王安石《和王勝之雪霽借馬入省》，原詩此句下句爲「滿紙爲我書窮愁」。
〔二〕集自黄庭堅《子瞻去歲春夏侍立延英子由秋冬間相繼入侍作詩各述所懷予亦次韻四首》，原詩此句上句爲「樂天名位聊相似」。

更尋齒下微妙訣　晁補之〔一〕
要看毫端藻繪春　程俱〔二〕

〔一〕集自晁補之《和王仲甫病暑》，原詩此句下句爲「遣君體適仍魂平」。
〔二〕集自程俱《次韻張祠部敏叔游滄浪蘇子美故園》，原詩此句上句爲「孥舟更欲陪清賞」。

經行東坡眠食地　谷〔一〕
會訪拾遺花柳村　益公〔二〕

〔一〕集自黄庭堅《次韻文潛》，原詩此句下句爲「拂拭寶墨生楚愴」。
〔二〕集自周必大《次韻楊廷秀待制二首》，原詩此句上句爲「明年大作南溪社」。

乘槎遠引神仙客　坡〔一〕
邀我共作滄浪篇　永〔二〕

〔一〕集自蘇軾《觀湖二首》，原詩此句下句爲「萬里清風上海濤」。
〔二〕集自歐陽修《滄浪亭》，原詩此句上句爲「子美寄我滄浪吟」。

須知我輩襟懷事　戴昺〔一〕
不廢平生翰墨場　谷〔二〕

〔一〕集自戴昺《次韻屏翁壬寅九日再題小樓》，原詩此句下句爲「不是時人酒肉狂」。
〔二〕集自黃庭堅《次韻奉酬劉景文河上見寄》，原詩此句上句爲「遥憐部曲風沙裏」。

更尋齒下微妙訣　晁補之〔一〕
時吐毫端浩蕩春　惠洪〔二〕

〔一〕集自晁補之《和王仲甫病暑》，原詩此句下句爲「遣君體適仍魂平」。
〔二〕集自惠洪《次韻李端叔見寄》，原詩此句上句爲「解嘲鏡裏蕭疏髮」。

須知我輩襟懷事　戴昺〔一〕
要試平生鐵石心　谷〔二〕

〔一〕集自戴昺《次韻屏翁壬寅九日再題小樓》，原詩此句下句爲「不是時人酒肉狂」。

〔二〕集自黄庭堅《戲答劉文學》，原詩此句上句爲「問君底事向前去」。

即事想多梅蕊句　石〔一〕

此生原屬玉堂仙　谷〔二〕

〔一〕集自范成大《謝江東漕楊廷秀秘監送江東集并索近詩二首》，原詩此句下句爲「有誰堪共桂花樽」。

〔二〕集自蘇軾《八月十七日天竺山送桂花分贈元素》，此句亦作「此花無屬桂堂仙」，原詩此句上句爲「月缺霜濃細蕊乾」。

可人惟有秦淮月　道潛〔一〕

至畫乃掃筆墨痕　張耒〔二〕

〔一〕集自釋道潛《次韻少游學士送龔深之往金陵見王荆公》，原詩此句下句爲「出没娟娟波浪中」。

〔二〕集自張耒《和定州端明雪浪齋》，原詩此句上句爲「奔流驟浪勢萬里」。

乘槎遠引神仙客　坡〔一〕

濯足來分鷗鷺波　朱松〔二〕

〔一〕集自蘇軾《觀湖二首》，原詩此句下句爲「萬里清風上海濤」。

〔二〕集自朱松《贈僧》，原詩此句上句爲「杖藜同覓牛羊路」。

即事想多梅蕊句　石〔一〕
終宵疑在水仙家　道潛〔二〕

〔一〕集自范成大《謝江東漕楊廷秀秘監送江東集并索近詩二首》，原詩此句下句爲「有誰堪共桂花樽」。
〔二〕集自道潛《次韻姜伯輝朝奉宿九曲池》，原詩此句上句爲「圓嶠方壺同笑語」。

亭邊共醉藤蘿月　晁沖之〔一〕
石上自有尊罍窪　坡〔二〕

〔一〕集自晁沖之《東陽山人僻居》，原詩此句上句爲「我欲沿溪揚小楫」。
〔二〕集自蘇軾《次韻正輔同游白水山》，原詩此句上句爲「仙人勸酒不用勺」。

狎鷗更有江湖興　林逋〔一〕
邀我共作滄浪篇　永〔二〕

〔一〕集自林逋《無爲軍》，原詩此句下句爲「珍重江頭白一行」。
〔二〕集自歐陽修《滄浪亭》，原詩此句上句爲「子美寄我滄浪吟」。

畫圖不減吴生筆　谷〔一〕
廊廟方尋密縣人　城〔二〕

〔一〕集自黄庭堅《題石恪書嘗醋翁》此句亦作「圖畫不減吴生筆」，原詩此句上句爲「誰知聳膊寒至骨」。
〔二〕城，當作「誠」。集自楊萬里《送昌英叔知縣之官麻陽》，原詩此句上句爲「不應更作徒勞嘆」。

願君净掃清香閣　坡〔一〕
信手同翻集古書　朱子〔二〕

〔一〕集自蘇軾《寄蘄簟與蒲傳正》，原詩此句下句爲「卧聽風漪聲滿榻」。
〔二〕集自朱熹《和劉抱一》，原詩此句上句爲「開樽細説平生事」。

頃來更覺文章進　韓駒〔一〕
其妙不似點畫成　沈遼〔二〕

〔一〕集自韓駒《送曾宏父》，原詩此句下句爲「他日寧容老病先」。
〔二〕集自沈遼《贈清道》，原詩此句上句爲「張顛下筆有神會」。

平生獨以文字樂　宛〔一〕

揮洒忽如風雨來　晁補之〔二〕

〔一〕集自梅堯臣《塗中寄上尚書晏相公二十韻》，原詩此句下句爲「曾未敢恥貧賤爲」。

〔二〕集自晁補之《酬李唐臣贈山水短軸》，原詩此句上句爲「經營初似雲煙合」。

平生獨以文字樂　宛〔一〕

秀發更爲煙霞新　晁補之〔二〕

〔一〕集自梅堯臣《塗中寄上尚書晏相公二十韻》，原詩此句下句爲「曾未敢恥貧賤爲」。

〔二〕集自晁補之《次韻和趙令僉防禦春日感懷》，原詩此句上句爲「賡酬不減笙磬答」。

平生所談性命奥　坡〔一〕

心意既得形骸忘　永〔二〕

〔一〕集自蘇軾《次韻張甥棠美述志》，原詩此句下句爲「長棄不憂金石朽」。

〔二〕集自歐陽修《贈無爲軍李道士二首》，原詩此句下句爲「不覺天地白日愁雲陰」。

要知冰雪心腸好　坡〔一〕

近作文章氣力匀　徐璣〔二〕

〔一〕集自蘇軾《次韻曹輔寄壑源試焙新茶》，原詩此句下句爲「不是膏油首面新」。
〔二〕集自徐璣《贈趙師秀》，原詩此句上句爲「亦知曾見高人了」。

平生千偈風雨快　惠洪〔一〕
草木一溪文字香　林景熙〔二〕

〔一〕集自惠洪《龍安送宗上人游東吴》，原詩此句下句爲「約束萬象如驅奴」。
〔二〕集自林景熙《次曹近山見寄》，原詩此句上句爲「風煙萬里别離夢」。

入妙文章本平淡　復古〔一〕
逸群翰墨争傳誇　惠洪〔二〕

〔一〕集自戴復古《讀放翁先生劍南詩草》，原詩此句下句爲「等閑言語變瑰奇」。
〔二〕集自惠洪《和曾逢原試茶連韻》，原詩此句上句爲「細窺不容銖兩差」。

以嬾遭閑何惬適　永〔一〕
折花臨水共徘徊　後〔二〕

〔一〕集自歐陽修《有贈余以端谿緑石枕與蘄州竹簟皆佳物也余既喜睡而得此二者不勝其樂奉呈原父舍人聖俞直講》，

原詩此句上句爲「自然唯與睡相宜」。

〔二〕集自陳師道《和三日》，原詩此句上句爲「更恐明年有離别」。

殷勤覓句無言説　益公〔一〕

拆補新詩擬獻酬　後〔二〕

〔一〕集自周必大《贈棲賢藏主可昇》，原詩此句下句爲「共撥寒灰聽水聲」。

〔二〕集自陳師道《隱者郊居》，原詩此句上句爲「招携好客供笑談」。

白菊紅蕖相嫵媚　陳造〔一〕

高人韻士或往還　沈遼〔二〕

〔一〕集自陳造《檢旱宿香雲》，此句亦作「白菊紅蕖相媚無」，原詩此句上句爲「明窗深室皆嚴靚」。

〔二〕集自沈遼《走筆奉酬正夫即次元韻》，此句亦作「高人逸士或往還」，原詩此句下句爲「蓬舟自訪來前變」。

持此以爲風月伴　米芾〔一〕

他年分作句圖誇　少游〔二〕

〔一〕集自米芾《自漣漪寄薛紹彭》，原詩此句下句爲「四時之樂樂未央」。

〔二〕集自秦觀《次韻公闢即席呈太虛》，原詩此句上句爲「賴有醉毫吟更苦」。

何日粗酬身世了　張耒〔一〕
他年應作畫圖誇　坡〔二〕

〔一〕集自張耒《送楊補之赴鄂州支使》，原詩此句下句爲「卜鄰耕釣老追隨」。

〔二〕集自蘇軾《次韻周長官壽星院同餞魯少卿》，原詩此句上句爲「更著綸巾披鶴氅」。

得意可無山水助　晁補之〔一〕
馮君寄與畫圖看　坡〔二〕

〔一〕集自晁補之《酬李唐臣贈山水短軸》，原詩此句上句爲「張顛草書要劍舞」。

〔二〕集自蘇軾《題潭州徐氏春暉亭》，上句爲「勝概直應吟不盡」。

若教閑裏工夫到　石〔一〕
但取尊前笑語歡　孔平仲〔二〕

〔一〕集自范成大《懷歸寄題小艇》，原詩此句下句爲「始覺淡中滋味長」。

〔二〕集自孔平仲《呈夢錫》，其下句爲「豈知門外陰晴別」。

雲衲新磨山水出　坡〔一〕
紫泥夜下日星暉　誠〔二〕

〔一〕集自蘇軾《次韻僧潛見贈》，原詩此句下句爲「霜髭不剪兒童驚」。
〔二〕集自楊萬里《送胡端明赴召》，原詩此句下句爲「赤舄朝看衮綉歸」。

綵衣躬率婦子餉　王令〔一〕
白朮誰燒廚竈香　坡〔二〕

〔一〕集自王令《送朱明之昌叔赴尉山陽》，此句亦作「彩衣躬淬婦子餉」，其上句爲「想當家帷奉顔面」。
〔二〕集自蘇軾《樓觀》，原詩此句上句爲「丹砂久窖井水赤」。

老來惟有風情在　后〔一〕
身到方知政令寬　由〔二〕

〔一〕集自陳師道《和王明之見寄》，原詩此句下句爲「事去空憐歲月催」。
〔二〕集自蘇轍《送賈訥朝奉通判眉州》，此句亦作「身到前知政令寬」，其上句爲「聲傳已覺謳歌遍」。

豈知門外陰晴別　孔平仲〔一〕

但覺君來笑語香　惠洪〔一〕

〔一〕集自孔平仲《呈夢錫》，原詩此句上句爲「但取樽前笑語歡」。

〔二〕集自惠洪《璲首座出示巽中詩》，原詩此句上句爲「不知門外山花發」。

洛濱侍從三人貴　坡〔一〕

笠澤詩名千載香　誠〔二〕

〔一〕集自蘇軾《和蘇州太守王規甫侍太夫人觀燈之什余時以劉道原見訪滯留京口不及赴此會二首》，原詩此句下句爲「京兆平反一笑春」。

〔二〕集自楊萬里《讀笠澤叢書》，原詩此句下句爲「一回一讀斷人腸」。

已發政聲歸召社　沈與求〔一〕

見成詩句滿江天　復古〔二〕

〔一〕集自沈與求《次韻宏父喜雨》，其下句爲「更驚詩律門陰何」。

〔二〕集自戴復古《江山》，原詩此句上句爲「借得茅樓一倚欄」。

千古登臨增健筆　孔武仲〔一〕

萬人歌舞樂芳辰　東坡〔一〕

〔一〕集自孔武仲《湖山亭》，原詩此句下句爲「投文猶可吊湘靈」。

〔二〕集自蘇軾《口號》，原詩此句下句爲「長養恩深第四春」。

大開窗户納宇宙　復古〔一〕

閑拂塵埃看鼎鐘　吴儆〔二〕

〔一〕集自戴復古《鄂州南樓》，原詩此句下句爲「高插欄干侵斗牛」。

〔二〕集自吴儆《休日飲直之運屬家》，此句亦作「閑拂塵埃動鼎鐘」，其下句爲「天與吾人臭味同」。

妙手信能移造化　復古〔一〕

勝游聊爲好山川　道潛〔二〕

〔一〕集自戴復古《汪給事守鄂渚元宵代江夏宰吴熙仲獻燈》，原詩此句下句爲「速宜歸去補蒼穹」。

〔二〕集自道潛《同韓子蒼游黄山觀約高壽朋張公碩不至》，原詩此句上句爲「仙事未須窮傳記」。

客裏賴詩增意氣　簡〔一〕

望中無處不煙霞　益公〔二〕

〔一〕集自陳與義《招張仲宗》，原詩此句下句爲「老來唯懶是工夫」。
〔二〕集自周必大《上巳訪楊廷秀賞牡丹于御書匾榜之齋其東園僅一畝爲術者九名曰三三徑意象絶新》，原詩此句上句爲「門外有田聊伏臘」。

欲知潁水新居士　永〔一〕
試問清都舊侍臣　坡〔二〕

〔一〕集自歐陽修《答資政邵諫議見寄二首》，原詩此句下句爲「即是滁山舊醉翁」。
〔二〕集自蘇軾《興龍節集英殿宴教坊詞致語口號》，此句亦作「試問清都侍從臣」，其上句爲「紫皇應在紅雲裏」。

解組便爲閑處士　永〔一〕
有詩重送老同年　攻媿〔二〕

〔一〕集自歐陽修《書懷》，原詩此句下句爲「新花莫笑病尚書」。
〔二〕集自樓鑰《送曾南仲寺丞守永嘉》，原詩此句上句爲「無説可裨新令尹」。

橫水流傳無垢集　復古〔一〕
矮箋移入放翁家　放〔二〕

〔一〕集自戴復古《送劉鎮叔安入京》，原詩此句下句爲「海神驚見老坡文」。

〔二〕集自陸游《春日》。此句亦作「矮箋移入放翁詩」，原詩此句上句爲「今代江南無畫手」。

焚香細讀斜川集　放〔一〕

好句重銜伯雅杯　益公〔二〕

〔一〕集自陸游《齋中弄筆偶書示子聿》，原詩此句下句爲「候火親烹顧渚茶」。

〔二〕集自周必大《次韻天官韓尚書七月十八日風雨中觀潮予内直不赴》，此句亦作「好約重銜伯雅杯」，其上句爲「古今奇觀須秋半」。

骨氣乃有老松格　谷〔一〕

聲名須共古人期　趙抃〔二〕

〔一〕集自黃庭堅《送石長卿太學秋補》，原詩此句上句爲「胸中已無少年事」。

〔二〕集自趙抃《次韻李元方即事》，原詩此句上句爲「趣句已爲迂俗笑」。

子固精神老坡氣　惠洪〔一〕

荷花世界柳絲鄉　誠〔二〕

〔一〕集自惠洪《南昌重會汪彦章》，原詩此句上句爲「坐令前輩作九原」。

〔二〕集自楊萬里《過臨平蓮蕩》，原詩此句上句爲「想得薰風端午後」。

掉頭獨泛清溪月　石〔一〕

拄笏看度南山雲　谷〔二〕

〔一〕集自范成大《送通守趙積中朝議請祠歸天台》，原詩此句上句爲「厚禄故人車結轍」。

〔二〕集自黄庭堅《送謝公定作竟陵主簿》，原詩此句上句爲「安知四海習鑿齒」。

我來喜共阿戎語　坡〔一〕

筆下還爲魯直書　后〔二〕

〔一〕集自蘇軾《贈山谷子》，原詩此句下句爲「應敵縱横如急雨」。

〔二〕集自陳師道《徐仙書》，原詩此句上句爲「詩成已作客兒語」。

得計須師彭澤叟　張耒〔一〕

此邦宜著玉堂仙　坡〔二〕

〔一〕集自張耒《寄楊應之》，原詩此句上句爲「遭刑每笑嵇叔夜」。

〔二〕集自蘇軾《舟行至清遠縣見顧秀才極談惠州風物之美》，原詩此句上句爲「到處聚觀香案吏」。

詩家幸有嚴華谷　復古〔一〕
心鏡忽入造化機　放〔二〕

〔一〕集自戴復古《有感》，原詩此句下句爲「襟誼猶能眷眷予」。
〔二〕集自陸游《湖山尋梅》，原詩此句上句爲「歸來青燈耿窗扉」。

閉門工作橐駝坐　陳造〔一〕
好句真傳雪竇風　坡〔二〕

〔一〕集自陳造《閑適二首》，此句亦作「關門工作橐駝坐」，其下句爲「閱世已冥鵬鷃游」。
〔二〕集自蘇軾《再和并答楊次公》，原詩此句上句爲「高懷却有雲門興」。

子固精神老坡氣　惠洪〔一〕
茶山衣鉢放翁詩　復古〔二〕

〔一〕集自惠洪《南昌重會汪彦章》，原詩此句上句爲「坐令前輩作九原」。
〔二〕集自戴復古《讀放翁先生劍南詩草》，原詩此句下句爲「南渡百年無此奇」。

長吉精神玉溪骨〔一〕

茶山衣缽放翁詩　復古〔二〕

〔一〕集自釋德洪《送慶長兼簡仲宣》，此句亦作「長吉精神義山骨」，其上句爲「君詩秀氣終不没」。

〔二〕集自戴復古《讀放翁先生劍南詩草》，原詩此句下句爲「南渡百年無此奇」。

瓣香急試博山火　誠〔一〕

好句真傳雪竇風　坡〔二〕

〔一〕集自楊萬里《南海陶令曾送水沈報以雙井茶》，原詩此句下句爲「兩袖忽生南海雲」。

〔二〕集自蘇軾《再和并答楊次公》，原詩此句上句爲「高懷却有雲門興」。

默存常在清都境　益公〔一〕

神妙獨到秋毫顛　坡〔二〕

〔一〕集自周必大《次韻楊廷秀待制二首》，原詩此句下句爲「歸去休蕪靖節園」。

〔二〕集自蘇軾《僕曩於長安陳漢卿家見吴道子畫佛碎爛可惜其後十餘年復見之於鮮于子駿家則已裝背完好子駿以見遺作詩謝之》，原詩此句上句爲「覺來落筆不經意」。

字學晉碑終日寫　徐照〔一〕
詩疑賈島後身吟　後村〔二〕

〔一〕集自徐照《酬贈徐璣》，原詩此句下句爲「詩成唐體要人磨」。
〔二〕集自劉克莊《題趙子固詩卷》，原詩此句上句爲「字肖率更親手作」。

好詩衝口誰能擇　坡〔一〕
平心論事亦有由　由〔二〕

〔一〕集自蘇軾《重寄一首》，原詩此句下句爲「俗子疑人未遣聞」。
〔二〕集自蘇轍《再次前韻四首》，《全宋詩》作「平日論心亦有由」，其上句爲「謬將疏野托交游」。

默存常在清都境　益公〔一〕
珍重已試幽人言　由〔二〕

〔一〕集自周必大《次韻楊廷秀待制二首》，原詩此句下句爲「歸去休蕪靖節園」。
〔二〕集自蘇轍《次韻子瞻梳頭》，原詩此句上句爲「枯根一去紫茸茁」。

含冲嗜漠不自厭　道潛〔一〕

讀易論詩亦未疏　放[一]

[一] 集自釋道潛《送琳上人還杭》，原詩此句下句爲「更欲刺口嘗群肴」。

[二] 集自陸游《題庵壁》，原詩此句上句爲「閉門莫笑衰頽甚」。

一揮累紙恣奔放　永[一]

十日論詩喜琢磨　叔黨[二]

[一] 集自歐陽修《再和聖俞見答》，原詩此句下句爲「駿若駕駱仍驂驪」。

[二] 集自蘇過《送曇秀》，原詩此句上句爲「三年避地少經過」。

神仙本自無言説　林光朝[一]

孝友生知不琢磨　谷[二]

[一] 集自林光朝《直甫見示次雲乞豫章集數詩偶成二小絶因以自喻》，原詩此句下句爲「尸解由來最下方」。

[二] 集自黄庭堅《叔父給事挽詞十首》，原詩此句上句爲「功名身後無瑕點」。

明月多情還入户　由[一]

幽人無事不出門　坡[二]

〔一〕集自蘇轍《次子瞻夜字韻作中秋對月二篇一以贈王郎二以寄子瞻》，原詩此句下句爲「流水何知空繞舍」。

〔二〕集自蘇軾《定惠院寓居月夜偶出》，原詩此句下句爲「偶逐東風轉良夜」。

魚多釣户應容貰　由〔一〕

月與高人本有期　坡〔二〕

〔一〕集自蘇轍《舟次磁湖以風浪留二日不得進子瞻以詩見寄作二篇答之前篇自賦後篇次韻》，原詩此句下句爲「酒熟鄰翁便可留」。

〔二〕集自蘇軾《和文與可洋川園池三十首》，原詩此句下句爲「挂檐低户映蛾眉」。

眼净塵空無可掃　坡〔一〕

韻嚴詞峭不容攀　孔平仲〔二〕

〔一〕集自蘇軾《再和潛師》，原詩此句上句爲「吴山道人心似水」。

〔二〕集自孔平仲《次韻孫亨甫見寄》，原詩此句上句爲「欲和佳篇寄相憶」。

湖上幽人想如昨　道潛〔一〕

門前小舟常自拏　惠洪〔二〕

〔一〕集自釋道潛《送琳上人還杭》，原詩此句上句爲「湖山蜿蜒湖水薄」。

〔二〕集自惠洪《和曾逢原試茶連韻》，此句亦作「門前小舟嘗自拿」，其上句爲「霜須瘴面豁齒牙」。

本是玉堂揮翰手　王庭珪〔一〕

却爲淮月弄舟人　坡〔二〕

〔一〕集自王庭珪《戴國和得潘衡墨法于意言之外今携之湖湘必有識之者作詩以送之》，原詩此句下句爲「正要此物供磨研」。

〔二〕集自蘇軾《次韻林子中春日新堤書事見寄》，原詩此句上句爲「收得玉堂揮翰手」。

鄉封萬户只名醉　誠〔一〕

智效一官全爲親　谷〔二〕

〔一〕集自楊萬里《以糟蟹洞庭甘送丁端叔端叔有詩因和其韻》，原詩此句下句爲「天作一丘都是糟」。

〔二〕集自黄庭堅《次韻戲答彦和》，原詩此句上句爲「天於萬物定貧我」。

新詩定及三千首　李邦直〔一〕

細草猶開一兩花　谷〔二〕

〔一〕集自李邦直詩，原詩此句下句爲「曩别幾成二十秋」。
〔二〕集自黄庭堅《同謝公定携書浴室院汶師置飯作此》，原詩此句上句爲「竹林風與日俱斜」。

佳致真爲一方最　參寥〔一〕
新詩説盡萬物情　坡〔二〕

〔一〕集自釋道潛《慧覺孜師緑筠軒》，下句爲「鳥聲鳴春春漸融」。
〔二〕集自蘇軾《次韻秦觀秀才見贈秦與孫莘老李公擇甚熟將入京應舉》，原詩此句下句爲「硬黄小字臨黄庭」。

閑吟繞屋扶疏句　坡〔一〕
不作諸家細碎詩　孔平仲〔二〕

〔一〕集自蘇軾《廣陵後園題申公扇子》，原詩此句下句爲「須信淵明是可人」。
〔二〕集自孔平仲《題老杜集》，此句亦作「不作諸家細碎語」，其上句爲「直侔造物并包體」。

諦觀香案旁邊吏　少游〔一〕
不作諸家細碎詩　孔平仲〔二〕

〔一〕集自秦觀《次韻東坡上元扈從三絶》，此句亦作「細看香案旁邊吏」，原詩此句下句爲「却是茅家大小君」。

〔二〕集自孔平仲《題老杜集》，此句亦作「不作諸家細碎語」，其上句爲「直侔造物并包體」。

此方定是神仙宅　　坡〔一〕

一室可爲安樂窩　　復古〔二〕

〔一〕集自蘇軾《宿建封寺曉登盡善亭望韶石三首》，原詩此句下句爲「禹亦東來隱會稽」。

〔二〕集自戴復古《訪趙東野》，原詩此句上句爲「四山便是清涼國」。

當時一段風流事　　復古〔一〕

應有千篇唱和詩　　坡〔二〕

〔一〕集自戴復古《寄復齋陳寺丞二首》，原詩此句下句爲「翻作相思一段愁」。

〔二〕集自蘇軾《次韻曹九章見贈》，原詩此句上句爲「雞豚異日爲同社」。

定知公等非凡客　　王庭珪〔一〕

曾向吟邊問古人　　復古〔二〕

〔一〕集自王庭珪《和胡觀光登酒樓》，原詩此句下句爲「要是人間第一流」。

〔二〕集自戴復古《論詩十絶》，原詩此句下句爲「詩家氣象貴雄渾」。

愛敬古梅如宿士　後村〔一〕
招呼明月到芳尊　坡〔二〕

〔一〕集自劉克莊《爲圃二首》，原詩此句下句爲「護持新笋似嬰兒」。
〔二〕集自蘇軾《新釀桂酒》，原詩此句上句爲「收拾小山藏社瓮」。

當時一段風流事　復古〔一〕
閑日共賦春容篇　攻媿〔二〕

〔一〕集自戴復古《寄復齋陳寺丞二首》，原詩此句下句爲「翻作相思一段愁」。
〔二〕集自朱熹《讀機仲景仁別後詩語因及詩傳綱目復用前韻》，原詩此句上句爲「十年燈下一夜語」。莫友芝誤爲樓鑰作。

交態不忘平日厚　韓維〔一〕
高懷猶有故人知　后〔二〕

〔一〕集自韓維《公時遺石榴》，原詩此句下句爲「歌聲猶似少年工」。
〔二〕集自陳師道《何郎中出黄公草書四首》，原詩此句上句爲「妙手不爲平世用」。

家風原與常人別　方岳〔一〕
壯觀應須好句誇　坡〔二〕

〔一〕集自方岳《遇李季子丈季子晦庵門人也》，此句亦作「家風終與常人別」，其下句爲「只聽芭蕉滴雨聲」。
〔二〕集自蘇軾《望海樓晚景五絶》，原詩此句上句爲「橫風吹雨入樓斜」。

立脚怕隨流俗轉　復古〔一〕
留心學到古人難　復古〔二〕

〔一〕集自戴復古《題姚顯叔南嶼書院》，原詩此句下句爲「留心學到古人難」。
〔二〕集自戴復古《題姚顯叔南嶼書院》，原詩此句上句爲「立脚怕隨流俗轉」。

時有諸生來問字　王庭珪〔一〕
閑無一事只栽花　文同〔二〕

〔一〕集自王庭珪《郭仲質南窗》，原詩此句下句爲「隔江猶聽講書聲」。
〔二〕集自文同《可笑口號》，原詩此句上句爲「可笑陵陽太守家」。

久知出處平生共　由〔一〕

又見賢良大對通　石介〔二〕

〔一〕集自蘇轍《同子瞻次過遠重字韻》，原詩此句上句爲「莫驚憂患爾來同」。

〔二〕集自石介《予與元均永叔君謨同年登科永叔尋人館閣元均今制策第君謨後磨勵元均事業獨予駑下因寄君謨》，原詩此句上句爲「尋聞館閣英聲出」。

四座歡欣觀酒德　谷〔一〕

一笻老健愜山竹　方岳〔二〕

〔一〕集自黄庭堅《謝答聞善二兄九絶句》，原詩此句下句爲「一燈明暗又詩成」。

〔二〕集自方岳《山中》，原詩此句上句爲「半塢幽深近物情」。

師已忘言真得道　坡〔一〕

詩憑寫意不求工　陳造〔二〕

〔一〕集自蘇軾《秀州報本禪院鄉僧文長老方丈》，此句亦作「師已忘言真有道」，其下句爲「我除搜句百無功」。

〔二〕集自陳造《自適三首》，原詩此句上句爲「酒可銷閑時得醉」。

寄與東皋多釀酒　張耒〔一〕

雅聞花光能畫梅　　山谷〔一〕

〔一〕集自張耒《離山陽入都寄徐仲車》，此句亦作「寄語東皋多釀酒」，其下句爲「待予歸日解行縢」。

〔二〕集自黄庭堅《花光仲仁出秦蘇詩卷思二國士不可復見開卷絶》，原詩此句下句爲「更乞一枝洗煩惱」。

舊游似夢徒能説　　坡〔一〕

未老求閑愈覺賢　　由〔二〕

〔一〕集自蘇軾《泗州除夜雪中黄師是送酥酒二首》，原詩此句下句爲「逐客如僧豈有家」。

〔二〕集自蘇轍《次韻王定國見贈》，原詩此句上句爲「南遷不折知非妄」。

其功神聖久乃覺　　與可〔一〕

願子篤實慎勿浮　　坡〔二〕

〔一〕集自文同《子平寄惠希夷陳先生服唐福山藥方因戲作雜言謝之》，原詩此句下句爲「筋牢體溢支節堅」。

〔二〕集自蘇軾《代書答梁先》，原詩此句下句爲「發憤忘食樂忘憂」。

能傳身後須文字　　李覯〔一〕

已向閑中作地仙　　坡〔二〕

〔二〕集自李覯《書懷寄介夫》，原詩此句下句爲「要識胸中只鬼神」。

〔三〕集自蘇軾《李行中秀才醉眠亭》，原詩此句下句爲「更於酒裏得天全」。

近浦人家隨曲折　誠〔一〕

他鄉耆舊飽知聞　張耒〔二〕

〔一〕集自楊萬里《金溪道中》，原詩此句下句爲「插秧天氣半陰晴」。

〔二〕集自張耒《遣興次韻和晁應之四首》，原詩此句上句爲「要路交親嗟隔闊」。

荷插相隨種瑶草　復古〔一〕

傳燈肯與留山房　方岳〔二〕

〔一〕集自戴復古《伏龍山民宋正甫湖山清隱乃唐詩人陳陶故圃曾景建作記俾僕賦詩》，此句亦作「荷鍤相隨種瑶草」，其上句爲「三椽可辦願卜鄰」。

〔二〕集自方岳《黄宰致江西詩雙井茶》，原詩此句上句爲「不離文字話祖意」。

不羞老圃秋容淡　韓琦〔一〕

只倚東風酒量寬　朱槔〔二〕

〔一〕集自韓琦《在北門重陽燕諸曹於後園有詩》，原詩此句下句爲「且看寒花晚節香」。

〔二〕集自朱槔《答戲昭文梅花》，原詩此句上句爲「詩人窮苦誰料理」。

我知此必蘊靈異　晁冲之〔一〕

心欲獨出無古初　永〔二〕

〔一〕集自晁冲之《同魯山韓丞觀女靈廟前險石》，原詩此句下句爲「何止懷藏易城玉」。

〔二〕集自歐陽修《絳守居園池》，原詩此句上句爲「異哉樊子怪可吁」。

酒面浮英愛芬馥　宛〔一〕

筆端有力任縱横　復古〔二〕

〔一〕集自梅堯臣《次韻和永叔飲余家詠枯菊》，原詩此句上句爲「鬢頭插蕊惜光輝」。

〔二〕集自戴復古《論詩十絶》，原詩此句上句爲「意匠如神變化生」。

絶境難到惟我共　坡〔一〕

高談可聽用心幽　復古〔二〕

〔一〕集自蘇軾《同正輔表兄游白水山》，原詩此句上句爲「念兄獨立與世疏」。

〔二〕集自戴復古《無爲山中鄭老家》，原詩此句下句爲「灼見此翁非俗流」。

得計須師彭澤叟　張耒〔一〕
逸書閑問濟南生　坡〔二〕

〔一〕集自張耒《寄楊應之》，原詩此句上句爲「遭刑每笑嵇叔夜」。
〔二〕集自蘇軾《和致仕張郎中春晝》，原詩此句上句爲「跪履數從圯下老」。

石崖細聽紅泉落　道潛〔一〕
玉麈閑揮白日長　永〔二〕

〔一〕集自釋道潛《夏日龍井書事》，原詩此句下句爲「林果初嘗碧柰新」。
〔二〕集自歐陽修《奉答子履學士見贈之作》，原詩此句上句爲「銅槽旋壓清樽美」。

庭前花枝笑自愛　王令〔一〕
筆下波瀾老欲平　坡〔二〕

〔一〕集自王令《春風》，原詩此句下句爲「風裏草力更相扶」。
〔二〕集自蘇軾《過泗上喜見張嘉父二首》，原詩此句上句爲「眉間冰雪照淮明」。

自提修綆汲千古　林景熙[一]

聊爲佳時舉一觴　永[二]

[一] 集自林景熙《餞盛影則教授》，原詩此句上句爲「潘江陸海一目盡」。

[二] 集自陸游《對食戲詠》，原詩此句上句爲「秋來幸是身强健」。莫氏誤作歐陽修詩句。

此處想非人所競　李覯[一]

仙源依舊地無塵　李覯[二]

[一] 集自李覯《蓬屋》，原詩此句下句爲「衆言千萬莫相攻」。

[二] 集自李覯《韓偓集有自撫州往南城縣舟行見拂水薔薇之詩南城吾鄉也因題八句》，原詩此句上句爲「往事幾多書不記」。

風力漸添帆力健　放[一]

詩情不與歲情闌　簡[二]

[一] 集自陸游《望江道中》，原詩此句下句爲「櫓聲常雜雁聲悲」。

[二] 集自陳與義《即席重賦且約再游二首》，原詩此句下句爲「春氣猶兼水氣寒」。

細看造物初無物　坡〔一〕

但得真傳敢浪傳　誠〔二〕

〔一〕集自蘇軾《次荆公韻四絶》，原詩此句下句爲「春到江南花自開」。

〔二〕集自楊萬里《爲王監簿先生求近詩》，原詩此句上句爲「新篇未許兒童誦」。

未成小隱聊中隱　坡〔一〕

但得真傳敢浪傳　誠〔二〕

〔一〕集自蘇軾《六月二十七日望湖樓醉書五首》，原詩此句下句爲「可得長閑勝暫閑」。

〔二〕集自楊萬里《爲王監簿先生求近詩》，原詩此句上句爲「新篇未許兒童誦」。

只有梅花一林月　方岳〔一〕

相逢柳色五湖天　坡〔二〕

〔一〕集自方岳《早春山中・元夕》，此句亦作「只是梅花一林月」，其下句爲「酒杯詩筆已無能」。

〔二〕集自蘇軾《和林子中待制》，原詩此句上句爲「共把鵝兒一樽酒」。

高名業已照六合　王庭珪〔一〕

新句如今更幾篇　誠[二]

〔一〕集自王庭珪《題宣和御畫》，原詩此句下句爲「賤子窮當隱半山」。

〔二〕集自楊萬里《寄廣東提刑林謙之司業》，原詩此句上句爲「故人一别還三歲」。

自提修綆汲千古　林景熙[一]

聊以新詩當一瓶　薛季宣[二]

〔一〕集自林景熙《餞盛影則教授》，原詩此句上句爲「潘江陸海一目盡」。

〔二〕集自薛季宣《從孫元式假定本韓文》，原詩此句上句爲「校讎歆向君無愧」。

淡著煙雲輕著雨　誠[一]

竹邊臺榭水邊亭　誠[二]

〔一〕集自楊萬里《社日南康道中》，原詩此句下句爲「近遮草樹遠遮山」。

〔二〕集自楊萬里《春晴懷故園海棠》，原詩此句下句爲「不要人隨只獨行」。

健來即行倦來睡　誠[一]

月自當空水自流　坡[二]

〔一〕集自楊萬里《書莫讀》，原詩此句上句爲「聽風聽雨都有味」。

〔二〕集自蘇軾《次韻徐仲車》，原詩此句上句爲「八年看我走三州」。

待約月明池上宿　坡〔一〕

却緣山色雨中添　誠〔二〕

〔一〕集自蘇軾《次韻王誨夜坐》，原詩此句上句爲「夜深同看水中天」。

〔二〕集自楊萬里《寒食雨中同舍人約游天竺得十六絶句呈陸務觀》，原詩此句上句爲「破雨游山也莫嫌」。

來去别無心外法　石〔一〕

平生自是箇中人　坡〔二〕

〔一〕集自范成大《題湘山大施堂》，此句亦作「來云别無心外法」，其下句爲「行藏休問塔中師」。

〔二〕集自蘇軾《李頎秀才善畫山以兩軸見寄仍有詩次韻答之》，原詩此句下句爲「欲向漁舟便寫真」。

細添六一泉中味　誠〔一〕

忽憶頭陀雲外人　谷〔二〕

〔一〕集自楊萬里《以六一泉煮雙井茶》，此句亦作「細參六一泉中味」，其下句爲「故有涪翁句子香」。

〔二〕集自黄庭堅《僧景宗相訪寄法王航禪師》，原詩此句下句爲「閉門作夏與僧過」。

來去别無心外法　石〔一〕

襟期且在醉時歌　方岳〔二〕

〔一〕集自范成大《題湘山大施堂》，原詩此句下句爲「行藏休問塔中師」。

〔二〕集自方岳《感懷》，此句亦作「襟期寫在醉時歌」，其上句爲「野處生成盤谷序」。

樓臺特起喧卑外　秦觀〔一〕

桃李未在交游中　唐更〔二〕

〔一〕集自秦觀《游龍門山次程公韻》，原詩此句下句爲「村落隨生指點中」。

〔二〕唐更，當爲唐庚。此聯集自唐庚《劍州道中見桃李盛開而梅花猶有存者》，原詩此句上句爲「向來開處是嚴冬」。

采藥會須逢薊子　坡〔一〕

杖藜時可過蘇端　簡〔二〕

〔一〕集自蘇軾《送杜介歸揚州》，原詩此句下句爲「問禪何處識龐翁」。

〔二〕集自陳與義《次韻張迪功春日》，原詩此句上句爲「從此不憂風雪厄」。

遥想人天會方丈　坡〔一〕
且陪風月賞西湖　趙抃〔二〕

〔一〕集自蘇軾《樂全先生生日以鐵拄杖爲壽二首》，原詩此句作「遥想人天會方丈」。「人天」原誤作「天人」，今據改；原詩此句其下句爲「衆中驚倒野狐禪」。
〔二〕集自趙抃《贈别周元忠秀才》，原詩此句上句爲「暫出林泉飛兩槳」。

旋出篇章陪樂府　林光朝〔一〕
聊同笑語説東坡　坡〔二〕

〔一〕集自林光朝《奉題游洋張明府流香亭時以薦章數下涉秋月馬首且欲西矣因以寄意云》，原詩此句下句爲「更憑花木續離騷」。
〔二〕集自蘇軾《留題蘭皋亭》，原詩此句上句爲「無復往來乘下澤」。

待尋前輩用心處　文同〔一〕
唤取詩人到酒邊　谷〔二〕

〔一〕集自文同《吴李堅甫中舍》，原詩此句下句爲「款由應須頻假借」。
〔二〕集自黄庭堅《戲和舍弟船場探春二首》，原詩此句上句爲「城南一段春如錦」。

遥想人天會方丈　坡〔一〕
更憑花木續離騷　林光朝〔二〕

〔一〕集自蘇軾《樂全先生生日以鐵拄杖爲壽二首》，原詩此句下句爲「衆中驚倒野狐禪」。
〔二〕集自林光朝《馬首且欲西矣因以寄意雲》，原詩此句上句爲「旋出篇章陪樂府」。

萬事盡還杯酒底　谷〔一〕
新詩不落語言間　朱子〔二〕

〔一〕集自黄庭堅《題太和南塔寺壁》，此句亦作「萬事盡還杯酒裏」，其下句爲「百年俱在大槐中」。
〔二〕集自朱熹《奉酬九日東峰道人溥公見贈之作》，原詩此句上句爲「一笑支郎又相惱」。

得句旋題新竹上　子美〔一〕
挂帆直走滄海邊　宛陵〔二〕

〔一〕集自蘇舜欽《秀州城外九里有竹樹小橋予十八年前與友人解晦叔飲别于此今過之景物依然而解生已亡悲嘆不足復成小詩》，原詩此句下句爲「移舟還傍亂花前」。
〔二〕集自梅堯臣《回自青龍呈謝師直》，原詩此句上句爲「起來整巾不稱意」。

雁蕩天台看得足　惠洪〔一〕
墨池書枕興無窮　石〔二〕

〔一〕集自惠洪《陳瑩中左司自丹丘欲家豫章至湓浦而止余自九峰往見之二首》，原詩此句下句爲「却搬兒女寄蓬窗」。
〔二〕集自范成大《客中呈幼度》，原詩此句上句爲「手板頭銜意已慵」。

詩人例合三閑月　方岳〔一〕
遠客來尋百結花　坡〔二〕

〔一〕集自方岳《月墅》，原詩此句下句爲「餘子從教百尺樓」。
〔二〕集自蘇軾《留題顯聖寺》，原詩此句上句爲「幽人自種千頭橘」。

會面只謀千日醉　晁補之〔一〕
從公已覺十年遲　坡〔二〕

〔一〕集自晁補之《胡戢秀才效歐陽公集古作琬琰堂》，原詩此句上句爲「曩時豪氣今誰在」。
〔二〕集自蘇軾《次荆公韻四絶》，原詩此句上句爲「勸我試求三畝宅」。

會面只謀千日醉　方岳〔一〕

得閑何惜一尊開　陳造〔一〕

〔一〕集自晁補之《胡戢秀才效歐陽公集古作琬琰堂》，原詩此句上句爲「曩時豪氣今誰在」，莫友芝誤爲方岳作。

〔二〕集自陳造《夏夜飲客》，原詩此句上句爲「矻矻官曹興易窮」。

持家但有四立壁　谷〔一〕

教子已爲千里駒　趙抃〔二〕

〔一〕集自黄庭堅《寄黄幾復》，原詩此句下句爲「治病不蘄三折肱」。

〔二〕集自趙抃《贈别周元忠秀才》，原詩此句下句爲「窮經不治五畝宅」。

且同月下三人影　坡〔一〕

惟有胸中萬卷書　由〔二〕

〔一〕集自蘇軾《和方南圭寄迓周文之三首》，原詩此句下句爲「聊豁一作莫作天涯萬里心」。

〔二〕集自蘇轍《醉眠亭》，原詩此句上句爲「是非一醉了無餘」。

閉門剩草三千牘　坡〔一〕

繞澗新添數百竿　葉夢得〔二〕

〔一〕集自蘇軾《次韻子由送千之侄》，此句亦作「閉門試草三千牘」，其下句爲「仄席求人少似今」。
〔二〕集自葉夢得《徐惇濟書報嘗過余石林》，原詩此句下句爲「故人書爲報平安」。

揮毫屢草三千字　　汪元量〔一〕
繞澗新添數百竿　　夢得〔二〕

〔一〕集自汪元量《初庵傅學士歸田裏》，此句亦作「揮毫屢掃三千字」，其下句爲「把酒時呼十四弦」。
〔二〕集自葉夢得《徐惇濟書報嘗過余石林》，原詩此句下句爲「故人書爲報平安」。

還家剩草三千牘　　誠〔一〕
繞澗新添數百竿　　夢得〔二〕

〔一〕集自楊萬里《送王文伯上舍歸豐城兼簡何侍郎》，原詩此句下句爲「看策平津第一勳」。
〔二〕集自葉夢得《徐惇濟書報嘗過余石林》，原詩此句下句爲「故人書爲報平安」。

新詩草聖俱入妙　　坡〔一〕
近水遠山皆有情　　子美〔二〕

〔一〕集自蘇軾《送顏復兼寄王鞏》，此句亦作「清詩草聖俱如妙」，其下句爲「別後寄我書連紙」。

〔二〕集自蘇舜欽《過蘇州》，原詩此句上句爲「緑楊白鷺俱自得」。

攜子弄孫同白首　李端叔〔一〕

折梅傾酒著斑衣　谷〔二〕

〔一〕集自李之儀《蘇子瞻因膠西趙明叔賦薄薄酒杜孝錫晁堯民黄魯直從而有作孝錫復以屬予意則同也聊以廣之》。

〔二〕集自黄庭堅《題徐氏姑壽安君壽梅亭》，原詩此句上句爲「生育劬勞安可報」。

古人妙處君全得　劉子翬〔一〕

直道自任心不紆　蘇子谷〔二〕

〔一〕集自劉子翬《吴傳朋游絲帖歌》，此句亦作「古人妙處君潛得」，原詩此句上句爲「定知苗裔出飛白」。

〔二〕集自蘇頌《次韻蘇子瞻學士臘日游西湖》，原詩此句上句爲「是社稷臣魯顓臾」。

且與先生説烏有　坡〔一〕

發爲言語自超然　復古〔二〕

〔一〕集自蘇軾《贈李兕彦威秀才》，原詩此句上句爲「世間萬事寄黄粱」。

〔二〕集自戴復古《論詩十絶》，此句亦作「發爲言句自超然」，其上句爲「個裏稍關心有悟」。

白髮蒼頭略相似　坡〔一〕
春風秋月自依然　韓魏公〔二〕

〔一〕集自蘇軾《送沈逵赴廣南》，此句亦作「白髮蒼顔略相似」，其上句爲「相逢握手一大笑」。
〔二〕集自韓琦《和春卿學士柳枝詞》，原詩此句上句爲「長使離魂容易斷」。

風流文采故應爾　誠〔一〕
繁艷清香自得之　韓維〔二〕

〔一〕集自楊萬里《送蜀士張之源二子維焘中童子科西歸》，原詩此句下句爲「又見張家雙驥子」。
〔二〕集自韓維《和太素同看梅花寄子華》，此句亦作「繁艷清香自得子」，其上句爲「寒林凍卉誰觀者」。

文學縱横乃如此　谷〔一〕
劇談精壯故依然　由〔二〕

〔一〕集自黄庭堅《送少章從翰林蘇公餘杭》，原詩此句下句爲「故應當家有季子」。
〔二〕集自蘇轍《送任師中通判黄州》，原詩此句上句爲「一别都門今五年」。

更約梅花作渠伴　誠〔一〕

自題蘭帖記春新　方岳〔一〕

〔一〕集自楊萬里《釣雪舟中霜夜望月》，原詩此句下句爲「中秋不是欠此段」。

〔二〕集自方岳《立春》，原詩此句上句爲「香沁彩鞭旗脚轉」。

十年揩洗見真妄　谷〔一〕

二老風流入畫圖　朱松〔二〕

〔一〕集自蘇軾《孔毅甫以詩戒飲酒問買田且乞墨竹次其韻》，原詩此句下句爲「石女無兒焦穀槁」，莫子偲誤爲黄庭堅作。

〔二〕集自朱松《次張演翁林元惠韻》，原詩此句上句爲「朱門小駐使君車」。

句裏江山隨指顧　后〔一〕

堂前水竹湛清華　谷〔二〕

〔一〕集自陳師道《次韻夏日》，原詩此句下句爲「舌端幽眇致張惶」。

〔二〕集自黄庭堅《稚川約晚過進叔次前韻贈稚川并呈進叔》，原詩此句上句爲「道上風埃迷皂白」。

不肯低心事鐫鑿　子美〔一〕

更招幽鳥細商量　誠〔一〕

〔一〕集自蘇舜欽《贈釋秘演》，原詩此句下句爲「直欲淡泊趨杳冥」。

〔二〕集自楊萬里《新暑追凉》，原詩此句上句爲「待等老夫親勘當」。

多爲峭句不姿媚　王令〔一〕

却向吟邊呈鋒芒　鄭俠〔二〕

〔一〕集自王令《贈慎東美伯筠》，原詩此句下句爲「天骨老硬無皮膚」。

〔二〕集自鄭俠《賦公悦席上事送周如京》，此句亦作「却向吟筆呈鋒芒」，原詩此句上句爲「龍韜虎略何處藏」。

燈火詩書如夢寐　谷〔一〕

鵷鸞臺閣盡豪英　文潛〔二〕

〔一〕集自黄庭堅《次韻外舅謝師厚喜王正仲三丈奉詔禱南嶽回至襄陽捨驛馬就舟見過三首》，原詩此句下句爲「麒麟圖畫屬浮雲」。

〔二〕集自張耒《離光山驛》，原詩此句上句爲「老得一州藏拙去」。

不肯低心事鐫鑿　子美〔一〕

始知真放本精微　坡[一]

[一]集自蘇舜欽《贈釋秘演》，原詩此句下句爲「直欲淡泊趨杳冥」。

[二]集自蘇軾《子由新修汝州龍興寺吳畫壁》，原詩此句下句爲「不比狂花生客慧」。

明窗深室皆嚴靚　陳造[一]

細草幽花入獻酬　少游[二]

[一]集自陳造《檢早宿香雲》，原詩此句下句爲「白菊紅蕖相媚嫵」。

[二]集自秦觀《次韻劉遜父以寧齋詩二軸作以還之》，原詩此句上句爲「明珠白璧堪投報」。

句裏江山隨指顧　后[一]

波間鷗鷺劇風流　陳造[二]

[一]集自陳師道《次韻夏日》，原詩此句下句爲「舌端幽眇致張惶」。

[二]集自陳造《歸敷老秋》，原詩此句上句爲「霜後峰巒添峭措」。

居士無塵堪洗沐　坡[一]

梅花得雪更清妍　誠[二]

〔一〕集自蘇軾《贈虔州慈雲寺鑒老》，原詩此句下句爲「道人有句借宣揚」。

〔二〕集自楊萬里《慶長叔招飲一杯未釂雪聲璀然即席走筆賦十詩》，原詩此句下句爲「折入燈前細拈看」。

作民父母今得職　谷〔一〕

滿座風月來相親　孔武仲〔二〕

〔一〕集自黄庭堅《答永新宗令寄石耳》，原詩此句上句爲「佩刀買犢劍買牛」。

〔二〕集自孔武仲《閣下觀峴山圖》，原詩此句上句爲「神功妙手如唤覺」。

作民父母今得職　谷〔一〕

滿席圖書不廢勤　平仲〔二〕

〔一〕集自黄庭堅《答永新宗令寄石耳》，原詩此句上句爲「佩刀買犢劍買牛」。

〔二〕集自孔平仲《晝眠呈夢錫》，原詩此句上句爲「諸生弦誦何妨静」。

本無物累那成癖　韓騎〔一〕

須信詩情不可違　文同〔二〕

〔一〕韓騎，當作「韓駒」，係刻本所誤。此聯集自韓駒《利濟橋亭詩》，原詩此句下句爲「肯借人書未必痴」。

〔二〕集自文同《安仁道中早行》，原詩此句上句爲「此間好像皆新得」。

養成心性方能静　徐璣〔一〕
實用人材即至公　谷〔二〕

〔一〕集自徐璣《贈趙師秀》，原詩此句下句爲「化得妻兒不説貧」。
〔二〕集自黄庭堅《病起荆江亭即事十首》，原詩此句上句爲「不須要出我門下」。

本無物累那成癖　韓駒〔一〕
實用人材即至公　谷〔二〕

〔一〕集自韓駒《利濟橋亭詩》，原詩此句下句爲「肯借人書未必痴」。
〔二〕集自黄庭堅《病起荆江亭即事十首》，原詩此句上句爲「不須要出我門下」。

已潔心源超世表　徐鉉〔一〕
只將詩句答年華　簡〔二〕

〔一〕「徐鉉」當爲「徐鉉」，刻本誤刻。集自徐鉉《奉和武功學士舍人紀贈文懿大師浄公》，原詩此句下句爲「却緣詩句有時名」。

〔二〕集自陳與義《清明》，原詩此句上句爲「不用秋千與蹴踘」。

招携好客供談笑　后〔一〕
領略古法生新奇　谷〔二〕

〔一〕集自陳師道《隱者郊居》，原詩此句下句爲「拆補新詩擬獻酬」。
〔二〕集自黄庭堅《次韻子瞻和子由觀韓幹馬因論伯時畫天馬》，原詩此句上句爲「李侯一顧嘆絶足」。

誰人敢議清風價　韓琦〔一〕
閑客猶懷愛物心　放〔二〕

〔一〕集自韓琦《北塘避暑》，原詩此句下句爲「無樂能過百日閑」。
〔二〕集自陸游《賞花》，原詩此句上句爲「衰翁何預傷春事」。

高人處士心澹泊　由〔一〕
古木參天氣老成　道潛〔二〕

〔一〕集自蘇轍《和子瞻東陽水樂亭歌》，此句亦作「高人處世心淡泊」，原詩此句下句爲「衆聲過耳皆爲樂」。
〔二〕集自道潛《題宗室公震防禦畫後》，此句亦作「古木攙天氣老成」，原詩此句上句爲「蒹葭照雪含餘潤」。

是處園林可行樂　　復古〔一〕

一時詩酒寄同遊　　復古〔二〕

〔一〕集自戴復古《去年訪曾幼卿通判携歌舞者同遊鳳山僕有歌舞不容人不醉樽前方見董嬌嬈之句今歲到鳳山又辟西隅築堤種柳新作數亭且欲建藏書閣後堂佳麗皆屏去之矣僕嘉其志又有數語併録之》，原詩此句下句爲「同來賓客不須招」。

〔二〕集自戴復古《寄廣西漕陳魯叟詰院》，此句亦作「一時詩酒記同游」，其上句爲「回首元龍百尺樓」。

但空賀監杯中物　　坡〔一〕

更擬東坡嶺外文　　簡〔二〕

〔一〕集自蘇軾《次韻答劉景文左藏》，原詩此句下句爲「莫示孫郎帳下兒」。

〔二〕集自陳與義《度嶺》，原詩此句作「更擬東坡嶺外文」，光緒刻本將「文」作「支」，今據改；原詩此句上句爲「已吟子美湖南句」。

平生獨以文字樂　　宛〔一〕

孝友未要時人知　　誠〔二〕

〔一〕集自梅堯臣《塗中寄上尚書晏相公二十韻》，原詩此句下句爲「曾未敢恥貧賤爲」。

〔二〕集自楊萬里《題蕭端虛和樂堂》，原詩此句上句爲「紫荆花開連理枝」。

心清自覺官曹簡　徐鉉〔一〕
詩就還隨驛使來　半〔二〕

〔一〕「徐鉉」當爲「徐鉉」，刻本誤刻。此聯集自徐鉉《和錢秘監與邊》，原詩此句下句爲「院静先知節候凉」。
〔二〕集自王安石《寄袁州曹伯玉使君》，原詩此句上句爲「政成定入邦人詠」。

細參六一泉中味　誠〔一〕
更擬東坡嶺外文　簡〔二〕

〔一〕集自楊萬里《以六一泉煮雙井茶》，原詩此句下句爲「故有涪翁句子香」。
〔二〕集自陳與義《度嶺》，原詩此句上句爲「已吟子美湖南句」。

屢出詩章新管籥　由〔一〕
永懷江海舊漁樵　由〔二〕

〔一〕集自蘇轍《次韻王定國見贈》，原詩此句下句爲「偶開畫卷小山川」。
〔二〕集自蘇轍《五月一日同子瞻轉對》，原詩此句上句爲「羸病不堪金束腰」。

詩眼頓驚春富貴　方岳〔一〕
舫齋賴有小溪山　谷〔二〕

〔一〕集自方岳《次韻牡丹》，原詩此句下句爲「雨侵衫袖不知寒」。

〔二〕集自黄庭堅《次韻寄滑州舅州》，此句亦作「舫齋聞有小溪山」，其下句爲「便是壺公謫處天」。

插花醉照濂溪井　誠〔一〕
拄笏看度南山雲　谷〔二〕

〔一〕集自楊萬里《曲江重陽》，原詩此句下句爲「吹發慵登帽子峰」。

〔二〕集自黄庭堅《送謝公定作竟陵主簿》，原詩此句上句爲「安知四海習鑿齒」。

已潔心源超世表　徐鉉〔一〕
不將俗物礙天真　少游〔二〕

〔一〕集自徐鉉《奉和武功學士舍人紀贈文懿大師净公》，原詩此句下句爲「却緣詩句有時名」。刻本將徐鉉之「鉉」誤爲「鉉」，今改。

〔二〕集自秦觀《别子瞻》，原詩此句下句爲「北斗已南能幾人」。

如此江山快人意　汪元量〔一〕

故應琴鶴是家傳　坡〔二〕

〔一〕集自汪元量《隆慶府》，原詩此句下句爲「滿船載酒下潼川」。

〔二〕集自蘇軾《題李伯時畫趙景仁琴鶴圖二首》，原詩此句上句爲「清獻先生無一錢」。

欲將文字寫物象　文與可〔一〕

疑是神仙接塵談　林景熙〔二〕

〔一〕集自文同《再和》，原詩此句下句爲「當截無限春江蒲」。

〔二〕集自林景熙《訪僧鄰庵次韻》，原詩此句上句爲「寂寥午夜松風響」。

晤言相與入聖處　半〔一〕

可喜正在無機心　谷〔二〕

〔一〕集自王安石《寄王逢原》，原詩此句下句爲「一取萬古光芒回」。

〔二〕集自黄庭堅《贈趙言》，原詩此句上句爲「向人忠信去表襮」。

中含太古不盡意　攻媿〔一〕

得讀人間未見書　谷〔二〕

〔一〕集自樓鑰《催老融墨戲》，原詩此句下句爲「筆墨超然絶畦徑」。

〔二〕集自黄庭堅《次韻元翁從王夔玉借書》，原詩此句上句爲「常思天下無雙祖」。

從來世味聊復爾　石〔一〕

力自樹立非由它　韓維〔二〕

〔一〕集自范成大《體中不佳偶書》，原詩此句下句爲「此去官身如老何」。

〔二〕集自韓維《答曼叔見謝潁橋相過之什》，原詩此句上句爲「吾交曼叔少挺出」。

銀管題詩紛滿帙　益公〔一〕

赤泥印酒新開緘　永〔二〕

〔一〕集自周必大《邦衡再送皇字韻詩來次韻》，原詩此句下句爲「金釵度曲儼分行」。

〔二〕集自歐陽修《聖俞會飲》，原詩此句上句爲「滑公井泉釀最美」。

癡頑直爲多更事　放〔一〕

老健猶能不負春　放〔二〕

〔一〕集自陸游《閑中偶題》，原詩此句下句爲「莫怪胸懷抵死寬」。

〔二〕集自陸游《春日雜賦》，原詩此句上句爲「窮忙自笑常終日」。

萬事早知皆有命　誠〔一〕

一樽得與細論文　谷〔二〕

〔一〕集自蘇軾《送安惇秀才失解西歸》，原詩此句下句爲「十年浪走寧非痴」。莫友芝誤爲楊萬里作。

〔二〕集自楊萬里《送王文伯上舍歸豐城兼簡何侍郎》，其上句爲「千里端能來命駕」，莫友芝誤爲黄庭堅作。

十年不見猶如此　谷〔一〕

四時之樂渠未央　米芾〔二〕

〔一〕集自黄庭堅《閏月訪同年李夷伯子真於河上子真以詩謝次韻》，原詩此句下句爲「未覺斯人嘆滯留」。

〔二〕集自米芾《寄薛郎中紹彭》，原詩此句上句爲「持此以爲風月伴」。

即事想多梅蕊句　石〔一〕

分香欲滿錦樹園　半〔二〕

〔一〕集自范成大《謝江東漕楊廷秀秘監送江東集并索近詩二首》，原詩此句下句爲「有誰堪共桂花樽」。

〔二〕集自王安石《和中甫兄春日有感》，原詩此句下句爲「剪彩休開寶刀室」。

汗竹香中翻墨汁　誠〔一〕

白鷗群裏歌滄浪　復古〔二〕

〔一〕集自楊萬里《書黄廬陵伯庸詩卷》，原詩此句下句爲「扶桑梢上拄頭巾」。

〔二〕集自戴復古《圃曾景建作記俾僕賦詩》，原詩此句上句爲「百花洲上萬垂楊」。

力行古義不顧俗　文潛〔一〕

乞得仙方必有功　王禹偁〔二〕

〔一〕集自張耒《讀守道詩》，此句亦作「日行古義不顧俗」，原詩此句下句爲「師事孫子傳其經」。

〔二〕集自王禹偁《翰林畢學士寄示醫瘻藥方因題四韻兼簡兩制諸知》，原詩此句上句爲「預憂囊瘻病龍鍾」。

已全真氣能從俗　徐鉉〔一〕

學得養生通治民　谷〔二〕

〔一〕集自徐鉉《寄玉笥山沈道士》，原詩此句下句爲「不墜家風善賦詩」。

〔二〕集自黄庭堅《五老亭》，原詩此句上句爲「一樽相對是賓友」。

吹襟洗鬢清如水　平仲〔一〕
修竹疏花宛似春　道潛〔二〕

〔一〕集自孔平仲《晚集城樓》，原詩此句上句爲「海風蕭蕭東萬里」。
〔二〕集自道潛《淮上》，原詩此句上句爲「小航泊處誰家住」。

掃除萬事付諸命　文潛〔一〕
卓犖高才獨見君　半〔二〕

〔一〕集自張耒《寄楊應之》，原詩此句下句爲「收拾至樂歸之酒」。
〔二〕集自王安石《思王逢原三首》，原詩此句上句爲「布衣阡陌動成群」。

天上列星當亦喜　坡〔一〕
眼前尊酒未宜輕　谷〔二〕

〔一〕集自蘇軾《觀開西湖次吴左丞韻》，原詩此句下句爲「月明時下浴晴波」。
〔二〕集自黄庭堅《和師厚郊居示里中諸君》，此句亦作「眼前樽酒未宜輕」，其上句爲「身後功名空自重」。

是處園林可行樂　復古〔一〕

眼前尊酒未宜輕　谷〔一〕

〔一〕集自戴復古《去年訪曾幼卿通判携歌舞者同游鳳山僕有歌舞不容人不醉樽前方見董嬌嬈之句今歲到鳳山又辟西隅築堤種柳新作數亭且欲建藏書閣後堂佳麗皆屏去之矣僕嘉其志又有數語并録之》，原詩此句下句爲「同來賓客不須招」。

〔二〕集自黄庭堅《和師厚郊居示里中諸君》，此句亦作「眼前樽酒未宜輕」，其上句爲「身後功名空自重」。

湖上軒窗無不好　永〔一〕

袖中文字細作行　永〔二〕

〔一〕集自楊萬里《上巳同沈虞卿尤延之王順伯林景思游春湖上隨和韻得絶句呈之同社》，莫氏誤將此詩當歐陽修作，原詩此句下句爲「何須抵死揀名園」。

〔二〕集自楊萬里《送鄒元升歸安福》，莫氏誤將此詩當歐陽修作，原詩此句下句爲「讀來病眼生寒光」。

枕上溪山猶可見　坡〔一〕

袖中文字細作行　永〔二〕

〔一〕集自蘇軾《次韻趙令鑠》，原詩此句下句爲「門前冠蓋已相望」。

〔二〕集自楊萬里《送鄒元升歸安福》，莫氏誤將此詩當歐陽修作，原詩此句上句爲「讀來病眼生寒光」。

家藏萬卷須盡讀　由〔一〕
月與高人本有期　坡〔二〕

〔一〕集自蘇轍《次韻子瞻特來高安相别先寄遲適遠却寄邁迨過逐》，原詩此句下句爲「此外一簪無所恃」。
〔二〕集自蘇軾《和文與可洋川園池三十首・待月臺》，原詩此句下句爲「掛檐低户映蛾眉」。

青杏勸君重酌酒　王禹偁〔一〕
紫荷領客共看花　放〔二〕

〔一〕集自王禹偁《三月廿七日偶作簡仲咸》，原詩此句下句爲「牡丹邀我且尋春」。
〔二〕集自戴復古《董侍郎山園燕樓宗丞》，原詩此句上句爲「皂蓋出郊因問柳」，莫子偲誤爲陸游作。

看取古來良吏迹　韓維〔一〕
自言近讀養生書　張耒〔二〕

〔一〕集自韓維《送劉景元觀察守襄陽》，原詩此句下句爲「蒼碑突兀峴山巔」。
〔二〕集自張耒《再寄》，原詩此句下句爲「頗學仙人餌芝術」。

自慚把筆初成字　益公〔一〕

還道同時須服膺　坡〔一〕

〔一〕集自梅堯臣《依韻和永叔澄心堂紙答劉原甫》，此句亦作「自慚把筆粗成字」，原詩此句下句爲「安可遠與鍾王陪」。莫友芝誤爲周必大作。

〔二〕集自蘇軾《孫莘老求墨妙亭詩》，原詩此句上句爲「他年劉郎憶賀監」。

時有好懷誇得句　石〔一〕

每逢佳客便開筵　韓維〔二〕

〔一〕集自范成大《病起初見賓僚時上疏丐祠未報》，原詩此句下句爲「略無情語怕回書」。

〔二〕集自韓維《再和堯夫同前》，此句亦作「每逢嘉客便開筵」，原詩此句上句爲「教得新聲十二弦」。

多爲峭句不姿媚　王令〔一〕

抄得新書自校讎　徐鉉〔二〕

〔一〕集自王令《贈慎東美伯筠》，原詩此句下句爲「天骨老硬無皮膚」。

〔二〕集自徐鉉《和清源太保寄湖州潘郎中》，原詩此句上句爲「醞成春酒誰斟酌」。

但令無事長相見　程俱〔一〕

剩作新詩與細論　葉夢得〔二〕

〔一〕集自程俱《戊午歲九日復與叔問登城樓再用前韻作》，原詩此句下句爲「敢嘆百年生有涯」。

〔二〕集自葉夢得《戲方仁聲四絶句》，原詩此句上句爲「雲邊此意真誰解」。

大筆直能挾風雨　益公〔一〕

題詩不用著功夫　簡〔二〕

〔一〕集自周必大《次韻天官韓尚書七月十八日風雨中觀潮予内直不赴》，此句亦作「大筆直能扶急雨」，原詩此句下句爲「小才何敢助涓埃」。

〔二〕集自陳與義《秋試院將出書所寓窗》，原詩此句上句爲「百世窗明窗暗裏」，莫子偲誤爲楊萬里作。

筆下江山轉葱蒨　朱子〔一〕

堂前水竹湛清華　谷〔二〕

〔一〕集自朱熹《題祝生畫》，原詩此句上句爲「眼明骨輕須不變」。

〔二〕集自黄庭堅《稚川約晚過進叔次前韻贈稚川并呈進叔》，原詩此句上句爲「道上風埃迷皂白」。

賴有春風能領略　放〔一〕

頗於函丈得精微　後村[二]

[一] 集自陸游《寒食》，原詩此句下句爲「一生相伴遍天涯」。

[二] 集自劉克莊《題鄭寧文卷》，原詩此句上句爲「昔侍西山講習時」。

令與山川相映發　石[一]

聽教魚鳥逐飛沈　谷[二]

[一] 集自范成大《萬景樓》，原詩此句上句爲「仍添詩客依欄看」。

[二] 集自黄庭堅《次韻蓋郎中率郭郎中休官二首》，原詩此句上句爲「付與兒孫知伏臘」。

賴有春風能領略　放[一]

更招幽鳥細商量　誠[二]

[一] 集自陸游《寒食》，原詩此句下句爲「一生相伴遍天涯」。

[二] 集自楊萬里《新暑追凉》，原詩此句上句爲「待等老夫親勘當」。

碧落翠微好將息　誠[一]

玉濤銀浪相徘徊　坡[二]

〔一〕集自楊萬里《祗承敕召還京題江西道院》，原詩此句下句爲「清風明月夢中看」。

〔二〕集自蘇軾《觀湖二首》，原詩此句上句爲「朝陽照水紅光開」。

方外談笑無畛域　平仲〔一〕

詩家權柄敵陶鈞　王禹偁〔二〕

〔一〕集自孔武仲《君表自西林還城中以詩二首爲别》，此句亦作「方外笑談無畛域」，原詩此句下句爲「雨餘泉石長精神」。莫友芝誤爲孔平仲作。

〔二〕集自王禹偁《前賦春居雜興詩二首間半歲不復省視因長男嘉佑讀杜工部集見語意頗有相金者咨於予且意予竊之也予喜而作詩聊以自賀》，原詩此句上句爲「命屈由來道日新」。

能以新詩出古律　宛〔一〕

清於雪椀映冰甌　誠〔二〕

〔一〕集自梅堯臣《高車再過謝永叔内翰》，此句亦作「邀以新詩出古律」，其下句爲「霜髯屢頷摇寒松」。

〔二〕集自楊萬里《答提點綱馬驛程劉修武翰》，此句亦作「清于雪杭映冰甌」，其上句爲「解道征鴻數字秋」。

自謂琴書增道氣　平仲〔一〕

且收風景屬詩人　王禹偁〔二〕

〔一〕集自孔平仲《小庵初成奉酬元師》，此句亦作「自有琴書增道氣」，其下句爲「別開世界在仙壺」。

〔二〕集自王禹偁《送張監察通判餘杭》，原詩此句上句爲「莫放霜威誇御史」。

肯尋冷淡做生活　谷〔一〕

所以鐫鑿無瑕痕　永〔二〕

〔一〕集自黄庭堅《絶句》，原詩此句下句爲「定是著書揚子雲」。

〔二〕集自歐陽修《菱溪大石》，原詩此句上句爲「沙磨水激自穿穴」。

從來勝絶皆離俗　宛〔一〕

不必勉强方通神　半〔二〕

〔一〕集自梅堯臣《次韻和吴季野題岳上人澄心亭》，原詩此句下句爲「未有幽深不屬僧」。

〔二〕集自王安石《吴長文新得顔公壞碑》，原詩此句上句爲「但疑技巧有天得」。

不似餘芳資假借　韓琦〔一〕

始知真放本精微　坡〔二〕

〔一〕集自韓琦《和袁陟節推龍興寺芍藥》，原詩此句上句爲「天上人間少其比」。
〔二〕集自蘇軾《子由新修汝州龍興寺吴畫壁》，原詩此句下句爲「不比狂花生客慧」。

能招過客飲文字　半〔一〕
相與此地吟江湖　半〔二〕

〔一〕集自王安石《和王微之登高齋三首》，原詩此句下句爲「山水又足供歡咍」。
〔二〕集自王安石《杭州修廣師法喜堂》，此句亦作「相與此處吟山湖」，其上句爲「會將築室返耕釣」。

此緣遮盡不到眼　谷〔一〕
宿習猶存爲愛詩　放〔二〕

〔一〕集自黄庭堅《疊屏巖》，原詩此句下句爲「幽事相引頗關情」。
〔二〕集自陸游《山房》，原詩此句上句爲「家資屢罄緣耽酒」。

愛畫工夫亦成癖　谷〔一〕
作詩閟放莫可攀　永〔二〕

〔一〕集自黄庭堅《觀劉永年團練畫角鷹》，原詩此句上句爲「劉侯才勇世無敵」。

〔二〕集自歐陽修《和子履游泗上雍家園》，原詩此句上句爲「君之襟尚我同好」。

時有好懷誇得句　石〔一〕
徐觀妙語可書紳　益公〔二〕

〔一〕集自范成大《病起初見賓僚時上疏丐祠未報》，原詩此句下句爲「略無情語怕回書」。
〔二〕集自周必大《曾英發揮幹頃携二詩相遇今復寄贈大篇且惠漢唐金石刻輒次前韻道謝》，原詩此句上句爲「驟獲斷碑勝與縞」。

爲愛君詩被花惱　坡〔一〕
欲酬琴價約僧評　石〔二〕

〔一〕集自蘇軾《和秦太虛梅花》，原詩此句上句爲「東坡先生心已灰」。
〔二〕集自陸游《冬晚山房書事》，原詩此句上句爲「未辨藥苗逢客問」。莫友芝誤爲范成大作。

不惜珠璣與揮掃　少游〔一〕
正緣風味得淹留　后〔二〕

〔一〕集自秦觀《和黄法曹憶建溪梅花》，原詩此句上句爲「誰云廣平心似鐵」。

〔二〕集自陳師道《隱者郊居》，原詩此句上句爲「不謂江山開悒怏」。

忽有好詩生眼底　簡〔一〕

莫將閑事縈心田　張詠〔二〕

〔一〕集自陳與義《春日二首》，原詩此句下句爲「安排句法已難尋」。

〔二〕集自張詠《與進士宋嚴話別》，原詩此句上句爲「人生通塞未可保」。

靜拂小屏圖女几　張耒〔一〕

更書香草讀離騷　放〔二〕

〔一〕集自張耒《水軒書事招壽安僚友》，原詩此句下句爲「就書新竹記離騷」。

〔二〕集自陸游《初歸雜詠》，此句亦作「更書香草續離騷」，其上句爲「盡疏珍禽添爾雅」。

憑將袖裏數行字　朱子〔一〕

長作亭中五色霞　與可〔二〕

〔一〕集自朱熹《次晦叔寄弟韻二首》，原詩此句下句爲「與問雲間雙髻仙」。

〔二〕集自文同《可笑口號》，原詩此句上句爲「已開漸落并才發」。

令與山川相映發　石[一]
信知天地有精英　後村[二]

[一] 集自范成大《萬景樓》，原詩此句上句爲「仍添詩客倚闌看」。
[二] 集自劉克莊《獲硯》，原詩此句上句爲「二硯温如玉琢成」。

高人避喧守幽獨　永[一]
遠意相傳接渺茫　沈與求[二]

[一] 集自歐陽修《希真堂東手種菊花十月始開》，原詩此句下句爲「淑女静容修窈窕」。
[二] 集自沈與求《舟過荻塘》，原詩此句上句爲「野航春入荻芽塘」。

不惜珠璣與揮掃　少游[一]
亦當風月爲流連　武仲[二]

[一] 集自秦觀《和黄法曹憶建溪梅花》，原詩此句上句爲「誰云廣平心似鐵」。
[二] 集自孔武仲《湘上二首》，此句亦作「亦當風月爲留連」，其上句爲「尺水片雲今我有」。

呼酒拈花談舊句　誠[一]

焚香清坐讀唐詩　誠〔二〕

〔一〕集自楊萬里《和彭仲莊對牡丹上酒》，此句亦作「呼酒拈花談舊事」，其下句爲「牡丹匹似夢中看」。

〔二〕集自楊萬里《中元日午》，原詩此句上句爲「上圃追凉還得熱」。

乃知神仙非智巧　程俱〔一〕

乞與丹青畫怪奇　放〔二〕

〔一〕集自程俱《讀神仙傳》，原詩此句下句爲「積功累行如郊鎬」。

〔二〕集自陸游《暇日行城上同行追不能及》，原詩此句上句爲「高吟醉舞忘歸去」。

欲和佳篇寄相憶　平仲〔一〕

歡參真理莫多談　韓駒〔二〕

〔一〕集自孔平仲《次韻孫亨甫見寄》，原詩此句下句爲「韻嚴詞峭不容攀」。

〔二〕集自韓駒《次韻何文縝舍人後省致齋》，原詩此句上句爲「追記舊游時一笑」。

百篇出篋自新得　后〔一〕

六字持身已有餘　后〔二〕

〔一〕集自陳師道《謝賓閣梨見訪》，原詩此句下句爲「一鉢隨身依舊貧」。
〔二〕集自陳師道《次韻回山人贈沈東老二首》，原詩此句上句爲「一杯領意不須沽」。

畫圖突兀亦可怪　子美〔一〕
杯酒殷勤莫厭深　孫覿〔二〕

〔一〕集自蘇舜欽《和菱蹊石歌》，此句亦作「畫圖突兀亦頗怪」，原詩此句下句爲「張之屋壁驚心魂」。
〔二〕集自孫覿《疏山寺次白文林韻》，原詩此句上句爲「天涯流落相逢地」。

便當種朮長成酒　文潛〔一〕
何處逢春不見花　文潛〔二〕

〔一〕集自張耒《暮春》，此句作「便當種秫長成酒」，原詩此句下句爲「遠學陶潛過此生」。
〔二〕集自張耒《縣齋》，原詩此句上句爲「但知得醉頻沽酒」。

商略晚窗須小醉　放〔一〕
發揮春色有新詩　少游〔二〕

〔一〕集自陸游《三月二十日晚酌》，原詩此句下句爲「朱櫻青店正嘗新」。

〔二〕集自秦觀《次韻朱李二君見寄二首》，原詩此句上句爲「尚賴故人遥省憶」。

碧落翠微好將息　誠〔一〕

紅蓮緑水本優游　平仲〔二〕

〔一〕集自楊萬里《祗承敕召還京題江西道院》，原詩此句下句爲「清風明月夢中看」。

〔二〕集自孔平仲《寄常父》，原詩此句下句爲「清絶東南七寶州」。

久藏勝境因人發　平仲〔一〕

時使清香拂面來　韓維〔二〕

〔一〕集自孔平仲《西軒》，原詩此句下句爲「盡放青山入坐來」。

〔二〕集自韓維《酴醿花》，原詩此句上句爲「不如醉卧春風底」。

與民共約三春樂　趙抃〔一〕

此外更有一床書　誠〔二〕

〔一〕集自趙抃《過左緜偶成》，原詩此句下句爲「顧我都忘兩鬢斑」。

〔二〕集自楊萬里《謝福建茶使吴德華送東坡新集》，原詩此句下句爲「不堪自飽蠹魚故」。

盍簪共結雞豚社　簡〔一〕
濯足來分鷗鷺波　朱松〔二〕

〔一〕集自陳與義《若拙弟説汝州可居已約卜一丘用韻寄元東》，原詩此句下句爲「一笑相從萬事休」。
〔二〕集自朱松《贈僧》，原詩此句上句爲「杖藜同覓牛羊路」。

久藏勝境因人發　平仲〔一〕
且放春光入眼來　孫覿〔二〕

〔一〕集自孔平仲《西軒》，原詩此句下句爲「盡放青山入坐來」。
〔二〕集自孫覿《次韻王子欽立春》之二，原詩此句上句爲「便將酒力推愁去」。

瀟洒正如君子性　平仲〔一〕
聲名須共古人期　趙抃〔二〕

〔一〕集自孔平仲《唐林夫累惠書字法絶精以詩補之》，此句亦作「蕭散正如君子性」，其下句爲「頡頏兼得古人風」。
〔二〕集自趙抃《次韻李元方即事》，原詩此句上句爲「趣向已爲迂俗笑」。

古來豪傑多在此　平仲〔一〕

力自樹立非由它　韓維〔一〕

〔一〕集自孔平仲《太平》，此句亦作「古來豪俊多在此」，其下句爲「悵望千秋一回首」。

〔二〕集自韓維《答曼叔見謝潁橋相過之什》，原詩此句上句爲「吾交曼叔少挺出」。

古人妙處君潛得　劉子翬〔一〕

早歲雄文手自編　陳造〔二〕

〔一〕集自劉子翬《吴傳朋游絲帖歌》，原詩此句上句爲「定知苗裔出飛白」。

〔二〕集自陳造《復程平叔》，原詩此句下句爲「偶同聞喜聽鈞天」。

姓字已高時輩上　陳造〔一〕

典型猶在酒杯中　韓維〔二〕

〔一〕集自陳造《凌晨復有惠急筆次韻》，原詩此句下句爲「功名尤忌鬢毛秋」。

〔二〕集自韓維《酴醿》，原詩此句上句爲「長恐春歸有遺恨」。

神仙本自無言説　林光朝〔一〕

官職況已登清華　宛〔二〕

〔一〕集自林光朝《直甫見示次雲乞豫章集數詩偶成二小絶因以自喻》，原詩此句下句爲「尸解由來最下方」。

〔二〕集自梅堯臣《次韻再和》，原詩此句上句爲「翰林百事得精妙」。

舊學商量加邃密　朱子〔一〕

交情把玩轉清新　汪藻〔二〕

〔一〕集自朱熹《鵝湖寺和陸子壽》，原詩此句下句爲「新知培養轉深沉」。

〔二〕集自汪藻《阻風雨辟邪渡寄王仲成》，原詩此句上句爲「挽我不回君怒嗔」。

頗煩十吏共揮掃　陳造〔一〕

只取斗酒相獻酬　永〔二〕

〔一〕集自陳造《次韻高賓王見投四首》，此句亦作「頗煩十吏供揮掃」，其下句爲「無奈諸峰役夢魂」。

〔二〕集自歐陽修《奉使道中寄坦師》，原詩此句上句爲「羸身歸金不受報」。

能招過客飲文字　半〔一〕

却對真山看畫圖　程俱〔二〕

〔一〕集自王安石《和王微之登高齋三首》，原詩此句下句爲「山水又足供歡咍」。

〔二〕集自程俱《戲題畫卷》，原詩此句上句爲「如今掃迹長林下」。

白石清泉聞笑語　復古〔一〕
南樓北榭擁星辰　復古〔二〕

〔一〕集自戴復古《廬山》，原詩此句下句爲「名山大澤出文章」。
〔二〕集自戴復古《汪給事守鄂渚元宵代江夏宰吴熙仲獻燈》，原詩此句上句爲「西楚東吴獻風月」。

可笑平生事迂闊　與可〔一〕
信知天地有精英　後村〔二〕

〔一〕集自文同《可笑口號》，此句亦作「可笑生平事迂闊」，其下句爲「向人不肯强云云」。
〔二〕集自劉克莊《獲硯》，原詩此句上句爲「二硯温如玉琢成」。

不惜珠璣與揮掃　少游〔一〕
定從臺閣看飛騰　杜光朝〔二〕

〔一〕集自秦觀《和黄法曹憶建溪梅花》，原詩此句上句爲「誰云廣平心似鐵」。
〔二〕集自林光朝《前歲過真陽初識子欽今道出曲江不忍遽分手偶成長句以志兩處同山川人物之勝亦少慰别來耿耿

耳》，原詩此句上句爲「縱有分張吾未老」。

文章或論到淵奧　宛〔一〕
意氣相許披胸襟　攻媿〔二〕

〔一〕集自梅堯臣《醉中留別永叔子履》，原詩此句下句爲「輕重曾不遺毫釐」。
〔二〕集自樓鑰《送鄭惠叔尚書守建寧》，此句亦作「氣義相許披胸襟」，其上句爲「尚書自是第一人」。

秋月春花出肝肺　誠〔一〕
南樓北榭擁星辰　復古〔二〕

〔一〕集自楊萬里《送周元吉顯謨左司將漕湖北三首》，原詩此句下句爲「新詞麗曲入笙簫」。
〔二〕集自戴復古《汪給事守鄂渚元宵代江夏宰吴熙仲獻燈》，原詩此句上句爲「西楚東吴獻風月」。

好把山林寄圖畫　復古〔一〕
共恢詩律撼瀟湘　簡〔二〕

〔一〕集自戴復古《曾雲巢同相勉李玉澗不赴召》，原詩此句下句爲「試教天下故人看」。
〔二〕集自陳與義《江行野宿寄大光》，原詩此句上句爲「投老相逢難衮衮」。

文章固自有機杼　劉子翬〔一〕
意氣相許披胸襟　攻媿〔二〕

〔一〕集自劉子翬《吴傳朋游絲書歌》，原詩此句下句爲「戲事豈足勞心神」。
〔二〕集自樓鑰《送鄭惠叔尚書守建寧》，此句亦作「氣義相許披胸襟」，其上句爲「尚書自是第一人」。

自磨丹砂調白蜜　宛〔一〕
猶學嬰兒著彩衣　王禹偁〔二〕

〔一〕集自梅堯臣《依韻和答永叔洗兒歌》，原詩此句下句爲「辟惡辟邪無寶犀」。
〔二〕集自王禹偁《送李著作》，原詩此句上句爲「已聞愛子披朱綬」。王禹偁，「偁」字原脱，兹補。

平生倜儻不驚俗　坡〔一〕
家世風流合有文　文潛〔二〕

〔一〕集自蘇軾《送蔡冠卿知饒州》，此句亦作「平時儻蕩不驚俗」，其下句爲「臨事迂闊乃過我」。
〔二〕集自張耒《送曹子方赴福建運判》，原詩此句上句爲「平生鄴下曹公子」。

行看靚艷須携酒　朱子〔一〕

喜占明窗爲著書　徐積〔二〕

〔一〕集自朱熹《伏讀秀野劉丈閑居十五詠謹次高韻率易拜呈伏乞痛加繩削是所願望》之《積芳圃》，原詩此句下句爲「坐對清陰只煮茶」。

〔二〕集自徐積《和路朝奉新居十五首》，原詩此句上句爲「勤穿凍地緣栽竹」。

平生好詩復好畫　坡〔一〕

古者養民如養兒　放〔二〕

〔一〕集自蘇軾《郭祥正家醉畫竹石壁上郭作詩爲謝且遺古銅劍二》，此句亦作「平生好詩仍好畫」，其下句爲「書牆涴壁長遭罵」。

〔二〕集自陸游《僧廬》，原詩此句下句爲「勸相農事憂其飢」。

風高月白最宜夜　永〔一〕

柳眼梅梢正索詩　石〔二〕

〔一〕集自歐陽修《滄浪亭》，原詩此句下句爲「一片瑩凈鋪瓊田」。

〔二〕集自范成大《丙午新正書懷十首》，原詩此句上句爲「莫言此外都無事」。

從來勝絶皆離俗　宛〔一〕
乞得仙方必有功　王禹偁〔二〕

〔一〕集自梅堯臣《次韻和吴季野題岳上人澄心亭》，原詩此句下句爲「未有幽深不屬僧」。
〔二〕集自王禹偁《翰林畢學士寄示醫瘦藥方因題四韻兼簡兩制諸知》，原詩此句上句爲「預憂囊瘦病龍鍾」。

文章清逸世少比　由〔一〕
德性忠良吏不欺　谷〔二〕

〔一〕集自蘇轍《次韻子瞻送陳睦龍圖出守潭州》，原詩此句下句爲「科第峥嶸聲自重」。
〔二〕集自黄庭堅《送陳蕭縣》，此句亦作「德性忠純吏不欺」，其下句爲「閨門孝友民所慕」。

珍重故人存妙契　少游〔一〕
發揮春色有新詩　少游〔二〕

〔一〕集自秦觀《次韻子瞻贈金山寶覺大師》，此句亦作「珍重故人敦妙契」，其下句爲「自憐身世兩微茫」。
〔二〕集自秦觀《次韻朱李二君見寄二首》，原詩此句上句爲「尚賴故人遥省憶」。

盆栽怪木緑能畫　徐照〔一〕

天與清香似有私　林逋[一]

[一] 集自徐照《送塵老歸舊房》，此句亦作「盆栽怪木緣能畫」，其下句爲「池養嘉魚不入庖」。
[二] 集自林逋《梅花三首》，原詩此句上句爲「人憐紅艷多應俗」。

見説前頭山更好　誠[一]
到今名下士非虚　沈與求[二]

[一] 集自楊萬里《舟過黄田謁龍母護應廟》，原詩此句下句爲「且留好句未須吟」。
[二] 集自沈與求《從劉殿院借書》，原詩此句上句爲「自昔暗中人易記」。

異書喜得君無靳　薛季宣[一]
語録重抄眼尚明　方岳[二]

[一] 集自薛季宣《校畢歸之》，原詩此句下句爲「此道中興知有人」。
[二] 集自方岳《過李季子丈季子晦庵門人也》，原詩此句上句爲「深衣静對山逾好」。

問渠那得清如許　朱子[一]
應手不知其自然　王庭珪[二]

〔一〕集自朱熹《觀書有感二首》，原詩此句下句爲「爲有源頭活水來」。

〔二〕集自王庭珪《戴國和得潘衡墨法於意言之外今携之湖湘必有識之者作詩以送之》，《全宋詩》作「應手不自知其然」，原詩此句上句爲「又如神仙换骨法」。

不立樊牆天廣大　復古〔一〕

自然衙石玉青葱　沈遘〔二〕

〔一〕集自戴復古《汪見可教授約諸丈鳳山酌别》，原詩此句下句爲「剩栽花竹地寬閑」。

〔二〕集自沈遘《依韻和施正臣遊聖果寺二首》，原詩此句上句爲「聳起浮屠山突兀」。

奇書古畫不論價　永〔一〕

幽夢清詩倍有神　坡〔二〕

〔一〕集自歐陽修《於劉功曹家見楊直講褒女奴彈琵琶戲作呈聖俞》，原詩此句下句爲「盛以錦囊裝玉軸」。

〔二〕集自蘇軾《聞喬太博换左藏知欽州以詩招飲》，此句亦作「幽夢清詩信有神」，其上句爲「今年果起故將軍」。

風高月白最宜夜　永〔一〕

燕入花開必有詩　谷〔二〕

〔一〕集自歐陽修《滄浪亭》，原詩此句下句爲「一片瑩浄鋪瓊田」。

〔二〕集自黃庭堅《杜似吟院兩首》，原詩此句上句爲「日長吟院無公事」。

人間平地固不少　文潛〔一〕

醉裏微言却近真　坡〔二〕

〔一〕集自張耒《九月十二日人南山憩一民舍冒雨炙衣久之》，原詩此句下句爲「何用崎嶇守磨兔」。

〔二〕集自蘇軾《贈善相程傑》，原詩此句上句爲「急流勇退豈無人」。

秋月春花出肝肺　誠〔一〕

青山白雲爲枕屏　永〔二〕

〔一〕集自楊萬里《送周元吉顯謨左司將漕湖北三首》，原詩此句下句爲「新詞麗曲入笙簫」。

〔二〕集自歐陽修《贈沈遵》，原詩此句上句爲「有時醉倒枕溪石」。

詩腸幸自無煙火　誠〔一〕

藜杖相將入畫圖　簡〔二〕

〔一〕集自楊萬里《次乞米韻》，原詩此句下句爲「句眼何愁著點塵」。

〔二〕集自陳與義《題崇蘭圖二首》，原詩此句上句爲「兩公得我色敷腴」。

詩工鑱刻露天骨　永〔一〕
縣古瀟洒如山家　永〔二〕

〔一〕集自歐陽修《聖俞會飲》，原詩此句下句爲「將論縱横輕玉鈐」。
〔二〕集自歐陽修《寄聖俞》，原詩此句上句爲「官閑憔悴一病叟」。

作意邀山入窗牖　簡〔一〕
曲肱聽君寫松風　谷〔二〕

〔一〕集自陳與義《遥碧軒作呈使君少隱時欲赴召》，原詩此句上句爲「君爲邊城守」。
〔二〕集自黄庭堅《聽宋宗儒摘阮歌》，原詩此句上句爲「安得與君醉其中」。

稍聞吉語占農事　石〔一〕
欲遣吟人對好山　谷〔二〕

〔一〕集自范成大《次韻子永雪後見贈》，原詩此句下句爲「便覺歸心勝宦情」。
〔二〕集自黄庭堅《李大夫招飲》，原詩此句下句爲「暮天和雨醉憑欄」。

醉帖淋漓寄豪舉　放〔一〕
高談灑落見天機　武仲〔二〕

〔一〕集自陸游《醉中作行草數紙》，原詩此句上句爲「還家痛飲洗塵土」。
〔二〕集自孔武仲《蘄水縣爲詩贈之》，原詩此句下句爲「健句縱横瀘腹稿」。

空餘詩酒興不淺　谷〔一〕
惟有道義思無彊　朱子〔二〕

〔一〕集自黄庭堅《和世弼中秋月詠懷》，原詩此句下句爲「尚能呻吟卧糟丘」。
〔二〕集自朱熹《壽母生朝》，其下句爲「勉勵汝節彌堅剛」。

空餘詩酒興不淺　谷〔一〕
尤喜真行學頗工　平仲〔二〕

〔一〕集自黄庭堅《和世弼中秋月詠懷》，原詩此句下句爲「尚能呻吟卧糟丘」。
〔二〕集自孔平仲《唐林夫累惠書字法絶精以詩補之》，原詩此句上句爲「每承勞問意何窮」。

能事固不受促迫　攻媿〔一〕

勝游長得共躋攀　參寥〔一〕

〔一〕集自樓鑰《謝葉處士寫照》，原詩此句下句爲「應酬雖繁可柰何」。

〔二〕集自釋道潛《九江與東坡居士話别》，原詩此句上句爲「香水黄樓赤壁間」。

治狀要須聞豈弟　谷〔一〕

勝游長得共躋攀　參寥〔二〕

〔一〕集自黄庭堅《送徐隱父宰餘干二首》，原詩此句下句爲「此行端爲霽威嚴」。

〔二〕集自釋道潛《九江與東坡居士話别》，原詩此句上句爲「香水黄樓赤壁間」。

從來絶勝皆離俗　宛〔一〕

早占清閑未是疏　趙師秀〔二〕

〔一〕集自梅堯臣《次韻和吴季野題岳上人澄心亭》，此句亦作「從來勝絶皆離俗」，其下句爲「未有幽深不屬僧」。

〔二〕集自趙師秀《送翁捲入山》，原詩此句上句爲「漸成老大難爲别」。

古人却向書中見　放〔一〕

男子要爲天下奇　王庭珪〔二〕

〔一〕集自陸游《次韻和楊伯子主簿見贈》，原詩此句上句爲「今人雖鄰有不覯」。

〔二〕集自王庭珪《送胡邦衡之新州貶所二首》，原詩此句上句爲「痴兒不了公家事」。

詩筒往來捷於響　方岳〔一〕

漆匣甲乙收盈廚　宛〔二〕

〔一〕集自方岳《再用韻酬朱行甫》，原詩此句下句爲「夜發嚴鼓聲逢逢」。

〔二〕集自梅堯臣《同蔡君謨江鄰幾觀宋中道書畫》，原詩此句上句爲「宣獻既歿二子立」。

及身强健始爲樂　永〔一〕

措意瀟洒尤更精　沈遼〔二〕

〔一〕集自歐陽修《續思潁詩序》，原詩此句上句爲「上下林壑相攀躋」。

〔二〕集自沈遼《贈清道》，原詩此句上句爲「後來沙門有藏真」。

箇中詩意來無盡　放〔一〕

幾許工夫學得成　放〔二〕

〔一〕集自陸游《晚眺》，此句亦作「箇中詩思來無盡」，其下句爲「十手傳抄長不供」。

〔二〕集自陸游《題廬陵蕭彥毓秀才詩卷後》，原詩此句上句爲「蘇州死後風流艷」。

正作詩時人莫喚　徐積〔一〕
惟於静者心爲降　韓維〔二〕

〔一〕集自徐積《贈張敏叔》，原詩此句上句爲「頭雖更白詩更清」。
〔二〕集自韓維《答賀中道燈夕見詒》，原詩此句上句爲「我今散懶世味薄」。

月從雪後皆奇夜　石〔一〕
夢到君家賦小詩　復古〔二〕

〔一〕集自范成大《親戚小集》，原詩此句下句爲「天向梅邊有别春」。
〔二〕集自戴復古《寄玉溪林逢吉六首》，原詩此句上句爲「西窗風雨愁眠夜」。

剩題詩句酬幽隱　惠洪〔一〕
盡把江山博醉吟　陳造〔二〕

〔一〕集自惠洪《次韻超然竹陰秋夕》，原詩此句下句爲「歲月翩翩接翅禽」。
〔二〕集自陳造《再用韻寄丁知縣三首》，原詩此句上句爲「可堪歲月供行色」。

略將杯酒隨宜具　陳傳良〔一〕

寫出山林無限奇　復古〔二〕

〔一〕集自陳傳良《游雲頂院和徐叔子韻》，此句亦作「略將杯酌隨宜具」，其下句爲「剩有溪山取次嬉」。

〔二〕集自戴復古《李深道得蘇養直所爲深字韻一首不知題何處景俾跋其後》，原詩此句上句爲「都來五十有六字」。

閉户讀書真得計　簡〔一〕

當官持廉且不煩　谷〔二〕

〔一〕集自陳與義《次韻家叔》，其下句爲「戴肴從學豈無人」。

〔二〕集自黄庭堅《送謝公定作竟陵主簿》，此句亦作「當官持廉庭不煩」，其上句爲「胸中恢疏無怨恩」。

奇書古畫不論價　永〔一〕

紅樹青山合有詩　放〔二〕

〔一〕集自歐陽修《於劉功曹家見楊直講女奴彈琵琶戲作呈聖俞》，原詩此句下句爲「盛以錦囊裝玉軸」。

〔二〕集自陸游《望江道中》，原詩此句上句爲「晚來又入淮南路」。

可爲一官妨快意　簡〔一〕

不安四壁怕遮山　放〔二〕

〔一〕集自陳與義《觀江漲》，原詩此句下句爲「眼中唯覺欠扁舟」。

〔二〕集自陸游《巴東令廨白雲亭》，原詩此句上句爲「常以曲欄貪看水」。

閑尋書策應多味　谷〔一〕

能得琴意斯爲賢　永〔二〕

〔一〕集自黄庭堅《和高仲本喜相見》，此句亦作「閑尋書册應多味」，其下句爲「老傍人門想更慵」。

〔二〕集自歐陽修《奉答原甫見過寵示之作》，原詩此句上句爲「君雖不能琴」。

但能有酒邀佳客　宛〔一〕

更遣飛花繡好春　誠〔二〕

〔一〕集自梅堯臣《和楚屯田同曾子固陸子履觀予堂前石榴花》，原詩此句下句爲「亦任狂花落素甌」。

〔二〕集自楊萬里《春草》，原詩此句上句爲「東風猶自嫌蕭索」。

忽有好詩生眼底　簡〔一〕

好留劇飲待花前　放〔二〕

〔一〕集自陳與義《春日二首》，原詩此句下句爲「安排句法已難尋」。
〔二〕集自陸游《見事》，此句亦作「少留劇飲待花前」，其上句爲「細改新詩須枕上」。

遠民蒙惠即真學　誠〔一〕
好事逢人得異書　益〔二〕

〔一〕集自楊萬里《送昌英叔知縣之官麻陽》，原詩此句下句爲「漫仕緣親非爲身」。
〔二〕集自周必大《陳宰有詩來迎次韻》，原詩此句上句爲「賞心到處窮佳境」。

更着好風墮清句　誠〔一〕
盡收佳處入雕闌　少游〔二〕

〔一〕集自楊萬里《和昌英叔久雨》，原詩此句下句爲「不知何地頓閑愁」。
〔二〕集自秦觀《次韻子由題平山堂》，原詩此句上句爲「棟宇高開古寺間」。

剩欲開懷納岩壑　誠〔一〕
自言得邑少風塵　坡〔二〕

〔一〕集自楊萬里《永和遇風》，原詩此句下句爲「可堪病眼著風沙」。

〔二〕集自蘇軾《送李陶通直赴清溪》，原詩此句上句爲「喜見通賢家子弟」。

萬卷藏書宜子弟　谷〔一〕

一樽滿意説桑枌　黄公度〔二〕

〔一〕集自黄庭堅《郭明父作西齋於潁尾請予賦詩二首》，原詩此句下句爲「十年種木長風煙」。

〔二〕集自黄公度《西園招陳彦招同飲》，原詩此句上句爲「未用天涯難離索」。

欲共幽人洗筆硯　坡〔一〕

放開新館集琳琅　子固〔二〕

〔一〕集自蘇軾《和參寥見寄》，原詩此句下句爲「要傳流水入絲桐」。

〔二〕集自曾鞏《寄孫莘老湖州墨妙亭》，此句亦作「故開新館集琳瑯」，其上句爲「好事今推雪溪守」。

碧落翠微好將息　誠〔一〕

重樓傑閣倚虚空　放〔二〕

〔一〕集自楊萬里《祗承敕召還京題江西道院》，原詩此句下句爲「清風明月夢中看」。

〔二〕集自陸游《紹興中與陳魯山王季夷從兄仲高以重九日同游禹廟後三十餘年自三橋泛舟歸山居秋高雨霽望禹廟樓

殿重複光景宛如當時而三人者皆下世予亦衰病無聊慨然作此詩》，原詩此句下句爲「紅日蒼煙正鬱葱」。

令與山川相映發　石湖〔一〕

尚堪風月對婆娑　石湖〔二〕

〔一〕集自范成大《萬景樓》，原詩此句上句爲「仍添詩客依欄看」。

〔二〕集自范成大《體中不佳偶書》，原詩此句上句爲「收拾頹齡加藥餌」。

無數雲山供點筆　山谷〔一〕

遥知風雨不同川　山谷〔二〕

〔一〕集自蘇軾《次前韻送程六表弟》，原詩此句上句爲「憶昔江湖一釣舟」。

〔二〕集自蘇軾《郭熙秋山平遠二首》，原詩此句上句爲「目盡孤鴻落照邊」。上下兩聯作者，莫友芝誤爲黄庭堅。

久陪方丈曼陀雨　坡〔一〕

會訪拾遺花柳村　益公〔二〕

〔一〕集自蘇軾《和子由柳湖久涸忽有水開元寺山茶舊無花今歲盛開二首》，原詩此句下句爲「羞對先生苜蓿盤」。

〔二〕集自周必大《次韻楊廷秀待制二首》，原詩此句上句爲「明年大作南溪社」。

幅巾筇杖聊三徑　誠〔一〕

林下詩中第一仙　誠〔二〕

〔一〕集自楊萬里《寄題蕭國賢佚我堂》，此句亦作「幅巾藜杖聊三徑」，其下句爲「明月清風自一丘」。

〔二〕集自楊萬里《爲王監簿先生求近詩》，原詩此句下句爲「西風吹到日輪邊」。

語帶煙霞從古少　坡〔一〕

學如耕稼到秋成　復古〔二〕

〔一〕集自蘇軾《贈詩僧道通》，原詩此句下句爲「氣含蔬笋到公無」。

〔二〕集自戴復古《静齋張敏則舍人贈詩因用其韻爲酬》，原詩此句上句爲「胸次詩書一派清」。

但令無事長相見　程俱〔一〕

偶發於詩亦有聲　後村〔二〕

〔一〕集自程俱《戊午歲九日復與叔問登城樓再用前韻作》，原詩此句下句爲「敢嘆百年生有涯」。

〔二〕集自劉克莊《題方友民詩卷》，原詩此句上句爲「力行所學斯無愧」。

墨迹縱横奪造化　後村〔一〕

詩家權柄敵陶鈞　　王禹偁〔一〕

〔一〕集自戴復古《毗陵天慶觀畫龍自題姑蘇羽士李懷仁醉筆詩呈王君保寺丞使君》，其下句爲「蜿蜒滿壁令人驚」。莫友芝誤爲劉克莊作。

〔二〕集自王禹偁《前賦春居雜興詩二首間半歲不復省視因長男嘉佑讀杜工部集見語意頗有相類者咨於予且意予竊之也予喜而作詩聊以自賀》，原詩此句上句爲「命屈由來道日新」。

入妙文章本平淡　　復古〔一〕

其他草樹亦精神　　復古〔二〕

〔一〕集自戴復古《讀放翁先生劍南詩草》，原詩此句下句爲「等閑言語變瑰琦」。

〔二〕集自戴復古《山中見梅寄曾無疑》，原詩此句上句爲「有此瑰琦在岩壑」。

便有好懷安得盡　　誠〔一〕

每逢佳士喜同游　　谷〔二〕

〔一〕集自楊萬里《見周子充舍人叙懷》，原詩此句下句爲「不知造物底相窮」。

〔二〕集自黄庭堅《次韻黄斌老晚游池亭二首》，此句亦作「忽逢佳士喜同游」，其上句爲「路入東園無俗駕」。

除却讀書無所好　復古〔一〕
每逢佳士喜同游　谷〔二〕

〔一〕集自戴復古《趙升卿有官不肯爲里居有賢聲訪之於深巷中》，原詩此句下句爲「有時閑作北岩游」。
〔二〕集自黄庭堅《次韻黄斌老晚游池亭二首》，此句亦作「忽逢佳士喜同游」，其上句爲「路入東園無俗駕」。

自喜軒窗無俗韻　朱子〔一〕
莫忘雲泉寄好音　子美〔二〕

〔一〕集自朱熹《曲池軒》，原詩此句下句爲「亦知草木有真香」。
〔二〕集自蘇舜欽《依韻和王景章見寄》，原詩此句上句爲「夫君自上丹霄去」。

九經幸自瀾翻熟　方岳〔一〕
千里莫遣毫厘差　坡〔二〕

〔一〕集自方岳《石孫受命》，原詩此句下句爲「但守青燈雪屋寒」。
〔二〕集自蘇軾《次韻正輔同游白水山》，原詩此句上句爲「徑從此路朝玉闕」。

閨門孝友民所慕　谷〔一〕
文采雍容子甚都　吴儆〔二〕

〔一〕集自黄庭堅《送陳蕭縣》，原詩此句上句爲「德性忠純吏不欺」。
〔二〕集自吴儆《送錢虞仲兄弟》，原詩此句上句爲「窮愁懶漫吾猶故」。

斯文自屬吾黨事　韓駒〔一〕
多稼惟欣大有年　吴儆〔二〕

〔一〕集自韓駒《利濟橋亭詩》，原詩此句下句爲「正恐無路逃虚名」。
〔二〕集自吴儆《次徐令韻》，原詩此句上句爲「貳車謾説半刺史」。

爲我終朝談實相　韓維〔一〕
羨君平地作飛仙　坡〔二〕

〔一〕集自韓維《庵中睡起五頌寄海印長老》，原詩此句下句爲「參差庭柏敞精神」。
〔二〕集自蘇軾《次韻孫職方蒼梧山》，原詩此句上句爲「聞道新春恣遊覽」。

讀書要見古人意　王安〔一〕

多稼惟欣大有年　吴儆〔二〕

〔一〕集自王炎《送游大冶歸建陽》，原詩此句下句爲「立事正須年少時」。莫友芝誤爲王安作。

〔二〕集自吴儆《次徐令韻》，原詩此句上句爲「貳車謾説半刺史」。

爲我終朝談實相　韓維〔一〕

借君妙語發春容　坡〔二〕

〔一〕集自韓維《庵中睡起五頌寄海印長老》，原詩此句下句爲「參差庭柏敞精神」。

〔二〕集自蘇軾《用前韻答西掖諸公見和》，原詩此句下句爲「顧我風琴不成弄」。

斯文自屬吾黨事　韓駒〔一〕

信手同翻集古書　朱子〔二〕

〔一〕集自韓駒《利濟橋亭詩》，原詩此句作「斯文自屬吾黨事」。光緒刻本將「斯」作「期」，今據改；原詩此句下句爲「正恐無路逃虚名」。

〔二〕集自朱熹《和劉抱一》，原詩此句上句爲「開樽細説平生事」。

更喜機心無復在　放〔一〕

應知靈種本自然　　韓琦〔二〕

〔一〕集自陸游《登擬峴臺》，原詩此句下句爲「沙邊鷗鷺亦相親」。

〔二〕集自韓琦《和袁陟節推龍興寺芍藥》，此句亦作「因知靈種本自然」，其上句爲「國艷天姿相照射」。

# 附　莫友芝楹聯輯逸

雨露在手
雲風自隨〔一〕

〔一〕贈友人篆書四言聯，下聯落款「郘亭弟莫友芝」，鈐「友芝私印」、「郘亭眲叟」兩枚篆文陰刻印。

人貴自立
民生在勤〔一〕

〔一〕篆書四言聯，下聯落款「眲叟莫友芝」，鈐「莫友芝印」陽刻篆文、「影山草堂」陰刻篆文兩印。

政教稽古
仁知約身〔一〕

〔一〕贈翘初篆書四言聯，上聯題款「翘初老兄命書即正漢人句」，下聯落款「同治己巳九秋　郘亭弟莫友芝」，鈐「莫友芝印」陰刻篆文、「子偲」陽刻篆文兩印。

高文較班馬
善政重龔黄〔一〕

〔一〕金文五言聯，下聯落款「邵亭莫友芝」，鈐「邵亭眲叟」陰刻篆文、「莫友芝印」篆文陽刻兩印。

口不言人過
時還讀我書〔一〕

〔一〕篆書五言聯，上聯題款「咸豐庚申八月既望」，下聯落款「眲叟莫友芝引書」，鈐兩枚印章。

隨風生珠玉
閑雲任卷舒〔一〕

〔一〕贈俊生先生隸書五言聯，上聯題款「同治癸亥五月，俊生先生正之」，下聯落款「邵亭莫友芝」，鈐「莫氏子偲」、「友芝私印」兩枚篆文陽刻印。

廣望周千里
卓犖觀群書〔一〕

〔一〕贈叔堅篆書五言聯，上聯題款「叔堅秀丈摯畫梅來，書此答之」，下聯落款「丙寅仲秋邵亭眲叟莫友芝」，鈐「邵亭眲叟」篆文陰刻、「莫友芝印」篆文陽刻兩印。

敬修其可願
毋忝爾所生〔一〕

〔一〕贈虎生篆書五言聯，上聯題款「虎生二兄世大人正」，下聯落款「弟莫友芝」，鈐兩枚印。

寒光無不照
懷古亦何深〔一〕

〔一〕贈默齋隸書五言聯，上聯題款「默齋大兄撰句命書即正」，下聯落款「郘亭莫友芝」，鈐兩枚印。

冷香殘雪外
畫譜水僊遲〔一〕

〔一〕隸書五言聯，下聯落款「郘亭莫友芝」，鈐「子偲」陽刻篆文等三枚印。

草木多古意
山水有清音〔一〕

〔一〕楷書五言聯，上聯題款「己巳九秋」，下聯鈐「友芝私印」、「郘亭眲叟」兩枚篆文陰刻印。

爲布衣之閑客
是羲皇以上人〔一〕

〔一〕篆書六言聯，上聯題款「同治癸亥五月」，下聯落款「郘亭眲叟」，鈐「郘亭眲叟」、「友芝私印」兩枚篆文陰刻印。

考亭半日静坐
歐陽方夜讀書〔一〕

〔一〕贈静安隸書六言聯，上聯題款「静安仁兄雅正」，下聯落款「莫友芝」，鈐兩枚印章。考亭，即朱熹，號考亭先生。歐陽，指歐陽脩。

及其下筆逞豪俊
曾未有此奇嶙峋〔一〕

〔一〕贈叔平篆書七言聯，題序「叔平三兄精六法，結想常軼元四家上，必得如唐道元、宋元章庶幾快意耳。明一代獨服膺龍友，次則文長，皆奇創不可一世者，憶舊集永叔此二語極似爲叔平畫品作贊，故引似之。咸豐己未初冬，郘亭弟莫友芝」，鈐兩枚印章。

大木百圍生遠籟
明窗一榻共秋閑〔一〕

〔一〕集東坡詩句贈紋斎篆書七言聯，上聯題款「紋斎三兄察書集蘇句」，下聯落款「郘亭弟莫友芝」，鈐兩印。

文章或論到淵奥
意氣相許披胸襟〔一〕

〔一〕贈芝田篆書七言聯，上聯題款「芝田仁兄大人察書」，下聯落款「郘亭弟莫友芝」，鈐「友芝私印」、「郘亭眲叟」兩枚篆文陰刻印。

正其誼不謀其利
明于理必達于權〔一〕

〔一〕贈養儒篆書七言聯，上聯題款「養儒尊兄大人察書」，下聯落款「郘亭眲叟莫友芝」，鈐「郘亭眲叟」、「友芝私印」兩枚篆文陰刻印。

遠民蒙惠即真學
好事逢人得異書〔一〕

〔一〕贈季衡篆書七言聯，上聯題款「季衡七兄察正宋句」，下聯落款「郘亭弟莫友芝」。

玉函寶方何用讀

新詩美酒聊相温〔一〕

〔一〕贈洛耆篆書七言聯，上聯題款「洛耆一兄雅鑒」，下聯落款「郘亭莫友芝」，鈐「友芝私印」、「郘亭眲叟」兩枚篆文陰刻印。

明大道不在高遠

及盛年以討古今〔一〕

〔一〕集《嶧山碑》贈荔園篆書七言聯，上聯題款「荔園三兄大人正，集繹山碑字」，下聯落款「郘亭弟莫友芝」。

心無畦町意常滿

腹有詩書氣自華〔一〕

〔一〕贈叔遲篆書七言聯，上聯題款「叔遲三兄世大人察書」，下聯落款「郘亭莫友芝」，鈐「莫友芝印」陰刻篆文、「子偲」陽刻篆文兩印。

郗超好客真名士
蘇晉繙經正少年〔一〕

〔一〕贈幼持篆書七言聯，上聯題款「幼持四兄世大人正」，下聯落款「郘亭莫友芝」，鈐「莫友芝印」陰刻篆文、「郘亭」陽刻篆文兩印。

追摹古人得高趣
別出新意成一家〔一〕

〔一〕贈少仲篆書七言聯，上聯題款「少仲二兄大人察正」，下聯落款「郘亭小弟莫友芝」，鈐「莫友芝印」陰刻篆文、「子偲」陽刻篆文兩印。

真鑒今之特健藥
慎言古有摩兜堅〔一〕

〔一〕贈丹鄰篆書七言聯，上聯題款「丹鄰同年伯兄法家命書即正」，下聯落款「郘亭小弟莫友芝」，鈐「友芝私印」篆文陰刻、「莫氏子偲」篆文陽刻兩印。

踞床到處堪吹笛

縱飲誰能問挈壺〔一〕
〔一〕贈緑蘋篆書七言聯，上聯題款「緑蘋二兄察書」，下聯落款「邵亭莫友芝」。

頗欲清言聞客至
忽思小飲報花開〔一〕
〔一〕篆書七言聯，下聯落款「邵亭莫友芝」，鈐「莫友芝印」篆文陽刻、「邵亭眲叟」篆文陰刻兩印。

此地有崇山峻嶺
其人如威鳳祥麟〔一〕
〔一〕篆書七言聯，下聯落款「邵亭莫友芝」，鈐「莫友芝」、「邵亭眲叟」篆文陰刻兩印。

持其志每暴其氣
敏於事而慎於言〔一〕
〔一〕篆書七言聯，下聯落款「邵亭眲叟莫友芝」。

白傅林塘傳畫去

紫芝眉宇向人開〔一〕

〔一〕贈紫佩隸書七言聯，上聯題款「紫佩三兄法正」，下聯落款「郘亭弟莫友芝」，鈐「莫友芝印」篆文陽刻、「郘亭眲叟」篆文陰刻兩印。

抗心希古任其所尚
乘理照物得之自然〔一〕

〔一〕篆書八言聯，上聯題記「同治甲子年初」，下聯落款「郘亭莫友芝」，鈐「子偲」篆文陽刻等兩印。

聲無細聞雖遠猶近
勞而不伐有實若虛〔一〕

〔一〕篆書八言聯，下聯落款「同治丙寅三月郘亭莫友芝」，鈐「友芝私印」篆文陰刻、「莫氏子偲」篆文陽刻兩印。

爲學日益爲道日損
能冥則明能昏則彰〔一〕

〔一〕篆書八言聯，上聯題記「辛未上巳日」，下聯落款「郘亭莫友芝」，鈐兩印。

淵嶽其心麟鳳爲采
雨露在手風雲自隨〔一〕

〔一〕贈竹石篆書八言聯，上聯題款「竹石尊兄世大人察書」，下聯落款「邵亭弟莫友芝」，鈐「友芝私印」、「邵亭眲叟」兩枚篆文陰刻印。

運當一賢才堪三事
學精百氏藝絶六書〔一〕

〔一〕贈筱亭篆書八言聯，上聯題款「筱亭仁兄法家正書」，下聯落款「邵亭弟莫友芝」。

龢神静思動有常則
春雲秋月耀其光華〔一〕

〔一〕贈古虞篆書八言聯，上聯題款「古虞仁兄大人大人察書」，下聯落款「邵亭弟莫友芝」，鈐「友芝私印」、「邵亭眲叟」兩枚篆文陰刻印。

所在爲雄舒文彪蔚
及其從政洽化剛柔〔一〕

〔一〕贈虞卿隸書八言聯，上聯題款「虞卿二弟大人正，集漢碑語」，下聯落款「郘亭莫友芝」，鈐「子偲」篆文陽刻等兩印。

惠澤所流壹自經史
武略既著群思德威〔一〕

〔一〕贈千山篆書八言聯，上聯題款「千山公祖大人正，集繹山碑字」，下聯落款「獨山莫友芝學篆」，鈐「莫友芝印」篆文陰刻、「則心氏」篆文陽刻兩印。

簫引鳳凰春生斑管
杯浮竹葉香到梅花〔一〕

〔一〕贈劉氏行書八言聯，上聯題款「劉老先生令郎花燭之禧」，下聯落款「莫友芝與賀東和順鞠躬」，鈐有兩印。

緑綺鳳凰梧桐庭院
青春鸚鵡楊柳池臺〔一〕

〔一〕贈子遇八言聯，上聯題款「子遇二兄大人法正」，下聯落款「子偲弟莫友芝」，鈐「影山草堂」篆文陽刻等兩印。

種學積文以蓄其有

澄懷觀道漸近自然〔一〕

〔一〕篆書八言聯，下聯落款「邵亭眲叟莫友芝」，鈐「邵亭眲叟」篆文陰刻等兩印。

動則考行處則觀守

勇而多計寬而能剛〔一〕

〔一〕篆書八言聯，下聯落款「眲叟莫友芝」，鈐兩印。

文章有神昭以日月

天人合發歸於治平〔一〕

〔一〕篆書八言聯，鈐「莫友芝印」篆文陰刻、「子偲」篆文陽刻兩印。

思極六經功專廿史

澤流四野惠及萬家〔一〕

〔一〕篆書八言聯，鈐「莫友芝印」篆文陰刻、「子偲」篆文陽刻兩印。

道德神仙增榮益譽

福禄歡喜長樂永康〔一〕

〔一〕楷書八言聯，上聯題「丙午中冬……」下聯落款「莫友芝」。

雲中樓閣自陰晴〔一〕
筆下江山轉葱蒨

〔一〕題「仲武大兄大人屬」，落款「郘亭莫友芝」，鈐「莫友芝」、「影山草堂」兩印。

春來準擬開懷久
直道無憂行路難〔一〕

〔一〕同治元年十二月二十九日日記集杜句聯。

樹搏溪日影
雲逗石泉聲〔一〕

〔一〕贈湘川上呈王夢玥觀察聯。

快馬輕衫來一瞥

棄書捐劍學萬人〔一〕

〔一〕一八七一年題聯，轉引自《莫友芝研究文集》之張雙錫作《莫友芝書法藝術》。

山岑高無極
中和誠可經〔一〕

〔一〕集子建句爲陳作梅作榜聯，載《郘亭日記》，咸豐十一年二月初二日。

勝固喜敗亦可喜
人言愁我始欲愁〔一〕

〔一〕莫子偲爲南京莫愁湖勝棋樓所撰楹聯，上聯集自蘇東坡《觀棋》，原詩此句爲「勝固欣然，敗亦可喜」；下聯集自顧梁汾評納蘭容若詞語。

員其中辰其外
祥于鬼義于人〔一〕

〔一〕莫友芝贈楊見山聯，集自《管子》。引自《郘亭日記》同治七年四月廿三日。

義隨周旋集

道以神理超[一]

[一]《郘亭日記》咸豐十年十月十八日在湖口縣，集聯贈周端萌，并膀書。

鐘鼎山林各天性
金石刻書臣能爲[一]

[一]《郘亭日記》咸豐十一年十一月初三日，集聯贈胡湘林。

丞相蓋世成功著於星日月
夫人大年協德紀以百萬千[一]

[一]《郘亭日記》同治四年廿六日，集《禪國山碑》，爲曾國藩歐陽夫人撰五十壽聯。

泝洛學初基當領簿試官已通聖域
仰建康遺廟從漫天劫火未損春風[一]

[一]《郘亭日記》同治四年三月初七日，用北朝字體，爲明道先生祠書撰楹聯。

淵澄嶽秀

虎嘯龍吟〔一〕

〔一〕同治五年（一八六六）六月，撰聯書贈李福厚幼持。

高志局四海

穌澤周三春〔一〕

〔一〕集聯書贈方浚頤子箴。

循政下車傳

清名題柱蚉〔一〕

〔一〕集聯書贈友人。

忍過事堪喜

儉者貧有餘〔一〕

〔一〕同治己巳（一八六九）仲冬，集聯書贈桂中行履貞。

濁酒聊可恃
弱豪多所宣〔一〕

〔一〕同治戊辰（一八六八）閏月，集陶淵明句書贈朱福清修庭。

口不言人過
心常慕衆賢〔一〕

〔一〕篆書集聯，書贈友人。

不誠則有累
順理故無憂〔一〕

〔一〕集程顥、程頤語，書贈友人。

讀書能令藝進道
則古宛如金在鎔〔一〕

〔一〕同治丁卯（一八六七）初冬集聯書贈蔣節幼節，莫氏跋云：「幼節索書，乃以此不受墨之紙，竟不似我書也。」

偶逢叔度留終日
須信淵明是可人〔一〕

〔一〕叔度：漢代黄憲，字叔度；淵明：陶潛，字淵明。集聯書贈馬恩溥芝楣。

全以山川爲眼界
盡携書畫到天涯〔一〕

〔一〕集聯書贈王汝金礪卿，號醉墨。

老松閲世卧雲壑
天風吹月入闌干〔一〕

〔一〕集聯書贈劉瑞芳芝田，號召我。

天下幾人學杜甫
詩中自合愛陶潛〔一〕

〔一〕集聯書贈蔣堂，號海珊。

雨後雙禽來占竹
秋窗一蝶下尋花〔一〕

〔一〕集聯書贈友人。

自賞春風携桂酒
細評佳致染松腴〔一〕

〔一〕集聯書贈友人。

舊書不厭百回讀
明月自滿千家墀〔一〕

〔一〕集聯書贈陸元鼎春江。

竹露無聲浩如寫
井華入腹清而敦〔一〕

〔一〕集聯書贈羅光楚葆純。

須知我輩襟懷事
時吐豪端浩蕩春〔一〕

〔一〕集聯書贈桂嵩慶香亭。

正如春風弄群卉
聊爲佳時一舉觴〔一〕

〔一〕集宋句爲聯，書贈廉士仁兄。

兩歲頻爲山水役
一尊時對畫圖開〔一〕

〔一〕集聯書贈李福厚幼持。

非禮勿言非法勿道
傷易則誕傷煩則支〔一〕

〔一〕集聯書贈友人。

譬諸草木區以別矣
道在螻蟻引而申之〔一〕

〔一〕集聯書贈李炳濤秋槎。

喜氣畫蘭怒氣畫竹
十年樹木百年樹人〔一〕

〔一〕集聯書贈曹紹曾，號蒓江。

江宇瑩仁事楷以健
海人就約治業入神〔一〕

〔一〕集《天發神讖碑》字爲聯，書贈丁日昌禹生。

山高月小水落石出
峰深夜久潭静秋新〔一〕

〔一〕於淮南書局集宋唐人句爲聯，書贈張曜孫仲遠，號升甫。

文章有神日月與炳
天人合發江海咸歸〔一〕

〔一〕咸豐辛酉（一八六一）冬十月集《天發神讖碑》字爲聯，書贈曾國藩滌生。

江關東西咸昭神武
日月宣朗以銘元功〔一〕

〔一〕同治庚午（一八七〇）春集《天發神讖碑》字爲聯，書贈李鴻章少荃。

允武允文乾川所挺
克忠克力福禄攸同〔一〕

〔一〕集漢石句爲聯，書贈李瀚章小荃。莫氏此聯後由俞樾裝裱，有記曰：「莫獨山集漢石字八言上下，乙卯裝池。樾翁記。」

威鳳祥麟輝金璞玉
松風水月仙露明珠〔一〕

〔一〕集季綱、薛茹莽楹，書贈蔭萬仁叔。

掬精極微無文不綜
蓄道修德爲教者宗〔一〕

〔一〕同治戊辰（一八六八）夏五月長至集漢碑句爲聯，書贈陳澧蘭浦。

獨寢不愧衾獨行不愧景
晝坐當惜陰夜坐當惜燈〔一〕

〔一〕同治甲子歲（一八六四）仲春，於皖上軍次爲九弟莫善徵集撰聯，并書贈。

淺碧細斟家釀酒
小紅初試手栽花〔一〕

〔一〕集聯書贈友人。

但能有酒邀佳客
更遣飛花繡好春〔一〕

〔一〕集聯書贈友人。

隔水呼鐙倚闌横笛
山邀雲去花引春來〔一〕

〔一〕集聯書贈□熙年。

登高而盡四野所有
著書以成一家之言〔一〕

〔一〕集聯書贈潘介繁谷人，號椒坡。

浩蕩古今同一體
風流儒雅亦吾師〔一〕

〔一〕集聯書贈遵義太守德亨雲衢。

其文有經術者貴
所居在廉讓之間〔一〕

〔一〕集聯書贈友人。莫氏書贈友人聯，多爲篆書聯；此爲難得一見之行書聯，後爲加入同盟會、曾擔任民國交通部長之王伯群收藏。

天龍八部大歡喜
晝夜六時恒吉祥〔一〕

〔一〕莫氏爲四川樂山烏尤寺方丈室所撰之行書聯。譚鍾麟方丈係同盟會會員譚延闓之父。此聯後爲王伯群收藏。

握台輔辰受符皇極
鈎河摘洛象與天談〔一〕

〔一〕同治乙丑（一八六五）長至日撰聯書贈友人。

愛竹初生黄犢角
種松皆作老龍鱗〔一〕

〔一〕行書聯贈邵棣書伯。

始知將略關天授
不泥兵家契古人〔一〕

〔一〕《郘亭日記》同治元年七月廿七日篆書榜聯以贈朱雲岩軍門。

雲日要輝映
空水共澂鮮[一]

〔一〕題「小雪初霽，開軒臨江，憶謝客二語，足狀佳勝，爲夢莘（左樞）老弟完此紙，壬戌秋盡日，邵亭莫友芝。」

有令子經國足民，澤流河海
奉賢母大年應瑞，數紀萬千

日月重光成中天世
山澤通氣爲大有年

（以上兩聯録自臺北「國家圖書館」藏《雜鈔》一册稿本。）

温恭博敏英儒仰則
和毓威恩鄰遠歸懷[一]

〔一〕集《繁陽令楊君碑》。

文武備兼盡忠盡力

剛柔被得以和以平〔一〕

〔一〕集《沛相楊君碑》。

有堂有亭有橋有船有書有酒有歌有弦白香山句，

無貧無賤無富無貴無將無迎無拘無忌邵康節句。

（以上三副集聯，莫友芝手書於《集東坡七言詩聯悔餘》首頁和末頁，藏臺北「國家圖書館」。）

已名太史，忽邊縣宰，又郡校師，官遞抑而聲愈高，介彊艾抽簪，四十載林泉飽供嘯傲

既生德祠，宜没社祭，以家世昌，廣方來猶報未至，看振繩啟宇，二百人頭角競起曾元

秀語奪山緑

奇情破天慳

（以上兩副集聯録自臺北「國家圖書館」所藏《莫氏藏札》稿本。）

腸胃繞萬象

詩文齊六經

老松閲世卧雲壑
明月入户隨幽人

五經無雙許叔重《續漢書·許慎》。
道德彬彬馮仲文《三輔决録》「馮豹」。

萬事不理問伯始
天下中庸有胡公胡廣

素車白馬繆文雅皇甫謐《達士傳·繆斐》。
殿上成群許偉君《陳留風俗傳》，許晏。

避世墻東王君公《語林·高士傳》。
重親致歡曹景完《曹全碑》。

（以上六副集聯録自貴州省圖書館藏《莫友芝雜鈔手迹》。）

## 集聯

相與觀所尚，聊復得此生。

（《郘亭日記》咸豐十年十月十八日在湖口縣，集晉人句贈高碧湄。）

義隨周旋集，道以神理超。

（《郘亭日記》咸豐十年十月十八日在湖口縣，集聯贈周端萌，并牓書。）

山岑高無極，中和誠可經。

（《郘亭日記》咸豐十一年二月初二日，集曹子建句贈陳作梅，并牓書。）

春來準擬開懷久，直道無憂行路難。

（《郘亭日記》同治元年十二月廿九日，集杜甫詩句作新寓門聯。）

詩情逸似陶彭澤，癡號多於顧愷之。

（《郘亭日記》咸豐十一年十一月初二日，集劉夢得、龔美詩句贈李士棻，并牓書。）

鐘鼎山林各天性，金石刻書臣能爲。

（《郘亭日記》咸豐十一年十一月初三日，集聯贈胡湘林。）

丞相蓋世成功著於星日月，夫人大年協德紀以百萬千。

（《郘亭日記》同治四年廿六日，集《禪國山碑》，爲曾國藩歐陽夫人撰五十壽聯。）

泝洛學初基當領簿試官已通聖域，仰建康遺廟從漫天劫火未損春風。

（《郘亭日記》同治四年三月初七日，用北朝字體，爲明道先生祠書撰楹聯。）

員其中辰其外，祥於鬼義於人。

（《郘亭日記》同治七年四月廿三日，集《管子》句爲聯，書贈楊見山。）

政教稽古，仁知約身。

（同治己巳（1869）秋集漢人句書贈王雲鶴翹初。）

鈎河摘洛，奉魁承杓。

（同治元年（1862），集聯書贈徐先路雲衢。《郘亭日記》：「同治元年二月初五日，……識徐雲衢先路，已酉舍弟同歲也，爲之作篆聯。」）

淵澄嶽秀，虎歗龍吟。

（同治五年（1866）六月，撰聯書贈李福厚幼持。）

高文較揚馬，善政疃龔黄。

（揚馬：漢代辭賦家揚雄、司馬相如；龔黄：漢代循吏龔遂、黄霸。大篆聯書贈友人。）

高志局四海，英名擅八區。

（集聯書贈馬恩溥雨農。）

高志局四海，龢澤周三春。

（集聯書贈方浚頤子箴。）

敬修其可願，毋忝爾所生。

（集《書·大禹謨》、《詩經》句，書贈傅鈞虎生。）

循政下車傳，清名題柱蚤。

（集聯書贈友人。）

良田無晚歲，令德唱高言。

（集曹植《贈徐幹》、古詩十九首《今日良宴會》，書贈笠塘。）

雲日相照媚，空水共澄鮮。

（篆書集聯贈友人。）

江城帶素月，風岸疊青琴。

（咸豐十年七月於北京，撰此篆書聯書贈翁同龢笙階。在這副篆書聯裝裱之側，近代著名學者章太炎題跋語云：「獨山篆法兼參秦漢，視完白之俗，讓之之偏，直有仙凡之别，此聯尤其得意者。太炎。」鈐印「章炳麟」。）

忍過事堪喜，儉者貧有餘。

（同治己巳（1869）仲冬，集聯書贈桂中行履貞。）

白雲抱幽石，緑酒開芳顔。

（同治戊辰（1868）夏，集謝靈運、陶淵明詩句爲聯書贈蔣堂海珊。）

濁酒聊可恃，弱豪多所宣。

（同治戊辰（1868）閏月，集陶淵明句書贈朱福清修庭。）

廣望周千里，卓犖觀群書。

（同治丙寅（1866）仲秋，集聯書贈蔣確叔堅。）

坐接春栢氣，高吟寶劍篇。

（集聯書贈陳克家馥堂。）

口不言人過，時還讀我書。

（咸豐庚申八月既望，集聯書贈友人。）

口不言人過，心常慕衆賢。
（篆書集聯，書贈友人。）

不誠則有累，順理故無憂。
（集程顥、程頤語，書贈友人。）

象布衣之閑客，是羲皇以上人。
（集聯書贈友人。）

倚天照海花無數，流水高山心自知。
（集聯書贈羅度濟川、楊瑶光伯川。）

長松更老唯沾節，秋水爲文不受塵。
（集聯書贈凌燮鼐臣。）

大木百圍生遠籟，明窗一榻共秋閒。

（集蘇軾詩句爲聯書贈紋燾。）

正其誼不謀其利，明于理必達於權。

（辛未（1871）夏集聯書贈友人。）

讀書能令藝進道，則古宛如金在鎔。

（同治丁卯（1867）初冬集聯書贈蔣節幼節，莫氏跋云：「幼節索書，乃以此不受墨之紙，竟不似我書也。」）

飛電流雲絶瀟灑，銀鈎秀句益疏通。

（集聯書贈朱逌然味蓮。）

及其下筆逞豪俊，曾未有此奇嶙峋。

（集歐陽修句爲聯，書贈翁同龢叔平。莫氏跋云：「叔平三兄精六法，結想常軼元四家，上必得如唐道元、宋元章，庶幾快意耳。明一代獨服膺龍友，次則文長，皆奇拗不可一世者。憶舊集永叔二語，極似爲叔平畫品作贊，故引似之。咸豐己未初冬，郘亭弟莫友芝。」）

江湖萬里水雲闊，竹木一溪文字香。

（集聯書贈何其傑漢三。）

玉瑟瑶琴倚天半，五湖三島在胸中。

（集守人句爲聯書贈桂文燦皓庭。）

玉羽瓊枝門清好，名章俊句紛交衡。

（集聯書贈黄晉高。）

偶逢叔度留終日，須信淵明是可人。

（叔度：漢代黄憲，字叔度；淵明：陶潛，字淵明。集聯書贈馬恩溥芝楣。）

明大道不在高遠，及盛年以討古今。

（集《嶧山碑》字爲聯，書贈史譜蔭堂，號荔園。）

莫箸妄心消彼我，閑將詩句問乾坤。

（集聯書贈淩霞子與，號塵遺。）

踞牀到處堪吹笛，縱飲誰能問挈壺。

（集聯書贈緑蘋。）

頗欲清言聞客至，忽思小飲報花開。

（集聯書贈友人。）

清光不辨水與月，落筆更如錐劃沙。

（集聯書贈友人。）

全以山川爲眼界，盡携書畫到天涯。

（集聯書贈王汝金礪卿，號醉墨。）

人遠忽聞清歗起，日長唯憶異書香。

（同治三年正月二十七日集陸游《夢中作》和《夏日感舊》句爲聯，書贈丁取忠，號果臣。莫氏跋云：「憶與丁君别逾三年矣。連得惠寄所著校《度里來》《算學初集》，皆奇作也。近想所得益邃，所著校益富，必更有以開蒙塞。鄂城多桂園，晨夕過不可得，惟日把新書當晤言耳。同治甲子歲驚蟄節，邵亭弟莫友芝皖口軍次，集放翁句奉政。」）

更得新詩寫珠玉，想當逸氣吞江湖。
（集聯書贈友人。）

時有好懷夸得句，閒無一事只栽花。
（集聯書贈林達泉海巖。）

竪起脊梁立定脚，豁開眼界放平心。
（辛未夏仲集聯書贈友人。）

快馬輕衫來一瞥，棄書捐劍學萬人。
（同治乙丑長夏集聯書贈友人。）

老松閲世卧雲壑，天風吹月入闌幹。

（集聯書贈劉瑞芳芝田，號召我。）

天下幾人學杜甫，詩中自合愛陶潛。

（集聯書贈蔣堂，號海珊。）

郗超好客真名士，蘇晉翻經正少年。

（集聯書贈李福厚幼持。）

溪山共作窗中緑，松柏仍當雪後春。

（集聯書贈友人紹衣。）

眼看青冥有餘力，胸吞雲夢如秋毫。

（集聯書贈郭敬鋪笙陔。）

應須江海寄曠快，自有豪俊相追攀。

（集聯書贈友人。）

友如作畫須求淡，山似論文不喜平。

（辛未初夏集聯書贈友人。）

雨後雙禽來占竹，秋窗一蝶下尋花。

（集聯書贈友人。）

真鑒今之特健藥，慎言古有摩兜堅。

（集聯書贈何鼎夢廬。）

筆下江山轉萬蒨，雲中樓閣自蔭晴。

（集聯書贈朱孔楊仲武。）

中含太古不盡意，得讀人間未見書。

（集聯書贈李文杏少石，號實庵。）

追慕古人得高趣，别出新意成一家。

（集聯書贈勒方錡，號少仲。）

自賞春風携桂酒，細評佳致染松腴。

（集聯書贈友人。）

舊書不厭百回讀，明月自滿千家墀。

（集聯書贈陸元鼎春江。）

坐逢汝陰六一老，氣壓鄴侯三萬籤。

（集聯書贈友人。）

遠民蒙惠則真學，好事逢人得異書。

（集宋句爲聯，書贈徐樹釗季蘅。）

千古風流有詩在，一生襟懷與山開。

（集宋句爲聯，書贈王定安鼎丞。）

當其下手風雨快，莫放高樓雪月閑。

（集聯書贈友人。清末狀元張謇季直在莫氏此聯上題款曰：「郘亭先生篆書法度謹嚴，筆意沈箸，恪守漢人矩矱。民國乙丑歲吴君巽沂見示，因爲記之，張謇。」莫友芝侄兒莫棠亦有題記：「世父郘亭徵君篆書楹帖，仲武先兄持贈（吴）巽宜姻長兄者，己未六月京口旅次，巽宜渡江見訪出示，敬觀并記，莫棠。」）

百尺闌干横海立，一生襟懷與山開。

（集聯書贈馬聲漢卿。）

閒語更端茶竈孰，安瞑無夢雨聲斷。

（集聯書贈友人。）

玉函寶方何用讀，新詩美酒聊相温。

（集聯書贈洛耆一。）

著書多暇真良策，對酒清歡似昔時。
（集聯書贈羊毓金庚生。）

平生獨以文字樂，揮灑忽如風雨來。
（集宋賢句爲聯，書贈詞山。）

竹露無聲浩如寫，并華入腹清而敦。
（集聯書贈羅光楚葆純。）

須知我輩襟懷事，時吐豪端浩蕩春。
（集聯書贈桂嵩慶香亭。）

正如春風弄群卉，聊爲佳時一舉觴。
（集宋句爲聯，書贈廉士仁兄。）

兩歲頻爲山水役，一尊時對畫圖開。

（集聯書贈李福厚幼持）

寔柔寔剛乾坤所挺，克忠克力福禄攸同。
（集聯手書今藏國家圖書館。）

持其志毋暴其氣，敏於事而慎於言。
（集聯書贈友人。）

身入醉鄉無畔岸，詩成清吹拂衣衿。
（集宋人句爲聯，書贈劉介石于。）

不嫌老圃秋容淡，爲有源頭活水來。
（集宋人句爲聯，書贈倪文蔚豹岑。）

種學積文以蓄其有，澄懷觀道漸近自然。
（集聯書贈友人何瑞堂玉山。）

非禮勿言非法勿道，傷易則誕傷煩則支。

（集聯書贈友人。）

惠澤所流壹自經史，武略既著群思德威。

（集《繹山碑》字爲聯，書贈竇奉家千山。）

抗心希古任其所尚，乘理照物得之自然。

（集嵇康《幽憤》語爲聯，書贈友人。）

譬諸草木區以別矣，道在螻蟻引而申之。

（集聯書贈李炳濤秋槎。）

松柏棟梁歡意堅固，麟鳳堂室福禄光明。

（集《易林》語爲聯，書贈金桐竹庭。）

爲學日益爲道日損，能具則明能昏則彰。

（辛未上巳日（1871年農曆三月三）集聯書贈友人。）

耀此聲香雖遠猶近，納我鎔範有實若虛。

（集聯書贈友人。）

運當一賢才堪三事，學精百氏藝絕六書。

（集聯書贈黎庶燾魯新，號筱亭。）

喜氣畫蘭怒氣畫竹，十年樹木百年樹人。

（集聯書贈曹紹曾，號蒓江。）

動則考行處則觀守，勇而多計寬而能剛。

（集聯書贈友人。）

嘉禾神芝天與厥福，翔風膏雨化行如祺。

（集聯書贈友人。）

江宇瑩仁事楷以健，海人就約治業入神。

（集《天發神讖碑》字爲聯，書贈丁日昌禹生。）

山高月小水落石出，峰深夜久潭静秋新。

（於淮南書局集宋唐人句爲聯，書贈張曜孫仲遠，號升甫。）

文章有神日月與炳，天人合發江海咸歸。

（咸豐辛酉（1861）冬十月集《天發神讖碑》字爲聯，書贈曾國藩滌生。）

江闕東西咸昭神武，日月宣朗以銘元功。

（同治庚午（1870）春集《天發神讖碑》字爲聯，書贈李鴻章少荃。）

允武允文幹川所挺，克忠克力福禄攸同。

（集漢石句爲聯，書贈李瀚章小荃。莫氏此聯後由俞樾裝裱，有記曰：「莫獨山集漢石字八言上下，乙卯裝池。樾翁記。」）

威鳳祥麟輝金璞玉，松風水月仙露明珠。
（集季綱、薛茹葊楹，書贈蔭萬仁叔。）

仁智約身無文不綜，政教稽古斯民以安。
（同治己巳（1869）九秋集漢人句爲聯，書贈王雲鶴翅初。）

淵嶽其心麟鳳爲采，雨露在手風雲自隨。
（集聯書贈朱之榛仲蕃，號竹石。）

思極六經功專廿史，澤流四野惠及萬家。
（集聯書贈友人。）

和神静思動有常則，春雲秋月耀其光華。
（集聯書贈張鈞澤仁，號古虞、潤農。莫氏此篆書名聯今藏於故宫博物院。）

聲無細聞雖遠猶近，勞而不伐有實若虛。

（同治丙寅（1866）三月集聯書贈友人。）

掬精極微無文不綜，蓄道修德爲教者宗。

（同治戊辰（1868）夏五月長至集漢碑句爲聯，書贈陳澧蘭浦。）

獨寢不愧衾獨行不愧景，晝坐當惜蔭夜坐當惜燈。

（同治甲子歲（1864）仲春，於皖上軍次爲九弟莫善徵集撰聯，并書贈。）

姿兼申甫，德侔産奇。

（同治壬戌（1862）六月，集漢句爲聯，書贈王彬朗生。）

天談鈎河，擿洛象輿。

（集《河洛書》句爲聯，書贈友人。）

冷香殘雪外，畫譜水僊遲。

（集聯書贈友人。）

隨風生珠玉，閑雲任卷舒。

（同治癸亥（1863）五月集聯書贈□俊生。）

寒光無不照，懷古亦何深。

（集聯書贈□默齋。）

考亭半日静坐，歐陽方夜讀書。

（考亭：宋朱熹晚年講學之所，故朱熹號考亭；歐陽：此指北宋文豪歐陽修。莫氏撰聯書贈□静安。）

中含太古不盡意，正是春容最好時。

（集聯書贈同歲老弟李士棻芋僊。）

白傅林塘傳畫去，紫芝眉宇向人開。

（集聯書贈石琰紫佩，號恂齋。）

淺碧細斟家釀酒，小紅初試手栽花。

（集聯書贈友人。）

人遠忽聞清欬起，日長惟憶異書看。

（同治丙寅（1866）爲上海南園（也是園）撰聯榜書。）

得見來禽與青李，常撞大呂應黄鍾。

（集聯書贈朱奎章惺原。）

但能有酒邀佳客，更遣飛花繡好春。

（集聯書贈友人。）

焚香細讀斜川集，好句重銜伯雅栝。

（集聯書贈蔣維基子厚，號厚軒。）

隔水呼鐙倚闌橫隧，山邀雲去花引春來。

（集聯書贈□熙年。）

登高而盡四野所有，著書以成一家之言。

（集聯書贈潘介繁谷人，號椒坡。）

詩情逸似陶彭澤，癡號多於顧愷之。

（莫氏書跋曰：「此同治癸亥皖中所書，本不足存，越辛未春，履貞仁兄見幼誠搜寓篋出者，乃欲彊留，屬爲題署以歸，亦此紙之幸也。邵亭莫友芝。」履貞：桂中行。幼誠：賀緒蕃。）

浩蕩古今同一體，風流儒雅亦吾師。

（集聯書贈遵義太守德亨雲衢。）

其文有經術者貴，所居在廉讓之間。

（集聯書贈友人。莫氏書贈友人聯，多爲篆書聯；此爲難得一見之行書聯，後爲加入同盟會、曾擔任民國交通部長之王伯群收藏。）

天龍八部大歡喜，晝夜六時恒吉祥。

（莫氏爲四川樂山烏尤寺方丈（譚鍾麟）室所撰之行書聯。譚鍾麟方丈係同盟會會員譚延闓之父。此聯後爲王伯群收藏。）

握台輔辰受符皇極，鈎河摘洛象與天談。

（同治乙丑（1865）長至日撰聯書贈友人。）

執恭除患禦侮致福，登高望時見樂忘憂。

（隸書集聯書贈□維志。）

所在爲雄舒文彪蔚，及其從政洽化柔剛。

（集漢碑語爲聯，書贈過錦雲虞卿。）

祖述家業先以敬讓，覃思舊制稽之中龢。

（同治丙寅（1866）新秋集聯書贈友人。）

焚香細讀斜川集，好句重銜伯雅梧。

（同治己巳（1869）夏集聯書贈友人。）

文章或論到淵奥，意氣相許披胸襟。
（行書聯贈喬松年建侯。）

愛竹初生黄犢角，種松皆作老龍鱗。
（行書聯贈邵棣書伯。）

簫引鳳凰春生斑管，杯浮竹葉香到梅花。
（行書聯贈友人劉老先生令郎花燭之禧。）

六喜三福同居安樂，五方四維所之吉昌。
（行書聯贈乂安。）

緑綺鳳凰梧桐庭院，青春鸚鵡楊柳池臺。
（行書聯贈劉際升子遇。）

此地有崇山峻嶺，其人如威鳳祥麟。

（篆書聯贈友人。）

人貴自立，民生在勤。

（撰篆書聯書贈友人。）

雨露在手，雲風自隨。

（撰篆書聯書贈友人。）

入坐有情千古月，當窗無恙六朝山。

（此爲南京愚園無隱精舍款書聯，書贈園主胡恩燮煦齋。莫氏跋曰：「煦齋司馬新構别墅，其水榭俯臨淮流面迎鍾阜，尤爲墅中極勝。同治太歲在辛未（1871）仲秋月，獨山莫友芝并識。」莫友芝同治辛未九月十四日病逝於揚州里下河訪書舟中。這是莫友芝先生絶筆所書七言隸書聯，十分珍貴！）

心無畦町意常滿，腹有詩書氣自華。

（集聯篆書以贈叔遲三兄。）

始知將略關天授，不泥兵家契古人。

（《郘亭日記》同治元年七月廿七日篆書榜聯以贈朱雲岩軍門。）

雲日要輝映，空水共澂鮮。

（「小雪初霽，開軒臨江，憶謝客二語，足狀佳勝，爲夢莘（左樞）老弟完此紙，壬戌秋盡日，郘亭莫友芝。」）

以下集聯，據臺灣「國立中央圖書館」所藏文獻收集彙編：

有令子經國足民，澤流河海，奉賢母大年應瑞，數紀萬千。

（據臺灣「國立中央圖書館」所藏《雜鈔一册》點校。）

日月重光成中天世，山澤通氣爲大有年。

（據臺灣「國立中央圖書館」所藏《雜鈔一册》稿本點校。）

温恭博敏英儒仰則，和毓威恩鄰遠歸懷。

（集《繁陽令楊君碑》。）

文武備兼盡忠盡力，剛柔被得以和以平。

（集《沛相楊君碑》。）

有堂有亭有橋有船有書有酒有歌有泣（白香山句），無貧無賤無富無貴無將無迎無拘無忌（邵康節句）。

（以上三副集聯，莫友芝手書於《集東坡七言詩聯悔餘》首頁和末頁，藏臺灣「國立中央圖書館」。）

已名太史，忽邊縣宰，又郡校師，官遞抑而聲愈高，介彊艾抽簪，四十載林泉飽供嘯傲；既生德祠，宜没社祭，以家世昌，廣方來猶報未至，看振繩啟宇，二百人頭角競起曾元。

秀語奪山緑，奇情破天慳。

（以上兩副集聯，均據臺灣「國立中央圖書館」所藏《莫氏藏札》稿本點校。）

發號施憲，順如流水；綴紀撰書，穆若清風。

嘉禾神芝，天與厥福；翔風膏雨，化行如神。

仁知約身，無文不綜；政教稽古，斯民以安。

風夜惟寅，若涉淵水；遐邇僉服，甚於置郵。

猛志逸四海，和澤周三春。陶
俯仰終宇宙，懷抱觀古今。陶、謝。
腸胃繞萬象，詩文齊六經。
老松閲世卧雲壑，明月入户隨幽人。
五經無雙許叔重，《續漢書·許慎》。道德彬彬馮仲文。《三輔決録》「馮豹」。
萬事不理問伯始，天下中庸有胡公。胡廣
素車白馬繆文雅，皇甫謐《達士傳·繆斐》。
殿上成群許偉君。《陳留風俗傳》，許晏。
避世墻東王君公，《語林·高士傳》。重親致歡曹景完。《曹全碑》。
（以上十三聯據貴州省圖書館藏《莫友芝雜鈔手迹》整理。）